青海省两级财政专项应用经济学重点学科建设项目
国家社会科学基金项目“新型城镇化进程中民族地区智慧城市建设研究”（15XGL026）成果

新型城镇化进程中民族地区智慧城市研究

杨娟丽◎著

中国经济出版社
CHINA ECONOMIC PUBLISHING HOUSE
·北京·

图书在版编目（CIP）数据

新型城镇化进程中民族地区智慧城市研究/杨娟丽著. --北京：中国经济出版社，2021.3（2025.7 重印）
ISBN 978-7-5136-6387-8

Ⅰ.①新… Ⅱ.①杨… Ⅲ.①民族地区-现代化城市-城市建设-研究-中国 Ⅳ.①F299.2

中国版本图书馆 CIP 数据核字（2021）第 014721 号

组稿编辑 葛 晶
责任编辑 罗 茜
责任印制 马小宾
封面设计 任燕飞

出版发行 中国经济出版社
印 刷 者 三河市同力彩印有限公司
经 销 者 各地新华书店
开　　本 710mm×1000mm 1/16
印　　张 21
字　　数 355 千字
版　　次 2021 年 3 月第 1 版
印　　次 2025 年 7 月第 2 次
定　　价 79.00 元
广告经营许可证 京西工商广字第 8179 号

中国经济出版社 **网址** www.economyph.com **社址** 北京市东城区安定门外大街 58 号 **邮编** 100011
本版图书如存在印装质量问题，请与本社销售中心联系调换（联系电话：010-57512564）

序一

PREFACE

2019年中国内地城镇化率达到了60.60%，这是自2011年突破50%，达到了51.3%后，首次突破60%，这意味着中国内地超过60%的人口居住在城市。中国的快速城镇化呈现出西部地区和东部地区、民族地区和其他地区、人口分散地区和人口密集地区差异化的特点。未来中国城镇化发展不仅要提高城镇化率，还要调整空间结构，消除这些差异，这是新型城镇化进程中需要解决的主要问题。

杨娟丽副教授的《新型城镇化进程中民族地区智慧城市研究》一书，就是研究发展智慧城市来解决新型城镇化进程中存在的区域差异问题，特别是西部民族地区的城镇化发展问题的。

第一，西部民族地区城镇化具有很大的发展空间。

描述城镇化的诺瑟姆曲线揭示出，在城镇化水平不到30%的初期阶段，城镇化增速缓慢；在城镇化水平为30%~70%的中期阶段，城镇化增速加速；在城镇化水平超过70%的后期阶段，城镇化增速缓慢；城镇化水平达到80%后一般不再增加。中国的城镇化发展情况和诺瑟姆曲线高度吻合。现在中国的城镇化水平还处在增速加速阶段，预计到2030年城镇化率可以接近70%，到2050年，可以达到80%，往后有可能就稳定在这一水平上。中国城镇化的一个非常显著特点是城镇化水平东高西低，中国内地城镇化率超过70%的40个城市中，仅有7个是“西部大开发”的12个省市中的城市；城镇化率低于55%的省份中，有7个属于西北和西南地区。由此可见，西部地区总体城镇化率较低，有很大的提升空间。我国西部地区是少数民族主要聚居区，是典型的民族地区，因此西部地区城镇化发展很大程度上是民族地区城镇化的发展。

第二，经济发展带动城镇化发展。

我国城镇化水平呈现出的东高西低特征，是中国经济发展和经济区域差异导致的结果。工业化带动了城镇化，服务化拉动了城镇化，经济水平越高，城镇化水平也会越高，世界经验是这样，中国经验也是这样。因此“西部大开发”国策和“一带一路”倡议在实现西部经济腾飞的同时，一定会带动这些地区城镇化水平的提高。

从2000年国务院提出“西部大开发”，至今已经过去20年。这20年间，“西部大开发”逐步推进，2006年12月，国务院常务会议审议并原则通过《西部大开发“十一五”规划》；2012年2月，国家发展改革委对西部大开发“十二五”规划进行解读，明确了战略部署的基本战斗思路；2019年8月，国家发展改革委印发《西部陆海新通道总体规划》，明确到2025年将基本建成西部陆海新通道；2020年5月，《中共中央、国务院关于新时代推进西部大开发形成新格局的指导意见》印发实施。“西部大开发”的目标是努力实现西部地区经济又好又快发展，人民生活水平持续稳定提高，基础设施和生态环境建设取得新突破，重点区域和重点产业的发展达到新水平，教育、卫生等基本公共服务均等化取得新成效，构建社会主义和谐社会迈出扎实步伐。

2013年国家主席习近平提出建设“新丝绸之路经济带”和“21世纪海上丝绸之路”的合作倡议，提出依靠中国与有关国家既有的双多边机制，借助既有的、行之有效的区域合作平台，借用古代丝绸之路的历史符号，高举和平发展的旗帜，积极发展与沿线国家的经济合作伙伴关系。此后，2015年3月，国家发展改革委、外交部、商务部联合发布了《推动共建丝绸之路经济带和21世纪海上丝绸之路的愿景与行动》。“一带一路”特别是丝绸之路经济带涵盖了西部的大部分省市，“一带一路”倡议的提出，充分激发了西部地区的经济、社会建设等的发展。近年来，西部各省市结合自身的地区特点，发挥资源优势，创建了各式各样的产业园区或基地，调整和优化了产业结构。

西部地区产业结构调整和高级化会带来城镇化水平的上升，现有城市和城市群的发展会促进城镇化水平的提高，东西部区域间的城镇化差异将会逐渐缩小。

第三，加速智慧城市建设促进新型城镇化发展。

2020年新型冠状病毒肺炎疫情暴发，这不仅仅是城市应急管理系统需要应对的突发事件，也是对整个城市运行能力的考验，如何保障基础设施运行、经济社会稳定和人民生活安全成了首要的任务。为了避免人与人的接触，防止新型冠状病毒传染，一些城市采用信息技术、互联网手段，开通线上政务、电话服务、网上教学、线上会议等，在疫情期间保障了民生，使企业顺利复产复工。智慧城市在这场突发事件的应急管理中凸显出特有的功能，发挥了重要的作用。

城镇化进入到现阶段，将面临过疏和过密的双重挑战，部分中小城市收缩和丧失经济竞争力，大城市和特大城市面临许多“大城市病”，如城市发展和农村发展不一致、城市发展和经济发展不一致、城市用地和人口不匹配、城市不同职业人口比例不合理、工业用地和居住用地结构不合理、城市发展和资源环境承载力不一致等问题，解决这些“大城市病”需要多中心、网络化发展，原有粗放型城镇化发展模式需要用新的高质量城镇化发展模式来替代。智慧城市就是把新一代信息技术充分运用到城市的各行各业上，是城市信息化高级形态，实现了信息化、工业化与城镇化的深度融合，提高了城镇化质量。西部民族地区城镇化发展一定要采用新一代信息技术和开放的城市创新生态理念，让城市成为集数字城市、智能城市、生态城市、低碳城市为一体的新型城镇化城市。

《新型城镇化进程中民族地区智慧城市研究》一书是杨娟丽副教授多年研究的成果，得到了国家社科基金的资助。全书从多个角度对智慧城市、民族地区智慧城市、智慧城市对新型城镇化的作用、民族地区智慧城市建设等问题进行了深入细致的研究。

新书付梓出版，可喜可贺。能在第一时间拜读，十分荣幸，也受益匪浅。有感而发，写了如上这些话。

是为序，主要是承蒙杨娟丽副教授多次邀请；实非序，仅仅是个人的一点读后感而已。

刘广珠

中国区域科学协会城市管理专业委员会副主任

2020年9月10日

序二

PREFACE

改革开放以来，我国经历了快速的工业化、城市化，在经济发展取得显著成效、城市经济实力不断增强、百姓生活水平不断提高的同时，也产生了诸如交通拥堵、公共服务低效、城市治理能力不足等问题。当然，尽管我国城市面临着一些共性问题，但是城市问题仍具有明显的区域性、地方性特征。因此，如何在新时代的背景下，准确把握城市发展面临的问题，优化城市发展路径与空间布局，进而促进城市空间可持续发展，是我们面临的不可回避的现实责任。智慧城市是城市化、工业化发展到一定阶段的产物，是城市信息化发展的高级阶段。就实践来讲，智慧城市也是当前促进新型城镇化、国土空间治理现代化与可持续发展的现实诉求。

在生态文明建设背景下，西部民族地区不仅面临着社会稳定、精准扶贫、经济振兴的压力，也是生态环境保护和可持续发展的重点区域。因此，通过加快智慧城市建设，促进经济社会、环境与空间的可持续发展，是西部民族地区未来发展的现实选择。民族地区可以利用智慧城市建设的契机，以全新的思维观念和科技手段加以信息化的技术手段去解决城镇化进程中出现和遗留的各种社会问题。

青海大学杨娟丽副教授一直在从事智慧城市研究，其在国家社科基金“新型城镇化进程中民族地区智慧城市研究”项目的资助下，更是对西部民族地区如何走智慧化发展道路进行了深入的研究与思考。这本著作的出版，既在理论层面丰富了现有的智慧城市研究成果，将智慧城市理论与民族地区社会经济发展相结合，又是一次很有探索性的创新研究，更为解决西部民族地区城镇化过程中出现的问题与满足人民多样化的需求，提供了建设性思路与针对性建议。

本书思路清晰，内容丰富，理论与实践结合紧密。本书的一大特点就是突破了智慧城市的技术局限，基于科技、人文与绿色发展理念，从社会、经济、文化、环境等多维度对民族地区智慧城市的现状、问题、建设模式及路径与策略进行了系统性思考，为我们理解民族地区智慧城市发展提供了一个整体性的分析框架。杨娟丽副教授在书中界定了民族地区人文智慧城市的概念，提出了民族地区新型城镇化对智慧城市“绿色、人文、城乡结合”的新要求。民族地区建设智慧城市，不是单一的基础设施与科技的投入，杨娟丽副教授针对性地构建了民族地区智慧城市发展水平的评价指标体系，并充分考虑了城市居民的智慧城市需求与满意度，为以人为本的智慧城市建设指明了方向。

本书的另一大特点就是不仅有理论层面的探索，还有针对性的实践研究。书中明确指出打造民族地区特色智慧城市是实现新型城镇化的重要手段和途径，提出了民族地区智慧城市的顶层设计、城市发展规律、整体治理等建设思路、保障措施以及建设对策等内容，并探讨了民族地区智慧化精准扶贫和智慧生态城市建设两个案例。这将为民族地区的智慧城市健康持续发展提供理论依据和实践指导。

智慧城市建设是一个持续发展的过程，很多问题的解决也不是一蹴而就，而需要长期持续的跟踪和研究。西部民族地区的发展是西部地区经济社会发展的基础和前提，关系到边疆的巩固和我国现代化的实现。希望本书的出版，能带动更多的相关研究成果的涌现，并在丰富和拓展西部民族地区智慧城市研究的同时，也能够为我国智慧城市建设和可持续发展提供宝贵的知识财富。

甄　峰

国家住房和城乡建设部智慧城市专家委员会委员

中国地理学会理事、城市地理专业委员会主任委员

2020 年 10 月于南京大学

目录
CONTENTS

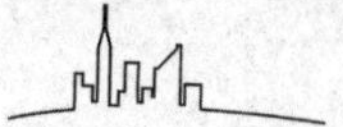

第1章 绪论

1.1 研究背景

1.1.1 政策背景

2014年3月，《国家新型城镇化规划（2014—2020年）》出台，该规划提出有序推进农业转移人口市民化、优化城镇化布局和形态、推进城乡发展一体化、提升城市可持续发展能力、全面提升城市内在品质等。智慧城市成为实现新型城镇化的重要手段和途径。2014年国家发展改革委、工业和信息化部等八部委联合印发《关于促进智慧城市健康发展的指导意见》，该意见提出到2020年建设一批特色鲜明的智慧城市，实现聚集和辐射带动作用，提高国家与城市的综合竞争能力，改善民生、创新管理、维护安全等。由此可见，智慧城市正成为国家城镇化建设的重要战略，推动着新型城镇化建设可持续发展。

1.1.2 新型城镇化的新要求

我国的城镇化带来了一系列问题，新型城镇化的新要求是提高城镇质量、以人为本。随着科技、文化、经济的发展，智慧城市顺应而生。在新型城镇化进程中，智慧城市可以解决城镇化带来的挑战与问题，能在城镇化过程中寻求新的发展机遇。智慧城市是一个城市信息化水平的标志，是城市发展的新手段，是保持城市竞争力的重要途径。在国家大力推进新型城镇化的背景下，民族地区（本书研究的民族地区特指内蒙古、广西、贵州、云南、宁夏、青海、新疆和西藏八个民族省份）如何结合自身特色，打造特色智慧城市模式从而走新型城镇化道路，是本书研究的重点。

1.1.3 城市发展阶段

城市发展本身具有一定的规律，它会随着社会的发展、科技的进步呈现出不同的发展阶段。在新型城镇化进程中，城市发展逐渐迈入新的发展阶段，从“数字城市”发展成为“智慧城市”，信息科技、互联网是城市发展背后的重要推动力，技术让城市更加智慧。物联网、云计算、大数据等新信息技术，让城市发生了质的变化，帮助城市树立了新的发展理念，构建了新型的管理与服务体系，让城市这个大系统更加开放，城市发展有更多的信息与数据支撑。因此，智慧城市已经成为城市发展的大趋势，更多、更复杂的城市发展问题需要借助智慧城市解决。国家为了促进智慧城市在全国的建设，也先后出台了多项政策。从国务院发布《关于促进信息消费扩大内需的若干意见》到《国家新型城镇化规划（2014—2020年）》的出台，都可以看出国家层面对智慧城市建设的重视。在此基础上，地方省、市政府也积极进行工作部署与安排。随着国家和地方政府的不断推动，智慧城市建设已经成为城市发展的重要举措，截至2016年12月，我国100%的副省级以上城市、95%的地级市已开展了智慧城市建设。①

城市发展过程中，因政府的重视程度有轻重，城市建设时间有先后，各个省市所属地理区位有差异，所以建设水平之间必然存在差异。智慧城市在国外早已经践行，国内的经济强市已领先开始建设。智慧城市的建设对于地区经济增长方式的转变起到了重要的促进作用，并且加速了当地传统行业与新兴行业的发展，使新旧产业之间形成充分而又广泛的联系和融合，创新了生产方式与服务方式，为城市的发展创造了新的经济增长点。本书的研究将智慧城市这种新事物、新理念、新技术应用到经济落后、文化多元、城市建设相对落后的民族地区，在新型城镇化的大潮下，切实结合民族地区的特殊情况，提出适合民族地区发展水平的智慧城市的综合评价指标，为民族地区特色智慧城市发展提出对策与建议。

---

① 徐振强，刘禹圻. 基于“城市大脑”思维的智慧城市发展研究［J］. 区域经济评论，2017（1）.

1.2 研究目的和研究意义

1.2.1 研究目的

智慧城市具有科技、人文与绿色的发展理念，代表着城市的发展方向。在民族地区进行特色智慧城市建设研究是一种挑战，智慧城市在经济、科技、文化基础等条件制约下的可行性以及在新型城镇化发展中的必要性都是值得深入研究的问题。智慧城市可以为民族地区的新发展注入活力，为民族地区城市建设提供新的规划思路，让城市建设有一个更好的发展空间。智慧城市是一种质变的创新，其在城市决策手段上，由传统的“定性”转变为“定量”，更加注重数据与信息在城市决策中的作用；在城市建设方式发展的关注点上，由传统的对城市“量变”的关注转为对“质变”的关注；在城市发展目标上，由传统的基础设施建设目标转变为居民满意、游客“好游”的智能、人文、绿色城市目标。

城市是一个复杂的巨系统，民族地区建设智慧城市，还需要考虑其城镇化程度、经济水平、社会文化和市民素质等多方面的因素，而不仅仅是单一的基础设施与科技的投入，正是这些多元化因素，使智慧城市的建设对于民族地区来说既是机遇又是挑战。

智慧城市建设是新时期民族地区发展的重要历史机遇。

首先，在政策方面，党的十八届三中全会通过的《中共中央关于全面深化改革若干重大问题的决定》中提出“坚持走中国特色新型城镇化道路”。中共中央、国务院发布的《国家新型城镇化规划（2014—2020年）》中提出，智慧城市建设已经成为推动新型城市建设中的一个重要组成部分。智慧城市首先在东部及沿海等经济发达城市中投入试点建设，并逐渐趋于成熟，随后向中部地区城市、西北地区城市和中小城市以及中小城镇推进。从2016年开始，民族地区的中小城镇也将智慧城市建设作为新时期的新任务，这也恰恰说明，从发展空间上说，民族地区城市和中小城镇在智慧城市建设上是一个新的区域，都具有很大的发展潜力。随着新型城镇化进程的深入，城市发展出现了新的动力，在大城市的辐射带动作用下，中小城市、中小城镇的发展成为新的动力。尤其是民族地区中小城市自身肩负着一些生态功能，在进行资源保护、环境保护和农村人口转移这些特殊问题上，中小城市有着自身的优势，可以更好地借助智慧城市解决城市问题。

其次，民族地区可以利用智慧城市建设的契机，以全新的思维观、科技手段以及信息化的技术手段，解决城镇化进程中出现和遗留的各种社会问题，采用大数据等信息科技技术进行复杂的城市管理，立足民族地区的自身实际情况，从本质上提高城镇化质量。

最后，民族地区的中小城镇与东部的大中型城市相比，在人口规模、城市面积、经济总量上明显不足，但正因为这些不足使得社会和环境问题也相对简单。由于城市问题相对简单，民族地区的智慧城市建设更易于进行整体规划和协调，尤其在东部城市已经逐渐完成智慧城市建设，积累了大量经验的情况下，民族地区城市可以借鉴其经验，结合自身实际，发挥后发优势，实现城镇化发展与信息化建设同步，以满足居民需求。

智慧城市也对民族地区的城市建设提出了挑战。

首先，智慧城市建设既需要资金、技术基础条件，也需要综合考虑法律法规、行业运用以及资金投入等方面的问题。因此，城市的 GDP 与经济实力成为与智慧城市建设联系最为紧密的首要条件。我国 100% 的直辖市和副省级城市都启动了智慧城市建设，中部和东部地区城市中智慧城市占比为 73%，在建的试点智慧城市均为经济强市。民族地区素来就有“老、少、边、山、穷”的特点，因此智慧城市建设缺乏资金投入。其次，智慧城市建设不是一蹴而就的，它是长期的系统工程。许多东部地区城市在申报试点前就已经开始着手初期的准备工作，或者在数字城市方面有较好的信息化基础，从而引领了智慧城市建设的潮流。民族地区的城市，城镇化底子差、起步晚，面临着后发赶超的压力，甚至许多地方仍旧观念落后，对于智慧城市没有听闻过。所以，民族地区落后、闭塞，信息开放程度低，智慧城市的理念还未被大众知晓或接受。

因此，新型城镇化进程中民族地区智慧城市研究的目的如下：

（1）对智慧城市的概念、内涵及发展现状、类型、建设模式等进行深入研究，并结合民族地区的实际情况，提出民族地区特色智慧城市的建设模式和建设路径。

（2）针对民族地区特殊的经济、社会、科技发展基础，结合其他学者关于智慧城市建设的评价指标，将不同领域研究的内容相互融合，从而确定民族地区智慧城市发展水平的评价指标；对城市居民的智慧城市需求、体验与满意度进行调查，并得出结论。

(3) 在理论层面与实践层面进行相应研究。理论上，完善了智慧城市在民族地区这个特殊领域的相关理论内容，界定了民族地区人文智慧城市的概念，提出了民族地区新型城镇化对智慧城市“绿色、人文、城乡结合”的新要求，建立科学的民族地区智慧城市建设的综合评价指标体系，确立了民族地区智慧城市建设模式与建设路径。实践上，提出了民族地区智慧城市的顶层设计、城市发展规律、整体治理等建设思路、保障措施以及建设对策等内容，为具体实践提供指导。

1.2.2 研究意义

1.2.2.1 理论意义

目前，智慧城市的研究都分布在高科技、智能化、物联网等科技层面，尤其在研究对象的地域选择上都是发达国家或发达城市；在研究内容上，智慧城市建设模式、评价指标体系、智慧城市技术问题以及关于东部发达城市以ICT、互联网技术为核心的实践建设与理论研究分析，已经有很多学者进行了研究，而关于民族地区进行特色智慧城市建设的研究还是空白，如何在民族地区，针对多民族的特殊性有效搭建一个高效的城市平台，改善民族地区在城镇化进程中逐渐出现的“城市病”，解决多民族地区城镇化进程中多样化的新需求，是本书需要解决的关键问题。所以本书的研究具有以下意义：

(1) 本书探寻了一个新的研究视角，从城市战略管理角度分析智慧城市的发展。目前有关智慧城市的研究多在技术层面，如云计算、无线城市、物联网、数字城市、大数据等，但如何进行顶层设计，从城市战略管理的角度研究的内容则较少，本书结合民族地区城镇化进程的特殊性，寻求“更智慧”的城市发展战略和策略，可以丰富智慧城市在城市战略管理方面的研究内容。

(2) 本书可以丰富民族地区在城镇化、智慧城市建设方面的相关理论知识。目前，针对民族地区智慧城市的研究非常缺乏，没有专门的研究。如何结合民族地区经济落后、多元文化、多民族、多宗教等独特的社会现象进行智慧城市建设，帮助民族地区实现新型城镇化，促进经济转型与增长，实现城镇化“量”与“质”的共同发展，实现城市融合、社会融合、民族融合是一个重要的研究命题。

(3) 在智慧城市的评价指标体系方面，本书做出了理论方面的研究、探索和完善。本书对民族地区智慧城市建设的评价指标有一个新的体系构建，通过对民族地区城镇化与智慧城市的实际调查，在已有的一系列评价指标体系的基础上，总结提炼了适用于民族地区的新评价体系，可以对民族地区智慧城市建设进行更有效的评价。

1.2.2.2 现实意义

本书可以为民族地区城市智慧化进程中出现的城镇化问题，提供解决思路和提出有针对性的对策建议。智慧城市的理论仍在实践当中，就智慧城市本身而言，其理论并不成熟，有关民族地区智慧城市的研究理论更是一项空白。关于民族地区新型城镇化的研究较多，但是关于民族地区智慧城市的研究很薄弱。按照智慧城市建设的推进情况来看，民族地区才刚刚开始进行智慧城市建设，急需能提供指导的理论和思路。所以，对于民族地区智慧城市建设的研究工作，可以增加城市管理经验及相关理论，能为民族地区智慧城市的建设规划和发展策略的制定，提供一定的理论参考。

（1）本书在新型城镇化的背景下进行研究。民族地区进行智慧城市建设，并利用信息化技术和理念解决城市发展中出现的问题，是推进民族地区新型城镇化的有效方法。

（2）民族地区的城镇化发展存在更多的问题。在特殊的环境下，应用智慧城市这种最新的理论成果，是一个探索性的实践创新。东部或沿海城市的城镇化进程和轨迹与民族地区是不同的，因此其智慧城市发展模式也不一定适用于民族地区。在具体的建设过程中，不能照抄、照搬，应打造具有民族地区特色的智慧城市品牌，与民族地区城市固有的历史发展历程、特色产业、传统的民族文化、地域特点、发展水平，以及城市定位和未来发展方向结合，要依据经济条件量力而行，分步骤、分批次，以项目建设为内容予以实施，不可能一次建设成一座完美的智慧城市。本书正是从这个角度进行研究，从而提出有效的建设路径、模式与评价指标，以帮助民族地区城市走向智慧化建设。

（3）本书通过对几个典型的样本城市进行研究，对其现存的问题、方法进行分析，从而总结出民族地区智慧城市的大致建设模式，以帮助民族地区的城市走向绿色、智能的发展方向，提高城市效率，实现以人为本。

（4）对于智慧城市的具体应用与建设效果的评价，仍处于实践阶段，很多学者研究的评价指标对于民族地区城市的考评是不适用的。因此，本书针对民族地区的评价指标体系的建立将有助于对民族地区智慧城市的建设与发展水平进行综合评价。

（5）本书对民族地区少数民族居民进行了调查，了解了其在智慧城市建设中的需求，以及体验满意度，这些可以为当地的智慧城市建设提供有效的借鉴，为民族地区提升城市竞争力提供有用的理论依据，为政府宏观决策提供有效建议。

1.3 研究方法

（1）文献资料法。本书通过对有关新型城镇化、民族地区城镇化及智慧城市的国内外大量相关文献的查阅和研究成果进行分析，为相关的模型构建、理论分析以及实证研究提供了坚实的基础；本书分析了民族地区城镇化的特征、内涵与难点，用城市营销、城市管理和民族地区发展的独特视角分析了智慧城市的本质和内涵，为研究提供了理论依据。

（2）案例研究。中国的智慧城市建设中有许多优秀的建设案例，本书力求在现有智慧城市中寻找优秀案例城市作为典型，分析其建设的内容、特征与路径，为民族地区智慧城市建设提供参考。本书也以民族地区建设成效较好的城市为样本，分析它的发展过程、取得的成效和存在的主要问题。通过对典型案例的引入和分析，可以使民族地区智慧城市建设更切合实际，通过比较对照，能寻找其共性特征，使民族地区智慧城市建设的整体水平有所提升。

（3）调查研究法。本书采用问卷调查和访谈相结合的方法分析研究民族地区城镇化进程中的难点与重点，也对样本城市市民对智慧城市建设的满意度进行了调查。

（4）比较研究方法。本书比较了民族地区城镇化进程和智慧城市建设在理念、方法、模式等方面与其他发达地区城镇化进程和智慧城市建设的差别，并试图结合一些已有的特色智慧城市建设的成功经验，对民族地区城市的营销与智慧城市的构建提出相应的建议。

（5）调查研究、座谈与小型会议研讨。与政府相关部门人员、相关科技企业技术人员等，针对智慧城市建设中的个别问题进行了小型会议式的访谈。

（6）定量与定性分析相结合的方法。本书中的概念、现状、问题等是通过定性的方式进行分析。在定性研究的基础之上，本书提出了民族地区智慧城市评价指标体系，通过熵值的方法，对我国民族地区 17 个城市及智慧城市发展指数进行定量分析，运用模糊综合评价方法对 3 个调研城市的智慧城市建设的市民体验感与满意度进行评价分析，得到了较为客观、合理的研究结论，以指导民族地区特色智慧城市的建设。

1.4 智慧城市研究现状综述

2014 年以前，对于智慧城市的研究更多地聚焦在智慧城市的纵向发展轨迹研究上面，具体包括智慧城市的起源、概念、发展阶段、发展现状与主要问题等。各种不同学科背景的学者对智慧城市的概念给予了不同的诠释，也分析了不同的国家智慧城市建设的背景，提出了不同的建设模式。2014 年以后，中国逐渐掀起智慧城市研究热潮，并且研究的内容由纵向研究向横向的多元化研究发展，包括智慧城市建设背景与政策选择、影响智慧城市建设的关键因素、与相关类似概念的区别、不同的研究视角等内容，具体如图 1-1 所示。

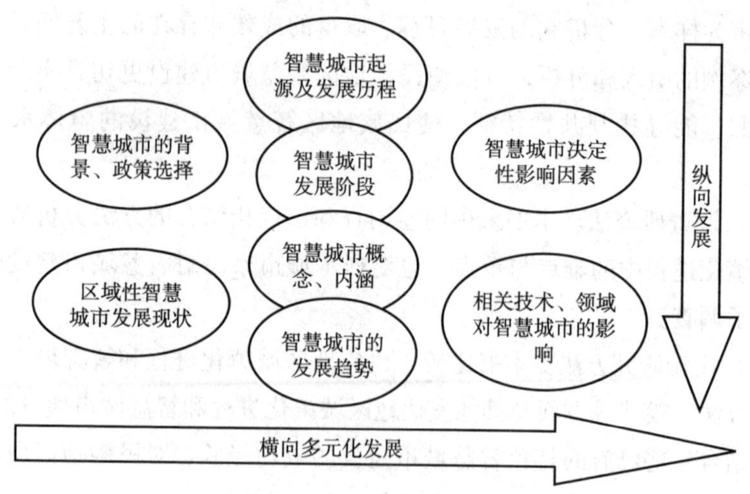

图 1-1 智慧城市研究综述梳理

1.4.1 智慧城市发展历程、发展阶段的研究综述

1.4.1.1 国外智慧城市发展历程的研究综述

最早的“智慧城市”理念起源于1984年，在当时并不是一个具体的概念，而是一些产业技术协会的创新构想。随后，1992年新加坡提出智慧岛计划后，世界主要经济体纷纷加入智慧城市建设队伍。世界上已有100多个国家在着力打造各具特色的智慧城市项目，全球范围内兴起了智慧城市建设热潮。美国学者鲍里尔（Bollier）在1998年出版的《怎样通过智慧的增长阻止城市的无序发展》一书中提出了智慧城市规划思路，倡导利用新技术治理、引导城市系统发展等新理念，并得到了美国波特兰市的实践支持和联邦政府的关注。①

1998年，时任美国副总统的戈尔提出“数字地球”的概念。1999年，首届国际“数字地球”大会在北京召开，数字地球的理念也为智慧城市的发展提供了重要的理论背景。

2006年，新加坡提出“智慧国2015计划”，计划描绘了一个转型发展的、信息化驱动的智慧国家。2007年欧盟在欧盟智慧城市报告中率先提出智慧城市（Smart City）的创新构想。2008年，IBM提出了“智慧地球”（Smart Planet）战略，其核心是感知、互联和智能，美国政府积极回应并将它写进创新战略。2009年9月，美国艾奥瓦州迪比克市与IBM共同宣布，将建设美国第一个“智慧地球”城市。

2009年，为应对全球经济衰退，日本政府紧急出台“数字日本创新计划”，力图促进绿色、智能等新兴产业发展。2010年3月，欧盟委员会出台《欧盟2020战略》，其中“欧洲数字议程”政策是其提出的七大旗舰计划之一。欧盟通过第七研究框架计划对未来互联网、云计算、物联网等关键领域进行重点支持，并制定了《物联网战略研究路线图》。国际智慧城市组织（Intelligent Community Forum，ICF）等相关机构相继成立，并开展了“全球智慧城市奖”评选活动。

2010年，IBM在“智慧地球”概念的基础上，又提出“智慧城市”的概念，随后陆续衍生出智慧交通、智慧医疗、智慧社区、智慧建筑等概念，甚至人有言必“智慧”的趋势。从2011年开始，巴塞罗那每年都会举办智慧城

① 齐丽斯．智慧城市发展对我国政府管理创新的影响［J］．公共治理，2015（6）．

市博览会，作为城市品牌建设的创新举措，其内容质量深获国际赞誉，在商业模式上也盈利日增。①

就各国智慧城市建设的特色而言，德国智慧城市建设的项目多集中在节能、环保、交通等领域；新加坡的“虚拟新加坡”项目，是由政府和私营企业合作完成，无论是在规模上还是细节上都可以被称为“无可挑剔的样板”；日本的智慧城市建设，基本以节能减排为主题；巴塞罗那在智慧照明、智慧电网、智慧水务、智慧停车、智能交通等促进民生的智慧服务方面都取得了显著的成果。

智慧城市在国外的发展是较为短暂的，不同国家智慧城市的提出背景不尽相同，因此智慧城市建设的方案和理念也具有区别。

1.4.1.2 国内智慧城市发展、历程的研究综述

2009 年，温家宝在北京科技会议上作题为“让科技引领中国可持续发展”的报告，诠释了与智慧城市密切相关的“物联网”“智慧地球”等关键概念，标志着智慧城市的研究引起了国家层面的重视。自 2011 年起，“智慧城市”多次写入国家部委的相关政策文件中。② 2010 年 11 月 2 日，以“发展更科学，管理更高效，社会更和谐，生活更美好”为主题的“2010 中国智慧城市论坛大会”在武汉召开，此次大会成为中国智慧城市发展史上的标志性事件。③ 2012 年，北京市提出《智慧北京行动纲要》。④ 2013 年 8 月，国务院发布《关于促进信息消费扩大内需的若干意见》。2014 年 8 月，国家发展改革委、科学技术部等八部委联合印发《关于促进智慧城市健康发展的指导意见》，智慧城市得到了更多的重视。2014 年 3 月，中共中央、国务院发布《国家新型城镇化规划（2014—2020 年）》，明确提出“推进智慧城市建设”。住房和城乡建设部于 2014 年 6 月颁布了《智慧社区建设指南（试行）》。福建、江苏、陕西也相继出台了省级的智慧城市建设相关文件。⑤

张协奎、乔冠宇等（2016）发现智慧城市有向更大区域发展的潜力，智

① 孙谦．智慧城市建设方法的国际视野与探索之 2014 巴塞罗那智慧城市国际博览会篇［J］．信息化建设，2015（2）．

② 陈桂龙．中国智慧城市发展水平研究［J］．中国建设信息，2015（1）．

③ 朱俊成．智慧城市建设体系研究［J］．中国名城，2015（3）．

④ 王大成．“智慧长阳”总体规划与建设实践［J］．建设科技，2015（5）．

⑤ 陈桂龙．中国智慧城市发展水平研究［J］．中国建设信息，2015（1）．

慧城市群这一全新的建设理念孕育而生，并提出了以完善理论研究、加强城际互联性、构建智慧城市群可持续发展的三大保障为主的可行性建议。

由此可见，政府政策层面的支持、各省部级积极实践以及学者的不断研究，这三条主线共同推动了智慧城市在中国的发展。

1.4.2 智慧城市概念与内涵的研究综述

不同学科背景的学者对智慧城市概念的界定也不相同。从人们对智慧城市的不断认知与研究轨迹来看，智慧城市概念的发展按照时间先后顺序呈现以下路径。

IBM将“智慧城市”定义为，通过应用先进的信息技术手段感知、分析、整合城市运行中核心系统的各要素，对城市服务、工商业活动、环保等各种需求实现城市智慧式管理、运行，进而促进城市的和谐、可持续成长，为城市中的人创造更美好的生活的城市。

陈铭等（2011）认为，智慧城市是在数字城市和信息城市不断升华下发展起来的，是城市发展的更高阶段。①

李德仁（2011）认为，智慧城市模型为“数字城市+物联网+云计算=智慧城市”。其中，信息上网是数字城市，人们可以通过其可以看到所有的东西。物联网和支持物联网的云计算，就是通过很多传感网实现智能传感、智能安全、智能控制，实现虚拟和实在结合。②

辜胜阻等（2013）认为，智慧城市是一种新形态，是在城市高度信息化的基础上，三化深度融合的必然结果。智慧城市的建设可以促进城市经济转型发展和居民生活方式的变革。③

张爱平（2015）认为，智慧城市是指综合利用各类信息技术和产品，通过对城市内人与物及其行为的全面感知和互联互通，实现生活更加便捷、环境更加友好、资源更加节约的可持续发展的城市。④

朱俊成（2015）认为，智慧城市是基于开放、包容、合作、和谐、创新

---

① 陈铭，王乾晨，张晓海，等．“智慧城市”评价指标体系研究：以“智慧南京”建设为例［J］．城市发展研究，2011（1）．

② 李德仁，邵振峰，杨小敏．从数字城市到智慧城市的理论与实践［J］．地理空间信息，2011（6）．

③ 辜胜阻，王敏．智慧城市建设的理论思考与战略选择［J］．中国人口、资源与环境，2012（5）．

④ 张爱平．“互联网+”引领智慧城市2.0［J］．中国党政干部论坛，2015（6）．

的现代城市理念，其以人文、绿色、和谐、知性为主线，以创新、智能、智慧及ICT知识为技术基础，是基于新一代信息技术与网络化基础设施系统，对城市信息进行大综合、大集成、大协同，是以智慧服务和智慧管理为核心的现代城市发展的信息泛在与服务泛在的综合。①

王建龙等（2015）提出，智慧城市是应用新一代信息技术的新型城市发展模式，表现为城市智慧化管理及运行，智慧服务和高效便民。②

张楠等（2015）认为，智慧城市是城市发展的新兴模式，伴随着新一轮信息技术的变革和知识经济的进一步发展，工业化、城市化与信息化高度融合，推动形成更为先进的城市发展理念和模式。从知识社会的创新2.0视角来看，智慧城市是新一代信息技术支撑下和下一代创新环境下的城市形态。③

侯为刚（2016）认为，智慧城市构成要素的核心特征就是“智慧”，“智”就是信息技术的智能化，“慧”则是指人主观能动地将自己的想法融入城市建设过程中，“智”与“慧”是技术与理念的融合。④

何文芊（2018）认为，智慧城市是一个很大的概念、很大的框架，既涉及市民生活方方面面的事物，也涉及政府宏观调控规划的顶层方针战略；既涉及不同的领域，也涉及不同的部门机构。⑤

学者们对智慧城市概念的理解和界定虽然没有达成统一的共识，但是也具有一定的共同点，他们均描述出一个不同于以往的数字城市和智能城市的新城市概念，智慧城市是一个新的城市形态和新的城市管理模式。

1.4.3 智慧城市研究的不同视角与着眼点

关于智慧城市的研究，不同的学者从不同的视角与着眼点，分别提出了自己的观点，本书将一些重要的研究观点进行了罗列，具体如表1-1所示。

① 朱俊成．智慧城市建设体系研究［J］．中国名城，2015（3）．

② 王建龙，李明东，陈虹．我国智慧城市区域发展的非均衡现状研究［J］．经济研究导刊，2015（14）．

③ 张楠，陈雪燕，宋刚．中国智慧城市发展关键问题的实证研究［J］．城市发展研究，2015（6）．

④ 侯为刚．智慧城市构成要素的研究综述［J］．智能城市，2016（12）．

⑤ 何文芊．智慧城市建设过程中的阻力研究：从“人”的角度出发［J］．中国商论，2018（33）．

表 1-1 智慧城市研究的不同视角与着眼点

学者	研究视角	研究观点
邓昭华、王世福（2015）	城镇化	关注人的发展，以新媒体为契机，重塑城乡智能，提出了以环境与社会的责任感为导向的建设意见
沈山等（2015）	技术应用、产业组织、规划配置、人文主义视角	国际智慧城市的研究应着重从标准化和信息技术安全两个方面考虑
万碧玉（2015）	智慧城市标准化	我国智慧城市的标准化更关注城市的整体，从规划、建设等全方面入手，而国外的智慧城市主要从城市可持续发展等方面制定标准化
赵勇（2015）	居民现实需求	研究并分析了智慧城市公共服务存在的问题，提出智慧城市公共服务要以政府为主导、引入大数据信息平台、提高社会公众参与程度等建议
王丰龙、王冬根（2015）	城市居民主观幸福感	未来的智慧城市建设应该考虑主观幸福感，研究幸福感的影响因素，从幸福感角度为智慧城市的建设提供依据
甄峰等（2015）	人文地理学	认为地理学在智慧城市中可以构建新型的人地关系系统，系统地协调人与城市、自然环境等和谐发展。将人文、空间及技术有效融合，建设健康、可持续发展的智慧城市
王鹏（2015）	公共行政	对社区治理进行创新，从多元视角建设数字城市，多元化公共服务等与智慧城市相融合，才能提升社区服务和维护民族地区社会稳定
罗双玲（2018）	智慧城市能力成熟度	智慧城市的建设是一个城市整体“智能”成长的内生过程，即一个开放的复杂“信息—物理—社会”融合系统的“进化”过程

智慧城市作为信息化社会的产物，不同的学科背景下的学者研究的焦点与内容也各有不同，这些不同的研究观点为本书的研究提供了重要的思路。从城市区域与民族学角度重新审视智慧城市具有更重要的价值。

1.4.4 智慧城市的背景、政策选择的研究综述

关于智慧城市建设背景的研究，主要集中在新型城镇化和信息化发展战略方面。朱俊成（2015）提出智慧城市是推进新型城镇化深入发展与城市现代化的重要抓手，既是大转型、大发展背景下，区域协调与可持续发展的重要路径，也是现代信息技术与知识经济支持下创新型国家、创新型区域、创新型城市建设的重要载体。[①]

① 朱俊成．智慧城市建设体系研究［J］．中国名城，2015（3）．

李广乾等（2015）提出智慧城市建设强调信息化与工业化、新型城镇化的深度融合。在此基础上，国家要加强智慧城市的顶层设计，规范当前智慧城市建设所出现的混乱局面。① 王洪涛、陈洪侠（2016）认为市政府自身资源与能力是政策扩散得以发生的关键因素。② 徐振强（2017）认为智慧城市的发展需要积极构建有中国特色的智慧城市专业学科，从理论方面加强研究强度，培养更多的智慧城市建设专业人才，探索产城融合基础上的空间生态与协同经济的发展。③ 王法硕、钱慧（2017）研究发现，当前长三角城市群智慧城市政策存在强制性工具使用过度、法制化程度不高、市场机制不够健全、缺乏社会力量的参与等问题。④

由此可见，智慧城市在政府政策的推动下已经成为国家层面的重大创新，是驱动经济转型和引领新型城镇化发展的重大战略。

1.4.5 智慧城市建设现状、问题及经验的研究综述

袁秀霞（2015）认为我国智慧城市是一把手工程，国家要保证信息共享和业务方面的立法，各城市的智慧城市建设要与本地信息产业特色相结合，理念要创新，业务流程要优化。智慧城市建设的问题是：许多地方政府对智慧城市建设的复杂性、长远性缺乏认识，顶层设计方案比较完美，但缺乏商业模式的设计，信息产业人才缺乏。⑤ 周全、郝鹏（2016）则认为国内很多城市的智慧城市建设存在问题的同时也存在着一定的建设压力和投资风险。⑥

伍月（2017）指出中国的智慧城市建设没有自己的政策，缺乏纲领性与原则性的指导文件，这种情况使中国的智慧城市建设不能呈现良好的发展态势。⑦ 吕淑丽等（2017）认为我国城市面临着双重阻力，一方面是类似国外

① 李广乾，张睿．新形势下我国智慧城市建设的政策选择［J］．北方经济，2015（6）．

② 王洪涛，陈洪侠．我国智慧城市创新扩散演进机制及启示——基于38个城市的事件史分析［J］．科技进步与对策，2017（3）．

③ 徐振强．中国的智慧城市建设与智慧雄安的有效创新［J］．区域经济评论，2017（4）．

④ 王法硕，钱慧．基于政策工具视角的长三角城市群智慧城市政策分析［J］．情报杂志，2017（9）．

⑤ 袁秀霞．中国智慧城市发展现状［J］．中国建设信息，2015（13）．

⑥ 周全，郝鹏．智慧城市的建设现状分析［J］．中国新通信，2016（10）．

⑦ 伍月．我国智慧城市建设现状与思考［J］．城市住宅，2017（5）．

城市的压力，另一方面则需要解决城镇化发展中出现的问题。① 陈正伟（2018）则认为中国智慧城市建设“强政”是主要特色，“强政”也为“惠民”提供了强大基础，智慧城市也越来越趋向于民众、环境与政府等多角度之间的平衡。②

由此可见，智慧城市建设是存在一些普遍问题的，尤其在发展时期，每个城市都是在尝试中实践，学者们从不同的角度寻找智慧城市建设中的不足与短板，但是每个城市的具体情况不同，因此还需要对智慧城市的案例进行深入研究。

1.5 研究的重点与难点

1.5.1 研究的重点

（1）已有智慧城市建设思路与民族地区城市的匹配问题。关于智慧城市的理论与实践研究都是以发达国家或发达地区为主，在经济、科技文化都较为落后的民族地区，如何将这种有效的城市发展模式进行特色化的引进与建设是本书的研究重点。

（2）城市管理视角下民族地区智慧城市的建设思路。本书把城市管理理论作为研究视角，从城市管理、城市营销战略层面解决智慧城市的建设思路与保障对策问题。

（3）民族地区新型城镇化的特殊性与特色化智慧城市的融合问题。本书重点解决民族地区城市如何在实现城镇化的情况下，将传统民族文化与现代城市文化相融合，如何让群众在城镇化中真正受益，体会城市带来的生活质量的提高，切实感受智慧城市的便利性。

1.5.2 研究的难点

（1）智慧城市如何有效地在民族地区落地的问题。本书需要阐明智慧城市建设的必要性，在城镇化都很难实现的民族地区，如何有效地建设智慧城市，如何提高少数民族群众的文化基础，如何实现民族化与城市现代化相融

① 吕淑丽，薛华，王堃．智慧城市建设的研究综述与展望［J］．当代经济管理，2017，7（4）．

② 陈正伟．中国智慧城市建设现状与趋势［J］．中国建设信息化，2018（13）．

合。解决思路：不断提高群众的文化素质水平，开发多种民族语言的城市智能软件，城市文化品牌定位宣传，创新服务行业等。

（2）民族地区特色智慧城市建设模式、路径的设计。如何借鉴已有的和成功的智慧城市案例，研究分析具有民族地区特色的智慧城市建设模式是一个难点，这种模式要基于特殊的经济、文化、科技、人文环境的背景，要有效且有民族特色，要能解决民族地区城市发展难题。

（3）民族地区智慧城市建设相关数据获取困难。智慧城市建设是一个涉及很多部门的系统工程，很多地区并没有准确详尽的数据，尤其是民族地区的县镇一级，缺乏对智慧城市相关数据的统计，因此在数据的获取上存在很大的困难。

1.6　研究的创新点

（1）研究内容的创新：本书在特殊的研究环境下，对民族地区智慧城市的概念和内涵进行了新的界定，并以此为理论基础对智慧城市发展的内容及趋势进行分析，该理论基础在民族地区特殊的新型城镇化框架下具有一定的现实意义，且具有民族地区特色智慧城市的特征、发展特点以及内容。

（2）研究方法的创新：本书采用定性分析与定量分析相结合的研究方法，先通过文献查阅和定性的方法对 8 个民族省份的智慧城市发展现状进行分析，之后又对 17 个样本智慧城市发展水平进行了定量综合评价，并调研了民族地区市民的智慧城市建设需求及满意度，进行了定量分析。

（3）本书关注智慧城市建设中的市民体验与满意度问题，提出对民族地区智慧城市发展水平的评价指标体系，这个体系不是单纯考量城市的客观指标，而是增加了市民满意度指数，从主观上评价不同城市的智慧城市发展水平。

1.7　研究内容框架

具体研究思路与技术路线如图 1-2 所示。

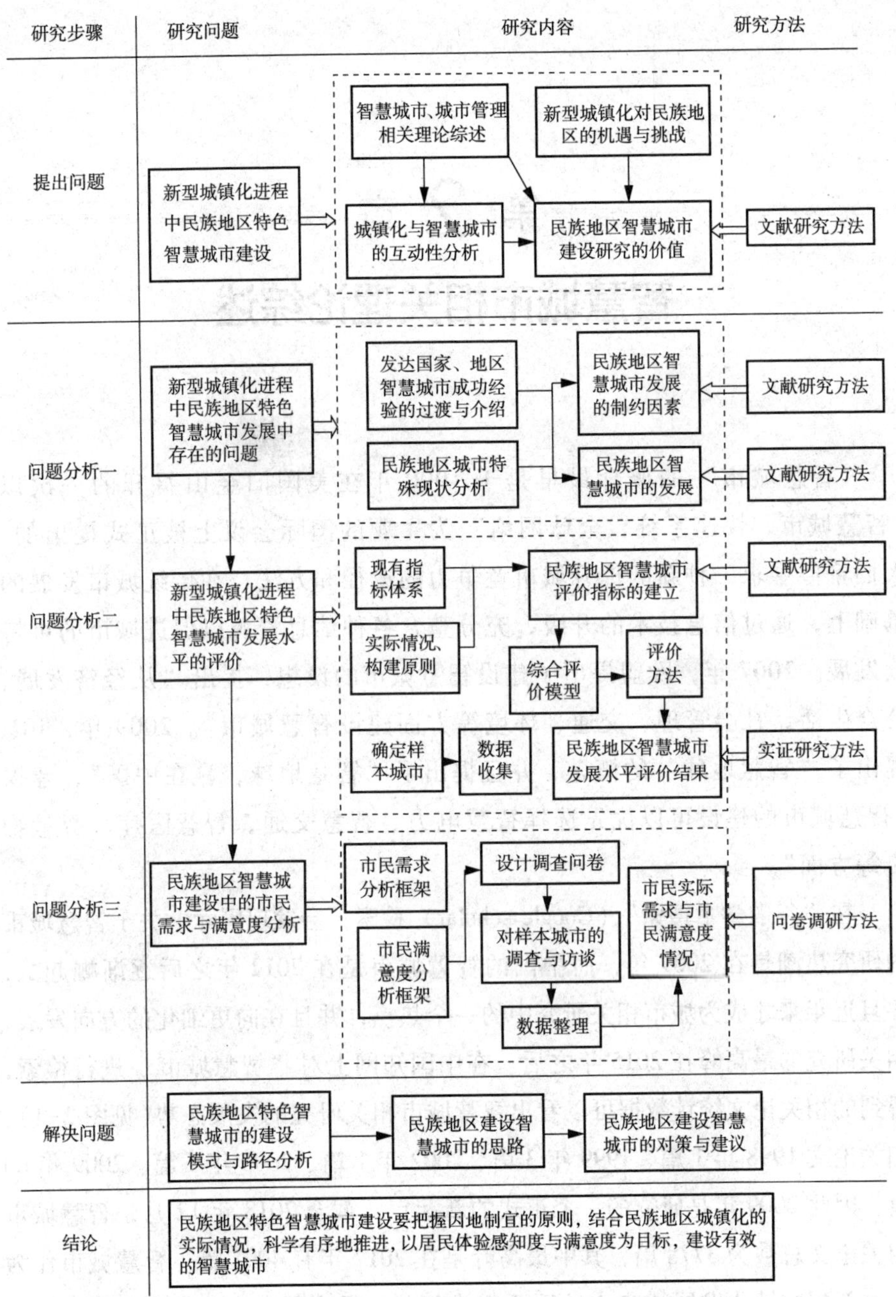

图 1-2　课题研究思路及技术路线

第 2 章 智慧城市相关理论综述

“智慧城市”的概念最早是于 1990 年在美国旧金山召开的一次以“智慧城市、快速系统、全球网络”为主题的国际会议上被正式提出的。人们希望寻求一种新的提升城市竞争力的途径和方法，在传统城市发展的基础上，通过信息技术的升级，充分整合各种信息资源以促进城市的可持续发展。2007 年，欧盟提出了建设智慧城市的设想，提出“从经济发展、公众生活、社会管理、交通、环境等方面建设智慧城市”。2009 年，IBM 提出了“智慧地球”的概念，并且提出了“智慧地球，赢在中国”，建议“智慧城市的建设可以优先选择智慧电力、智慧交通、智慧医疗、智慧物流等方面”。

在“谷歌学术搜索”（Google scholar）检索，会发现国际上关于智慧城市的研究热潮是在 2009 年，而中国的智慧城市是在 2012 年之后逐渐崛起的，并且近年来才成为城市相关研究中的一个热点，并且在向更细化的方向发展，相关研究的最高峰在 2015 年之后。在中国知网上对“智慧城市”进行检索，得到的相关论文统计数据可以看出智慧城市相关研究的发展态势（见图 2-1），相关论文 1998 年 1 篇、1999 年 3 篇、2002 年 1 篇、2003 年 1 篇、2009 年 60 篇，因此 2009 年是研究的一个正式的新起点，截至 2018 年 12 月，智慧城市相关论文总数为 3778 篇，其中最高峰是在 2017 年有 4091 篇。智慧城市作为国家新型城镇化发展战略中的重要组成部分，得到了党中央的高度重视。学者们对智慧城市的理论与实践进行了大量的研究。

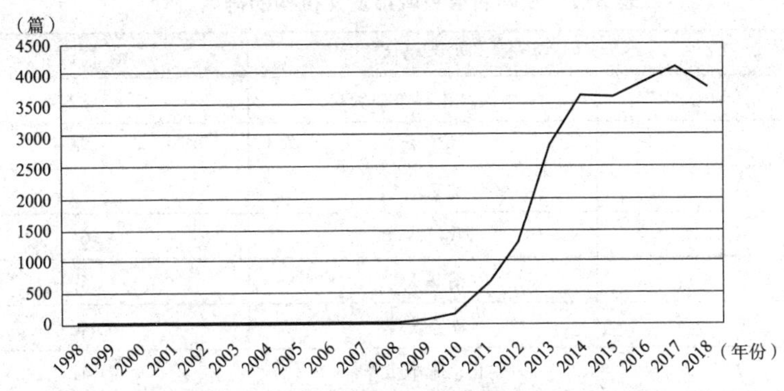

图 2-1 中国知网搜索篇名包含“智慧城市”的文献数量统计

关于智慧城市的研究所涉及的领域与学科非常广泛，主要分布在信息经济、宏观经济管理、电信技术、自然地理、人文地理、城市规划、城市管理等众多领域（见图 2-2）。学者们结合自己的研究领域，对智慧城市的理论与实践发展提出了自己的观点。

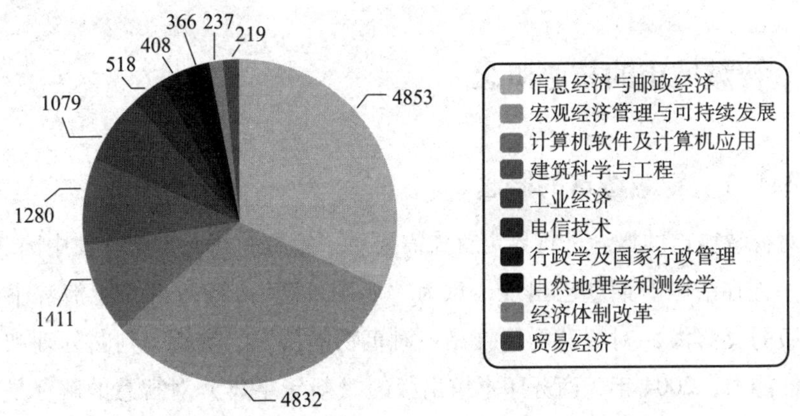

图 2-2 智慧城市相关研究的学科分布（单位：篇）

不同的高校与研究机构也针对智慧城市的发展研究发表了相关论文，从发文机构的统计口径看，国内知名院校对智慧城市的研究较多，截至 2018 年 1 月，同济大学、北京大学、清华大学、南京大学等均处于发文的前列（见表 2-1）。结合智慧城市的实践时间来看，这些高校所在的城市也是智慧城市实践的优秀城市。

表 2-1 知网对智慧城市发文机构的排名统计

排名	发文单位	篇数
1	中国城市科学研究会	82
2	同济大学	76
3	北京大学	74
4	武汉大学	64
5	清华大学	59
6	南京大学	46
7	北京邮电大学	42
8	中国工业和信息化部	40
9	国际信息中心	38

关于智慧城市的研究，有不同的研究角度和切入点，每个学者都在自己擅长的领域，结合自己的专业知识对智慧城市的发展提出了对策与建议，下文将对智慧城市的研究领域进行梳理与分析。

2.1 智慧城市的核心概念

2.1.1 智慧城市的概念

对智慧城市的概念进行界定首先需要对"智慧"进行理解。在中国，"智慧"一词在战国时期就已出现，意为"聪明才智"。1999 年，上海辞书出版社出版的《辞海》对智慧的解释是：对事物能认识、辨析、判断处理和发明创造的能力；2004 年，商务印书馆出版的《新华字典》对智慧的解释是：对事物能迅速、灵活、正确地理解和解决的能力。人的智慧是受遗传和环境因素的影响，而机构、城市、国家的智慧则是受其历史、文化、科技和环境等多方面因素的影响。[①] 综上所述，智慧就是对事物的预测、判断、认识、理解、反应及创新等多个层次的能力。将智慧的特质应用于城市，就是一种能对城市发展及城市的问题处理有快速、敏捷的反应及创新的能力。智慧城市这一概念中的"智"应是侧重于智能化，"慧"则是侧重于人性化的关怀。这也刚好形成了有关智慧城市研究的不同学派的侧重点与研究重点。

① 赵大鹏．中国智慧城市建设问题研究［D］长春：吉林大学，2013（6）.

2.1.1.1 不同视角下智慧城市的概念

笔者在分析、研究了大量文献资料后发现，智慧城市没有统一的概念，不同的机构、学者从不同的视角和维度对智慧城市的概念进行了不同的界定。根据各种观点关注的侧重点的不同，智慧城市的概念界定可以分为两种：一种是三分法，侧重于“智的技术”、“慧的管理”及“智与慧”兼顾的概念；另一种是两分法，侧重于技术与理论的“智”和需求与行为的“慧”。表2-2对各种智慧城市的定义通过特性评价与提取关键词的方法进行了系统的梳理。

表2-2 常见的智慧城市概念

学者	对智慧城市的定义	特征评价与关键词
李德仁等	智慧城市是数字城市与物联网相结合的城市信息化的高阶形态。其通过在城市安装智能传感器形成辐射面广的“物联网”，利用超算与云计算的整合使数字城市与城市系统相关联，从而提高城市的智慧管理和服务水平。可以说，智慧城市就是物联网和互联网的有效加总①	城市信息化、物联网与互联网的融合、技术视角
许庆瑞等	智慧城市是一个立体城市，具备技术和社会属性两大特征：一是技术赋能；二是以人为本②	综合的立体城市概念、具有两大属性、技术与人文双重视角
杨冰之、郑爱军	未来的智慧城市是城市信息化的3.0，是一种基础设施完善高端、管理服务高效、产业发展良好、环境智慧友好、未来特质明显的新型城市形态③	城市信息化的新阶段、城市形态
骆小平	智慧城市是通过使用先进的科技改善城市不可持续发展状态，为公民提供便捷的城市生活，进而保证健康、合理、可持续发展的经济发展，和谐、安全、舒适的生活和科技、智能、高效的管理④	强调信息技术在智慧城市中的重要性
王世福	智慧城市是城市化发展的质量导向，通过这种导向可以建立由发展引导的城市空间有机体，该有机体的建立可以有效地、灵活地解决城市转型和发展中的各种难题，是应对城市化快速发展进程中突发状况的有效工具⑤	城市化发展的质量导向、城市空间

① 李德仁，姚远，邵振峰．智慧城市中国的大数据［J］．武汉大学学报（信息科学版），2014，2（6）．

② 许庆瑞，吴志岩，陈力田．智慧城市的愿景与架构［J］．管理工程学报，2012（4）．

③ 杨冰之，郑爱军．智慧城市发展手册［M］．北京：机械工业出版社，2012.

④ 骆小平．“智慧城市”的内涵论析［J］．城市管理与科技，2010（6）．

⑤ 王世福．智慧城市研究的模型构建及方法思考［J］．规划师，2012（4）．

续表

学者	对智慧城市的定义	特征评价与关键词
巫细波、杨再高	智慧城市的核心是通过利用新一代信息技术，用更智慧的方法和手段促进政府、企业和居民三方互相交流，进而准确、及时地了解其对城市的各种需求（如民生、环保、城市服务等），从而做出快速、智能的响应，提升城市整体运行效率，为居民创造更美好的生活①	以信息技术为手段的一种城市沟通与交互的方式
胡小明	智慧城市作为知识型城市的典型，其发展离不开信息化的广泛应用，但并不全是信息化的功劳，它是城市整体发展的结晶②	信息化、知识城市、全面发展
邬贺铨	智慧城市，放在首位的必然是城市本身，进行智慧城市建设时应提高对城市功能的关注度，重点培养有利于城市能力增长的推动力③	城市功能、城市能力增长的推动力
吴胜武等	智慧城市是通过新一代的信息技术改变政府、社区或企业和人们相互交互的方式，以提高交互的明确性、效率、灵活性和响应速度，是通过城市空间信息基础设施与城市空间设施等的结合，使政府、社区或企业、城市居民做出更明智的决策④	信息技术、提高城市的效率和响应速度，明智决策
王辉等	智慧城市的核心思想是充分运用信息技术手段，全面感测、分析、整合城市运行核心系统的各项关键信息，并对城市管理和服务、工商业活动、居民生活等各层次需求做出智能响应，为城市管理部门提供高效的城市管理手段，为企业提供优质服务和广阔的创新空间，为市民提供更好的生活环境⑤	信息技术手段、城市管理、市民、创新空间、生活品质
王家耀	智慧城市就是让城市更聪明，它是通过互联网把无处不在的被植入城市的智能化传感器连接起来形成物联网，实现对互联网物理城市的全面感知；利用云计算技术对感知信息进行智能处理和分析，实现网上“数字城市”与物联网的融合，并且发出指令，对政务、民生、环境、公共安全、公共服务、工商活动等在内的各种需求做出智能化响应和智能化决策⑥	互联网、物联网数字城市、智能化决策

① 巫细波，杨再高．智慧城市理念与未来城市发展［J］．城市发展研究，2010（11）．

② 胡小明．智慧城市的思维逻辑［J］．电子政务，2011（6）．

③ 邬贺铨．智慧城市的内涵与基础［J］．计算机光盘软件与应用，2014（19）

④ 吴胜武，闫国庆．智慧城市：技术推动和谐［M］．杭州：浙江大学出版社，2010．

⑤ 王辉，吴越，章建强．智慧城市［M］．北京：清华大学出版社，2010（4）．

⑥ 王家耀，崔晓杰．“互联网+”时代的地理时空大数据与智慧城市［M］//新常态下的测绘地理信息研究报告（2015）．北京：社会科学文献出版社，2016．

续表

学者	对智慧城市的定义	特征评价与关键词
成思危	广义的智慧城市包括以信息技术为先导的狭义智慧城市，但广义的智慧城市以人为核心与基础，并充分优化利用土地等载体资源以确保以资本为后盾的可持续发展，实施城市发展四大核心资源的联合优化，可取得比狭义智慧城市更好的综合资源统筹、协同利用，从而获得更好的发展改革红利①	以人为本为核心、四大核心资源、综合发展
吴余龙、艾浩军	智慧城市的基本内涵是以推进实体基础设施和信息基础设施相融合，构建城市智能基础设施为基础；以新一代信息通信技术在城市经济社会发展各领域的充分运用为主线；以最大限度地开发、整合和利用各类城市信息资源为核心；以为居民、企业和社会提供及时、互动、高效的服务为手段；以提高城市运行管理和综合服务水平、改善居民生活质量、提升政府行政效能、增强城市综合竞争力和品牌影响力为目标②	信息化、整合城市信息资源、服务、城市管理、城市竞争力

（1）侧重技术的智慧城市概念

在智慧城市的概念中，第一类概念侧重于对“智的技术”的评价。一般具有工科知识背景的学者较多持此类观点，其共同点是：新一代信息技术是智慧城市建设的基础与核心，智慧城市是通过构建完善、先进的智能化体系达到高效、精确、便捷的目的，他们会把智慧城市看作城市信息化、数字城市、智能城市的延伸。这类概念突出并强调了技术作为智慧城市建设的基础、核心的重要性，并且表达了城市发展与信息化科技之间的关联性；但缺点是夸大了城市发展中信息科技的重要性，忽略了智慧城市发展中的人性化因素，即“慧”的因素，如科学的顶层设计与规划、市民的需求和满意度、城市管理与服务等。这类概念的代表学者有李德仁、王家耀等。

（2）侧重人文、管理的智慧城市定义

在智慧城市的概念中，第二类概念侧重于对“慧的管理”的评价。一般具有人文地理、城市管理、城市经济学科知识背景的学者较多持此类观点，其共同点是智慧城市是通过新一代信息科学技术的应用，推动城市公共管理体系、公共服务体系等方面的深刻变革，从而为城市发展中存在的问题提供

① 成思危．广义智慧城市导论［M］．北京：人民出版社，2017.

② 吴余龙，艾浩军．智慧城市：物联网背景下的现代城市建设之道［M］．北京：电子工业出版社，2011.

解决途径。ICT 等技术只是城市管理的手段，不是目标，智慧城市真正的目标是建立全面、健康、以人人本的城市发展新模式。此类概念的优点是体现了智慧城市对人的关怀，更容易被市民和城市管理者理解、接受和认同；缺点是它们更像是对智慧城市愿景的描述，缺乏实现目标的建设途径。这类概念的代表学者有胡晓明、杨冰之等。

(3) 将“智的技术”与“慧的管理”相融合的定义

第三类概念主要是从智慧城市整体发展的角度进行阐述的，内容包括智慧城市建设的顶层设计、智能化的基础设施以及人性化的城市管理与服务。这些具体内容的层层建设，不仅有利于城市和居民的健康发展，还有利于二者的和谐稳定。这类概念的优点是兼顾了“智”与“慧”的关系，较完整地体现了智慧城市的全貌。这类概念的代表学者有许庆瑞、成思危、吴余龙、艾浩军等。

除了以上这种三分法外，也有学者通过两分法对智慧城市概念进行解读。一是强调智慧城市的城市文化、知识和生活等共享，将城市看作智慧共鸣的“管道”和知识创新的“孵化器”。二是认为“智慧城市”是基于数字城市、信息城市，并伴随着物联网、移动信息等技术的演进而产生的。大多数研究偏重于构建“智慧城市”所依赖的技术分析，从而应用于城市各子系统，以此推动城市的“智慧化”。

总而言之，智慧城市概念的种类很多，侧重点各不相同。学者们分别从技术应用、网络建设、建设效果、城市特征、建设目标等不同的研究重点给出了相应的概念。由于学者的研究视角不同，智慧城市的概念反映的重点与诉求也是不同的。例如，优先进行信息化建设的城市，在进行智慧城市建设时，更加突出以人为本和可持续发展的重要性。反之，则更加强调信息建设。因此，对智慧城市概念的理解需要综合多方面因素，智慧城市在本质上有别于智能城市，不是简单地对智能化信息技术的应用，还应将以人为本、可持续发展等思想也囊括其中。

2.1.1.2 部分省市出台的智慧城市规划中的定义

随着智慧城市试点的不断实践与规模化建设的推进，各省市结合自身的建设目标和建设规划，使智慧城市也有着地方化与特色化的理解和概念。在国家级层面，由国家发展改革委、工业和信息化部等八部委联合下发的《关于促进智慧城市健康发展的指导意见》站在应用技术、建设目标和特征角度给出了智慧城市的新定义。部分省市也积极践行试点智慧城市，并在建设期内推出建设总体规划或者建设方案，如广东省的《推进珠江三角洲地区智慧城市群建设和信息化一体化行动计划（2014—2020 年）》、山东省的《智慧城市体系规范和建设指南（试行）》、南宁市的《“智慧南宁”建设总体规划（2014—2020 年）》、沈阳市的《辽宁省沈阳市建设实施方案（2015—2017 年）》中均对智慧城市做出了相应的概念界定（见表 2-3）。这些概念是各省市根据自身具体情况、建设目标以及建设中的难点所提出的关于智慧城市建设的观点。

表 2-3　国家及部分省、市实践与政策中对智慧城市概念的界定

规划主体	有关智慧城市建设的规划	对智慧城市概念的界定
国家发展改革委、工业和信息化部、科技部、公安部、财政部、国土部、住房和城乡建设部、交通运输部	《关于促进智慧城市健康发展的指导意见》	将信息技术应用到城市规划、管理和服务中，寻求智慧管理的新理念和新模式，实现便捷化的公共服务、精细化的城市管理、智能化的基础设施等目标
南宁市	《“智慧南宁”建设总体规划（2014—2020 年）》	智慧城市是一种新型的城市管理模式：在信息技术和知识经济背景下，以网络融合为基础，以信息资源综合应用为特征，以智慧技术、智慧产业、智慧服务、智慧管理、智慧生活等为重要内容
沈阳市	《辽宁省沈阳市建设实施方案（2015—2017 年）》	以“互联网+”作为创新引擎，以信息互通和资源共享为重点，实施新进的信息基础设施体系和便捷高效的城市管理与民生服务体系
广东省	《推进珠江三角洲地区智慧城市群建设和信息化一体化行动计划（2014—2020 年）》	智慧城市是推进信息基础设施、公共服务平台、信息网络应用的一体化发展
山东省	《智慧城市体系规范和建设指南（试行）》	设计有效的智慧应用方案，对城市进行感知、建模、分析、集成和处理，以更加精细和动态的方式提升城市运行管理水平、提高市民生活质量，促进城市科学发展

2.1.1.3　对智慧城市概念的总结

从对智慧城市概念的梳理可以看出，智慧城市的概念仍处于具体的实践与讨论阶段，由于每个概念提出者的知识背景与思考问题的角度不同，形成了对智慧城市概念不同的界定。但它们有共同点和交叉点，即这些概念均认为运用新一代信息技术对城市公共管理与服务领域进行智能化建设是智慧城市的出发点，实现城市可持续发展与提升居民生活品质是智慧城市的落脚点。

将各个概念进行综合分析，可得出以下结论：

(1) 从城市发展进程角度看，智慧城市是城市发展的高级阶段，是城市发展的新模式和新形态，是信息化应用于城市的新发展、新阶段。

(2) 信息技术是实现智慧城市的技术手段和必备条件，智慧城市建设需要将新一代信息技术作为城市发展的基础加以应用，以实现城市的全面感知、全面互联。

(3) 智慧城市对提高未来城市综合竞争力有着重要意义。经历城镇化后，城市面临着众多问题，如资源、人口转移、就业等，智慧城市的建设成了解决以上现实问题的“利剑”，智慧城市建设对加快城市经济与社会转型也有重要意义。

(4) 智慧城市建设是建设新型城市的手段与目标。智慧城市可以实现城市可持续发展，其能实施人性化管理、提供便捷的生活环境，最终实现人与人、人与城市、人与自然的高度融合。

(5) 城市科学研究的理论基础是人与环境之间相互关系的研究。① 因此，学者们应从更为全面的角度深入研究“智慧城市”这一课题，要更加强调在智慧城市构建过程中市民扮演的角色及发挥的基础性作用。

2.1.2 与智慧城市相关的概念

作为城市进化的结果，智慧城市是在数字城市、信息化城市的基础上逐步发展而来的（见图 2-3）。在不同的时期、不同的经济发展背景下，城市的形态也各具特色。虽然智慧城市与数字城市、虚拟城市、感知城市、信息城市、智能城市等概念容易混淆，但它们在本质上存在一定的区别。这些城市的共同之处在于它们均以信息通信技术作为城市系统智慧化运转的核心，在理念上始终围绕着技术的整合需求，关注如何通过技术的运用提升城市竞争力，但在具体的内涵、理论框架、研究内容及关注要点上均不一样。从绿色发展方向来看，智慧城市的绿色生态特性与生态城市、低碳城市相似度极高；从行业角度来看，智慧城市概念易与电子政务、智能交通等行业信息化混淆。但每种城市概念都有着不同的产生背景与社会环境，在本质上是不同的，智

① 孙中亚，甄峰．智慧城市研究与规划实践述评［J］．规划师，2013（2）．

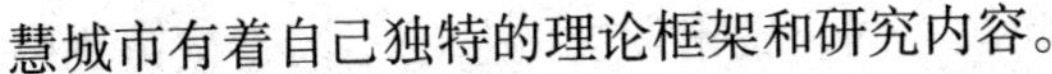

慧城市有着自己独特的理论框架和研究内容。

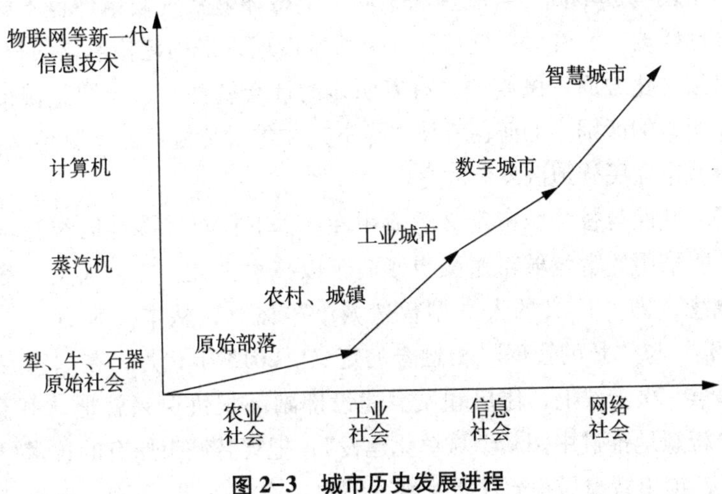

图 2-3　城市历史发展进程

2.1.3　民族地区智慧城市概念的界定

在智慧城市实践的深化下，学者们对智慧城市的研究也越发广泛和深入。以“智慧城市”为主题在中国知网学术期刊网总库进行论文精确检索，2005 年有相关论文 2 篇，2010 年有 46 篇，2011 年升至 212 篇，2012 年为 416 篇，2013 年为 941 篇，之后一直处于上升状态，2015 年处于高峰期，研究成果成倍增长，因此可以看出，智慧城市已然成为研究的热点。其中，涉及的基金有国家自然科学基金、国家社会科学基金、国家科技支撑计划、国家高技术研究发展计划、国家软科学研究计划等国家级层面的基金项目及各省市的自然及社会科学基金。

智慧城市的概念、理论已形成以“智能化的技术”和“惠民化的城市管理”两大内容为主导、较完整的研究体系，成果颇丰，但是研究对象与研究区域更多的是东部地区城市，关于西部民族地区的智慧城市研究几乎为空白。在知网中继续以“民族地区智慧城市建设”为主题进行精确检索，显示没有相关的文章，这与研究总量相比，呈现严重不足。所以民族地区智慧城市建设的研究是非常欠缺的。因为绝大部分民族地区城市本身先天不足，城市底子较差，智慧城市建设较东部地区较晚。智慧城市作为城市发展中的新方法、新手段，还属于早期实践与创新阶段，但东部地区城市在这方面已经走在了前列。但是，必须认识到民族地区的智慧城市建设是存在一定特殊性的，正如其新型城镇化进程一样，与东部地区是存在很大差异的。民族地区建设智慧城市与东部地区相比所面临的问题不同、城市发展的基础不同、城镇化路径不同、市民构成不同、自然资源不同、生态环境及气候条件也不同。一系列的差异性需要一套针对民族地区的智慧城市理论来构建特色化的智慧城市。尤其在民族文化方面，民族地区有着明显的社会属性，这与智慧城市的技术属性存在明显的区别。如何在科技主导下，注重对传统民族文化传承与创新，也是智慧城市在民族地区发展的亮点。

根据区域性与智慧城市定义的适用性，本书在对民族地区智慧城市进行分析时，所采用的智慧城市定义更倾向于以技术为辅，侧重人文、管理的智慧城市概念，即“广义的人文型智慧城市”概念，从本质来看，它也属于“智的技术”与“慧的管理”相融合的定义。2013 年 5 月，在国家智慧城市试点工作第一次会议上，住房和城乡建设部副部长仇保兴就把“智慧城市”阐释成“智慧地推进中国新型城镇化建设”，把智慧城市原有的技术概念完全虚化掉了，提出智慧城市要注重系统、绩效、适宜。① 这个观点可以帮助我们在情况复杂的民族地区城镇化中，对智慧城市概念有一个正确的认识和把握。

西班牙哲学家费尔南多·萨瓦特尔在其《哲学的邀请》一书中区分了信息、知识和智慧，认为三者是一个由低到高的序列：信息是事实，知识是对信息即事实的反思，智慧则是知识选择和我们价值观的关联；从知识上升到智慧，需要一个与现实生活联系、与价值观和世界观同化顺应的过程。也就是说，信息和知识关乎事物，智慧则关乎人生，有信息、有知识不等于有智慧。② 有知识是有智慧的必要条件，即使到了信息社会和知识经济时代，信息和知识也只有与人的活动和观念联结起来才能实现智慧化。可见，智慧城市绝不仅仅是以新一代信息技术为支撑的信息系统集成。费尔南多·萨瓦特尔的理论观点对于理性地解读民族地区智慧城市的概念与内涵具有重要的指导意义，正是这个理念让我们明白，不能一味地强调技术至上，从而忽略对特殊地区城市的人文关怀与管理，要重视民族地区人的因素，一面抓人的素质，一面尊重人的需求。

2.2 智慧城市内涵的解读

2.2.1 智慧城市内涵的结构

基于人们对未来城市发展的向往和追求，智慧城市在城市化进程思维成

① 郭理桥．城市发展的智慧化（信息化蓝皮书）［M］．北京：社会科学出版社，2016.

② 费尔南多·萨瓦特尔．哲学的邀请［M］．北京：北京大学出版社，2007.

果中，又融入了新的发展理念和信息技术成就。其不仅符合了以人为本的核心宗旨，还有利于提升公共管理服务与整体运营水平，进而促进发达的现代产业体系的构建，不断成为一个创新、高效的城市系统。

基于智慧城市的各种概念以及国内外智慧城市实践经验和建设理论，可以发现，智慧城市是在先进理念的汇聚融合中逐渐形成的城市可持续发展新形态，其具备丰富的内涵。对智慧城市内涵的解读包括：建设背景、建设基础、建设目的、建设关键、建设核心五个内容（见表2–4）。

表2–4 智慧城市内涵结构体系

智慧城市体系要素	关键内容和评价目标	城市发展形态
智慧城市建设背景	城市经济社会发展难题亟待解决 居民物质文化需求不断增加 资源环境压力日益增大 全球信息通信技术、知识经济、信息社会的加速发展	问题城市 +威胁城市 +机遇城市
智慧城市建设基础	城市基础设施的充分感知 城市信息网络互联互通 信息资源深度整合 知识管理普及深入 创新及学习理念普及深入	感知城市 +互联互通城市 +信息城市 +知识城市 +创新与学习型城市
智慧城市建设目的	政府角度：提高管理水平、提供优质服务 企业角度：现代化经营，实现产业优化 居民角度：提高人文素质 资源环境角度：实现资源环境绿色友好	现代城市 +品质城市 +人文城市 +生态城市
智慧城市建设核心	充分运用现代化信息技术、最大限度地开发利用信息和知识资源	信息强市 +知识强市
智慧城市建设关键	政府角度：推动城市管理服务、高效决策、智能化、协同化和精准化 企业角度：产品服务高知识、高科教、高效益 居民角度：普及深化信息、知识获取与利用能力建设实现智慧生活 资源环境角度：生态与环保	效率城市 +高效城市 +教育城市 +环保城市

2.2.2 智慧城市内涵

（1）智慧城市是一种可持续的发展模式。智慧城市作为新型城市的发展模式，强调绿色、生态与可持续性发展。

（2）智慧城市是一种新型的城市治理创新方式。智慧城市作为新型城镇化建设的一部分，通过协同办公，利用云计算、大数据等现代化信息技术，为城市管理服务。

(3) 作为复杂的城市系统，智慧城市的有效运行要求信息技术与其他资源要素优化配置并共同发生作用。为了实现城市的全面感知、全面互联，智慧城市的建设应以新一代信息技术为基础，要将新一代信息技术辐射到城市建设的各个领域。

(4) 智慧城市具有技术与社会的双重属性。智慧城市是科技与人文的融合，要同时重视技术属性和社会属性，而不能仅仅崇尚科技。

综上所述，智慧城市的本质在于信息化与城市化的高度融合，是新一代信息技术发展和知识社会创新2.0环境下，城市信息化向更高级发展的表现。

2.3 基于城市营销产品理论的智慧城市新内涵

如果把智慧城市看作一个独特而有创意的产品，那么结合城市营销观念，在智慧城市建设之前不应该盲目追风，而应该充分调研，了解市民的切实需求，针对城市的特殊情况因地制宜采取有效的战略战术。建设好之后，更要大力宣传，让建成的智慧城市与市民的使用能有效结合，让智慧城市能落到实处，能根据人口的不断增加、城市的不断发展，实现智慧城市不断升级与可持续性发展。依据城市营销产品整体概念的五个层次，可以为智慧城市构建一个五层次模型（见图2-4），同时智慧城市也可以此为指导，切实有效地进行建设。

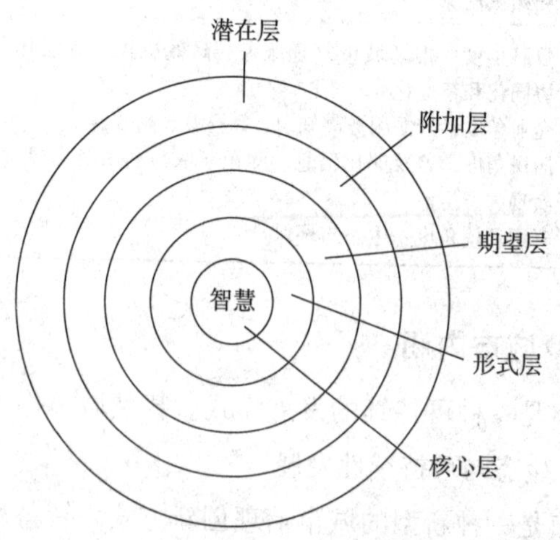

图2-4　智慧城市五层次模型

2.3.1 城市营销视角下对智慧城市的新认识

在智慧城市五层次模型中，任何一个层面都不能单独存在，它们是一个整体，只有五个层次全都做好才可以更好地实现城市功能。有许多城市在城市建设与规划中盲目关注数量，而忽视质量；关注技术，而忽视人文；关注表面，而忽视本质。城市营销视角下的智慧城市层次结构模型正好是从内部的核心延伸到外部的，因此可以更加细致地解释智慧城市的概念与内涵。

智慧城市的每个层面都要做好，要实现数量与质量的统一、技术与人文的融合、表面与本质的一致。因此，本书将从概念理解及表现方面对智慧城市层次进行分析，具体如表2-5所示。

表2-5 智慧城市层次、解释及表现分析①

层次	解释	表现
核心层	最核心、最基本的功能属性和利益	城市给市民、游客提供最核心的功能：安全便利、宜居、宜游、绿色
形式层	核心层功能利益的外部载体与表现形式	智慧基础设施、城市公共服务、智慧城市环境
期望层	使用前后的感受差别	对市民满意度的测量；与市民的沟通、反馈
附加层	智慧城市带来的额外附加利益	促进新型城镇化、创建独特城市文化、解决“城市病”的良性循环
潜在层	智慧城市的升级与发展	城市智慧地自我纠错和不断自主完善的持续性状态，形成共生、共治、共赢的生态城市体系；可持续发展

2.3.2 智慧城市的五层次内容

（1）核心层，把握智慧城市的本质内涵

智慧城市核心层是指城市最核心、最基本的功能属性和利益。智慧城市带给人们最基本的功能、利益是“实现以用户创新、开放创新、大众创新、协同创新为特征的，以人为本的持续创新，塑造城市公共价值并为其间的每一位市民创造独特的价值，实现城市与区域可持续发展”。在智慧城市建设之初就应该明确这个理念，智慧城市既不是样子工程，也不是城市之间盲目的

① 杨娟丽．基于产品营销视角的智慧城市：城市管理研究第二辑［M］．上海：华东理工大学出版社，2017.

从众行为，它是为市民创造独特价值的社会体系。智慧城市建设的核心是考虑它的便捷性、高效性和开放性，全面提升城市的内在品质。其目的是通过信息技术手段，促进城市建设、规划、管理的智慧化。

（2）形式层，建设好智慧城市的各个方面

智慧城市的形式层是指核心层功能利益的外部载体与表现形式。智慧城市的核心功能表现需要通过智慧城市建设的方方面面来承载，要以城市的信息流为载体，使城市物质、资金等流动和交换，促进城市自然系统、社会系统、经济系统的安全、高效运行，从而为市民提供满意的服务。智慧城市是一个庞大的系统工程，住房和城乡建设部发布的《智慧城市评价指标体系 2.0》中提出了智慧城市建设的六个维度，分别为公共管理、信息服务、城市人文、科学素养、市民主观感知、软环境建设，正好体现了智慧城市建设的六个方面。所以，智慧城市要做到真正为市民服务、为市民创造价值就应该从这六个方面进行建设。具体体现为：市民可以通过电子手段便捷地获取政府管理服务的相关信息，并且可以基本实现网上办理一些行政审批事项；网络基础设施非常完善，城市家庭光纤接入和公共场所无线网络覆盖率较高；市民出行可以实现智慧出行，城市智能公交站牌比例较高，市民可以轻松便捷地获得交通出行信息；市民可以享受智慧医疗带来的便捷性，较高比例的医院和机构实行了电子病历，市民可以轻松便捷地获得就医信息；市民可以通过智慧能源建设便捷地使用家庭的水、电、天然气智能表，城市建筑的数字化节能率较高；发展智慧经济，促进地方传统产业升级和新兴产业落地；城市有完备的组织架构和领导机制，并且经常可以举办一些论坛、培训等学术会议以增加城市的软实力建设；城市能做到智能预警，如对环境质量监测、重大突发事件的应急处理等。以上内容可归纳为：提供便捷的公共服务、精细的城市管理、舒适的生活环境、智能的基础设施和长效的网络安全。智慧城市的形式层正是这些可以让市民感受到智慧城市给他们带来实惠和幸福生活的方方面面。

（3）期望层，关注智慧城市市民满意度建设

智慧城市的期望层，主要通过对市民满意度的测量来评价。智慧城市作为一种新型城市形态，必须以人为中心，强调尊重人、解放人、依靠人，走以人为本的可持续发展道路。智慧城市是关乎政府、企业和市民三者的城市系统，所以一个智慧城市的建设是否成功，不应该仅仅通过评价指标进行评比，还应该从市民的感知角度评价政府的顶层设计是否有效，智慧城市管理是否让市民更加便捷、受惠。在互联网时代下，随着社会经济和法治民主发

展水平的不断提高，公众参政议政的意识和能力越来越强，人们日渐明显的个性化需求和对高质量生活的追求，要求政府回归服务角色，加强信息数据公开分享，为公众参与创造多渠道、多平台，提升城市质量，为提高公众幸福指数努力。因此，在期望层面，政府要多与市民沟通，让智慧城市能够满足市民对城市生活的需求，政府要有战略部署，来改善人居环境，尽心尽力为老百姓谋福利，让市民可以感受到自己生活的城市是一个宜居易行、安居乐业的城市。

（4）附加层，实现智慧城市的附加利益

智慧城市的建设应该给整个社会带来附加的利益。首先，它可以促进新型城镇化的发展，解决城镇化进程中产生的一系列“城市病”。智慧城市可以利用新一代信息技术，提升整个社会的创新能力。其次，有成效的智慧城市可以体现出一个城市的独特文化内涵。智慧城市的建设原则应该是“一个城市一个模式”，每个城市都有其与生俱来的问题，那么就应该有独特的智慧城市模式，所以在利用信息技术的同时，还要体现出城市的地域性文化，而不是“千城一面”，互相复制。智慧城市应该是有生命力的软实力的体现。再次，智慧城市的有形层面强调了其每个层面的智慧路径与实现内容的方式，但在智慧城市不断建设的过程中，我们会发现其带来的溢出效应，如大数据、互通的网络会让政府在未来的城市管理中具有主动性，如建立的网络敏感词库，可以让政府对很多事件的发生做好事前的预警，又如对一些城市的“灾难性问题”（踩踏、突发的爆炸等），智慧城市系统可以很好地进行预测、预判与防控，对于高峰期旅游拥挤，也可以用大数据进行预测，从而实行错峰旅游，平衡需求。最后，智慧城市建设给整个社会带来了红利，让整个城市的运营能力增强，让城市的运营效率提高、成本下降，同时也给市民带来幸福的生活，让社会、城市处于良性循环之中。从长远来看，智慧城市一旦建好，政府的投资成本是不断下降的。

（5）潜在层，关注城市的可持续与绿色发展

智慧城市的建设是一个漫长的过程，不是一蹴而就的，因此在整个建设周期中，需要考虑智慧城市自身的升级问题，考虑是否可以随着外界环境的不断变化，随着老百姓的生活意识与形态的不断改变，随着新问题的不断出现，项目和工程根据智慧城市发展路径发生演变，同时还要权衡城市的发展状况，适时进行动态的补充和调整。智慧城市对新技术的高度运用，激发出了更多的社会服务需求，而需求又不断要求技术进行改进。因此，智慧城市的潜在层面就是城市是否以智慧的方式自我纠错和不断自主完善的持续性

状态。

综上所述，从城市营销视角衡量智慧城市的概念，有如下几点需要注意：

第一，基于城市营销理论的智慧城市更关注市民的满意度与城市的公共需求。

第二，要立足于城市需求，着重发展城市特色，因地制宜、实事求是地进行智慧城市建设。尤其是经济较为落后的民族地区，智慧城市的建设更应该从城市最急需解决的首要问题着手，而不是盲目地学习东部地区的发达城市。

第三，要注重对智慧城市中“技术”与“文化”关系的处理，城市优秀的传统文化更需要通过技术手段来传承。

2.4 智慧城市的特征

2.4.1 IBM 提出的智慧城市的基本特征

IBM 将智慧城市的特征总结为四个方面：全面感测、完全整合、激励创新和协同运作（见图 2-5）。[①] 具体来说，就是智慧城市首先要通过传感设备对城市的各种信息有感知，将城市各种公共设施通过物联网的形式相互整合，从而对城市运行的核心系统获得全面的感知。之后，还需要连接城市的物联网和互联网，对数据进行整合。而城市发展的不竭动力是依靠鼓励政府、企业和个人在智慧的基础设施上进行科技和业务的创新应用与创新协同。

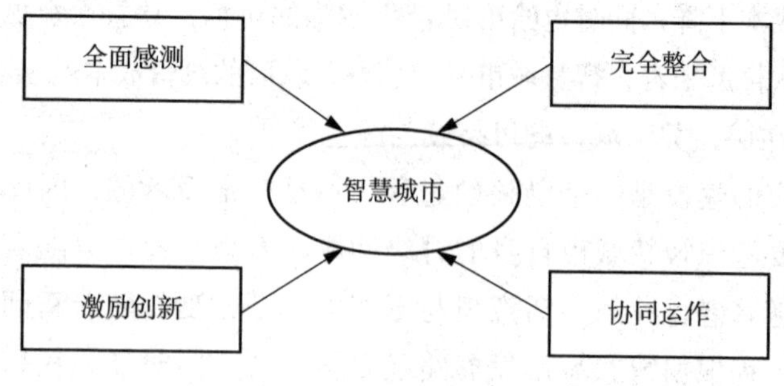

图 2-5 IBM 智慧城市特征

① IBM 智慧城市报告。

2.4.2　智慧城市引申的人文特征

IBM 对智慧城市特征的理解更多地偏向于智能化与技术化。我国应立足于中国国情，发展智慧城市时应多考虑中国特色，要从新型城镇化角度出发，在经济社会发展战略和城市发展的大趋势下，采取科技手段，通过改善城市环境、完善基础设施、营造和谐的人文环境解决智慧城市建设中出现的问题，建设一个可持续发展的、绿色生态的、宜居宜游的现代化城市。因此，新时期的智慧城市具有如图 2-6 所示的人文特征。

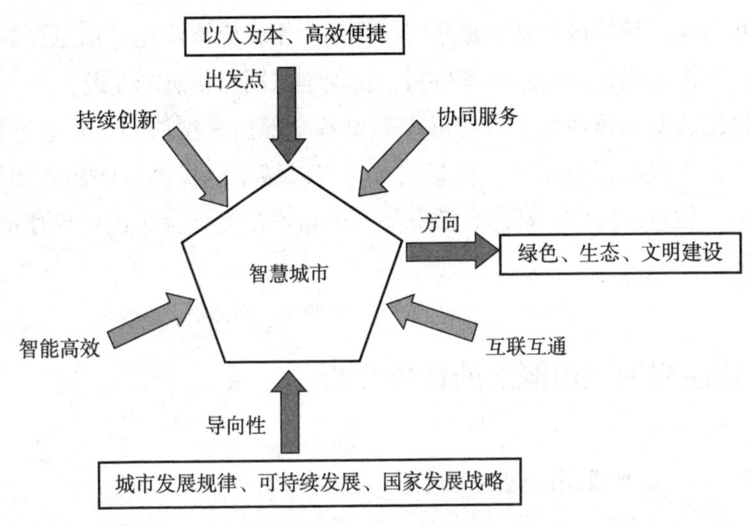

图 2-6　智慧城市的人文特征

以城市发展规律为基础。智慧城市发展要把握基本方向与城市发展的基本规律，要因势利导，把握智慧城市的本质内涵与方向，它不是简单的技术应用，而是要与国家的发展战略相连，要符合新时代城市的发展趋势，要始终坚持可持续发展。

人本主义。城市是人们生活的重要空间，为人们提供各种服务，智慧城市不能忽略城市的本质，要更人性化地借助信息技术实现城市服务。在信息技术的支撑下，智慧城市应该更关注人本主义，关注市民的衣、食、住、行，关注城市的运行是否可以为居民带来切实的便利性。只有比以前更方便、更智能化，智慧城市建设才是真正达到目的。

绿色、生态、文明。智慧城市的绿色、生态、文明特征必然是区别于传统工业城市的绿色与生态的，在智慧城市的建设过程中要更好地解决城市的资源、环境、生态等一系列问题，以促进文明城市的建设。

持续创新。持续性创新也体现在社会有创新氛围、注重对科研的投入，注重引进创新型技术人才上，企业、个人都有较强的创新意识，积极参与创新活动。

智能高效。在城镇化的影响下，不断增加的城市人口规模必然会提高城市公共服务的成本，智慧城市应该以高效的手段解决市民最关心的城市公共产品问题，要依托信息技术平台，整合各种数据，实现智能化服务，保证城市服务的智能高效化。

相互连通。智慧城市是对物联网的具体应用，应该避免“信息孤岛”，要建立统一标准，构建起信息共享机制，实现物联网与信息的互通。

以协同服务为源动力。智慧城市需要各个部门高度协同，并通过创新服务手段更好地提高管理水平。智慧城市具有以城市居民为本的服务属性，其应从交通、教育、医疗、社区、政务等多个角度出发，为市民提供便捷生活、便利服务。

2.5 其他相关城市概念的比较分析

2.5.1 智慧城市与数字城市

“数字城市”概念起源于“数字地球”，可以大致分为以下三类：

第一类，认为数字城市是智能化的城市系统。此类观点认为，数字城市是一个具有智能化特性的城市大系统，为城市运营管理服务，对城市产生的各种信息进行整合和分析，对城市问题进行一定的分析计算，并提供解决的方案建议。

第二类，认为数字城市就是城市信息化，是将信息技术应用于城市建设的各个方面。一方面是各种基础设施建设的信息化，例如，互联网、信息系统、数据库等；另一方面是社会因素的信息化，例如，社会经济关系与社会文化发生了变化和调整。

第三类，认为数字城市是一种新的城市发展观，是从城市发展理论的视角重新界定了数字城市，没有单一强调信息化和智能核心。这类概念认为数字城市是在已有的物质城市基础上，受到社会、科技、政治、经济等多重因素共同影响产生的新城市形态。

数字城市是智慧城市的基础，智慧城市是数字城市的延伸、拓展和升华。因此，两者的主要区别在于：数字城市着眼于城市基础和信息数据建设；智慧城市是将数字城市建设的基础加以应用，融入更多的思维、理念、要素，来实现城市的可持续发展。可以从社会背景、实质内涵、发展目标、技术支撑、实际结果五个方面对数字城市和智慧城市进行区别，具体如表2-6所示。

表2-6　数字城市与智慧城市的区别

方面	数字城市	智慧城市
社会背景	信息技术和信息产业的竞争及拉动经济增长等	产业结构调整及后金融危机时代提振经济信心的引擎等
实质内涵	用计算机和网络渠道代替传统的手工流程操作	用智慧技术取代传统需要人工判别和决断的任务，达到管理最优化
发展目标	以电子化和网络化为目标	以自动化和决策支持为目标
技术支撑	卫星遥感、互联网、海量数据、存储、虚拟技术	感知技术、物联网技术、下一代互联网和大数据、云计算技术
实际结果	实现信息资源的数字化建库管理	信息采集和动态监控、数据分析、互联协同、智慧化地开发和预测、决策支持

2.5.2　智慧城市与智能城市

与智慧城市较相近且易混淆的概念是智能城市。智能城市始于20世纪80年代的智能建筑领域，20世纪90年代中后期出现了关于“智能小区”的研究。智能城市是指建立在高度发达的信息网络和智能技术基础上，以知识、信息、人才为核心资源，城市管理和运行智能化，经济、社会发展与生态系统高度协调的现代城市。智能城市是把城市看作一个有机体，不断培养它的监控、学习、反应、调整和适应能力等。智能化的信息系统是可以代替人自动处理事务的，如智能电网、智能交通等都是自动化系统，城市的智能化程度越高，居民的生活工作就越便捷、高效。智能城市与智慧城市最突出的差别在于，智慧城市强调人的因素、体现人文关怀，这也是智慧城市的最主要特征。因为只有人才能谈得上智慧，而物只能谈智能水平。

综上所述，智慧城市是“智”与“慧”协同发展的城市，是比智能城市更高级的城市发展模式。数字城市、智能城市和智慧城市是城市信息化进程中的不同阶段，数字城市强调实现城市运行与管理的可视化、数字化和网络化。在数字城市的基础上，智能城市更看重智能决策与支持、知识生产、自动化控制等。而智慧城市是城市信息化的高级阶段，在数字城市、智能城市的基础上，强调通过动态感知实现对城市各个构成要素的动态管理，以人为本和实现可持续发展是其内在的核心价值。

通过对相关城市概念的比较分析，可以更好地说明本书对民族地区智慧城市概念界定的初衷，智慧城市的“人文”核心因素，更符合民族地区的特殊环境背景。

2.6 智慧城市评价指标

在技术与信息化水平较高的西方国家，很多城市很早就启动了智慧城市的建设与评估工作。国外智慧城市评估工作多由大学研究机构、城市发展智库、科研机构等进行，他们在对众多智慧城市的建设状况进行跟踪、观察及分析之后，对智慧城市发展建设进行了经验和教训的总结，并评估了智慧城市的价值意义，由此对智慧化建设的先进理念进行传播。评价智慧城市建设水平的具体指标如下。

2.6.1 ICF 评价指标

ICF（Intelligent Community Forum）是指智慧社区论坛，由其进行的“智慧社区评估”是评估智慧城市建设的重要且较早的代表指标之一。该论坛每年都组织智慧社区进行评选活动。其评价智慧社区发展水平的指标体系包括宽带连接、知识型劳动力、创新、数字包容、营销和宣传 5 个维度(见图 2-7)。在此基础之上又细化为 18 项分指标。[①] 从整体特征来看，ICF 评价指标更加偏重于定性指标，多数从政府与企业角度出发，民众参与城市管理的内容则较欠缺。

通过对 ICF 的智慧城市评估指标体系分析可知，ICF 主要从以下几方面对智慧城市进行评估。

（1）该城市能够适应互联网经济的挑战。

（2）该城市将宽带经济的发展作为扩大就业和提速经济增长的必要手段。

（3）该城市的社区居民、企业和政府之间有适用的文化。

（4）该城市能在竞争激烈、变化多端的经济环境中，具有平衡新兴产业与传统力量的推动力。

（5）该城市不仅要加强宽带等基础设施的建设，还应加大人力、物力的投资，进行非技术方面的发展，如城市的营销与宣传。

---

① 龚炳铮．智慧城市评价指标和评估方法的探讨［J］办公自动化，2015（1）.

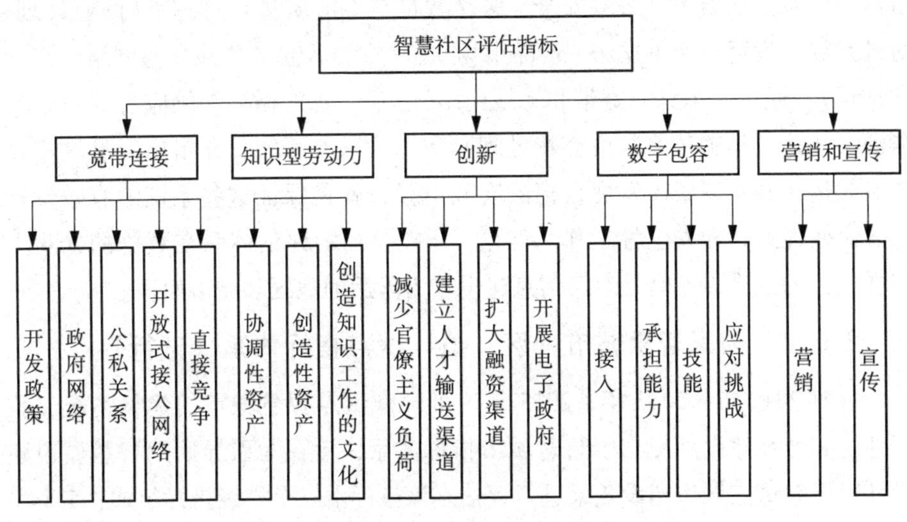

图 2-7　ICF 的智慧城市评估体系

2.6.2　欧盟中等智慧城市评估指标

2007 年，维也纳理工大学区域研究中心与荷兰代尔夫特理工大学等机构合作，选取了欧洲一些居住规模小于 50 万人的中等城市开展智慧城市发展状况研究，并对评估结果进行了排名，制造一种竞争意识，以帮助那些排名靠后且在发展中存在问题的城市寻找自己的不足因素。评估指标总体分为智慧产业、智慧民众、智慧治理、智慧移动、智慧环境和智慧生活 6 个一级指标，然后细化为 31 个二级指标和 74 个三级指标。该评价指标具有明确性和数量化的特征，具有较强的可操作性，并且首次增加了注重民众体验的指标因素，其评价指标体系较前期的研究而言，有了更大的扩展，如更注重打造并创新智慧城市基础设施建设，强调绿色、低碳的生产和生活模式，鼓励和倡导社会力量参与。① 不足之处在于：个别指标的数据难以获得；城市发展的制度、文化、环境等因素有些缺失；个别指标的地方色彩过于浓重，只适合在欧洲地区使用。

2.6.3　IBM 的智慧城市评估标准和要素

IBM 的评估体系同 ICF 与欧盟指标相比，不是正式的智慧城市评估指标体系。IBM 于 2009 年 8 月发布了《智慧的城市在中国》白皮书，提出智慧城

① 资料来源：智慧城市评估指标体系研究报告（2014），中国评测软件中心。

市建设应该基于居民（公共安全、医疗教育与生活质量）、商业（商业计划、对外开放、投资、劳工立法、产品市场立法等）、运输（公共交通网络、海运和空运）、通信（电话、宽带和无线网络）、水（水的循环、供应与清洁）和能源（生产、运输体系与废弃物处理）等六大核心系统，并指出促进城市系统有效运转和实现城市发展目标的有效手段，就是保证这些系统的有效性运行、高效性运转和安全性运作。但是，IBM 公司的评估体系在数据的采集上存在很大的困难，尤其是对于信息建设较为落后的地区和城市而言。

2.6.4 国家智慧城市（区、镇）试点指标体系（试行）

针对 2012 年、2013 年、2015 年三批国家试点智慧城市的建设情况，我国住房和城乡建设部提出了智慧城市指标体系，旨在为引导后期智慧城市建设和对已有试点城市建设效果进行评估。该指标由三个层级指标组成：5 个一级指标，11 个二级指标，57 个三级指标。由此可见，该指标体系内容庞杂，涉及方方面面，但涵盖面太大，对于很多城市并不适用。尤其是民族地区城市的各项指标不够健全，无法提供相关数据。

2.6.5 工业和信息化部《智慧城市评估指标体系（征求意见稿)》

该指标体系的理论框架是 SMART 模型，即采用了理论模型中的基础、管理和服务 3 个主要因素，形成了智慧准备、智慧管理和智慧服务 3 个一级指标，网络环境、技术准备、公共平台、保障条件、城市管理能力、建运营用管理、个人服务和企业服务 8 个二级指标以及 45 个三级指标。这个评价指标的技术性较强，过于关注对信息化能力的考察，对其他领域有所忽略，因此操作上也存在难度。这种过于信息化的技术指标并不是很适合经济与信息技术落后的民族地区。

2.6.6 上海浦东智慧城市研究院《智慧城市评价指标体系 2.0》

《智慧城市评价指标体系 2.0》是在《智慧城市指标体系 1.0》基础上发展而来，其评价指标体系主要可分为智慧城市基础设施、智慧城市公共管理和服务、智慧城市信息服务经济发展、智慧城市人文科学素养、智慧城市市民主观感知、智慧城市软环境建设 6 个维度，包括 18 个要素、37 个指标。该指标中的许多主观指标无法搜集，并且难以进行量化处理。

2.6.7 南京市信息中心《智慧城市评价指标体系》

南京市信息中心在研究各类智慧城市的特征、建设思路、信息化建设水平的基础上，充分借鉴国内外智慧城市的评估方法，从网络互联、智慧产业、智慧服务、智慧人文 4 个方面构架了评价指标，并形成了 21 个二级指标。该指标体系对南京智慧城市进行了实地测评，但缺少对城市管理运行方面的评价，对其他城市的实用性也有待考虑。①

2.6.8　《新型智慧城市评价指标（2016 年）》

《新型智慧城市评价指标（2016 年）》是由国家发展改革委、中央网信办、国家标准委员会联合发布，按照“以人为本、惠民便民、绩效导向、客观量化”原则形成了由客观指标、主观指标与自选指标三部分构成的指标体系。该指标体系包括惠民服务、精准治理、生态宜居、智能设施、信息资源、网络安全、改革创新和市民体验 8 个一级指标，21 个二级指标。

2.6.9　其他机构及专家对智慧城市评价指标体系的研究

除了以上内容外，还有其他一些机构或学者对评价指标也进行了研究。赛迪公司（2012）发布的《中国智慧城市发展评价与研究报告》，将智慧城市评价指标体系分为通用指标与特色指标两部分，通用指标包括 5 个一级指标、16 个二级指标和 57 个三级指标；特色指标包括特色环境、特色产业、特色服务、市民幸福、城市治理等几项特色工作的加分项。国脉互联智慧城市研究中心（2015）发布的《第五届中国智慧城市发展水平评估报告》中，将智慧城市评价指标体系分为智慧基础设施、智慧管理、智慧服务、智慧经济、智慧人群、保障体系 6 个指标和一个加分项，其下共有 16 个二级指标。

李贤毅、邓晓宇（2011）建立了由泛在网络、智慧应用、公共支撑平台、价值实现 4 个维度组成的智慧城市评价指标体系。② 顾道德、乔雯（2012）将智慧城市的评价设定为智慧人群、智慧基础设施、智慧治理、智慧民生、智慧经济、智慧环境与智慧规划建设 7 个方面，共 3 个层级，这个指标体系的指标范围很广。③ 李健、张春梅等（2012）在对我国城市特点进行分析的基础上，提出了一套科学化、可定制、易剪裁的评估指标体系，从城市规模、

① 吕淑丽，薛华，等．智慧城市建设的研究综述与展望［J］．当代经济管理，2017（4）．

② 李贤毅，邓晓宇．智慧城市评价指标体系研究［J］．电信网技术，2011（10）．

③ 顾道德，乔雯．我国智慧城市评价指标体系的构建研究［J］．未来与发展，2012（10）．

不同类型和实际应用效果 3 个方面对智慧城市进行评估。① 张协奎、乔冠宇（2016）从区域视角出发，择取西部地区省份为研究对象，以基础设施环境、科技服务环境、经济发展环境、智慧产业投入、价值实现 5 个维度及下设的 16 个因子进行主成分量化研究，提炼出影响西部地区智慧城市建设的主要因素。②

① 李健，张春梅，李海花．智慧城市及其评价指标和评估方法研究［J］．电信网技术，2012（2）．

② 张协奎，乔冠宇，等．西部地区智慧城市建设影响因素研究［J］．生态经济，2016（7）．

第 3 章 中国智慧城市发展概况、现状与问题

3.1 中国智慧城市发展背景及起源

3.1.1 中国智慧城市发展背景

中国的智慧城市发展背景不同于世界上其他国家。中国城市化建设取得了巨大的成就，但与国外相比，“工业化超前，城镇化滞后”（周其仁，2012）现象突出。[①] 中国工业化进程的快速推进，带动了工业经济的发展，并带动了城镇人口和生产要素的快速集聚，但在城镇化的发展过程中也存在一系列发展问题，如城市承载能力无法满足城市的人口增长量，两者极其不协调，从而使城市的资源、生态环境等问题日益凸显；资源型、劳动密集型工业发展导致资源短缺、环境污染问题突出；政府提供的公共服务不能很好地满足居民的生活需要；伴随经济快速发展，传统的产业格局、生产技术及生产管理方法之间也产生了不适应性。社会科技的不断发展与民众的接受能力之间也存在差距，这一系列社会问题，成为城市发展进程中政府与管理者亟待解决的关键问题。

智慧城市概念在中国的兴起与发展，在很大程度上是被商业行为驱动的，而非政府的主动行为。[②] 但随着城镇化问题的日益突出，政府也通过出台新的国家战略主动解决矛盾。为了实现绿色、低碳、集聚、可持续的发展，国家提出新型城镇化发展战略。2014 年 3 月出台的《国家新型城镇化规划

---

① 王广斌，张雷，等．国内外智慧城市理论研究与实践思考［J］．科技进步与对策，2013（10）．

② HOLIANDSRG. Will the Real Smart City Please Stand Up［J］．City，2008，12（3）．

（2014—2020 年）》，提出有序推进农业转移人口市民化、优化城镇化布局和形态、推动城乡发展一体化、提升城市可持续发展能力等主要内容，推动绿色城市、智慧城市、人文城市建设，全面提升城市内在品质。由此，智慧城市建设在中国由商业驱动转变为政府主动行为。

2009 年，IBM 公司首次提出智慧地球的概念，① 随后在此概念启发下，全球掀起了智慧城市建设浪潮。欧洲、美国、韩国、日本等地区和国家相继提出建设智慧城市的发展目标。中国也在智慧城市建设目标的战略规划下，在中央及地方政策的推动下，取得了智慧城市建设的实质性进展。在国家层面，国家进行了智慧城市试点工作，并且出台了各类有关智慧城市健康发展的政策纲领文件，提出以建立特色鲜明的智慧城市来提高城市竞争优势，使城市在改善民生、创新社会管理、维护网络安全等方面取得显著成效的具体目标。② 智慧城市已经成为推动国家新型城镇化和可持续发展的重要手段。

3.1.2 中国智慧城市发展的起源

国外智慧城市建设源于 1992 年新加坡提出的“智慧岛计划”，其将“智慧”这一理念推向全球。随后很多国家、地区开始进行智慧城市建设，到 2010 年，智慧城市建设成为一种热潮在全球被掀起。中国的智慧城市建设是在 2010 年以后逐渐被中央与地方政府重视的，2010 年 9 月宁波市出台了《中共宁波市人民政府关于建设智慧城市的决定》，宁波是我国第一个在政府层面全面推动智慧城市建设实施的城市，对中国智慧城市建设起到了引领及示范带动作用。2011 年，国内智慧城市建设开始大幅增加，出现小范围“井喷”之势。

3.2 中国智慧城市发展的推动力

3.2.1 各级各类政策对中国智慧城市的推进

在中国智慧城市的发展道路上，政府一直在政策层面起着积极的引导作用，政府通过各类政策、条例、管理办法对智慧城市建设予以保障和支持。2012 年 1 月颁布的《国务院关于印发工业转型升级规划（2011—2015 年）》是我国在国家政策层面首次提到智慧城市，该政策对智慧城市后期的发展起

① IBM 商业价值研究院．智慧地球［M］．北京：东方出版社，2009.

② 资料来源：国家发展和改革委员会《关于印发促进智慧城市健康发展的指导意见的通知》。

到了重要的铺垫作用。2012 年 11 月 22 日出台的《国家智慧城市试点暂行管理办法》是第一部与智慧城市相关的管理条例，强调了智慧城市的新模式特色与建设内容，《国家智慧城市试点暂行管理办法》明确了试点城市的工作，并部署了第一批国家级智慧城市试点的申报工作，以及 2013 年和 2014 年的第二、第三批的申报工作。

2013 年 7 月，国家发展改革委、工业和信息化部等八部委对《关于促进智慧城市健康发展的指导意见》提出建议，建议发挥中央和地方的积极性，重点推进五方面、十个领域的智慧城市建设工作，组织 100 个城市开展试点示范。这个举措可以明显看出智慧城市在我国发展中质的变化，从最初的概念层面转变到各个政府部门联合起来解决，并互相进行统筹协调的局面。2013 年 8 月，国务院发布《关于促进信息消费扩大内需的若干意见》，正式提出要在有条件的城市开展智慧城市试点示范建设，这意味着在国家层面智慧城市已经正式作为城镇化进程中的重要发展策略。

2014 年 1 月，国家发展改革委、工业和信息化部等十二部委联合印发《关于加快实施信息惠民工程有关工作的通知》，指出针对群众广泛关注的医疗、教育、社保、就业、养老服务等民生问题，采取高效、效益好、示范意义大的信息化手段，加大力度解决社会的焦点问题。从民生服务的视角来看，信息惠民对智慧城市建设有着强有力的推动作用。2014 年 3 月发布的《国家新型城镇化规划（2014—2020 年）》，正式引入智慧城市，并强调了智慧城市是新型城镇化发展进程中的重要手段。《关于同意深圳市等 80 多个城市建设信息惠民国家试点城市的通知》的发布，意味着国家发展改革委对智慧城市建设支撑政策的落地。

表 3-1　我国与智慧城市相关的主要政策一览

发布时间	政策名称	与智慧城市相关的主要内容
2012 年 7 月	《国务院关于大力推进信息化发展和切实保障信息安全的若干建议》	推动城市管理信息共享、推广网格化管理模式，加快实施智能电网、智慧交通等十点示范，引导智慧城市建设健康发展
2012 年 12 月	《住房建设部办公厅关于开展国家智慧城市试点工作的通知》	发布《国家智慧城市试点暂行管理办法》和《国家智慧城市（区、镇）试点指标体系（试行）》
2013 年 2 月	《国务院关于推进物联网有序健康发展的指导意见》	应用互联网等新一代信息技术建设智慧城市，要加强统筹、注重效果、突出特色
2013 年 5 月	《住房和建设部办公室关于做好国家智慧城市试点工作的通知》	部署第二批智慧城市申报工作

续表

发布时间	政策名称	与智慧城市相关的主要内容
2014 年 3 月	《国际新型城镇化规划（2014—2020 年）》	提出与绿色城市和人文城市并列推进智慧城市建设
2015 年 12 月	中央城市工作会议	提出要提升管理水平，着力打造智慧城市
2016 年 2 月	《关于深入推进新型城镇化建设的若干意见》	推动绿色城市、智慧城市等新兴城市建设，提升城市公共服务水平

2015 年 12 月召开的中央城市工作会议对智慧城市的发展给予了进一步的重视，提出要提升城市管理水平，着力打造智慧城市。

截至 2016 年 6 月，已经有超过 27 个部、委、办、局等国家政府职能部门，在智慧城市领域颁布了相关政策，促进城市智慧化建设。① 2016 年 4 月召开的《推进新型城镇化工作部级联席会议第三次会议》，提出推进新型智慧城市建设，制定新型智慧城市标准体系，实施"互联网+"城市计划，开展 100 个新型智慧城市建设，这对深化推进智慧城市建设提供了有力指导，明确了智慧城市的新内涵，并明确了在服务领域、新型智慧、众创空间和公共服务等领域加大建设力度。习近平总书记在网络安全和信息化工作座谈会上的讲话中指出，要分类推进智慧城市建设，要注重智慧城市的感知社会、畅通决策和辅助决策等功能。

3.2.2 "网络强国"战略背景对智慧城市的推进

智慧城市建设的重要基础条件是数据的共享与互通、互联网的普及与应用，因此智能化和网络化是智慧城市发展的两个重要维度。中国智慧城市建设正面临着由"网络大国"转变为"网络强国"的情况，这势必给智慧城市建设带来新的发展机遇。网络强国战略是智慧城市发展的新动力。提高具有高速、移动、安全和广泛等特征的新信息基础设施的构建速度，对信息网络技术进行广泛的推广运用，形成具有万物互联、天地一体等特点的网络空间，这些具体的战略方针势必会让智慧城市有着更好的发展动力与前景。

第 39 次《中国互联网络发展状况统计报告》显示，截至 2016 年 12 月，我国拥有 7.31 亿网民及 53.2%的互联网普及率。在整体环境、互联网应用普及和热点行业发展方面，我国互联网有了明显进步。手机移动端应用作为"主力军"的现象越发明显。截至 2016 年 12 月，我国拥有 6.95 亿手机网民，较 2015 年增加了 7550 万人。网民中使用手机上网人群占比由 2015 年的 90.1%提升至

① 徐振强．智慧城市新思维［M］．北京：中国科学技术出版社，2017.

95.1%。手机端即时通信使用呈现稳步增长。截至2016年12月，中国共有482万个网站，企业使用计算机办公的比例高达99.0%，使用互联网的比例为95.6%，通过固定宽带接入方式使用互联网的企业比例为93.7%、移动业务为32.3%。在政府应用方面，截至2016年12月，包括.gov.cn政务网站、政务App、政务微博、支付宝、微信城市政务、政府微信公众号、网站、微博等互联网政务平台已成为党政机构发布权威信息、回应公众关切问题的重要平台。截至2016年12月，在线政务服务用户规模达到2.39亿，占总体网民的32.7%。中国大陆有31个省、自治区、直辖市开通政务微博和政务头条，共有.gov.cn域名共53546个、政务微博164522个、政务头条号34083个，并且对在线政务服务表示满意和比较满意的用户达到48.5%。

3.3 中国智慧城市发展进程及现状

3.3.1 中国智慧城市的发展进程

2011—2016年，中国各类、各级别的智慧城市试点已有500多个。一些主要试点城市相继提出了智慧城市相关发展规划和建设目标，涉及社会管理、应用服务、信息化基础设施、智慧城市安全保障、建设模式、标准体系等多方面的内容，智慧城市建设上了一个新的台阶，进入新型智慧城市建设阶段。中国城市从信息化发展到新型城镇化阶段，既是一个质变的过程，也是由技术导向到理念引领的发展过程。中国城市信息化发展阶段具体如图3-1所示。

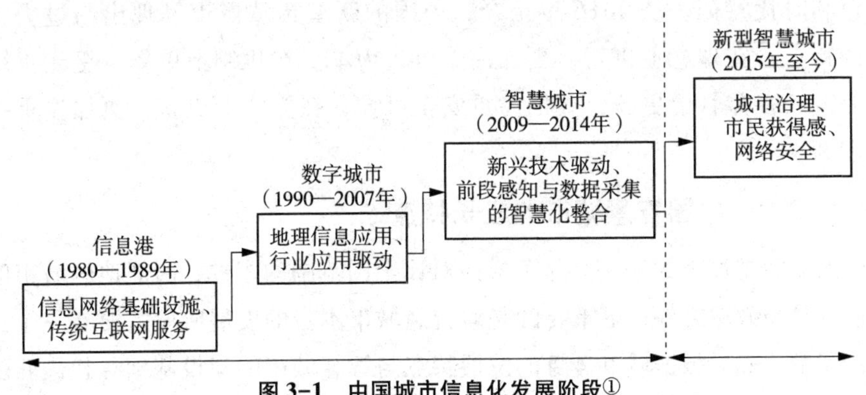

图3-1　中国城市信息化发展阶段①

① 满青珊，孙亭．新型智慧城市理论研究与实践［J］．指挥信息系统与技术，2017（6）．

从政策背景来看，2016年是新型智慧城市发展的元年。2016年6月，国务院印发的《中华人民共和国国民经济和社会发展第十三个五年规划纲要》，确定了“以基础设施智能化、公共服务便利化、社会治理精细化为重点，充分运用现代信息技术和大数据，建设一批新型示范型智慧城市”。在组织架构上，将“促进智慧城市健康发展部级协调工作组”更名为“新型智慧城市建设部级协调工作组”。2016年11月，国家发布了《新型智慧城市发展报告（2015—2016）》，12月出台了《“十三五”国家信息化规划》。这些政策举动都标志着新型智慧城市的确定与发展。“数字中国”与“智慧社会”的提出为新型智慧城市建设指明了发展方向。

从智慧城市的实践来看，我国已经发现了许多问题并积累了许多经验。我国需要在继续推动发展的基础上，满足人民不断变化与增长的需求。全国范围内的智慧城市建设既有一定的成绩，也存在很多问题。在整体推进过程中，政府缺乏对体系层面和协同思维的考虑，存在重技术轻应用、重投入轻实效，城市之间和城市内部各种信息系统各自独立，市民对智慧城市的感知度差、体验不佳，政府治理能力与现代化要求不匹配等问题。在此背景下，就需要对智慧城市进行升级，以提升城市治理和服务水平为目标，推动新一代信息技术与城市治理和公共服务间的深度融合。

在一系列现实问题的解决方法与政策规划下，中国走向了新型智慧城市建设阶段。新型智慧城市建设针对城市化建设中存在的主要矛盾和大环境的变化，进行了平衡性与协调性的改革发展，使智慧城市更能体现中国特色和时代特征。从2016年至今，中国的新型智慧城市呈现出与过去不同的特点：在理念上更新，更加注重以人为本；在机制上更新，更注重统筹协调；在监管上更新，更加注重安全可控；在方法上更新，更加注重持续创新。

3.3.2 中国智慧城市的成长特点

对于智慧城市的发展，除了横向对比全国范围的东部、西部地区城市的发展水平与效率之外，更重要的是对智慧城市本身的发展阶段需要有一个深刻的了解，然后根据城市自身的发展特点与智慧城市的建设基础寻找最匹配的发展阶段。很多智慧城市在建设的过程中，过多地关注了城市发展的外在成长性，而对自身智慧系统的自主成长性的关注严重不足，智慧城市的发展是盲目的，从而导致顶层设计出现问题。

按照智慧城市发展的阶段性规律可知，从最开始的智慧城市基础版（1.0版），到建立成长版（2.0），再到综合建设版（3.0）（仇保兴，2017），每个阶段的含义与目标都不一样。

智慧城市基础版（1.0版）是智慧城市的起步阶段，是指智慧城市的基础级建设，表现在对智慧城市一般性基础设施的完善、智慧政府的智慧管理与城市网格化管理。此时的智慧城市建设仅仅关注某一个方面。智慧城市基础版（1.0版）就是着眼于城市的基础核心公共产品的智慧化建设，是基于平台的信息数据互通互联，是建设过程中的必经阶段。

对智慧城市基础版的评价，应该将重点放在“互通互联”上，所以评价指标的重点是通信网络通达性、政府门户网站活跃度，包括政府网站与市民的双向沟通程度、政务公开和数据开放的程度、信息的更新速度等，以及精细化广泛覆盖的数字城管平台。

智慧城市的建立成长版（2.0版）是指专题级的智慧城市，是影响城市人居环境和竞争力的最主要因素。智慧城市的1.0版本为2.0成长级版本奠定了基础。智慧城市2.0版着眼于城市公共品的智慧化建设。对智慧城市2.0版的评价，应该将重点放在“专题性公共产品的智慧化建设”上，所以评价指标是对这些公共产品的智慧化程度进行评价。

智慧城市的综合建设版（3.0版）是智慧城市的飞跃期。这一时期智慧城市成长为综合性智慧城市，从一开始追求城市发展的速度成长为追求城市发展的质量。智慧城市3.0版会提升城市信息惠民的普及率，最终实现创新竞争力的提高和对创新产业的带动，并且数据与信息开始公开化，市民参与进来，形成监督机制，以促进智慧城市的良性发展。

智慧城市的发展阶段是逐渐形成的，任何一个城市的发展都不可能直接跨越到智慧城市3.0版，所以一个城市要有效地发展智慧城市就需要遵循发展的规律，从局部做起，一步一步地建设。就全国范围来看，东部地区城市的智慧城市建设已经较好地实现了智慧城市1.0版，正在向新型智慧城市、智慧城市3.0版发展。但就民族地区智慧城市建设而言，因起步较晚，在目前建设过程中或许已经借鉴了东部地区城市的建设经验，引入了新的智慧城市建设元素，但是对于智慧城市1.0版的基础建设还是应该踏踏实实完成的，而不是跨越式地跳跃发展。

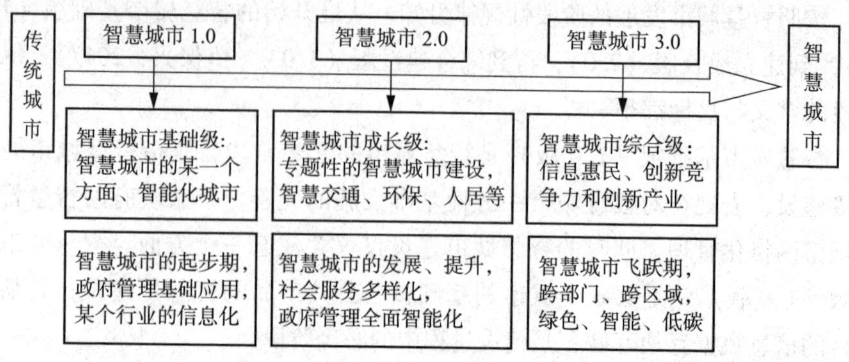

图 3-2　智慧城市成长阶段示意

3.3.3　中国智慧城市的发展历程

智慧城市在中国的发展大致经历了如下四个阶段。

智慧城市的发力阶段：2011 年，我国城镇化率首次突破 50%，城市的可持续化发展面临着严峻的资源环境和交通压力等“城市病”的挑战，在新的历史环境下，城市建设模式和城市发展思路都需要转型。《新型城镇化发展规划》中明确指出，智慧城市是未来我国城市发展的三大目标之一。因此，智慧城市发展的第一步就是在全国的大型城市做初期尝试，试图解决“城市病”带来的一些城市问题。

智慧城市的试点阶段：2012 年以来，智慧城市在全国范围内有了一个新的认识和建设的热情，但是作为新事物每个城市都是在尝试，没有统一的标准化。为了能在全国有效推行智慧城市建设，住房和城乡建设部、科技部开展了三批试点城市的申报工作，国家级的智慧城市试点包括区、园区和镇共达到 277 个。

智慧城市的规范成长阶段：在智慧城市试点的引领下，越来越多的智慧城市不断发展，但在智慧城市的建设中存在一些目标不清、建设不到位的现象。在此背景下，国家发展改革委、工业和信息化部等八部委联合印发了《关于促进智慧城市健康发展的指导意见》，对智慧城市的规范发展提出了具体要求。

智慧城市的新方向阶段：传统的智慧城市强调“信息”和“技术”，但是随着信息基础设施建设的完善，智慧城市理念不断走向成熟，仅仅简单地将智慧城市看作部门工作信息化或者互联网化，已经不能满足长远的可持续发展需求。2016 年 10 月，习近平总书记在政治局集体学习中强调“以推行电子政务、建设新型智慧城市等为抓手，以数据集中与共享为途径，建设全国一体化的全国大数据中心，推进技术融合、业务融合、数据融合，实现跨层级、跨地域、跨系统、跨部门、跨业务的协同管理和服务”。2016 年 3 月，“十三五”规划明确提出“以基础设施智能化、公共服务便利化、社会治理精细化为重点，充分运用现代信息技术和大数据，建设一批新型示范性智慧城市”；2016 年 4 月，国家发展改革委提出“十三五期间，我国将推出 100 个新型智慧城市试点，同时开展智慧城市的建设效果评价工作”。

智慧城市发展的格局阶段：经过以上四个阶段的不断发展，我国已经把智慧城市建设作为一个重要的城市发展方向去努力。在智慧城市数量上，我国有 500 多个城市已经或者正在建设智慧城市，占世界智慧城市创建总数的一半以上，[①] 成为全球智慧城市建设的主要国家。

3.4　中国新型智慧城市的背景和内涵

3.4.1　新型智慧城市提出的背景

2016 年，我国从国家层面提出了建设新型智慧城市。从智慧城市到新型智慧城市，是智慧城市发展的一次质变。

从智慧城市试点建设的现状分析，自住房和城乡建设部审批第一批智慧城市试点到 2016 年底，大部分城市有效改善了公共服务水平，提升了管理能力，促进了经济发展。但在新型城镇化不断推进和智慧城市建设的过程中仍存在一些“追风”“模仿”“生搬硬套”、资源浪费、建设效果不好的现象；建设没有结合省情、市情，建设效果并不是非常显著，市民的知晓度和满意度并不高。

新型智慧城市提出的背景有以下三个。

（1）从国家发展战略与城市发展战略分析

在网络强国战略和国家大数据战略的引领下，在“互联网+”行动计划的实施和“数字中国”建设的背景下，新的环境赋予了城市发展新内涵与新要求，传统智慧城市存在一些不完善与弊端，因此，必须为新时代背景下的智慧城市建设注入更高的要求。在这种情况下，新型智慧城市应运而生。

（2）从世界智慧城市发展背景分析

就世界智慧城市发展的历程来看，智慧城市经历了三个阶段：一是以数

① 徐振强．上海新型智慧城市的顶层设计与战略规划报告［R］．智慧城市论坛，2018-07.

字科技、信息通信技术和基础设施建设为中心的科技型智慧城市；二是以城市、行政管理为中心的管理型智慧城市；三是以人文科学为基础的人文型智慧城市。人文型智慧城市与中国提出的新型智慧城市具有相同的本质与内涵。因此，中国在智慧城市的建设进程中也应随着全球互联网治理体系的不断完善而逐渐由最开始的“技术至上型”智慧城市向“人文型”智慧城市转变。

(3) 从国家的政策保障分析

从一系列国家政策制定的背景、目标与内容来看（见表3-2），国家是高度重视智慧城市发展的，政府部门分别从城市规划建设意见、国民经济与社会发展纲要、信息化发展战略、信息化工作规划等方面提出政策意见，对新型智慧城市的顺利实施给予充分的保证。

新型智慧城市是在智慧城市不断演进的基础之上，随着国家经济发展、信息化发展、城市发展不断深化的产物。新型智慧城市是智慧城市发展的新阶段，它更加高效、更加精准、更加灵活、更加人性化。新型智慧城市的“新”主要体现在三个方面：一是真正实效地实现信息互联互通，二是实现跨行业大数据的真正融合和共享，三是构建城市信息安全体系，保障城市安全。

表3-2 新型智慧城市推进中的政策保障

发布时间	政策名称	重点内容
2016年2月	《关于进一步加强城市规划建设管理工作的若干意见》	大力推进城市智慧管理，到2020年，建成一批特色鲜明的智慧城市
2016年3月	《中华人民共和国国民经济和社会发展第十三个五年规划纲要》	提出将以基础设施智能化、公共服务便利化、社会治理精细化为重点，充分利用现代信息技术和大数据，建设一批新型示范性智慧城市，作为新型城镇化建设的重大工程之一
2016年7月	《国家信息化发展战略纲要》	加快建设数字中国、大力发展信息经济是信息化工作的重中之重。要加强顶层设计、提高城市基础设施、运行管理、公共服务和产业发展的信息化水平、分级分类推进新型智慧城市建设
2016年9月	《关于加快推进“互联网+政务服务”工作的指导意见》	提出加快新型智慧城市建设。创新应用互联网、物联网、云计算和大数据等技术，加强统筹、注重实效、分级分类推进新型智慧城市建设，打造高效的服务型政府。构建多元普惠的民生信息服务系统
2016年12月	《“十三五”国家信息规划》	提出要打破信息“壁垒”和“孤岛”，构建统一高效、互联互通、安全可靠的国家数据资源体系、推动信息共享共用、新型智慧城市建设等12项优先活动

3.4.2 新型智慧城市的内涵

与传统智慧城市相比，新型智慧城市更加人性化，不是死板的“一刀切”和标准化的城市建设模式，其采用弹性、渐进和多元化的模式，针对各地不同的情况，不拘泥于一套标准体系和项目标准，灵活多样地开展建设。新型智慧城市通过因地制宜的智慧城市建设，从多维度出发，以多元运作方式促进不同发展阶段、不同空间尺度的城市空间管理体系与社会治理机制的动态融合，促进城市社会体制机制现代化的动态调整和管理（见图 3-3）。

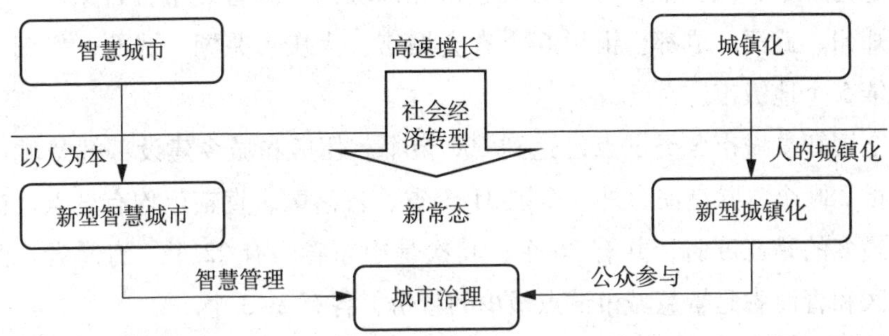

图 3-3 新型智慧城市与智慧城市、新型城镇化与城镇化的关系

中国从城镇化走向新型城镇化，是因为在城镇化过程中出现了一些新问题，需要改变诉求、改变战略。同样，智慧城市在建设中也出现了一系列问题，也需要以人为本、灵活多样地进行新型智慧城市的建设，从而实现社会经济转型下公众参与的智慧城市管理。

3.5 中国智慧城市试点情况

3.5.1 智慧城市试点概况

在试点建设方面，关于智慧城市的试点建设已经比较成熟与全面，不同的部门、组织都已经展开了类似国家级、省部级等不同层面的智慧城市试点，对智慧城市的实践进行积极尝试和探索。最早的智慧城市试点的雏形是国家旅游局的智慧旅游城市和科技部的智慧城市试点。2012 年 12 月，国家住房和城乡建设部下发《关于开展国家智慧城市试点工作的通知》，这次试点成为国内级别较高、研究中常用的正式试点，也是确定数量最多的、最为权威的试点。

除以上试点之外，其他的试点还包括国家测绘地理信息局启动的 9 个时空信息云平台建设试点；工业和信息化部启动的 15 个“中欧绿色智慧城市合作项目”试点；交通运输部启动的 26 个公共交通智能化建设试点；科技部的 20 个智慧城市试点；工业和信息化部的 68 个信息消费试点；工业和信息化部和发展改革委启动的 39 个“宽带中国”示范城市试点。并且，有很多城市同时被确定为以上各领域的试点城市。例如，北京等 20 个城市同时被确定为 3 个领域试点，上海等 44 个城市同时被确定为 2 个领域试点。有 13 个城市同时被确定为 4 个领域试点，分别为大连市和深圳两个副省级市，石家庄、哈尔滨、郑州、武汉、成都、银川 6 个省会城市，大庆、芜湖、威海、襄阳、克拉玛依 5 个地级市。

全国智慧城市各类试点已达到 600 余个。住房和城乡建设部智慧城市试点三批 286 个，除港澳台外，全国 31 个省、自治区、直辖市均有试点。试点城市最多的是江苏省，共有 26 个；其次是山东省，有 22 个；海南省、西藏自治区和青海省是智慧城市试点最少的省份，各有 2~3 个。

就试点城市的行政级别而言，地市级试点城市数量最多，占比超过五成。286 个住房和城乡建设部试点城市中，直辖市 4 个，占 1.4%；副省级市 8 个，占 2.8%；地市级 149 个（含省会城市 26 个），占 52.1%，县区级 94 个，占 32.9%；乡镇级 8 个，占 2.8%；开发区 23 个，占 8%。

以上数据充分表明，智慧城市在中国已经处于快速成长期，智慧城市已经逐步成为城市发展的潮流，具有巨大的经济与社会效应，为城市的发展带来了新的动力。

3.5.2 试点智慧城市建设现状

（1）中国智慧城市建设质量在实践过程中逐步提升

我国在不同的层面有不同类型的智慧城市试点，一般学者较为关注住房和城乡建设部的试点，因其试点工作有规律、试点数量多、建设内容清晰明确，且试点覆盖了国家的各个区域，涵盖了省会城市、地级市、县级市镇、城区、生态区和示范区等。

从住房和城乡建设部第一批到第三批试点城市的建设工作来看，申报的重点由最开始的城市公共信息平台和公共基础数据库，到智慧园区，再到顶层设计、行业智慧应用与国际合作等，在建设内容上是逐渐增多的，质量也不断提高；在建设模式上也有了创新，从最开始简单地以公共财政申请资金到趋向于大量采用社会资本的投资方式，采用政府购买服务的模式；建设的关注视角也发生了变化，从开始的技术角度或者单一部门的角度，到从政府领导的视角、民众的视角、企业家的视角出发，更多地关注决策者和民众的参与程度。

（2）中国智慧城市发展的不均衡现状

中国智慧城市在全国遍地开花，各个省份都在积极参与智慧城市建设，但是总体却呈现出建设水平不均衡的特点，建设水平由东部地区向中、西部阶梯递减，东部地区水平最高，西北地区水平最低。就数量和发展水平而言，东部区域处于领先水平。东部区域的智慧城市又主要集中于环渤海、长三角、珠三角这三大经济区域。从我国第六届（2016 年）中国智慧城市发展水平评估结果看，智慧城市排名前十位的城市全部来自东部区域（见表 3-3）。

表 3-3　2016 年排名前十位的智慧城市

排名	智慧城市	行政级别	所属省份
1	深圳	副省级	广东
2	上海	副省级	上海
3	杭州	副省级/省会	浙江
4	北京	直辖市	北京
5	无锡	地级市	江苏
6	广州	副省级/省会	广东
7	宁波	副省级	浙江
8	佛山	地级市	广东
9	厦门	副省级	福建
10	苏州	地级市	江苏

各省份发展力度不一，浙江、广东、福建、江苏等省智慧城市建设水平普遍较高，其中前十位的智慧城市中广东省有 3 个，浙江省有 2 个，江苏省有 2 个，福建省有 1 个，2 个直辖市。西北地区疆域辽阔、人口相对稀薄、经济欠发达，是需要加强开发的地区，其智慧城市发展水平最低，平均成绩为 38.01 分，低于全国整体平均水平。行政级别与智慧城市建设水平相关性较强，直辖市及计划单列市的智慧城市的建设水平普遍较高，省会城市次之，地级城市则良莠不齐。

但对智慧城市试点进行纵向比较可以发现，全国智慧城市建设总体差距在逐渐缩小，不少城市呈现后劲赶超势头，无论从区域、省份，还是行政区划的层面看，许多后进城市通过学习、借鉴标杆城市正在实现捷径突破、弯道超车。有许多民族地区的城市加入了智慧城市建设的行列，尽管建设水平不高，但也改变了这些区域智慧城市的空白。

（3）“互联网+”理念成为中国智慧城市的主要表现形式

“互联网+”成为中国近年最热门的词汇之一，从政府层面到社会层面，从国家到各个省市，都在通过“互联网+”的理念和模式推动智慧城市发展。“互联网+交通”“互联网+医疗”“互联网+政务服务”“互联网+城市管理”“互联网+教育”……许多城市都在践行“互联网+”的创新应用，通过将互联网创新成果与经济社会各领域进行深度融合，形成更广泛的以互联网为基础设施和创新要素的新形态，并以此为突破口，促进智慧城市有序推进。

（4）中国智慧城市的建设内容与表现形式多样

由于我国的地域差异和各个省份经济发展差异，智慧城市发展的引入时期与程度是不一致的，在智慧城市的建设大潮中，越来越多的城市加入建设行列，每个省都在通过智慧城市发挥自己的特色，解决城市问题，提高城市的竞争力。各个省市呈现出了不同的建设内容与表现形式。经济水平高的一线城市试图从城市发展的各个方面做统一的部署与规划，实现智慧城市的综合发展，并且在方式和内容上进行创新；东部经济发达省份则是在省级层面统筹推进智慧城市建设工作，建设智慧城市群落，进行信息共享，跨部门、跨系统的区域协同管理，如浙江省智慧城市群落建设。经济欠发达的西部地区，则试图从一个点做起，逐渐进行推广、普及。例如，一些小城市经济务实，注重提升城市民生、便民惠民。智慧区县和智慧小镇逐渐兴起，成为智慧城市的有效补充，并且由于其规模小，更易统筹建设。越来越多的城市将“绿色、智慧、创新”理念运用于智慧城市建设。在城市应用方面，做得比较好的应用排序是智慧政务、智慧公共安全、智慧交通、智慧医疗等。

3.5.3 智慧城市的品牌化发展

2015 年，李克强总理在政府工作报告中首次提出智慧城市建设，提出“打造智慧城市，改善人居环境，使人民群众生活得更安心、更省心、更舒心”。这就表明依托智慧城市实现深度城镇化，是目前非常迫切而又紧要的任务。这就要求智慧城市在建设过程中，要坚持正确的方向、坚持政府在城市工作会议中的要求、坚持优化提升城镇发展功能，建设真正高质量的品牌智慧城市，把智慧城市做成标杆和样本，对其他城市起到示范作用。在智慧城市的实践道路上，的确有很多城市通过标新立异的思维践行智慧城市的具体做法，通过标杆性项目、行政体制和业务服务创新等，打造出了智慧城市建设中的品牌。品牌化智慧城市具有独特的建设内容，但是他们的共同点就是政府、企业都在努力思考如何将智慧城市的概念与发展理念相结合，然后按照“理念—顶层设计—城市规划—实施”的路径逐步展开。这些城市的特色化策略可以为其他城市发展提供一些经验与模式。例如，宁夏银川的智慧政务已成为一张名牌，为企业和群众提供了高效智能化服务。银川出台了《银川市智慧城市建设促进条例》，成为第一个出台与智慧城市相关地方性法规的城市，其把智慧城市建设变得更加规范化、制度化和法律化。该条例从指导原则、主管部门、发展规划、信息采集共享、推广措施、法律责任等方面规范了智慧城市的建设和管理工作。贵阳的大数据交易也成为贵阳智慧城市建设的亮点，贵阳成立了全国第一家大数据交易所。这些城市在智慧城市建设中的特色与亮点都已经在无形中将智慧城市作为其重要的城市品牌进行了创新。

3.6 中国智慧城市的类型

在中国智慧城市的渐进式发展过程中，各个地区结合实际的发展情况，围绕自身城市发展战略的需要，每个城市的建设思路与定位都是不同的有智慧要素全方位推进的，有选择重点领域进行突破的。因此，出现了智慧城市建设的不同类型。通过对典型智慧城市建设案例的研究，分析其建设特征，可以发现中国的智慧城市大致有以下类型。

第一类，全面综合发展型智慧城市。

它是指智慧城市建设是全方位的综合型发展，这类城市本身综合实力强，人口规模巨大，因此这类智慧城市的发展是从各个层面综合、全面发展的，其建设包含了各个方面，并且在顶层设计上注重各个方面的共同发展。例如，北京、上海的智慧城市建设都属于全面综合发展型。

第二类，创新型智慧城市。

这类智慧城市是在智慧城市建设中，通过创新型建设提升城市综合竞争实力的建设模式，是综合实力较好城市的建设首选。创新型智慧城市成为智慧城市建设的主流，此类城市大多已经拥有良好的产业基础和城市综合实力，并希望通过信息化建设进一步提升自身的竞争力。

例如，深圳以“智慧深圳”为建设国家创新型城市的突破口，大力发展电子商务体系、培育智慧产业基地。银川以“智慧政务”为亮点，打造智慧城市的新特色，并出台了第一部省级，有关智慧城市的法规。

第三类，产业型智慧城市。

这类智慧城市是指城市在发展过程中，已经逐渐培养形成了具有自身优势的特色产业，并在相关产业领域形成了完整的上下游生态闭环。此类城市在建设过程中，更注重利用智慧城市的新优势，保持和彰显其原有的特色产业优势，将产业发展作为城市未来建设和规划的重点。

例如，武汉通过城市圈加快智慧产业的发展，推进智慧城市建设。宁波智慧城市建设重点是打造六大智慧产业基地。

第四类，服务型智慧城市。

这类智慧城市是要打造城市的智慧管理和智慧服务新模式。随着政府职能向服务型转变，服务型智慧城市成为近年来一大亮点。在许多城市的智慧城市规划中都强调了“智慧服务”的重要性。

例如，昆山在智慧城市建设中，转变了政府角色，将重点更多地放在“政府并联审批”“城市节能减碳”等政府服务项目上，以解决城市管理中的现实问题。

银川智慧城市建设实现了政府职能的转变，为市民提供了更多的智慧便民服务。随着“12345 一号通”便民服务中心的上线运行，银川通过优质服务和细致服务，提高了办事效率。截至 2017 年 8 月，银川市已累计受理群众各类诉求 18.2 万余件，办结 16.9 万余件，办结率达到 97.2%。市民咨询类诉求受理量从运行之初的 40%上升到现在的 59%，市民满意率达到 88.39%。银川还通过多维度数据分析，转变了城市管理方式，使城市管理由被动、善后模式转变为主动、预防模式。

第五类，人文型智慧城市。

这类智慧城市是以“人文”为主的智慧城市，其核心内涵是以人为本、惠民先行，其把保障和改善民生作为智慧城市建设的出发点和落脚点。这类智慧城市的主要建设内容包括为城市居民提供更加智慧、便利的生活，提供良好的生活环境、卫生医疗教育等社会保障。例如，重庆提出“智慧健康重庆”，以生态环境、卫生服务、医疗保健为建设重点，提高市民的健康水平和生活质量。

以上五类智慧城市类型，是中国智慧城市发展的五种代表，其发展特点具有差异性，但也并不是简单、绝对地自成系统或独立存在，它们在一些内容上也是相互交织的，具有一定的共性。例如，创新性，不仅仅是创新型智慧城市独有的特征，而且是其他四类共同的特征，每个智慧城市的建设都在试图寻找一种最适合自身发展的模式与路径，都在进行自我创新发展。以人为本也是所有智慧城市类型应把握的基本原则。很多城市虽然被归入其中一种类型，但在另一类型领域也有着优秀的成绩。随着城市不断地发展，每个城市也会根据具体的情况调整发展战略与重点，也会由一种类型转变为另一种类型。因此，对于智慧城市的分类应该用发展的眼光看待。

3.7　中国智慧城市发展中存在的问题

3.7.1　总体建设水平在世界范围内不高

在世界范围内，中国智慧城市的创建数量是最多的。全球已启动或在建的智慧城市有 1000 多个，中国在建的有 500 个，数量远超排名第二的欧洲（90 个），[①] 但是我国在智慧城市建设的质量上还有待提升。根据美国、欧盟和西班牙等智慧城市权威机构的测评，我国智慧城市建设数量多，但建设水平尚未进入先进行列。[②] 2018 年 3 月，英国市场调研机构 Juniper Research 从出行、医疗、公共安全和工作效率四个方面对城市的智能化程度进行了综合评定，发布了"全球智慧城市 TOP20"的榜单，中国的无锡、银川、杭州三座城市上榜。[③] 但除此之外，更多智慧城市的建设仍处于摸索期，没有非常明显的效果。因此，中国智慧城市的总体水平仍不高。具体表现在以下几个方面：首先，智慧城市存在区域性发展不平衡的现状，并且各个地区的建设质量存在一定差距。在各种评价机构的评价报告中，得分高的智慧城市一般都分布在黄渤海沿岸和长三角城市群，获得较多试点省市的智慧城市建设居于领先地位，而西部地区绝大多数智慧城市从建设数量和质量上都是落后的。其次，中国智慧城市建设的理念与评价标准缺乏科学性与人性化，还有待改善。通过对比可以发现，我国现有的评价指标更多倾向于对物质层面的信息

---

① 资料来源：德勤研究《超级智慧城市报告》。

② 徐振强．智慧城市新思维［M］．北京：中国科学技术出版社，2017.

③ 全球智慧城市 TOP20 榜单．https：//www.juniperresearch.com/home.

技术基础设施的评估，但对于城市带给居民的便捷性、宜居性与舒适性等人文指标则相对较为欠缺。

3.7.2 缺乏“全过程”的发展理念

智慧城市的发展质量取决于发展理念。在全要素智慧城市的（杨天举，2018）基础上可以建立“全过程”智慧城市模式，即由理念到体系再到创新保障的模式（见图3-4）。但是，就中国智慧城市而言，能够将“全过程”模式运用于具体建设中的城市较少。很多城市更多地关注了智慧城市的基础建设，即硬件的建设等发展体系，而缺乏对智慧发展理念与智慧运营体系的关注，没有正确认识到如何解决新型城镇化中面临的问题，没有将智慧城市建设与城市定位正确结合。许多城市都缺乏智慧理念，导致智慧建设变得不是“真智慧”，硬件方面的基础设施和技术成为绑架智慧城市的工具，进行智慧建设都是在大量建设计算中心、大数据中心，购买硬件等技术手段上，并投入高昂的资金，而没有让智慧思想与硬件设施有效地结合起来，发挥最大的作用。还有一些城市缺乏后期的智慧运营，将政府主导作为主要模式，使智慧城市缺乏良好的可持续性发展，没有有效的产业发展模式支持城市的发展。

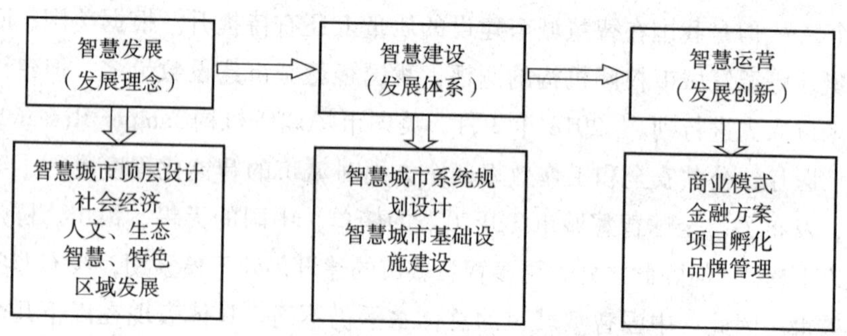

图3-4 “全过程”智慧城市建设图示

3.7.3 城市居民感知水平低下、满意度不高

在智慧城市的建设过程中，大部分城市注重对城市硬件设施的投入，缺乏对人性化与文化的投入，缺少市民的参与、沟通、体验与反馈，公众对智慧城市的定义、目标缺乏有效的理解。智慧城市建设的初衷与成效经常呈现出不一致性，因此对建设效果的检验，应该从城市居民的感知入手，以居民的感受作为检验智慧城市建设成果的最终标准，通过“看得见、摸得着、用得上”的智慧城市公共服务，让市民有良好的体验，感觉“智慧城市”就在

自己身边。2016年，新型智慧城市评价指标中增加了市民体验的分指标，体验调查结果显示，220个城市平均分为63.71分，最高分为71.00分，最低分为54.90分，其中60~65分的城市数量最多，占总数的63.64%。市民体验调查得分不高，市民获得感有待提高。[①] 政府与企业作为建设方，往往在智慧城市的设计初期，忽略了居民需求调查与征集，使很多智慧城市服务的内容缺乏人性化与便捷化，如居民对城市一卡通服务、社保服务、办理政务服务的便利性满意度不高，普遍认为信息获取的便利性高于服务获取的便利性，服务的多元化、针对性与互动性较差，服务的提供渠道仍有很大的拓展空间。

3.7.4 智慧城市建设与城市发展规划缺少有效的衔接

智慧城市作为一种新型的城市管理思路，更多地被政府作为城市治理的新工具与新方法，智慧城市建设没有与城市规划相融合。在智慧城市的理念兴起之前，城市的发展与问题往往通过增加对城市基础设施的建设或改造来解决，城市的发展是被动的。麦肯锡咨询公司的研究人员提出智慧城市可以将传统设施建设和智慧解决方案有效结合，并得以动态、快速乃至低成本地回应和解决城市现实问题。[②] 中国很多城市都在创建文明城市、绿色城市、宜居城市、特色小城镇等，在类似的城市创建过程中，往往看不到智慧城市方案，或者只是把智慧城市作为以上各类城市建设工作的一个很小的举措和手段，没有从根本上意识到智慧城市是所有创建工作的基础。只有把智慧城市建设好，才能更好地去创建相应的城市内容。所以，这种弊端会使城市建设出现各司其职、行政割据、效果不佳的状况，使城市建设出现浪费。例如，青海省西宁市政府于2016年深入贯彻落实党中央及省委、省政府的战略部署，以五大发展理念和“四个扎扎实实”重大要求为引领，抓住“生态优先”与“发展率先”两个关键，着力打造绿色发展样板城市。[③] 但是，在西宁市将近两年的城市建设过程中，固缺乏将智慧城市有效融合到绿色城市发展规划中的措施，使绿色样板城市建设缺乏对智慧生态城市建设的有效应用。因此，如果能将智慧城市建设有效投入各个城市的发展规划中，在两者进行顶层设计与规划时兼顾考虑，就能避免浪费与低效率。

① 林念修，庄荣文，等．新型智慧城市发展报告（2017）[M]．北京：中国计划出版社，2017.

② 资料来源：麦肯锡咨询公司《智慧城市：宜居城市的电子解决方案》。

③ 杨娟丽．基于智慧生态城市的西宁市绿色城市发展模式研究［J］．青海民族大学学报，2018（3）.

3.7.5 缺乏对智慧“城”与智慧“市”的有效界定

智慧城市在学术界、企业界、政府界和城市居民这四个层面有着不同的定义与理解，由于出发点与关注点不同，各个层面对智慧城市的认知也是不同的。在实践当中智慧城市建设经常会出现技术至上，主张将一些新技术应用于城市建设中，没有一个系统、全面的体系，同时也没有可持续性的发展产业进行支撑。这是因为没有发现智慧城市可持续发展、有效发展的动力因素，没有很好地理解“城”与“市”两者是如何相互促进的。智慧“城”更多的是将智慧因素投入城市功能建设当中，进行城市建设与城市管理；智慧“市”更多的是关注城市发展的动力因素，创新智慧科技产业及传统产业的智慧优化组合，是智慧“城”发展的根本动力。但是在实际的建设中，许多城市缺乏对两者关系的有效界定与区分，没有认识到智慧“城”良性健康发展的不竭动力，而是过多地关注了城市基础设施与技术的应用，缺乏从城市发展动力角度考虑。

3.7.6 中国智慧城市建设“重技术”而“轻管理”

城市作为人们生活、居住的重要载体，是区域政治、经济、文化、教育、科技和信息的中心，交汇了各种信息流、人流、资金流等，是一个复杂巨系统，具有多维度、多结构、多层次的特征。城市的良性发展需要政府部门对城市基础设施、公共服务设施和社会公共事务进行管理。

良好的城市发展需要向“管理”要效率。智慧城市应该更多地从管理视角进行建设、经营，才能取得更好的效果。首先，从管理的职能角度考虑，“计划、组织、指挥、协调、控制、创新”六大管理职能在城市管理中依旧可以起到重要的作用。将这些职能投射到国内的智慧城市建设上进行评估，会发现很多城市都存在重技术、轻管理的现象，缺乏科学的管理方法，没有从管理职能上对智慧城市建设进行有效的管理，出现类似计划不足、缺乏创新、各部门与单位的协调不足等现象。其次，从项目管理视角分析，智慧城市是一个项目集，包含了众多的子项目或者小项目，那么对这些项目之间关系的梳理和如何通过项目管理基础理论高效地进行智慧城市建设，是一个重要问题。项目管理的核心就是协调“时间、质量、成本”三者的关系，在合理的项目进度和项目费用前提下做出较高的项目质量，同时对项目的风险、沟通、采购、人力资源进行管理。这些核心管理思想与智慧城市建设的重要因素不谋而合，但在实际的智慧城市建设中，缺乏通过项目管理思想进行智慧城市建设的理念。对于智慧城市这样复杂项目集来说，前期的需求分析、顶层规划设计和建设过程中的智慧城市项目管理是决定其成败的重要因素。例如，从项目管理的三要素来看，许多地区智慧城市的建设都会出现进度、质量、成本方面的问题；从项目的验收成效来看，对技术是否能支撑城市发展战略、市民是否获得较高的满意度的实际评价结果都不是很高。

3.8 智慧城市的发展趋势

3.8.1 智慧社会提出的背景

智慧城市在不断地发展，已进入了一个更加全面、深入和务求实效的新阶段，从刚开始的技术与业务驱动不断向创新驱动、用户需求驱动转变，智慧城市建设与城市经济社会创新发展融合度不断提升，但同时面临的问题也日益复杂，不同领域、层级、区域之间不平衡、不协调、不可持续问题日益突出。主要表现在：第一，省、市、县级之间的智慧城市发展缺乏沟通协调，智慧城市建设出现不统一或者重复建设的情况；第二，市民在新型智慧城市发展中的体验度不够，满意度不高；第三，智慧城市建设缺乏层级与类型城市的分类指导；第四，智慧城市建设缺乏发展特色；第五，ITC 技术应用与市民的使用脱节，宣传不到位，市民的体验较少。在这种背景下，政府需要进行更加有效的智慧因素整合，打破城市的条块化分割，关注城市的良性共同发展，将智慧因素推广到更多层面。由此，智慧社会的概念应运而生。

3.8.2 智慧社会的概念

习近平总书记在党的十九大报告中首次提出建设“智慧社会”，要求信息技术与经济社会发展、百姓生活、政府治理全面一体化。

智慧社会是在新型智慧城市发展实践基础上理念的不断深化，由城市视角逐渐走向全社会视角，将智慧乡村与智慧城市有机融合，从全社会角度系统进行统一与协调，真正地推动四化建设的同步发展。智慧社会将会使个人、企业、政府、社会之间的关系变得更加紧密，下面是对智慧社会与智慧城市二者关系的阐述。

3.8.3 智慧社会与智慧城市的关系

第一，智慧社会是从每个智慧城市建设开始的，且是最后要实现的目标。城市建设是城镇化进程中的重要内容，能提高城市发展质量，能通过新的科技手段实现城市的高效率现代化管理，为人民打造一个宜居的幸福城市。所以，要实现智慧社会，就必须以实现智慧城市为起始，从信息基础设施强的城市开始，做好智慧城市建设。

第二，智慧社会是智慧城市与智慧乡村的融合。从“城镇化”到“新型城镇化”，我国都在强调城镇化，而非城市化。因此，智慧城市的发展只是在城市的范畴重视信息科技对城市的发展与改革创新，而对城镇与乡村问题缺乏关注。智慧社会从全社会系统的角度考虑，除了打造智慧城市之外，在智慧城市发展到一定阶段的情况下，应该关注城乡的协调发展与共同进步，打造智慧乡村，实现乡村振兴。

第三，以市民体验和满意度为目标的智慧城市会逐渐成长为智慧社会。智慧城市的顶层设计，都是以政府与企业为主要决策者与参与者，一方有需求，一方为需求设计产品和服务方案，在这个过程中，缺少了市民的参与。在《新型智慧城市报告》中，针对市民体验和满意度的调查得分不容乐观，220 个城市市民体验平均分为 63.71 分，60~65 分的城市有 140 个，其余都在 60 分以下。由此可见，我国智慧城市建设的现实获得感和市民满意度仍然亟待提高。若要提高智慧城市市民的满意度，就需要考虑以人为本的社会活动，汇聚市民大众智慧和群众力量，让广大人民群众贡献智慧、参与共治、实现共享，激发城市发展活力。①

第四，智慧社会可以协调智慧城市发展的不平衡。智慧城市的发展从 2012 年至今，一直存在着建设的水平梯队，处在第一梯队的一般都是东部地区的经济发达城市，东西部地区差异极大，区域发展极不平衡。西安、咸阳、兰州、银川、克拉玛依等西部地区城市正在逐渐追上，但是绝大多数西部地区智慧城市的建设依旧存在很多问题，存在建设空洞、资源浪费的现象。智慧社会就是以社会系统为着眼点，实现城与城的互联。没有哪一座城市是孤立存在的，城市发展不只在于本身的智慧化改造，也离不开与其他智慧城市的互联。智慧社会可以解决智慧城市全国区域内发展不平衡以及后期互联问题。

第五，智慧社会与智慧城市的关注方向不同。智慧社会关注的是整个社会层面的系统相连，无论是城乡还是不同区域都可以共同发展智慧城市，最终形成一个和谐社会。它更加关注市民的需求和生活层面的市场化应用，谋求社会的发展、实现美好幸福生活。智慧城市建设则以城市个体为主，从政府视角出发，关注城市的智慧化治理与服务。

---

① 叶曜坤．以人民为中心建设智慧社会［N］．人民邮电报，2017-11-10（11）．

第 4 章

民族地区智慧城市建设对民族地区新型城镇化的推动与促进作用

2017 年末，从城乡结构看，我国城镇常住人口 81347 万人，比上年末增加 2049 万人；城镇人口占总人口比重（城镇化率）为 58. 52%，比上年末增加 1. 17 个百分点①。从数值标准看，中国的城镇化率正在逐年递增，从 2005 年的 43. 0%到 2015 年 56. 1%（见图 4-1），十年间增加 13. 1 个百分点，其中 2011 年城镇化率为 51. 3%，突破 50. 0%，这标志着中国已步入初级城市型社会。

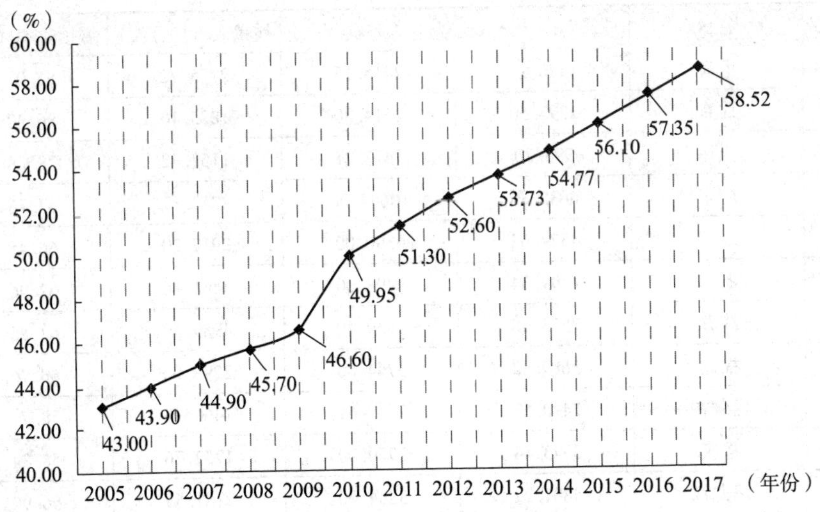

图 4-1　2005—2017 年中国城镇化率变动趋势

① 2017 年政府统计公告：http：//www. gov. cn/xinwen/2018-02/28/content_ 5269506. htm.

在新型城镇化各项制度的不断推进下，如户籍制度改革和居住证制度，农业转移人口市民化进程加快，并且城镇基本公共服务均等化水平不断提高，新型城镇化目标要求下城镇化的质量显著提升，到 2017 年末，我国户籍人口城镇化率为 42.35%，比上年末增加 1.15 个百分点①，与常住人口城镇化率的差距为 16.17 个百分点。

4.1 民族地区城镇化现状

4.1.1 民族地区城镇化率分析

我国城镇化发展是不均衡的。东西部地区城市、民族地区城市、发达地区城市与落后地区城市之间城镇化水平不均衡，人口发展、地区经济的差距使各省份的城镇化率存在很大的差异（见表 4-1）。2015 年，全国有 18 个省的城镇化率超过 50%，12 个省的城镇化率在 35%~50%。2015 年底，上海的城镇化率达到 88.02%，排名第一；北京达到 86.30%，排名第二；天津达到 78.28%，排名第三。

表 4-1 2015 年全国省份城镇化率相关指标数据

排名	省份	户籍人口（万人）	常住人口（万人）	城镇人口（万人）	城镇化率（%）
1	上海	1426.93	2415.15	2125.72	88.02
2	北京	1297.50	2114.80	1825.10	86.30
3	天津	993.20	1472.21	1152.42	78.28
4	广东	8635.89	10644.00	7212.37	67.76
5	辽宁	4374.63	4390.00	2917.20	66.45
6	浙江	4799.34	5498.00	3461.46	62.96
7	江苏	7553.48	7939.49	4989.59	62.85
8	福建	3689.92	3774.00	2293.00	60.76
9	内蒙古	2470.63	2497.61	1466.35	58.71
10	重庆	3343.44	2970.00	1732.76	58.34
11	黑龙江	3831.22	3834.00	2181.55	56.90
12	湖北	6165.40	5799.00	3161.03	54.51
13	吉林	2701.50	2751.28	1491.19	54.20

① 2017 年政府统计公告：http：//www.gov.cn/xinwen/2018-02/28/content_ 5269506.htm.

续表

排名	省份	户籍人口（万人）	常住人口（万人）	城镇人口（万人）	城镇化率（%）
14	山西	3571.21	3630.00	1908.00	52.56
15	山东	9580.00	9733.39	5077.83	52.17
16	宁夏	630.14	654.19	340.28	52.02
17	陕西	3926.22	3763.70	1931.15	51.31
18	海南	901.93	895.28	457.46	51.10
19	江西	4503.93	4522.20	2210.00	48.87
20	青海	565.55	577.79	280.30	48.51
21	湖南	7179.87	6690.60	3208.80	47.96
22	安徽	6902.00	6029.80	2885.90	47.86
23	河北	7185.42	7332.61	3410.55	46.51
24	四川	9097.35	8107.00	3640.00	44.90
25	广西	5240.00	4719.00	2115.00	44.82
26	新疆	2232.78	2264.30	1006.93	44.47
27	河南	10543.00	9413.00	3990.97	42.40
28	甘肃	2712.99	2582.18	1036.23	40.13
29	云南	4596.62	4659.00	1831.45	39.31
30	贵州	4249.48	3502.22	1324.89	37.83
31	西藏	300.21	307.62	69.98	22.75

2015 年内蒙古、广西、西藏、新疆、贵州、云南、青海、宁夏八个民族省区中只有内蒙古的城镇化率为 58.71%，是城镇化率最高的省份，其余按照由高到低的顺序依次为：宁夏城镇化率为 52.02%、青海城镇化率为 48.51%、广西城镇化率为 44.82%、新疆城镇化率为 44.47%、云南城镇化率为 39.31%、贵州城镇化率为 37.83%、西藏城镇化率为 22.75%。

2017 年底，全国城镇化率排名前十位与后十位的排名顺序与 2015 年比基本没有太大的变动，仍有部分省份的城镇化率低于 50%，其中 99%来自西部民族地区。民族地区在城镇化过程本身就存在更多的困难，所以在新型城镇化发展的道路上，东部地区与西部民族地区城镇化差距会在原有的基础上继续不断扩大。东部地区在原有城镇化的基础上朝着更加优化、更具特色的方向发展，而民族地区则具有天生的短板因素，发展较为缓慢，但也在政策红利和自我优势充分利用上逐渐迅速发展。

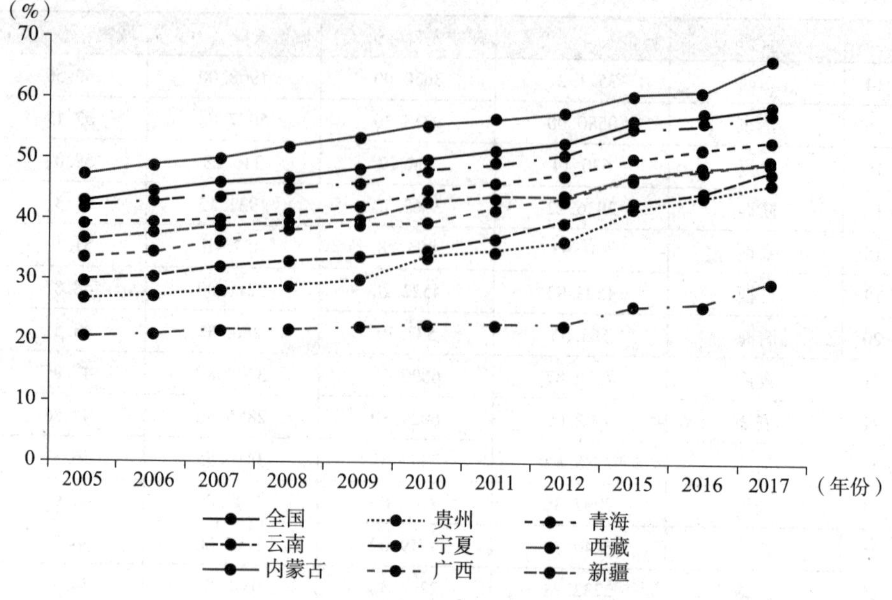

图 4-2 2005—2017 年全国以及民族地区城镇化率变化

单独就民族地区而言，随着城镇化建设的大力推进，民族地区的城镇化发展速度是明显的。民族地区城镇化率是在 2000 年后逐年快速提高的,① 2011 年全国城镇化率为 51.27%，民族八省区城镇化率分别为：内蒙古 56.62%、宁夏 49.82%、青海 46.22%、新疆 43.50%、广西 41.80%、云南 36.80%、贵州 34.96%、西藏 22.71%。其中，除了内蒙古外，其他 7 个省区城镇化率均低于国家城镇化率的平均水平。2016 年 1 月的数据显示，八个民族省区城镇化率均有提高（见表 4-2）。其中，内蒙古城镇化率为 61.20%，是城镇化率最高的省份，其余按照由高到低的顺序依次为：宁夏城镇化率为 56.29%、青海城镇化率为 51.63%、新疆城镇化率为 48.35%、广西城镇化率为 48.08%、云南城镇化率为 44.34%、贵州城镇化率为 44.15%，西藏城镇化率为 26%。由此可见，在近年来的发展过程中，民族地区的城镇化率在提高，尤其是城镇化率超过 50%的地区，由 2010 年时只有内蒙古一个省份到 2016 年增加了青海和宁夏两个省份。尽管如此，民族八省区的平均城镇化率仍低于全国的城镇化率水平。

① 张冬梅．民族地区特色新型城镇化的问题与策略［N］．中国民族报，2014-12-19（6）．

表 4-2　2005—2017 年全国以及民族地区城镇化率变化情况

（单位：%）

地区	2005 年	2006 年	2007 年	2008 年	2009 年	2010 年	2011 年	2012 年	2015 年	2016 年	2017 年
全国	42. 99	44. 34	45. 89	46. 99	48. 34	49. 95	51. 27	52. 57	56. 10	57. 35	58. 52
贵州	26. 87	27. 46	28. 24	29. 11	29. 89	33. 81	34. 96	36. 41	42. 01	44. 15	46. 00
青海	39. 23	39. 26	40. 07	40. 86	41. 90	44. 72	46. 22	47. 44	50. 23	51. 63	53. 07
云南	29. 50	30. 50	31. 60	33. 00	34. 00	34. 70	36. 80	39. 31	42. 90	44. 34	48. 00
宁夏	42. 28	43. 00	44. 02	44. 98	46. 10	47. 90	49. 82	50. 67	55. 23	56. 29	57. 30
内蒙古	47. 20	48. 64	50. 15	51. 71	53. 40	55. 50	56. 62	57. 74	60. 30	61. 20	66. 12
广西	33. 62	34. 64	36. 24	38. 16	39. 20	40. 00	41. 80	43. 53	47. 06	48. 08	—
新疆	37. 15	37. 94	39. 15	39. 64	39. 85	43. 01	43. 54	43. 98	47. 25	48. 35	49. 38
西藏	20. 85	21. 13	21. 50	21. 90	22. 30	22. 67	22. 71	22. 75	25. 75	26. 00	—

（1）民族地区城市城镇化变动相对而言不是很大。从表 4-2 可以看出，2005—2017 年，民族地区城镇化率尽管有了明显的上升，可是与东部地区城市的变动率相比而言，并不是很明显，有 7 个省份的增长率大约为 10%，同东部地区的省份相比，仍处在中下水平，发展缓慢。西藏的城镇化率一直在 20%~26%的水平线上，没有突破 30%，基本处于城镇化的初期。青藏铁路的通车尽管对西藏的城镇化起到一定的刺激作用，但由于西藏地区的特殊性，城镇化率并没有实现迅速增长。

（2）城镇化的提高与政策的扶持密不可分。民族地区的城镇化进程在国家战略的推动下不断推进，例如，西部大开发战略实施近 20 年来，西部地区城镇化率和城镇化质量有了明显的提高，主要的原因在于大开发战略下“城市发展、大型项目投资、资源开发、大型工矿企业的兴建”等重要举措的实施，但是，这些资源驱动型开发也使民族地区的城镇化存在许多生态隐患。

（3）将“城”与“镇”拆分开来，分析其对城镇化的贡献率。据第六次人口普查数据可知，2010 年全国城镇化率的 50. 27%中，市的贡献率（市人口/城镇人口）为 60. 26%，镇的贡献率（镇人口/城镇人口）为 39. 74%。民族八省区的城镇化率为 40. 06%，其中市的贡献率为 50. 40%，镇的贡献率为

49.60%。[①] 很显然，民族八省区的镇贡献率要大于全国平均水平，这也说明民族地区的建制镇数量较多。2000—2010 年，民族地区新增城镇化人口中，城市占 42.31%，镇占 57.69%。由此可见，新增人口一半以上在镇，所以民族地区的镇是其城镇化进程中重要的构成内容，这与民族地区地广人稀的地理位置特点吻合，农牧民不可能迅速成为市民，镇实现了城乡一体化的有效衔接。

（4）从民族地区的汉族城镇化与少数民族城镇化两部分数据来看，汉族地区的城镇化在拉高少数民族城镇化的整体水平。分民族看，东乡、傈僳、布朗、拉祜等 27 个民族的城镇化水平在 30%以下，最低的傈僳族人口城镇化率只有 10.76%。[②] 在民族地区，少数民族聚居地区的城镇化率相对较低。青海城镇化水平最高的是海西州，城镇化率达到 70.06%；其次是西宁市，城镇化率为 67.80%，而海北藏族自治州、海南藏族自治州、果洛藏族自治州的城镇化率均不到 30%。从城镇人口的区域分布上看，民族地区的城镇化呈现出少数民族人口比重越高，城镇化水平越低的特点。所以少数民族众多，且少数民族生活方式特点与居住区域独特性都是民族地区整体城镇化率低的主要因素。

4.1.2 民族地区城镇化进程中的城市发展分析

在民族地区城镇化进程中，城市数量的增加，城市人口规模的增加和城市自身的发展是一个重要指标。2001 年 3 月，第九届全国人大四次会议通过的《中华人民共和国国民经济和社会发展第十个五年计划纲要》对实施西部大开发战略再次进行了具体部署，民族八省区全部被纳入西部大开发战略中。

西部大开发总体规划可按 50 年划分为奠定基础、加速发展、全面推进现代化三个阶段，[③] 目前已经处于加速发展阶段，民族八省区在西部大开发政策的推动下，城市规模不断扩大。2010 年底，民族地区城市规模有了新的变化，如表 4-3 所示。

---

① 郑长德．中国少数民族地区建制镇研究［J］．民族学刊，2015（1）．

② 柳建文．新型城镇化背景下少数民族城镇化问题探索［J］．西南民族大学学报（人文社科版），2013（11）．

③ 田烨．试论我国民族地区城镇化发展历程及其特点［J］．成都大学学报（社会科学版），2015（3）．

表4-3　1999年底与2010年底民族地区城市规模对比

（单位：个）

省份	1999年民族八省区所辖城市统计				2010年民族八省区所辖城市统计			
	城市人口规模				城市人口规模			
	100万人以上	50万~100万人	20万~50万人	20万人以下	100万人以上	50万~100万人	20万~50万人	20万人以下
内蒙古	1	1	6	12	3	3	3	11
宁夏	0	0	2	3	0	1	4	2
新疆	1	0	7	11	1	0	8	12
青海	0	1	0	2	1	0	0	2
广西	0	2	4	13	7	4	6	4
贵州	1	0	3	9	1	3	6	3
云南	1	0	2	12	1	3	8	7
西藏	0	0	0	2	0	0	1	1
合计	4	4	24	64	14	14	36	42
城市总计	96				106			

1999年底，民族八省区城市规模具体数据为：人口规模在100万人以上的城市有4个，人口规模在50万~100万人的城市有4个，人口规模20万~50万人的城市有24个，人口规模在20万人以下的小城市64个，设市的城市总数为96个，占当年全国城市总数667个的14.39%。到了2010年底，民族八省区人口规模在100万人以上的城市增加到14个，人口规模在50万~100万人的城市增加到14个，人口规模在20万~50万人的城市增加到36个，人口规模在20万人以下的小城市由1999年底的64个变成42个，设市城市总数由96个增加到106个，民族八省区设市总数占全国城市总数657个的16.13%，比1999年提高了1.74个百分点。由此可见，民族地区城市数量的发展还是非常明显的，尤其在西部大开发的10年中，城市的规模和数量都有很显著的变化，尤其人口规模在100万人以上的大城市在10年当中增加了10个。

2010—2017年又是民族地区城市发展的新阶段，人口规模有了更大的突破，城市规模也发生了变化，具体如表4-4所示。

1999年底，民族八省区人口规模在100万人以上的城市数量只有4个，而到了2017年底，民族地区城市人口规模发生了巨大的变化，出现了人口规模在500万~1000万人的特大城市，分别为南宁、桂林、玉林、昆明、曲靖、

昭通、毕节、遵义 8 个城市。人口规模在 100 万~500 万人的城市数量大幅度上升至40 个，人口规模的不断上升标志着民族地区城市的发展进入新的阶段。城市规模所采用的统计指标通常是城市常住人口，但值得注意的是，民族地区大部分城市普遍呈现出户籍人口大于常住人口。以广西为例，2017 年底，南宁市户籍人口为756. 87 万人，常住人口为715. 33 万人；桂林市户籍人口为534. 08 万人，常住人口为505. 75 万人；玉林市户籍人口为724. 19 万人，常住人口为581. 08 万人，两者相差较大，因此，纵向来看，民族地区城市人口规模尽管有一定的发展，但是由于当地经济的落后，以及产业发展缓慢，人口向外流出较大，使得户籍人口小于常住人口，这也对当地经济的发展造成了一定的影响。

表 4-4　2017 年民族地区城市人口规模

序列	城区人口规模	全国城市数量（个）	民族地区城市数量（个）	民族地区代表城市（万人）
1	1000 万人以上	6	0	无
2	500 万~1000 万人	94	8	南宁 715. 33、桂林 505. 75、玉林 581. 08、昆明 678. 30、曲靖 612. 20、昭通 553. 70、毕节 665. 97、遵义 624. 83
3	100 万~500 万人	110	40	贵阳 480. 20、安顺 234. 44、铜仁 315. 69、六盘水 292. 41；柳州 400. 00、梧州 303. 70、钦州 328. 00、百色 364. 50、贺州 205. 67、河池 352. 35、崇左 208. 68、来宾 221. 86、北海 166. 33、贵港 437. 54；赤峰市 431. 48、通辽 312. 87、呼和浩特 311. 48、包头 287. 80、鄂尔多斯 206. 87、呼伦贝尔 252. 92、乌兰察布 210. 25、巴彦淖尔 168. 50；乌鲁木齐 222. 61；玉溪 238. 10、普洱 260. 20、保山 257. 80、临沧 236. 00、丽江 127. 90；西宁 235. 58、海东 147. 00；银川 222. 54、固原 121. 18、中卫 114. 16、吴忠 135. 29 等
4	100 万人以下	33	7	拉萨 53. 03、克拉玛依 44. 28、石嘴山 77. 27、防城港 94. 02、乌海 56. 11、吐鲁番 63. 73、哈密 56. 11

注：仅为地级市，除州、盟及地区；截止时间为 2107 年 12 月；根据各城市统计局 2017 年城市经济统计年报数据计算。

4. 2　民族地区城镇化特征分析

从表 4-3、表 4-4 的数据可以发现，近 10 年来民族地区城镇化率虽然有一定提高，但是横向相比而言其城镇化程度还是较低，相对发展速度缓慢，但需要看到民族地区城镇化的绝对发展，包括城镇化率的增长、城市人口规模的增长、城市设立数量的增加、工业化率的提升等，因为民族地区本身的特殊性就决定了其城镇化会呈现出不同于其他地区的一些特征。

4.2.1 民族地区特殊的城镇化发展背景

民族地区与东部地区的城镇化背景和路径是完全不同的，东部地区城市城镇化更多的是在经济与地理区位优势格局的推动下进行，城市之间联系紧密，不断形成城市集群，形成互相促进、互相联系的拉动式城镇化效果。而民族地区的城镇化更多的是在西部大开发战略、城镇化等政策和一些具有西部地域特点的项目推动下进行的，[①] 并且由于民族地区的地理区位与城市之间的距离因素，使城市的互相带动性较差，因此相比而言，东部地区的城镇化更具有自发性和动力，民族地区则更显现出对政策的依赖性与发展的滞后性及被动性。

4.2.2 民族地区特殊的城镇化发展路径

民族地区的城镇化发展路径是不同于东部地区的。东部城镇化基本上是自下而上的，大、中、小城市在城镇化进程中的表现都是主动而又积极的，是在经济产业带动下形成城市化、市场化与工业化相互互动的过程。东部地区的城市化通过产业转化和人口聚集实现，因而是主动进行城镇化，大、中、小城市发展较为均衡，初步形成了布局合理的城市群空间格局。

民族地区的城镇化是从上而下的，由省会或中心城市逐渐向中小城市延伸，往往更容易形成中心城市或省会城市的“首位度”过高的状况，省内第一位与第二位的城市之间差距极大，没有形成合理的城市梯队，城市体系尚未形成。西南地区的这种情况要好于西北地区。因此，民族地区不适合发展大都市，要因地制宜地发展特色小城镇，走高质量集约型的小城镇发展道路。例如，青海省作为西北民族省份，其省会西宁市的城市首位度极高。2016年底西宁市常住人口233.37万人，地区生产总值1248.16亿元，而青海省的生产总值为2572.9亿元，因此西宁市的GDP占到青海省GDP的49%。2013年青海省海东地区撤地设市，包括乐都区和平安区两个市辖区，海东市成为青海省第二大城市，全市户籍人口171.29万人，其中

① 申兵. 加快西部地区新型城镇化发展的路径［N］. 中国经济时报，2014-01-08（6）.

城镇户籍人口 47.2 万人，常住人口中汉族为 77.83 万人，占 55.72%，少数民族人口占 44.82%。① 2016 年该市生产总值 422.8 亿元，仅占到青海省生产总值的 16%。因此可以发现，民族地区的城镇化水平在省内的表现是极不平衡的，存在断层现象，尤其是少数民族人口比重较大的地区，县市城镇率极低，不能很好地与省会城市和大城市形成良好的连续性与城市规模渐进式的梯度化。

4.2.3 民族地区城镇化的复杂性和困难

民族地区城镇化存在很多历史原因和客观现实环境的局限性，使城镇化过程存在很多困难。第一，民族地区经济发展水平较低，缺乏经济实力，加上城镇化的底子薄弱，因此城镇化建设速度迟缓，建设难度大。第二，民族地区的自然地理条件特殊，所处的地理交通区位闭塞，大多是高原、戈壁、边塞要地等，且地理面积大，人口分散，这些客观因素都不利于城镇化。第三，生态环境脆弱是民族地区共有的特点。生态建设是一个长期的任务，而且民族地区生态保护与建设基础本来就较为薄弱，随着城镇化过程中不断出现新的生态问题，需要民族地区政府在资金上和政策上对生态建设与保护工作具有持续性投入。第四，贫困问题成为民族地区城镇化进程中最大的阻力。民族地区致贫原因复杂且多元叠加，其自身发展能力的不足，使贫困问题加剧。在全国 832 个贫困县中民族地区县有 421 个，占总贫困县数量的 51%。② 民族地区承载了全国贫困人口总量的 1/3。这些现实因素都给民族地区城镇化带来了更多的困难。第五，少数民族农牧民的思想观念、生活方式、民族文化的差异性等也增加了民族地区城镇化的复杂性。以上这些因素都阻碍了少数民族地区的城镇化发展。

4.2.4 民族地区城镇化对民族地区经济文化的促进作用

民族地区由于经济落后，导致在思维观念、开放程度、文化教育等方面都明显落后于发达地区。城镇化进程是民族地区社会进步、实力变强、人力资本投入和聚集的过程。民族地区城镇化加速了城镇的发展，推动了当地劳动力的转型，提高了民族地区城镇化率。少数民族劳动力向城市的流动和集

---

① 资料来源：2016 年青海省统计年鉴。

② 国家统计局住户调查办公室．中国农村贫困监测报告 2017［M］. 北京：中国统计出版社，2017.

聚增加了城市的劳动力，尽管存在少数民族与城市融合困难的问题，但更多的农村劳动力在新的工作中获得技能，在城市开始新的学习生活，逐渐接受不同于农村的文化、观念、思维模式。这些相互影响的过程必然会在潜移默化中不断地培养社会文化氛围、提升民族地区的人文素质。因此，城镇化对民族地区的经济文化进步具有积极的促进作用，使民族地区的经济产业结构得到优化，使各种多元文化得以交融与互动，从而实现经济社会的良性发展，促进了民族地区的社会进步，使物质文化与精神文化共同发展。

4.3　民族地区新型城镇化进程中存在的问题

4.3.1　城市基础设施和公共服务体系薄弱

民族地区城市基础设施与城市公共服务体系较为薄弱，城市可持续发展后劲不足。在城镇规模迅速扩张的情况下，民族地区的城市基础设施及城市公共服务体系没有及时得到相应的补充和完善。例如，城市交通、教育、医疗、供水、污水处理、垃圾处理等基础设施严重短缺，均未能有效完善，城市基础设施承载能力较低，这些都关系到城镇的运行效率和可持续发展。尤其一些城市的老城区，规划没有长远眼光，造成城市布局不合理、道路狭窄、交通节点不畅等。城市基本公共服务体系不完善，教育、科技、文化、卫生、体育事业发展较缓慢。

就民族地区内部而言，城镇化基础设施也呈现发展不均衡的状态。大多数民族地区都存在省会城市首位度高的现象，除了省会城市外，其他城市则表现一般，尤其是县镇一级的城市基础设施非常薄弱，教育资源贫乏、就业环境差、医疗水平差、社会保障体系不健全、保障标准和覆盖率仍然较低。

4.3.2　生态环境脆弱，生态文明建设水平不高

民族地区大多处在生态功能区，对全国的生态系统安全起着至关重要的作用。生态系统的独特性和脆弱性，使生态保护任务变得十分艰巨。在城镇化发展过程中，要想平衡生态与城镇化的关系，很多经济指标就会无法完成。我国民族地区的生态建设仍存在很多问题。在污染物排放方面，民族地区的排放量在全国的占比是较高的，甚至高出了民族地区在全国的生产总值占比，因此其生产方式总体而言还较为粗放。民族地区各种废物、废气的减排均超

过全国平均水平，总体排污优化程度低，落后于全国平均水平（见表4-5）。在突发环境事件和自然灾害方面，民族地区也有较高的发生率，这也给生态保护工作带来了很大的难度。民族地区的生态文明建设水平还存在很大问题，可持续发展能力均低于全国平均水平。生态脆弱与生态建设能力弱两者相互影响，成为民族地区城镇化进程中最大的瓶颈。

表4-5　2015年民族地区亿元生产总值的单位污染物排放量①

（单位：吨）

指标	内蒙古	宁夏	青海	西藏	新疆	广西	云南	贵州	民族地区平均	全国平均
化学需氧量排放量	47.70	79.87	45.59	30.3	72.27	47.47	41.66	35.26	49.10	36.08
氨氮排放量	2.77	6.03	4.25	3.69	4.95	5.06	4.41	4.10	4.22	3.75
二氧化硫排放量	73.86	137.01	66.98	4.62	91.98	29.77	49.68	99.91	66.83	31.05
氮氧化物排放量	70.81	146.81	58.40	52.50	93.04	28.23	38.93	52.99	58.50	32.68
城市生活垃圾清运	182.67	430.22	336.90	334.48	388.85	216.23	272.74	295.48	264.82	280.86

4.3.3　自我发展能力不足，扶贫脱贫效果不高

民族地区的贫困人口量大面广，2017年我国民族八省区贫困人口1032万人，占全国总贫困人口的33.9%，比2016年的32.5%高1.4个百分点；贫困发生率为6.9%，高于全国贫困发生率3.8%，是全国贫困发生率的2.2倍②（见表4-6）。随着国家“精准扶贫”政策的推进，民族地区的扶贫工作取得了一定的成就，但是民族地区的脱贫也到了难度最大、任务最繁重的时期。民族地区的绝对贫困现象突出，减贫速度慢，扶贫政策绩效不高，③从2014年“民族地区大调查”的数据分析中可以发现，民族地区居民对扶贫工作开展的满意度不高，自我发展能力差，改变贫困的“造血功能”不足。民族地区的扶贫开发多是在政府的帮扶、给予与主导下进行和推进的，农牧民参与不够，由于观念落后部分农牧民没有积极的脱贫摘帽意识；扶贫计划缺乏实用性和针对性，扶贫政策缺乏调动农牧民积极主动性的作用，助长了“等、

① 王延中，方勇，等．中国民族发展报告（民族发展蓝皮书）（2016）［M］．北京：社会科学文献出版社，2016.

② 资料来源：中国民族事务委员会网站《2017年民族地区农村贫困监测情况》。

③ 陈全功，程蹊．少数民族山区长期贫困与发展型减贫政策研究［M］．北京：科学出版社，2014.

靠、要”的思想，笔者在田野调查中发现，许多对点扶贫干部都反映扶贫变成了定时定点的帮扶，个别贫困农牧民慢慢也形成习惯，或者觉得这是理所应当的行为。

在人口大规模流动的背景下，民族地区也面临着强壮劳动力外出、留守老人和留守儿童多、空心村问题严重等情况，使很多扶贫项目的推进出现了问题，没办法做到长期性和稳定性。

表 4-6 2013—2017 年民族八省区与全国农村贫困人口及贫困发生率

指标		2013 年	2014 年	2015 年	2016 年	2017 年
贫困人口	民族八省区（万人）	2562	2205	1813	1411	1032
	全国（万人）	8249	7017	5575	4335	3046
	八省区占全国比重（%）	31.1	31.4	32.5	32.5	33.9
贫困发生率	民族八省区（%）	17.1	14.7	12.1	9.3	6.9
	全国（%）	8.5	7.2	5.7	4.5	3.1
	八省区高于全国比重（%）	8.6	7.5	6.4	4.8	3.8

4.3.4 城市管理服务能力较弱，不能很好地适应城市新发展

建设城镇易，管理城镇难，管理众多民族融于一城的城市则更难。城市管理是一项复杂而又重要的工作，尤其是对处在新型城镇化进程中的城市进行管理，将面临许多新的挑战。城镇化也给民族地区带来了很多“城市病”，如交通拥堵、资源分配难、看病难、环境污染等，尤其伴随着少数民族流动人口大量涌向城市，城市管理将面临越来越多的诸如人文、历史渊源、街道格局、民族习惯、宗教信仰、语言差异等“民族因素”。针对这些新问题和新现象，城市管理部门缺乏服务型的城市管理理念、有效的治理手段和治理方式，城市管理出现效率低、准备不足、无创新的缺点。民族地区的城市管理服务能力是较弱的，政府还没有彻底改变观念，缺乏公共服务意识。政府部门应该改变城市发展观念，认识到城市工作中出现的矛盾，通过管理手段的精细化和科学化，营造更良好、健康的城市环境，增加城市的吸引力和提升城市的竞争力。

4.4 新型城镇化进程中民族地区智慧城市建设的可行性与必要性分析

民族地区的地方经济、城市发展一直是学者们关注的研究领域，如何为民

族地区寻找适合自身发展的有效模式，也是党和国家、地方政府关心的问题。通过对民族地区新型城镇化进程中的问题进行分析，可以看出，由于民族地区地理疆界、人口结构、人文风貌、经济状况、宗教信仰等的特殊性，决定了其在城镇化建设中既有与东部发达地区城镇化建设的共同之处，也有鲜明的地域特色。[①] 智慧城市在民族地区的建设应用及发展是一个特殊的命题，它与东部地区城市的智慧城市建设存在差异性，具体的实施条件也是不同的，所以应该从经济、政府政策、地方产业等多个层面分析，并结合民族地区新型城镇化的特征以及特殊的发展路径，有针对性地建设民族地区特色智慧城市。

4.4.1 民族地区智慧城市建设的可行性分析

民族地区的城镇化数量和质量总体较低，经济发展落后、市民整体素质较低，城市建设较为落后、信息科技应用程度不高等诸多因素制约了其发展，那么依靠物联网、大数据、云计算和移动互联网等新一代信息技术与城市转型发展深度整合形成的智慧城市，是否可以在民族地区落地生根、建出实效呢?

第一，民族地区快速发展的城市水平为智慧城市建设提供了充足的准备。

在西部大开发的十余年来，民族地区获得了快速发展，实现了由贫穷到温饱，再到总体小康，从经济水平到民生工程，再到基础设施建设，都实现了跨越式发展，取得了前所未有的成就。尤其是城镇化进程中民族地区城市数量、城市规模都有显著增加，人口规模在 100 万人以上的大城市增加了 10 个。党中央对民族地区给予了很大的政策倾向与扶持，大量的财政投资帮助民族地区振兴了经济，城市质量与城市发展水平有了快速提升，城市人口迅速增多，基础设施建设日臻完善，水、电、天然气等城市基础重大项目完成，这些都为民族地区的发展奠定了坚实的基础。民族地区的城市管理和市民服务水平不断提高，其大力推进医疗、教育、安居、环境等民生建设，让越来越多民族地区群众增强了获得感和幸福感。与此同时，民族地区在城市文化建设、本土企业、地方特色产业等各个方面有了一定的发展，这些城市发展成果都为民族地区进行智慧城市建设奠定了基础。

第二，民族地区的城镇化发展让民族地区城市规模逐渐壮大。

民族地区在不断深入的城镇化建设和全面建成小康社会中取得了新的巨大进展，使民族地区城市规模逐渐壮大。西部大开发、“一带一路”倡议等重

① 曾冰．论民族地区城镇化战略精准实施的政策研究［J］．贵州民族研究，2017.

大战略机遇，推动民族地区经济社会建设乘势迈上了新台阶。《中国民族发展报告（2016）》蓝皮书指出，民族地区在“一带一路”建设、新型城镇化、区域经济协同发展等重大战略推动下，改革开放的增量红利不断积聚，经济结构出现积极变化。[①] 这种质的变化为民族地区建设智慧城市提供了必要的经济条件。

在经济发展方面。民族地区发展水平与地区综合实力有了明显的提升，经济增长速度超越全国平均水平；产业结构向着更加完善和合理的方向逐渐转型，其中第一、第二产业稳中有降，第三产业有明显增长；民族地区财政收入和财政支出均获得稳定增长，并且财政支出在城市发展、市民民生服务等重点领域的投资力度加大。

在科技教育方面。民族地区科技教育事业有了巨大的进步，2010—2013年研发人员绝对数量共增长了3.7万人；2010—2013年研发经费支出年均增长率为20.2%。在教育方面，国家高度重视民族地区教育事业，2012—2015年共建设了318所普通高中，中央及地方高校共安排少数民族预科班招生18.5万人，实施了多项国家计划对民族地区的师资进行培训，并给予了多项援助。

在生态建设方面。民族地区在生态功能修复、减排治污、生态保护等方面有了更多的投入，治理成效显著。例如，民族八省区中有6个省份城市生活垃圾的无害化处理率上升，污染排放量下降，用于生态环保的投资比重增高，绿色生态文明指数已高于全国平均水平。[②]

综上所述，民族地区的城市发展实力已经慢慢壮大，城乡居民收入不断增加，社会保障体系不断完善，投资快速增长，各项社会事业全面进步，城市各项创建工作取得了实效，各个方面都为智慧城市建设提供了一定的现实条件。

第三，智慧城市的某些特性与民族地区城市特征的个别属性具有共同点。

就智慧城市的概念而言，学者们以及不同智慧城市实践规划方案中均有多种表述，有的侧重“智的技术”，有的侧重“慧的管理”，还有的是“技术与管理”相融合，每种概念的产生都因学者的学科背景、学者研究的样本城市及研究角度的不同而不同，前文已经对民族地区智慧城市的概念进行了界

① 王延中，方勇，等．中国民族发展报告（民族发展蓝皮书）（2016）［M］．北京：社会科学文献出版社，2016.

② 严耕，等．中国生态文明建设发展报告（2015）［M］．北京：社会科学文献出版社，2016.

定，认为民族地区的智慧城市应该是一种广义的人文型智慧城市，是“智的技术”与“慧的管理”相融合的城市发展模式。住房和城乡建设部副部长仇保兴提出，“智慧城市”应阐释为“智慧地推进中国新型城镇化建设”，其把智慧城市原有的技术概念完全虚化掉了，这个思路可以很好地避免民族地区城市由于在信息基础设施与科技水平方面薄弱而无法建设智慧城市的误区，这为智慧城市在民族地区的生根发芽提供了一个前提。

就智慧城市的特征而言，智慧城市强调智能化和系统化，要用综合的、集约的、低碳的、生态的、绿色的、智慧的思想进行城市分析、决策和管理，这些低碳、生态、绿色、智慧，既是目标也是手段，同时还是过程。这种城市发展的新手段和思路尤其适合民族地区脆弱的生态环境以及落后的城市进程。

就智慧城市的核心而言，智慧城市是用现代化的手段大量采集少数民族群众在生活中需要的信息、资源，然后实现信息资源的共享和整合。智慧城市可以解决因民族地区城镇化程度的不断提高而导致的城市发展问题。

从城市实践基础与理论基础来看，先进的“智慧城市”在落后的民族地区是可以建设的，并且若想提高民族地区经济、科技、文化的发展速度，智慧城市建设是有效的方法。

4.4.2 民族地区智慧城市建设的必要性分析

新型城镇化对于民族地区的发展来说既是机遇也是挑战。一方面，民族地区的经济发展较为落后、地理区位交通不便、发展阶段滞后、城镇化水平低，它们与东部沿海等发达城市相比，存在很大的差距，因此在新的环境和新的改革阶段，民族地区自身的弱点成为制约其发展的不利因素，其发展存在一定的挑战。另一方面，民族地区也有着独特的差异性，其拥有的资源禀赋、多元化的民族文化是富有价值的、富有特色的。而以人为本的新型城镇化正是从“人”的需求出发提高城镇的公共服务水平，这种人文主义精神更适合民族地区发展，所以新型城镇化是民族地区持续性发展与和谐发展的大好机遇。民族地区可以因地制宜，利用民族特色文化体系，建设民族地区特色城镇。[①] 新型城镇化对少数民族城镇化的“质与量”都提出了新的要求，打造民族地区特色智慧城市可以从城市基础设施建设等软硬件各个方面提升

① 巴特尔．全面建成小康社会一个民族都不能少［N］．学习时报，2017-07-14（1）．

城市水平，是实现民族地区新型城镇化的重要手段和途径。

智慧城市的本质是通过信息技术让生活更美好，智慧城市的发展就是要缩小城乡、地区之间的差异。民族地区更应该充分利用信息技术，让城乡获取公共服务的差距越来越小，为各少数民族群众提供更人性化、便捷的城市服务。智慧城市还可以与城市、城镇、县域、乡村等不同的资源禀赋、基础条件灵活组合，并调配“信息技术+”“互联网+”的资源推动绿色智慧城市真正全面落地。

智慧城市是城市经济获得有效发展、走可持续发展道路的必然选择。首先，智慧城市可以提高城市经济增长的效率，有效推动经济发展；其次，智慧城市可以创新城市生产和管理方式，可以有效地提高民族地区较为落后的生产与管理水平；最后，智慧城市建设会无形中提高企业的生产效率，企业可以通过新型管理方式，节约能源和原料消耗，减少污染排放。同时，智慧城市建设可以带动新的产业发展，使城市经济结构发生变化，逐渐增加信息技术和服务业在民族地区的比重，促进城市经济健康良性发展。

智慧城市建设是改善城市环境、处理传统城市问题的法宝。在智慧城市中政府可以通过实时监控和预警，提高监控企业废弃物排放和环境污染的有效性，除此之外，还可以监控汽车尾气、噪声污染和预警自然灾害。在智慧城市建设的推动下，城市发展会变得更加绿色。总而言之，在智慧城市的作用下，整个城市各组成部分的监控能力将会得到很大提升，政府可以通过数据分析更全面地了解各方面情况，从而加强对整个城市环境的保护。

智慧化城镇会更加符合民族地区城市居民的需求，其覆盖了医疗、交通、金融等服务内容，可以提供更加便捷和舒适的生活。智慧城市的数据中心为居民获得公共数据、实时了解所需信息提供了便捷性。综上所述，民族地区要实现新型城镇化，就需要抓住智慧城市建设的契机，着手发展智慧城市。

4.5　民族地区新型城镇化与智慧城市的互动性分析

4.5.1　民族地区新型城镇化与智慧城市的一致性分析

2013 年，中央城镇化工作会议提出，我国近期城镇化发展的主要任务是“要依托现有山水脉络等独特风光，让城市融入大自然，让居民望得见山、看得见水、记得住乡愁；要尽快把每个城市特别是特大城市开发边界划定，把城市放在大自然中，把绿水青山留给城市居民；要注意保留村庄原始风貌，慎砍树、不填湖、少拆房，尽可能在原有村庄形态上改善城镇居民的生活条件；要传承文化，发展有历史记忆、地域特色、民族特点的美丽城镇”。

智慧城市是以信息技术为手段对城市管理、预测、决策进行分析，从而提高城市管理效率，促进城市绿色健康发展。由此可见，新型城镇化和智慧城市之间存在着一致性。

首先，新型城镇化和智慧城市的核心内容均是以人为本，都要着力解决好“人”的问题，两者建设的最终目的都是为人服务。

其次，新型城镇化和智慧城市的建设目标均是绿色、环保与可持续发展。两者均强调要建设一个和谐有序的生活环境。新型城镇化之所以新，就是要与城镇化区别开，就是要解决城镇化过程中遗留的难题，智慧城市和新型城镇化看似是不同的两种概念，但其目标是共同的。智慧城市除了对信息通信科技等技术领域有要求外，还要求智慧地规划和设计城市的发展，智慧地进行城市的管理和服务，智慧地满足市民大众的需要，这些正是城市“绿色”发展的体现。

最后，新型城镇化和智慧城市的建设过程均是力求“质量+效率”。智慧城市利用信息技术，以强调供需匹配和发展质量的方式对城市进行升级，提倡科学地进行资源配置，以提升整体的社会效率，这刚好与新型城镇化提出的提高城市质量、绿色高效是同一思路。因此不难看出，智慧城市和新型城镇化在多个方面具有较高的一致性。

4.5.2 民族地区新型城镇化与智慧城市的互动性分析

4.5.2.1 智慧城市是民族地区新型城镇化建设的重要推动力

新型城镇化成为我国经济发展最大的潜力与动力。智慧城市对于提升民族地区城镇化质量，促进社会经济良性健康发展具有重大作用。民族地区智慧城市建设的方向与目标能更加有效地帮助其解决城镇化道路上的诸多难题，从而促进新型城镇化发展。

民族地区建设智慧城市不能盲目跟风，要认识到智慧城市拥有很多新的特征。第一，智慧城市是一个城市巨系统，可以实时感知城市信息，获得城市数据和智能化处理各种事件。第二，智慧城市把新一代信息技术充分运用在城市的各行业、各领域，也从另一个侧面促进了全社会的不断学习和创新，提升了社会的整体创造力。第三，智慧城市强化了城市之间的互通互联，使人们的生活更加智能、更加便捷，提高了人们的生活质量和生活满意度。第四，智慧城市的基础设施建设项目及其他各类重大城市建设项目可以改善城市空间质量，并促进文化和经济的发展。第五，智慧城市为城市经济创新提供了更多的机会，让居民有一个开放、交流、互动的空间，使全员都融入创新与可持续发展的良好环境中。以上这些智慧城市所具备的特征都在无形中推动着民族地区新型城镇化进程。

智慧城市的建设要求也是在理论与实践中逐步提高的。2014 年 3 月发布的《国家新型城镇化规划（2014—2020 年）》中，明确了智慧城市建设的必要性，提出了要全面提升城市内在品质，推动绿色城市、智慧城市、人文城市建设。之后，国家科技部、住房和城乡建设部、工业和信息化部等部门将这种任务落实在具体的工作中，面向全国开展了智慧城市试点工作。随后国家发展和改革委、工业和信息化部等八部委联合颁布了《关于促进智慧城市健康发展的指导意见》，提出智慧城市建设的新要求，即特色鲜明，聚集和辐射带动作用强，可以彰显城市的综合竞争优势，在城市民生服务、社会管理、网络安全上有一定成效。在理论、政策与实践三个层面，智慧城市都在不断地发展和深化，智慧城市建设已上升为国家战略。对于民族地区而言，智慧城市是其实现新型城镇化发展的重要途径。

4.5.2.2　加快民族地区新型城镇化建设有助于推动智慧城市的发展

民族地区城镇化路径一直是众多学者关注的问题。同东部、中部地区相比，民族地区新型城镇化建设更具艰巨性和复杂性。[①] 截至 2017 年 12 月，我国城镇化率为 58.52%，民族地区城镇化率只有 40%左右，离平均水平还有一定的距离，民族地区城镇化发展水平较低。民族地区城镇呈现的特征也不同于东部地区，如民族地区城镇的聚集功能和辐射功能较弱，无法较好地发挥城镇的作用。并且就经济结构而言，民族地区的农牧业占重要比重，能源资源开发比重较高，工业发展滞后，但由于生态环境的刚性问题，又不能通过大力发展工业来改善经济，因此民族地区城镇化是一个较为复杂的难题。

城镇化是民族地区不可回避的历史任务，既是民族地区可持续发展的决定性因素，也是我国新型城镇化过程中至关重要的组成部分，还是维持民族地区安定团结的重要因素。因此，加快民族地区新型城镇化建设可以使民族

---

① 青觉．民族地区新型城镇化必须处理好的几个关系：中国民族地区新型城镇化机制与路径研究［M］．北京：中国经济出版社，2015.

地区的城市建设有特色、有质量、有竞争力。民族地区新型城镇化进程的不断深化，也为智慧城市建设提出了新的任务，这些任务都成为民族地区智慧城市的发展动力，有助于推进智慧城市的健康发展。

第一，加快民族地区新型城镇化建设势必要解决人口城镇化与土地城镇化问题。城镇化为智慧城市建设提供了最根本的基础设施条件、空间场所以及人口。当人口不断向城镇聚集，城镇人口密度不断增加时，城镇才有“人气”，其各项基础设施建设才会不断完善，此时的智慧城市建设才会更有价值。

第二，加快民族地区新型城镇化建设会面临生态保护问题。要解决城镇化进程中的城市环境与生态问题，就需要扩大城镇绿色生态空间的比重，减少三废排放量，促进城市绿色发展和生态发展。

第三，加快民族地区新型城镇化建设会面临传统民族文化的传承与创新问题。民族地区的传统文化作为城市文化的重要组成部分，在推动民族融合、促进城市可持续发展、提升城市软实力和城市竞争力方面起着重要的作用。面对时代的变迁，传统民族文化在城市发展和市场化的进程中如何传承、传播、创新是难点，这也给智慧城市的发展提出了新的任务，即如何在智慧城市建设中寻找民族传统文化的传承与创新路径。智慧城市的互联互通为传统民族文化的传承提供了创新的思维。智慧城市可以通过技术、产业、事业形象等要素推动传统民族文化的传承与创新；反之，传统文化的内涵可以引领智慧城市建设保持良性互动和和谐共赢。①

第四，加快民族地区新型城镇化建设会面临城乡关系的处理问题。民族地区有着众多的贫困乡村，如何在发展城市的同时让农村的经济也得到发展，成为民族地区发展的重要任务。面对城乡发展的矛盾，政府需要寻找新的解决方法解决信息不对称的问题，这就需要智慧城市发挥其智能化与互联网的优势作用，打造城乡一体的共享信息平台，使大众可以便捷地获得城乡服务、市民就业、生活服务等各类信息。智慧化精准扶贫，可以为民族地区的农村带来自我发展的新鲜血液。

以上是新型城镇化为智慧城市建设提供的契机。从智慧城市的角度来看，能否建成智慧城市也需要城市这个大系统从各个层面做出设计安排。智慧城市建设渗透城市的各个层面，宏观层面包括城市公共设施、公共服务、公共安全、教科文卫、城市经济等；中观层面包括城市社区、企事业单位、工商

---

① 李林，杨海越．基于智慧城市的传统文化传承新路径研究［J］．江汉论坛，2016（8）．

企业等工作、交流操作层；微观层面包括居民个体生活的便利性、居民获得城市服务的便捷与效率、个人健康指标和家庭生活等。这些内容并不是孤立存在的，它们需要一个健康的城镇化布局来实现，所以加快民族地区新型城镇化建设有助于推动智慧城市的发展。

4.6 智慧城市建设对民族地区新型城镇化发展的推动作用研究

4.6.1 智慧城市建设是民族地区城市提升品牌竞争力的重要手段

民族地区的城镇化进程是在许多西部项目的催化下不断发展的，其城镇化在2000年后呈现出较快的发展势头，可是在城市的发展理念、城市品牌、城市管理等方面依旧缺乏动力，缺乏新鲜血液的注入。中国城市营销发展报告课题组对中国200个地级以上城市的品牌进行了评估与测量，结果发现，民族地区城市的品牌指数普遍较低。表4-6是2016年民族八省区省会城市和自治区首府的城市品牌指数及其排名。

表4-6 2016年民族八省区省会城市和自治区首府城市品牌指数及排名情况①

城市	总指数	排名	文化品牌	排名	旅游品牌	排名	投资品牌	排名	宜居品牌	排名	传播品牌	排名
昆明	0.407	27	0.548	23	0.279	39	0.465	42	0.459	60	0.285	24
南宁	0.365	46	0.362	84	0.291	37	0.447	53	0.469	48	0.254	30
贵阳	0.341	57	0.339	92	0.269	46	0.460	44	0.391	132	0.247	35
银川	0.341	58	0.486	40	0.197	119	0.395	80	0.432	90	0.195	51
呼和浩特	0.335	61	0.494	39	0.230	74	0.399	76	0.382	142	0.173	65
乌鲁木齐	0.303	85	0.353	88	0.193	124	0.359	117	0.427	96	0.185	59
西宁	0.301	87	0.318	103	0.199	116	0.368	108	0.450	73	0.169	70

注：拉萨因数据缺失，未在表中体现。

资料来源：中国城市发展指数2016年度报告。

本书采用城市品牌发展指数对民族地区城市发展水平进行界定与分析，因为通过对品牌综合指数具体指标体系进行分析，可以很全面地测量城市的发展水平、竞争力水平。城市品牌指数分值较高的城市往往是发展水平较高

① 刘彦平．中国城市营销发展报告（2016）：国际视野下的城市营销［M］．北京：中国社会科学出版社，2017.

的城市，在文化建设、旅游城市的打造、投资环境、宜居性与城市宣传等方面水平相对都较高。从城市品牌指数的排名可以看出，民族地区城市整体竞争实力较差。因此，民族地区城市在新型城镇化进程中，要不断提升城市管理水平和城市竞争力，要寻找一个有效的手段，进行跨越式发展。

智慧城市是建立在信息技术基础之上的，通过城镇化与信息化的契合，可以更好地将城市系统中的要素进行优化配置组合，使产业结构更加合理，城市管理更加科学和人性化，使人居环境更加舒适。从城镇化进程角度来看，智慧城市系统的互联互通可以更好地将城市的公共服务信息与资源由城市向乡镇覆盖延伸，使城乡发展较以前更加均衡，服务资源能得到更加充分的利用，从而通过提高新型城镇化的质量提高城市的竞争力和品牌指数。城市竞争力体现在文化、旅游、投资、宜居与传播五个维度（见图4-3），在智慧城市建设的推动下，城市品牌可以从这五个维度不断提升，最终提高城市竞争力。

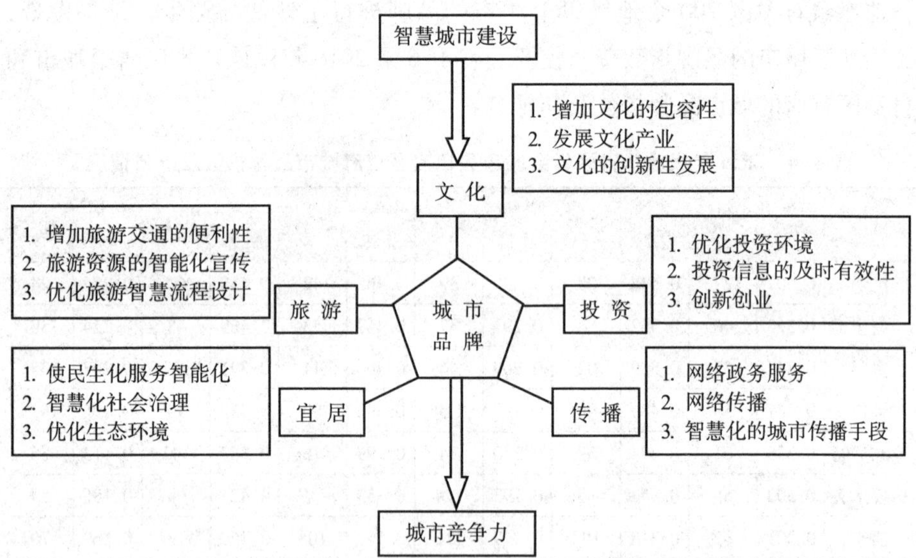

图4-3　智慧城市建设对民族地区城市品牌的促进

智慧城市的建设，使城市的各个功能都得到相应的完善。

在城市文化方面，智慧城市建设可以更好地帮助民族地区文化传承、宣传与创新，并且“互联网+”技术的应用，可以使文化更好地传播、推广，既使城市因文化而出名，因文化而更具软实力，也使城市文化更具有包容性。

在投资方面，以往的民族地区由于地处内陆，地理区位劣势与信息闭塞使城市的发展主要依靠中央扶持以及本地政府财政支持。在智慧城市建设中，城市处于更加外向、开放的环境中，信息是交互与流通的，所以可以吸引更多的投资。

在旅游方面，民族地区素来拥有丰富的旅游资源，过去由于宣传与旅游信息的不对称，旅游规划不科学不到位等，导致很多旅游资源浪费。智慧城市可以从旅游资源的营销传播，游客的需求预测到旅游路线的智慧规划等方面实现智慧旅游，并在智慧交通出行等功能的辅助下，更好地体现城市的宜游属性。

在宜居方面，智慧城市可以优化社会民生服务，在城市空间、教育、医疗、交通、公共文化、餐饮购物、城市治安等多个民族地区市民大众关心的领域实施智慧化城市服务，从而实现城市在环保、城市空间、教育、医疗、物流、智慧交通等城市功能模块的智慧化服务。对于城市环境的提升，智慧城市更是起到了关键作用，通过智能化监测系统，可以有效地提高城市空气质量，实现城市的绿色化发展。

在传播方面，“互联网+城市传播”可以让城市在知名度上有很大程度的提高，例如，可以很好地通过网络数据传播城市，可以计算城市的被点击率和关注度。智慧城市拥有更加丰富的传播内容和便捷的传播途径，包括旅游信息的传播、投资的传播和政府政务的传播。而这些内容也是智慧城市的重要评价指标。

4.6.2　智慧城市是民族地区新型城镇化进程中的加速器和重要手段

新型城镇化的“新”集中体现在强调城镇化的内涵式建设与以人为本上，城镇化不能简单地要求城市数量的增加和城市规模的扩大，要考虑人的城镇化。尤其是民族地区，要尊重自然环境和人文社会环境。所以，民族地区的新型城镇化是“不模仿、不求成，切合实际、抓住民族特色，以提高少数民族群众的生活质量为目标”。智慧城市建设有助于实现民族地区城市的智能、绿色低碳和有效发展，进而全面提升城乡可持续发展能力。在推进新型城镇化发展的过程中，要通过强化“智慧”与“人文”要素的融合，培育民族地区城市的特色。总之，智慧城市建设为民族地区新型城镇化发展提供了新的动力，是加快民族地区实现新型城镇化的重要现代化科技手段。新型城镇化也为民族地区智慧城市建设确立了正确的方向。智慧城市建设可以加强城镇化管理创新和机制建设，提高城镇建设用地效率。[①]

4.6.3 智慧城市可以帮助解决民族地区的民族融合问题

民族地区的新型城镇化进程，不仅关系到自身的发展，也影响着社会稳定与各民族的团结进步，因此寻找一个有效的方式实现民族融合是非常重要的。城镇化让少数民族从独居区域转移到民族杂居地区，因此促进民族交往、交流、交融是非常重要的。[②] 智慧城市给不同民族的市民提供了平等交流的平台，不同民族的市民可以获取同样的信息和资源。智慧城市要求每个市民都参与到管理中，尤其在很多内容模块上，智慧城市会考虑到少数民族文化的特殊内容，给予特殊的定制与安排，这必然会增加少数民族市民对“共同城市市民身份”的认同。智慧城市要让每个市民受益，这是一个双向作用的过程，居民在智慧城市系统中拥有“主动学习者”与“被服务对象”的双重身份，其掌握现代化软件获得信息，通过智能设备享受智慧城市便捷性服务的过程，本身也是居民不断提高文化程度和自身素质的学习过程，因此智慧城市系统可以提升少数民族群众的文化素质，让传统的民族文化与现代的信息技术在城市中获得新的生命力。智慧城市模式下，政府可以通过信息精准帮扶，提供必需的信息资源，少数民族群众也可以更加自主地选择自己的生活方式，如在民族地区进行多样化住房政策的推广，通过商品房、廉租房、保障房、民族团结示范小区等实行各民族嵌入式居住，在这种居住模式下，少数民族群众可以通过智慧城市平台获得大量的城市信息。

4.6.4 智慧城市可以为民族地区产业的转型和升级提供契机

民族地区经济的发展离不开主导产业，民族地区城镇化的深入发展更离不开主导产业，所以如何深化产业升级，培育和发展支柱性产业，创新新兴产业是民族地区经济发展的重要内容。智慧城市建设是可以帮助民族地区产业良性发展的有效方法。例如，旅游资源一直是民族地区的核心竞争力，旅游产业是其重要的支柱产业，其中包括自然环境资源的观光、民俗文化的体验、民族特色资源的挖掘利用等，但这些资源在传统城镇化模式下会供需不平衡，导致产业发展滞后。智慧城市可以实现充分准确地感

---

① 刘伯霞．刘东洋．西部城镇推进与质量提升问题研究［J］．甘肃社会科学．2014（6）．

② 刘洋，姜昳芃．民族地区新型城镇化模式选择与民族交融问题研究［J］．贵州师范学院学报，2014（11）．

知和使用各类旅游资源，实现旅游服务、管理和消费者旅游的智能化，是驱动民族地区旅游产业创新发展的新动力和新趋势。并且，PPP 模式还可以帮助民族地区解决智慧旅游建设资金不足的问题，实现旅游资源和技术资源的融合。

4.6.5　智慧城市可以促进民族地区公共服务能力的提升

智慧城市在民族地区的建设是以人为本的高科技的应用，能推动落后民族地区城市的基础设施和公共服务体系建设，从而提高公共服务能力。通过智慧城市的建设，民族地区可以将信息化技术应用于城市交通建设、基础设施建设与市政建设，从而提高民族地区城市基础设施的“智慧”性能。智慧城市建设能将物联网、信息技术应用到群众关心的教育、医疗、政务、金融、文化公共基础设施等城市服务体系中，实现人本化的高效服务。智慧城市更加关注少数民族群众的切实需求，可以利用一些平台和网站了解群众生活中的现实问题，从而进行沟通交流，针对少数民族群众提供个性化创新服务。例如，青海、内蒙古的城市中少数民族流动人口大部分都是以生态移民的方式进入城市的，而少数民族农牧民的人口流动可以通过智慧城市的“智慧”平台进行有效的管理。

4.6.6　智慧城市可以促进民族地区的安全稳定

经济社会越发展，对社会管理、民族团结、民族工作部门工作能力的要求就越高，民族地区智慧城市建设可以通过使用大数据技术进行智慧安防。智慧城市运行会产生良性循环，社交网站、视频监控、各类平台会产生具有重大价值的大数据，这些大数据除了可以更好地改善智慧城市运行系统、产生商业价值外，智慧城市还可以对数据进行处理、分析、深度挖掘，从而发现数据内在规律，从而对各类事件进行预测、预防。对于民族地区而言，使用的大数据推动维稳工作的信息化建设是非常必要的。

4.7　民族地区新型城镇化对智慧城市建设的新要求

4.7.1　绿色城镇化对智慧城市的新要求

4.7.1.1　绿色城镇化的提出背景

生态脆弱与生态恶化一直是民族地区城镇化进程中面临的重要难题。许多民族地区本身所处区域的自然地理条件就较为恶劣，加之人类活动对区域生态环境造成的压力，长期的不合理开发，已经使民族地区的水土流失、土地沙漠化、水环境恶化和植被破坏严重问题越发明显。城镇化进程的加速，更多地导致非建设用地（耕地、林地、草地等）向建设用地转换。这种转换在为民族地区社会城市发展与经济发展注入活力的同时，也带来了更多的环境污染与生态破坏问题。例如，城市水资源匮乏且污染日益加剧、空气环境状况整体恶化、固体废弃物污染严重、噪声大、绿化率低等，使原本就脆弱的民族地区生态环境雪上加霜，环境保护压力日益加大。

民族地区生态环境状况的恶化转而成为制约其城市化的障碍，民族地区城镇化的背后是巨大的生态代价，要想让民族地区实现可持续发展，就必须减缓其城镇化对脆弱生态环境造成的压力。很多民族地区的城市仍在走“先发展、再治理”的路子，因此政府需要转变观念，要注重生态发展和可持续性发展，走绿色城镇化的道路。

4.7.1.2 民族地区绿色城镇化内涵

绿色城镇化是民族地区城镇化必须关注的新要求，是指在城镇化的基础上进行绿色的可持续性发展。它的内涵要求城镇化在保证经济增长的同时，要更加关注城市环境与生态的可持续性。这种理念尤其适合民族地区，因为民族地区不能用资源和生态换取短期的经济发展。绿色城镇化可以有效解决在民族地区城镇化水平不断提高的过程中产生的生态环境遭到严重破坏、资源面临枯竭、传统民族文化被遗失等问题。民族地区要立足于当地生态现状，以绿色、生态、全面协调的发展思维进行绿色城镇化。具体来说，就是要保护现有的生态环境，寻找经济发展的新动能，在资源节约、环境保护、经济发展三者之间寻找最佳平衡点。

很多民族地区已经在具体的实践中对这个理念进行尝试与应用，如贵州省通过政策层面的措施，制定了《贵州省绿色小城镇建设评价标准》,[①] 利用“由点成线、由线成面”的建设思路，在上百个小城镇示范点相互借鉴学习的基础上，又建设了30多个省级示范绿色城镇和70多个典型市级小城镇，贵州省根据各小城镇资源的稀缺性及特点，在能源、环境与经济发展三者平衡的基础上探索出形式各异的城镇化发展模式。

又如，甘肃省在缺乏水资源的条件下，通过科技手段加强对水资源的高

---

① 魏江岐．贵州省绿色小城镇建设评价标准［N］．中国建设报，2012（9）．

效利用，同时还调整了政策，要将甘肃省构建成为西北地区的一道生态走廊。

4.7.1.3　绿色城镇化与绿色生态智慧城市的融合

民族地区的绿色城镇化发展是一种可持续性的发展模式，但是政府部门需要寻找一种有效的方法手段来实现这种绿色的城镇化，所以有学者提出了民族地区绿色城镇化与绿色智慧城市融合的理念。

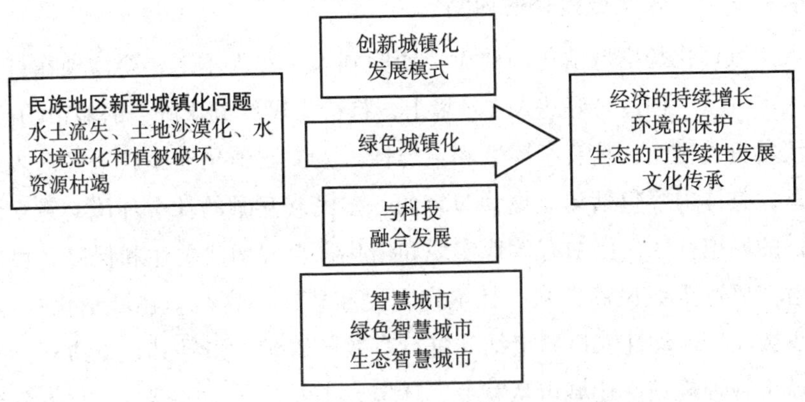

图 4-4　绿色城镇化下的绿色生态智慧城市

智慧城市在数字化城市、智能城市的基础上不断发展，其概念被不断扩展，智慧城市实质上是绿色智慧城市、智慧生态城市。智慧城市在本质上就是绿色的与可持续性的，其通过有效、协调的顶层设计进行城市智慧模块的整体规划，增加了城市的感知能力，使城市自身具备了信息搜集、整合与决策能力，从而通过便捷、精细化、绿色化的方式解决城市问题，用大数据预测与控制各种城市危机。这一系列的特征正是智慧城市绿色、生态的表现，不同于以往那些低效率和高能耗的城市特征。

民族地区的绿色智慧城市是指在智慧城市的建设中，以地区生态文明建设为背景，增加绿色城市建设的核心内涵，将科技融入绿色城镇化发展中，提高生态建设的水平和效率，最大限度地促进民族地区生态文明建设的进程，提高民族地区智慧城市建设的有效性和全面性。

4.7.2　民族地区人文城镇化对智慧城市的新要求

4.7.2.1　人文城镇化的提出背景

新型城镇化的内涵之一就是以人为本。随着城镇化进程的不断加快，民族地区进入各民族相互深入互动的时期，许多长期生活在传统民族聚居区的少数民族也随着城镇化变迁，开始向城市流动，寻找新的生活和就业机会。[①]各民族生活习惯不同、宗教信仰不同、民族文化不同，各种差异因素在城市中的融合难度大，尤其是在少数民族由农牧民转变为市民的过程中，存在更多融合困难。因此，民族地区新型城镇化建设更需要以人为本，满足居民的需求，更多地考虑人的因素，如就业、子女教育、生活医疗等。

4.7.2.2 人文城镇化的内涵

人文城镇化是指城镇化的建设要回归到人文和人本上，要体现在打造城市的人本气氛、创造良好的人文环境上，打造为民族群众服务的城市功能上，使城镇具有人情味，具有相容性和包容性。人文城镇化在民族地区的表现更为典型，具体内容包括建立更为包容的、多民族互融的社会环境，建立多民族互嵌的城市社区，更加有效地实现和谐化社会，切实关注和保障各民族合法权益，尊重少数民族群众，杜绝伤害民族感情的言行。在城镇化过程中，对于少数民族流动性人口要接纳和进行有效的管理，引导其自觉遵守国家法律和城市管理规定。让城市从就业、环境、子女就学、医疗、文化等各个方面真正地接纳少数民族群众，让少数民族群众更好地融入城市的工作生活当中。

人文城镇化就是要发掘特色民族文化与城市文化资源，强化文化传承与创新，把城市建设成为历史底蕴厚重、多民族文化共存、时代特色鲜明的人文魅力空间。人文城镇化使人民素质得到提高、各民族更加融合。

4.7.2.3 人文城镇化与智慧城市“惠及于民”的内涵相融合

人文城镇化是民族地区新型城镇化建设的重点。在智慧城市的众多概念中，有很多都侧重于智慧城市的“人文”特点和内涵，许瑞庆（2012）提出智慧城市具有以人为本的社会属性，其通过教育培育居民的创造力和智慧，通过文化陶冶居民的情操，进而提升居民生活的安全感和幸福感。越来越多的智慧城市建设水平评价也开始关注对居民满意度的考察，智慧城市建设的顶层设计应以居民的需求为重要依据，所以智慧城市“关注民生、以人为本、惠及于民”的特点符合人文特性的要求，可以实现“人文城镇化”建设的目标。智慧城市与人文城镇化的相互促进与融合表现在人文城镇化对城市发展提出的要求，与智慧城市的某些特征是相匹配的，它们都可以通过有效的建

① 中央民族工作会议报告（2014）。

设方式实现民族文化发展、民族融合、居民素质的提升等，具体如表 4-7 所示。

表 4-7 民族地区人文城镇化与智慧城市的融合

人文城镇化的表现	具体要求	智慧城市匹配特征	融合对策
城乡居民流动	对居民就业、医疗、教育等信息的要求	智慧城市信息传递模式	高效、精准、定制的信息传播；政府管理信息的传播
全面的城市服务	医疗、交通、生活等城市服务的要求	智慧城市的服务提供功能	提供互动便利的城市服务；提高公共服务覆盖范围
民族文化与城市文化	发掘城市文化资源、民族文化融合	智慧城市的文化建设功能	打造民族融合的文化空间，创新文化的传承方法
提高居民素质	行为引导、教育资源、人文环境	智慧城市的育人功能	智慧教育对教育资源的平衡、教育手段的提高

4.7.3 城乡共同可持续发展的新型城镇化对智慧城市的新要求

4.7.3.1 城乡共同可持续发展的内涵

新型城镇化的另一个显著特征是以往城镇化仅强调中心城镇的发展，而新型城镇化重视县域、中心镇和农村的发展，新型城镇化通过实施城镇群战略，充分发挥城乡各自的比较优势，促进城乡之间生产要素流动，走城镇群、中小城镇、城镇和乡村的协调发展之路。[①] 民族地区城市发展水平差距大，城乡两元化的隔离依旧明显，城乡信息的不对称，资金集中投入城市和城市的快速发展甚至使这种情况加剧，强化了城乡二元结构。在新型城镇化进程中，要加强城乡互动，逐渐缩小城乡差距，协同推进民族地区城镇化与城乡一体化。新型城镇化的发展战略要与新农村建设战略相结合，要与国家城镇化发展战略相适应。新型城镇化要以信息化、智能化发展推动产业的融合，从而实现城乡可持续发展。城乡可持续发展也体现在通过特色定位建设特色小城镇和美丽乡村。

4.7.3.2 以智慧城镇建设促进城乡共同发展

城镇化率极低的地区、县镇需要因地制宜地建设智慧城镇或者智慧村落。对于少数民族聚集的地区，城镇化建设与智慧城镇的建设应该给予特殊考虑。在智慧城乡的建设思路上要考虑：尊重不同地区的特殊化发展情况，建设多样化的智慧城市模式；在城镇化建设思路上要考虑：民族地区智慧城市建设应与

① 张冬梅．民族地区如何推进特色新型城镇化［N］．中国民族报，2014-12-19（6）．

其城镇化建设思路相吻合，在多样化的城镇化建设思路下探索智慧城市—智慧乡村的过渡发展模式，从而打造智慧城乡。民族地区城市首位度较高，因此应该采取智慧大、中、小城市和智慧小城镇协调发展的模式，首先在经济条件较好的城市优先建设智慧城市，再将建设经验进行推广，逐渐向中小城市和县城建制镇进行普及，着重打造信息化基础设施工程项目，在建设初期重点打通基础设施，从硬件上给予后期建设做好充足的准备。因此，民族地区的智慧城镇建设要形成以城带镇、以镇带乡、梯度推进、整体协同的发展格局，以此促进城乡一体化共同发展。

民族地区的智慧城市发展一定要有特色，要因地制宜，要将智慧城市建设的着眼点落在民族地区城镇化建设的现实问题上，要尊重历史差距与横向差距，吸取东部地区城镇化建设经验，结合民族地区独特的自然生态、多民族人口特征、社会文化环境等，采取积极、稳妥的城市发展方式，理性地参与新型城镇化建设，展现民族地区的风采。

4.8 新型智慧城市在民族地区的应用

4.8.1 新型智慧城市内涵与民族地区智慧城市发展内涵的融合

民族地区智慧城市的发展，同东部沿海城市与经济发达城市相比，存在基础设施差、经济基础薄弱等问题，传统智慧城市强调“技术”与“科技”，这对民族地区而言是巨大的挑战，因为这些因素均是民族地区的短板。但提高科技与信息技术水平需要政府的扶持，因此很难有大的发展空间。尤其在民族地区智慧城市的推进过程中，市民文化素质是一个制约因素，如果只单纯地考虑高端技术，忽略市民的参与，就会使市民感知度降低，使城市现代化与市民生活现代化、政府管理现代化都不能很好地融合。新型智慧城市注重人文特点，突出市民的获得感，能实现为民服务的全过程，① 这些关键的内涵与内容，特别符合民族地区智慧城市发展的新定义与新方向。

4.8.2 民族地区新型智慧城市的表现

一是民族地区新型智慧城市应该体现民生服务均等化。在智慧城市建设

① 樊友山．建设新型智慧城市：新型智慧城市的本质是城市［N］．网络传播，2016-09-12（6）．

过程中应始终注重“服务市民”的理念，关注城市发展的公平问题，要把一样的信息、一样的资源提供给不一样的民族，甚至对少数民族还应给予更多的资助与帮扶。例如，民族地区的高校要建立学生数据库和贫困库，如果有一些机构、政府或者个人有相应的资助与救助项目，要及时将信息进行发布，根据学生的实际情况给予精准的帮扶。又如，新疆、内蒙古许多城市的政府部门名称、城市公告牌与交通工具指示牌都进行了双语标识，方便少数民族市民辨识。随着城镇化率的不断提升，西宁市已经有越来越多的藏族群众由牧区走向城镇，他们会选择来西宁市看病就医、购房置业以及让子女到城市接受教育等，因此西宁市也在市政引导中增加了藏语标识。

二是民族地区新型智慧城市应该理性且自由地强调公众参与。新型智慧城市建设要注重从市民需求出发，对市民需求做实际的调研，并通过公共数据平台，利用技术解决市民的诉求。要鼓励开放的自媒体与市民参与城市管理，会聚城市的公众智慧。[①] 但也要意识到开放网络的负面性，有一些不健康、不利于团结与发展的信息也会钻空子。因此，民族地区要强调理性与自由的结合，要提高民族地区群众的素质水平，提高他们明辨是非的能力。政府要对群众多关心、多爱护，为群众做一些切实的好事，让各民族群众都能成为城市的主人，让他们感受到自己有责任和义务让城市发展得更好，这才是真正的“智慧”。

三是民族地区新型智慧城市建设应注重地方民族产业的发展与产业的创新。民族地区新型智慧城市建设不能只关注科技发展，而要关注城市价值的增长问题。支撑一个地区经济的是该地区的经济产业。对于民族地区而言，仅仅靠外部政策的扶持与“供血”是很难形成经济的良性循环的，因此需要在新型智慧城市建设的机遇下，通过信息通信、互联网、大数据等技术手段，创新民族产业，推动民族地区传统经济产业的重构，打造新的产业链、价值链、创新链、服务链、资金链。[②] 智慧城市可以与传统民族产业融合发展，企业可以在智慧城市建设的作用下开展试点示范，在高新区、农业科技园区、自主创新示范区等创新先行区的带动下，创新传统产业。政府可以通过数据开放、保险、市场监管等方面的政策制度，为智慧城市助推传统产业转型升级提供保障，打造各具特色的智慧化、高端化企业，为其他传统企业转型升

① 宋刚，乌伦．创新2.0视野下的智慧城市［J］．城市发展研究，2012（9）．

② 高璇．论智慧城市建设背景下我国传统产业的转型［J］．中州学刊，2016（1）．

级提供示范。

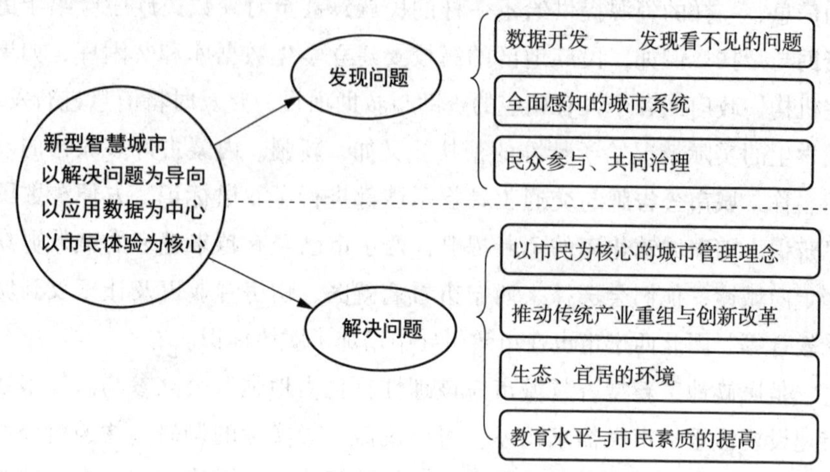

图 4-5 新型智慧城市在民族地区的有效应用

四是民族地区新型智慧城市建设应关注生态、宜居与可持续发展。对于民族地区而言，生态建设是重中之重，所以民族地区新型智慧城市建设应该把可持续发展的生态建设作为第一要务，将科技技术应用于生态环境的监测和预防控制上，为市民打造宜居的城市环境。

五是民族地区新型智慧城市建设应注重提高教育水平与市民素质。新型智慧城市注重人文特点，突出市民的获得感。所以，要想不断提升民族地区智慧城市建设的满意度，开创新型智慧城市，就需要针对民族地区现有的教育落后、教育资源不均衡等问题，通过智慧教育进行改善。

第 5 章 新型城镇化进程中民族地区智慧城市建设分析

5.1 智慧城市为民族地区城镇化进程带来的机遇与挑战

5.1.1 智慧城市为民族地区城镇化带来的机遇

5.1.1.1 智慧城市可以帮助民族地区走上城市发展的新阶段

随着《国家新型城镇化规划（2014—2020 年）》明确将智慧城市纳入国家级战略规划，在新型城镇化演进的道路上，智慧城市成为城市跨越式发展的新模式。民族地区经济发展较为落后的城市也是智慧城市建设大潮中的一员，只是由于城市发展程度不同、基础设施与信息技术基础不同、经济发展水平不同，导致智慧城市建设的早晚不同。对于民族地区而言，建设智慧城市是一个“破坏性的创造”，如果有正确的顶层设计，一定可以带来质变与跨越式发展，帮助民族地区走上新的城市发展阶段。

中国智慧城市建设已经开始由东部地区大城市向中西部地区城市推广，由发达城市向中小城市推广，呈现出“点—线—面”的趋势。西部民族地区智慧城市的建设在时间上已经晚于东部地区城市，因此民族地区城市可以极大地吸取东部地区智慧城市的建设经验，进行交流学习，把许多成功的案例当作模板进行借鉴与改良，并针对自己的特殊问题进行创新。

5.1.1.2 智慧城市可以帮助民族地区城市有效地解决“城市病”

民族地区尽管在人口规模、汽车拥有量等方面与东部地区的大城市有较大差距，但是由于早期城市建设规划、城市规模与现阶段新常态下城镇人口的增长、居民小汽车拥有量等新变化是不匹配的，导致“城市病”也逐渐凸显。如城市交通拥堵问题逐渐严重、城市医疗资源紧缺、城市排水系统出现问题、上学难、看病难等“城市病”也逐渐在民族地区显露出来，并且成为影响市民生活的最大难题，需要政府下大力度解决。

根据 2017 年 1 月高德地图联合交通运输部科学研究院等权威机构发布的《2016 年度中国主要城市交通分析报告》可知，在全过程拥堵榜单前 30 名中，民族地区城市有 4 个，分别是贵阳、昆明、南宁和西宁。

表 5-1 2016 年民族地区城市拥堵排名（进入全国拥堵城市前 30 名排名）

排名	城市	同去年名次变化	延时指数	平均速度	自由流速度	每小时拥堵时间（分钟）	拥堵造成的时间成本	全天拥堵指数
5	贵阳	—	1.911	22.63	43.24	28.60	12.96	1.63
7	昆明	上升	1.891	24.623	46.57	28.27	13.18	1.64
21	南宁	下降	1.010	23.218	41.86	26.72	13.46	1.60
22	西宁	—	—	22.268	40.08	26.67	12.01	1.61

资料来源：高德地图 2016 年城市交通分析报告。

智慧城市建设正是解决这些“城市病”的有效途径。因为智慧城市可以通过大数据信息、电子化政务、网格化管理等新科技，及时掌握城市信息数据，为市民提供人性化、高效的生活信息。智慧城市在东部地区的应用已经取得了良好的效果，民族地区城市也在不断地学习、尝试，通过推广各类应用、整合各类资源、构建公共信息平台等方式解决城市中出现的问题。

5.1.1.3 智慧城市可以更好地推进民族地区的新型城镇化

智慧城市建设就是要让市民大众在城市里生活得更好，能享受到信息化带来的快捷和高效。在新型城镇化不断发展的过程中，除了与之相伴的“城市病”，还会出现越来越多诸如就业、人口流动、城市管理等新问题，因此需要寻找一种高效的方式，解决城镇化带来的一系列问题。智慧城市的先进理念和科学规划手段可以提高城市管理水平，智慧城市建设给民族地区带来了城市发展的新理念和新方法。从民族地区智慧城市规划建设的阶段成果可以发现，各类城市服务越来越智能化、便捷化，缴费业务、教育、医疗、生活垃圾处理等居民最关心的问题都逐渐以智慧化方式处理和改善，居民生活更加智能，具体情况如表 5-2 所示。

表 5-2　部分民族地区城市智慧城市建设阶段性成果及预期效果

城市	智慧城市建设阶段成果	预期效果
乌鲁木齐	“数控”：数字图文体检诊断查询、网络预约挂号	有效缓解市民看病难、繁、贵等问题
	建立健全交通诱导、交通信息发布等系统，开放公交车实时位置	能为市民提供实时路况诱导信息，智能调节交通资源供给，市民行车难、停车难、等车烦问题得到缓解
	建设全市视频监控网，完善网格管理、应急管理、社区安防等城市管理服务体系	打击犯罪、治安防控
	智慧社区建设，“单位化、网格化、社会化、数字化”；贴近市民生活，将社区服务资源与手机综合服务平台对接	市民足不出户就能完成预约办事、缴费、医疗救助等各项事务
银川市	“一图一网一云”架构：银川市采用交通环保卡，借助每条道路安装的天线和接收器采集车流量数据，并结合全景真三维地理星系系统，实时了解市内交通状况	帮助交通部门合力配置运力，合理规划道路网
	市民大厅、智慧城市管理大厅、智能垃圾桶、智能水表、智能路灯、人脸识别门禁、智慧医疗、大气与噪声检测等 11 项智能化设备的安装与使用	智慧化的生活模式、安全、便捷与人性化
	“12345 一号通”，将全市 55 部热线按政务服务类和社会服务类整合到该平台，建立了连接市、县（市）区、乡镇、村（社区）的四级网络服务平台体系及全方位的家庭服务平台体系	智慧社区统一受理市民诉求，为市民提供了生产生活全方位、24 小时全天候、上下联动一体化的服务

5.1.1.4　智慧城市提升了民族地区政府的城市管理效率和服务水平

随着现代科技和信息化的飞速发展，以及民族地区城市改革的不断深入，传统的城市管理手段和方法已经不适应客观形势发展的需要。城市作为市民生活和居住的载体，除了经济产业、文化教育、市民素质等决定性因素之外，政府的宏观管理也非常重要，所以当城市在飞速发展，外界环境在不断更新改变时，如果政府管理跟不上，会制约城市发展。而智慧城市对新技术的应用能很好地提高政府城市管理水平和服务水平，帮助市民提高办事效率。智慧政务和智慧公共服务的建设，使政府在面临各类突发事件时能够快速做出反应和采取高效的应急处理措施，从而为市民提供高质量服务。

5.1.1.5 智慧城市让民族地区传统产业获得新的发展和质的飞跃

城市最本质的发展是以产业促进城市发展，而不是依赖政府的投资。民族地区的很多城镇仍属于重点扶贫对象，所以通过产业建设促进经济发展、推动城市发展是重要的手段。智慧城市建设是推动城市信息产业发展的具体措施，可以转变经济发展方式、促进经济结构调整和产业转型。智慧城市建设对产业的发展与产业结构的调整起到了重要的作用。如民族产业一般都有着悠久的历史，但是在发展过程中均面临着转型的问题，而智慧城市正好可以将新的信息技术与传统产业结合起来，实现以信息技术作为产业升级“助推器”的作用，推动产业转型，提升企业价值和核心竞争力。如藏毯制造业是青海传统的优势产业，已有2000多年的发展历史，随着藏毯产业的逐渐兴起，其由最传统的半工半农家庭手工式作坊发展成大批量生产的企业。青海的藏毯尽管已经成为青海省的重要产业，可是与东部地区城市的一些产业相比，在出口额、销售收入等方面仍存在很大的差距。如果通过智慧城市建设引入先进的信息化技术和现代化的管理理念，就可以在藏毯产品研发、生产、流通、管理销售等各个环节广泛应用信息技术，深入推动信息化与工业化融合，促进传统产业改造提升，从传统的数量导向型逐渐向品牌效益型转变。①同时，智慧城市也会催生出很多新的业态、新的商业模式和新的经济增长点，从而推动民族地区传统产业向中高端发展。

5.1.1.6 智慧城市为民族地区的“新四化”发展创造了新机遇

智慧城市建设有利于促进智慧社会与智慧城乡的发展，智慧城乡是信息化与城镇化结合的最佳发展模式。智慧城市为建设智慧乡村做好了铺垫与准备工作。民族地区的很多城市还处于城市建设初期阶段，许多政策和城市建设项目还处于不断摸索、借鉴和推进阶段。通过智慧城乡的实践可以寻找出推动民族地区县域信息化与城镇化结合的操作模式，为实现“新四化”提供政策建议，把智慧城乡的民生需求系统地渗透到县域发展

---

① 黄鑫．论建立创新型城市的机遇和挑战：以惠州市为例［J］．科协论坛（下半月），2013（6）．

各个领域的制度设计中，可以充分整合力量，极大地助力民族地区城乡一体化的高效推进。智慧城市与城乡一体化建设两者相辅相成、相互促进，对实现经济结构调整，推动四化融合、四化互动、良性发展及相互协调具有重要意义。

5.1.1.7 为丝绸之路经济带核心区建设提供动力和活力

民族地区城市均是丝绸之路经济带上的重要节点城市，“一带一路”建设与智慧城市、“互联网+”等都是民族地区城市建设的重大历史发展机遇。智慧城市可以通过建设云平台、数据库以及城市信息基础设施等内容为打造丝绸之路经济带核心区提供了坚实的基础。智慧城市建设提高了城市的大数据处理能力，并且将信息技术向企业与居民层面渗透，促进了信息技术在企业中的应用，让互联网、信息技术与民族地区城市的经济社会发展更加融合，从而提高各城市的开放性，对外拓宽了发展空间，对内引入了更多的发展机会，使经济带城市群更具活力。

5.1.2 智慧城市为民族地区城市发展带来的挑战

5.1.2.1 对民族地区信息化与基础设施建设的挑战

在10余年的发展中，民族地区城市的信息化建设有了显著的进步，但城市信息化总体应用水平不高，如社会公共服务事业信息化、电子政务协同能力、信息资源开发利用和共享等水平均有待提高。尤其是民族地区城市的信息化与工业化的互动、融合发展不够显著，对传统产业和地区优势产业的渗透改造力度不够，信息产业没有最大限度发挥其有效性，附加值较低。民族地区城市发展起步较晚，城市基础设施建设较为薄弱，城市发展正处在不断上升和完善的阶段。智慧城市发展的基本物质准备就是城市基础设施与信息化建设，而民族地区的这个方面是短板，因此智慧城市建设对民族地区的信息化与数字化建设提出了更高的挑战。

5.1.2.2 对民族地区人口素质与人才发展战略的挑战

智慧城市建设的落脚点要放在良性的发展环境与人文环境上，要提高全社会的学习和创新能力，这必然对民族地区的人口素质与人才发展模式提出挑战。首先，智慧城市的建设是为了给居民提供更便捷的生活环境。智能化的城市需要具有一定文化素质的城市居民，但民族地区少数民族人口接受文化教育的人口比例低，市民整体素质不高，受到的信息化知识培训较少。因此，现代化的科技型产品及应用软件在民族地区的使用具有一定的局限性。其次，智慧城市发展需要大量的、高素质的城市管理人才、专业技术人才，这也对民族地区发展提出一定的挑战。民族地区在人才发展上面临的重要问题是人才的流失与人才缺乏的双重困境。一方面，由于产业结构的不断调整与人口低文化素质之间的矛盾，形成了大量的城镇失业人员；另一方面，由于民族地区的气候、经济、人文等城市环境劣势使高级人才外流，从而使一些行业、部门缺乏高素质人才，尤其是科技行业很难引进人才。智慧化城市发展需要投入各类创新型人才、信息技术专业人才和管理人才，这些人才决定和影响着城市管理、城市规划和城市基础建设，而人才的匮乏是民族地区面临的首要难题。最后，智慧城市本身会优胜劣汰，大批无技能的低素质劳动者会随着智慧城市的深化发展而失业，政府需要重点关注。

5.1.2.3 对民族地区资金与经济实力的挑战

智慧城市建设是一项耗资巨大的巨型城市建设项目，需要一定的投入才会有建设效果。城市的 GDP 与经济实力成为与智慧城市建设联系最为紧密的首要条件。2017 年末，我国智慧城市建设达到了高峰，所有的直辖市和副省级城市都进行了智慧城市建设。就区域结构来看，中部和东部地区智慧城市比例较大，占到建设总数的 73%，在建的智慧城市试点均为经济强市。民族地区素来就有“老、少、边、山、穷”的特点，经济发展水平仍与东部地区存在很大差距，城市规模与人口规模都不大，智慧城市的投资价值相对小，没有一定的吸引力取得大型企业的支持，因而无法投入更多资源，导致智慧城市建设缺乏充足的资金实力。与以往的城市建设相比，智慧城市建设技术含量高、涉及领域广、工程项目复杂、建设周期较长，因此需要更多的建设资金支持，尤其是维持智慧城市系统的长期运营，更需要大量资金的持续投入，资金的短缺会直接导致技术瓶颈的产生和智慧城市的非持续性发展。

5.1.2.4 对民族地区城市管理能力的挑战

城市是经济、政治、文化、社会各方面的中心，城市发展水平也反映出政府的城市管理能力。智慧城市作为城市发展的新形态，从顶层设计、规划制订到宣传、推广、应用等各个方面，牵涉着众多利益关系人，包括政府、公民团体、民营企业与教育机构等，因此建设过程中的沟通与协调是一大难题，对城市管理者而言是一个很大的挑战。智慧城市作为新事物，并且每个城市的实际情况不同，很难直接照搬或模仿，需要根据城市实际情况，特色化定制建设模式。

5.1.2.5　对民族地区科学技术水平的挑战

智慧城市的目标尽管是为居民提供更为便捷的生活与人性化的生活环境，但不可否认的是，智慧城市是建立在各种技术基础之上的，包括宽带通信、物联网、云计算、大数据技术等，这些都是城市智慧化必不可少的利器，只有将这些技术应用到城市管理与城市服务领域，才能为城市的重大决策提供重要依据。民族地区经济社会和科技协调发展水平相对落后于其他地区，8个民族省份的专业技术人员、研发人员的数量以及专利申请数均较低，在全国的排名靠后，西藏和宁夏尤为严重。东部地区城市的科技发达，与其拥有的人才数量、开放的发展观念有直接关系，民族地区由于观念与人才的原因，缺乏创新发展的开放意识，缺乏将先进技术应用到城市管理中或者转化为经济发展动力的观念意识，缺乏相应的专业技术人员进行具体的研发与设计实践工作。智慧城市作为城市发展的高级形态，它的顺畅运行需要民族地区城市能有与之配套的科技水平。因此，民族地区智慧城市建设必然对其落后的科学技术环境产生了巨大挑战，这也是地方政府建设智慧城市需要解决的难点。

5.1.2.6　对民族地区城市系统有序性与安全性的挑战

智慧城市通过将城市的各类传感器连接起来，进行数据收集、传输、分析及应用，实现“知、传、感、控”，从而为城市决策提供依据，也让居民通过智能手机和各种应用程序，及时获取道路交通、银行账户、水、电、气以及就业、教育、医疗等相关信息。但是这些数据信息所依托的平台和硬件是需要不断维护和更新的，这就要求政府重视智慧城市系统迭代的有序性与可持续性。

智慧城市的核心技术——互联网和移动通信技术也是一把“双刃剑”，一方面可以实现政府数据规范、有序地开放利用，各部门信息的互融互通，为城市运行带来极大的便利；另一方面也会使政府、企业、公民的公共数据被泄露及滥用，存在信息安全漏洞，使智慧化城市的安全系统受到严重威胁。尤其是民族地区作为宗教敏感地区，容易被境外敌对势力利用，所以务必要重视安全管理，建立信息安全体系，从突发事件的预警、安全防御的反击、安全执法的监督、网络信息安全灾难恢复等四个方面着手，形成网络信息安全的动态防护机制，不断评估、不断调整和更新信息安全策略。政府应尽快制定和完善有关公共信息安全和公民个人信息保护等方面的法律、法规，在智慧城市建设走向新阶段时，通过相应的法律、法规营造良好的法治环境。

5.2 新型城镇化进程中民族地区的智慧城市建设现状

5.2.1 民族地区智慧城市的建设背景

我国国土幅员辽阔，人口密集度、经济发展程度、交通运输等方面均有着层次上的不同，从而展现出不同区域智慧城市发展水平的不同。在各种关于智慧城市的评估报告和评价指标体系的排名中都可以发现，我国各区域智慧城市得分有明显的差距，以多民族为主的西部地区分数最低。对于民族地区的新型城镇化与智慧城市的研究，都不能脱离民族地区的独特现状与现实问题。

在我国新型城镇化进程中，作为全新模式出现的智慧城市建设是其中不可或缺的一部分，既顺应了当今时代城市信息化的发展潮流，又反映出了当前城市建设的新理念。智慧城市可以实现城市智能管理，增加居民生活的便捷性，使公共信息更加公开透明，除此之外还可以优化资源配置，为居民提供更加舒适的生态环境。民族地区城市尽管在观念上、基础设施建设上和城市发展上不及经济发达的省份，但是必须认识到，正因为民族地区城市发展落后，才更需要寻找一种有效的方法，实现城市经济转型，实现各民族有效的融合与沟通，以及为市民提供更优质的生活环境。智慧城市的建设既是民族地区新型城镇化的关键路径，也是城市发展的必要进程和重要成果。民族地区建设智慧城市一定要树立新理念、探索新路径和新模式，以数字化和信息化引领城市发展，这个过程不能贪快，需要结合当地实际的民情民生，有步骤、有目标地进行。

随着民族地区新型城镇化的不断深入推进，许多城市问题也逐渐显现，这时就需要通过有效的科技手段解决民族地区“城市病”，提升城市竞争力，改善城市环境，提高城市管理效率。实现新型城镇化需要通过智慧城市的建设逐步完成。

智慧城市不是孤立的单项技术、孤立的政府管理和政策创新，而是社会系统性、多学科和综合性的集成解决方案，是一个“巨系统”，智慧城市在民族地区更加体现了“城镇化、工业化和信息化”相融合的创新特征。民族地区的智慧城市建设在理论基础、技术研发和创新实践方面都处于萌芽阶段，值得众多学者研究和深入分析。

5.2.2　民族地区智慧城市试点概况

由于智慧城市的发展进程以及区域性发展的不协调，2015 年前民族地区智慧城市数量较少，因此本书的着眼点选择在试点智慧城市上。试点城市作为先行者，通过具体的建设实践了解了智慧城市建设中的制约因素与短板问题，探索了有效的建设模式，为后续城市的建设提供了更多的经验。

智慧城市建设是一项国家战略。进行智慧城市试点是从战略层面构建国家智慧城市建设格局，从标准层面构建智慧城市的硬件基础设施，从制度层面建立智慧型城市建设的规范。本书将分析对象锁定在住房和城乡建设部确定的民族地区试点城市中，通过对典型试点城市的调研获取数据信息，从而总结提炼出有效模式，为更多民族地区智慧城市建设提供经验和方法。

2015 年，我国已经有三批国家级试点智慧城市，2016 年试点智慧城市已经接近 300 个，各个省份均有试点，包含经济不发达地区的县市、城镇。可见国家试点智慧城市的设置正是从不同的城市类型、不同地理区域、不同城市发展程度三方面进行选择的。民族八省区在我国三批试点智慧城市的大潮中也崭露头角，在 2013 年 1 月第一批 9 个的基础上，8 月第二批增加了 21 个，2015 年第三批增加了 14 个，共计试点智慧城市 44 个（见表 5-3）。其中，贵州和新疆在建的试点智慧城市各有 9 个，数量最多。每个省份都结合自己的情况，拿出了切实有效的建设方案。

表 5-3　民族八省区国家级试点智慧城市一览

省份	国家试点智慧城市名单		
	第一批（2013 年 1 月 9 日）	第二批（2013 年 8 月 5 日）	第三批（2015 年 4 月 7 日）
内蒙古	乌海市	呼伦贝尔市、鄂尔多斯市、包头市石拐区	呼和浩特市
广西		南宁市、柳州市（含鱼峰区）、桂林市、贵港市	钦州市、玉林市
贵州	铜仁市、六盘水市、贵阳市乌当区	贵阳市、遵义市（含仁怀市湄潭县）、毕节市、凯里市、六盘水市盘州	安顺市西秀区

续表

省份	国家试点智慧城市名单		
	第一批（2013 年 1 月 9 日）	第二批（2013 年 8 月 5 日）	第三批（2015 年 4 月 7 日）
云南	昆明市五华区	红河哈尼族彝族自治州蒙自市、红河哈尼族彝族自治州弥勒市	大理市、文山市、玉溪市
新疆	库尔勒市、奎屯市	乌鲁木齐市、克拉玛依市、伊宁市	昌吉市、阿勒泰地区富蕴县、石河子市、五家渠市
宁夏	吴忠市	银川市、石嘴山市（含大武口区）、银川市永宁县	—
青海	—	—	格尔木市、海南州贵德县、海南州共和县
西藏	拉萨市	林芝市	
小计	9 个	21 个	14 个
共计	44 个（全国三批共建试点智慧城市 276 个，民族地区试点智慧城市所占比重为 16%）		

民族八省区每个省份的智慧城市建设均呈现出不同的发展特点。

（1）贵州省智慧城市发展情况

贵州省三批共有 9 个试点智慧城市，其中第一批就有 3 个试点城市，是智慧城市发展较早的省份。这 9 个城市为铜仁市、六盘水市、贵阳市乌当区、贵阳市、遵义市（含仁怀市湄潭县）、毕节市、凯里市、六盘水市盘州、安顺市，占智慧城市试点总数的 3.3%，占民族地区智慧城市试点总数的 20.4%。贵州省在智慧城市建设中一直拥有自己的特色，大数据产业是贵州省经济发展的核心，贵州省也是国家大数据示范基地。贵州省委、省政府重点建设了电子政务、智能交通、智慧旅游、电子商务、食品安全等“七朵云”工程。并且，贵州省委、省政府还推出了《智慧城市建设及发展策略研究报告》，该报告包括国内智慧城市建设与贵州省智慧城市建设两部分内容，重点分析了贵州省智慧城市建设过程中的阶段性成果以及建设的基础条件、环境现状和必要性等，提出了发展智慧城市的总体思路、主要任务和 6 条针对性较强的对策和建议。

（2）广西智慧城市发展情况

广西壮族自治区三批共有 6 个试点智慧城市，为南宁市、柳州市（含鱼峰区）、桂林市、贵港市、钦州市、玉林市，占智慧城市试点总数的 2.2%，占民族地区智慧城市试点总数的 13.6%。广西智慧城市的建设工作从 2012 年开始，建设工作扎实有效，其认真按照创建任务书要求，分步骤完成了有特色、有实效的智慧城市试点项目，并取得了阶段性应用成果。广西的智慧城市建设特色是以新型城镇化建设的信息化为核心，采取“以点带面”的建设思路，以试点城市建设带动其他城市的发展，从而提升广西城市的整体水平；建设的目标着眼于现实问题，并制定了“一城一策”战略，推动了新型城镇化发展目标的实现。广西的智慧城市建设利用信息技术有效提高了政府的管理效率和公共服务水平。

（3）云南省智慧城市发展情况

云南省三批共有6个试点智慧城市，为昆明市五华区、红河哈尼族彝族自治州蒙自市、红河哈尼族彝族自治州弥勒市、大理市、文山市、玉溪市，占智慧城市试点总数的2.2%，占民族地区智慧城市试点总数的13.6%。云南的智慧城市建设包括3个基础和11项核心项目。3个基础是：加快推进网络基础建设、加快推进数据中心建设和加快推进信息安全基础建设。在此基础上，云南省不断加快数据库建设，积极推进信息资源数据库和共享体系建设，重点关注信息安全，包括完善数字认证、对信息进行安全等级的测评和安全保护，对于智慧城市建设中要开发的数据库、云平台、信息系统等，要规范工作的各个环节，从开发、运营到管理都要注重安全意识，增加了安全风险控制投入。云南省智慧城市进行了包括智慧交通、智慧服务、智慧城市管理、新农村建设的公共服务信息平台、智慧安全防控系统、信息综合管理平台等11项内容的核心项目。云南省的智慧城市建设通过“3+11”，做到了基础厚，内容细化有特色。

（4）新疆维吾尔自治区智慧城市发展情况

新疆维吾尔自治区的智慧城市建设也较早，其三批试点智慧城市为奎屯市、乌鲁木齐市、克拉玛依市、伊宁市、库尔勒市、昌吉市、石河子市、五家渠市、阿勒泰地区富蕴县9个市县，占智慧城市试点总数的3.3%，占民族地区智慧城市试点总数的20.4%，与贵州试点城市数量一致。2011年，新疆维吾尔自治区启动“天山云”计划，目标是通过10年的时间，把新疆维吾尔自治区建设成丝绸之路经济带的信息中心，使其成为我国重要的基础信息战略备份基地。新疆维吾尔自治区智慧城市建设的最大特色，是由知名的信息技术企业大规模投入的超大型云计算数据中心的建立，这让乌鲁木齐市、克拉玛依市、昌吉市成为国内重要的云计算产业园。除此之外，新疆维吾尔自治区还重点建设了电子政务应用系统，政务服务纵向延伸到所有地（州、市）

和县（市、区），横向覆盖了区本级 100 余个政务部门、4000 多个地县级政务部门。①

（5）内蒙古自治区智慧城市建设情况

内蒙古自治区三批共有 5 个试点智慧城市，为乌海市、呼伦贝尔市、鄂尔多斯市、包头市石拐区和呼和浩特市，占智慧城市试点总数的 1.8%，占民族地区智慧城市试点总数的 11.3%。2015 年 6 月，内蒙古自治区出台了《内蒙古自治区人民政府关于加快推进“互联网+”工作的指导意见》，推出 10 多项“智慧”建设项目，提出实施系列信息惠民工程，建设更加普惠的智慧民生综合服务体系。其中，呼和浩特市重点打造智慧应用系统和城市公共信息平台，创新了良好的服务运营模式。包头市石拐区深化地方优势特色产业发展，有效提升了该地区竞争力。鄂尔多斯市加紧实施了网络基础设施、城市公共信息平台等 15 个智慧项目。乌海市根据城市特征重点打造煤炭监控信息平台、市政工程智能远程监控系统等系列智慧项目。呼伦贝尔市欲建成面向全球开放的云存储平台。各个试点城市均根据自身特色，逐级建设智慧城市。《内蒙古自治区“十三五”信息化发展规划》《内蒙古自治区大数据发展总体规划（2017—2020 年）》成为内蒙古自治区新型智慧城市建设道路上的推动力。

（6）宁夏回族自治区智慧城市建设情况

宁夏回族自治区三批共有 4 个试点智慧城市，为吴忠市、银川市、石嘴山市（含大武口区）、银川市永宁县，占智慧城市试点总数的 1.4%，占民族地区智慧城市试点总数的 9.1%。宁夏智慧城市建设的特色体现在建立了非常发达的政务网络，网络覆盖范围广泛，已经基本覆盖各级主要机关事业单位。宁夏回族自治区公共“云平台”上的 3000 台云服务器基本承载了 130 多个政务民生应用系统。② 除此之外，其电子政务还由城市延伸到农村，搭建了电子政务外网，实现了由区到村的贯通，形成了政务数据流通的全区“一张网”。③ 宁夏回族自治区已经初步实现了社保卡在民生领域的“一卡多用、一卡通用”，建成了覆盖全区所有行政村的社保金融服务网络。2016 年。宁夏回族自治区出台《关于加快新型智慧城市建设的实施意见》，在原有智慧城市的基础上，提出建设新型智慧城市，更进一步要求以信息化的技术手段和服务

① 黄荣，董少华．新时期新疆舆论引导观察［J］．今传媒．2017（11）．

② 宁夏回族自治区政府网站。

③ 李东梅．宁夏打造会思考更智能新型智慧城市［N］．宁夏日报，2017-06-19．

模式提升公共服务和社会治理水平。虽然宁夏回族自治区的智慧城市试点数相对较少，但是银川市的智慧城市建设却是宁夏乃至全国的一个亮点。银川市的智慧政务是智慧城市提升城市治理能力的应用典范，其高效率、人性化地提高了政府行政化创新水平和城市的立体化管理能力。

（7）青海省智慧城市建设情况

青海省三批只有3个试点智慧城市，其中第一批、第二批没有申报成功，只有第三批获批。这3个城市为格尔木市、海南州贵德县、海南州共和县，占智慧城市试点总数的1%，占民族地区智慧城市试点总数的6.8%，是唯一一个省会城市不是试点智慧城市的省份。由此可见，青海省的智慧城市建设相对起步晚、底子差，较为落后。青海省智慧城市建设的重点是基于海绵城市项目的地下管网建设与综合管理，着力实现县城基本建成数字城市管理平台。在青海省的试点智慧城市中，海南州贵德县根据实际情况，提出了“生态旅游+现代农业”的智慧城市建设思路。海南州共和县以建设数据库、公共平台、智慧城管、市政监管等项目为基础，努力推进民族团结进步先进区项目的建设。共和县根据县情提出“纵览全局，统筹规划；全面考量，一城一策；基础共建，资源共享；要求主导，市场运作”的建设路径。格尔木市制订并落实了“互联网+”行动计划，积极推进“宽带青海”建设，将格尔木建成为青海省的智慧云服务中心；还建设了时空地理信息框架、城市地下管网信息、智慧政务及天网等工程，使城市管理向着精细化、智能化，政府办公信息化、协同化方向发展；通过对全市电子政务网络进行改造升级，从而形成统一的政务系统网络平台。

（8）西藏自治区智慧城市建设情况

西藏自治区获批的国家级试点智慧城市只有拉萨市与林芝市2个，其中拉萨市是第一批，林芝市是第二批。在智慧城市建设过程中，西藏自治区已经逐渐完成各项重大项目：建立了“智慧西藏·爱城市”门户平台和覆盖全区682个乡（镇）的乡乡通视频会议系统；林芝市乡镇光缆通达率达92%；教育实现了信息化等。西藏自治区的智慧城市建设内容主要包括平安西藏、智慧教育、智慧医疗等智慧应用。西藏自治区智慧城市建设的重点在于利用政务大数据和平安城市大数据的优势推进西藏自治区政府治理现代化，加快西藏现代农牧业建设进程，利用互联网的推动力加快产业融合，从而提高农牧民的收入，打好脱贫致富这场攻坚战。

通过对民族八省区试点智慧城市建设情况的分析可以发现，以上44个试点城市作为智慧城市建设的先行城市，从申报到获批再到建设，从建设规划到不断探索、不断实践，存在很多的困难与不足，但都为本省或相似城市的后续建设提供了一定的经验。随着全国智慧城市发展浪潮的兴起，2016 年后各个省份一些非试点城市也开始着手智慧城市建设，智慧城市已经成为新型城镇化进程中重要的城市发展手段。

5.2.3 民族地区试点智慧城市的城市特征分析

5.2.3.1 不同行政级别的试点智慧城市分析

就民族地区的 44 个试点智慧城市而言，本身也存在着很大的差异，其中包括省会城市、地级市、自治州、县和县级市、地级市区等几类城市行政级别。在进行智慧城市建设的难点与问题分析、建设水平的对比时，需要认识到试点城市样本扩大的优势，可以更好地识别不同层次水平下智慧城市发展的可行性与发展效果，但也需要认识到不同行政级别下智慧城市比较分析的困难，它们的经济起点、建设基础、市民素质均不在同一个层面下，所以不具有可比性。

表 5–4 民族八省区国家级试点智慧城市级别一览

城市级别	第一批 （2013 年 1 月 9 日）	第二批 （2013 年 8 月 5 日）	第三批 （2015 年 4 月 7 日）
地级市 5+13+4=22	内蒙古：乌海市 贵州：铜仁市、六盘水市 宁夏：吴忠市 西藏：拉萨市	内蒙古：呼伦贝尔市、鄂尔多斯市 广西：南宁市、柳州市（含鱼峰区）、桂林市、贵港市 贵州：贵阳市、遵义市（含仁怀市湄潭县） 新疆：乌鲁木齐市、克拉玛依市 宁夏：银川市、石嘴山市（含大武口区） 西藏：林芝市	内蒙古：呼和浩特市 广西：钦州市、玉林市 云南：玉溪市
自治州、县 2+3=5	—	云南：红河哈尼族彝族自治州蒙自市、红河哈尼族彝族自治州弥勒市	云南：文山市 青海：海南州贵德县、海南州共和县
县级市、地级市区 4+6+7=17	新疆：库尔勒市、奎屯市 云南：昆明市五华区 贵州：贵阳市乌当区	贵州：毕节市、凯里市 新疆：伊宁市 内蒙古：包头市石拐区 宁夏：六盘水市盘州、银川市永宁县	云南：安顺市西秀区、大理市 新疆：昌吉市、阿勒泰地区富蕴县、石河子市、五家渠市 青海：格尔木市

国内很多研究智慧城市的机构，如国脉互联、赛迪、中国智慧城市论坛等也开始关注不同行政级别智慧城市的建设情况。例如，国脉互联在2014年、2015年都将智慧城市的评估城市样本扩大，将县市级城市划分为单独的级别进行分析。2014年参与评估的10个县市级城市，平均得分为30.4分，得分率为29.0%。其中，最高得分城市为昆山，得分为47.7分；民族地区有一个县级城市进入前十名榜单，即贵州省黔东南苗族侗族自治州的州府凯里市，排名第七位。[①] 凯里市是第二批试点城市，对它的成果进行分析可以发现：凯里市的智慧城市建设有纲要、有规划、有目标，且在申报前期就有扎实的城市管理工作基础，如三化（工业化、电气化、信息化）基础设施建设和“四城共建”的城市品牌工程，让凯里的知名度有了很大的提升。第二批申报试点智慧城市获批后，凯里市又同时积极申报了“全国城市一卡通互联互通”平台的试点城市，实现了与其他34个城市的互联互通，这个项目带动了贵州全省的一卡通互联互通工程的建设工作。

在由国家发展改革委员会、中央网信办、国家标准委联合发布的《2016—2017年中国新型智慧城市建设与发展综合影响力报告》中的试点区县得分排名中，民族地区有3个区县级城市进入前二十名榜单，分别是第五名的内蒙古包头市石拐区、第七名的贵州省贵阳市乌当区和第十四名的新疆伊犁州奎屯市。在智慧城市的不断实践中，民族地区的县区城市也不断地提升了整体的实力和水平。

民族地区的县级市数量与发达的沿海省份相比总体较少，如青海省和宁夏回族自治区只有两个县级市，西藏自治区则仅有一个，并且民族地区县级市经济的发展水平普遍较低，各个省份之间发展水平也不均衡。新型城镇化的新变化就是重视县域、中心镇和农村的发展状况，通过实施城镇群战略充分发挥城乡各自的优势，走城镇群、中小城镇和乡村的协调发展之路。所以，民族地区应该针对县级市经济情况以及民族地区的现实情况，厘清思路，寻找有效方法，发现民族地区县级市经济发展的动力与活力，从而引导和推动县级市经济健康发展，真正使县级市经济在民族地区建设中发挥更加主动、更加明显的作用。综合考虑民族地区城市行政级别以及地级市与县级市的总体数量分布后发现，县级市的智慧城市建设是一个非

① 国脉互联：智慧城市发展水平研究报告（2014）。

常重要的领域，可以帮助民族地区的县级城市借助科技信息，推动地方经济发展。同时，民族地区的城镇化多表现为少数民族群众由原先的农牧民生态移民聚集到县级市，由农业专业人口变为城镇人口或由农牧民变为城镇人口，所以智慧城市县级市的建设作用非常重要。如何让这些直接转变身份的新城镇居民更方便、更快捷地享受高质量的“惠”生活，让城镇成为有人气的城市，而不是“样子工程”和“空城”十分重要。但是，县级市智慧城市建设总体还处于初级阶段，民族地区的县级市可以学习借鉴东部地区的智慧小城镇建设的独特思路和模式，提升县级市智慧城市整体发展水平。在智慧城市已成为全国新型城镇化战略选择的大背景下，未来几年城镇化会逐步向智慧城镇、智慧乡镇发展，智慧城市是连接城乡一体化建设的纽带，是推动新型城镇化的战略支点，尽管智慧城市的起步需要很多准备工作，如经济条件、城市基础设施等，但是已经有越来越多的中小城镇正在加入智慧城市建设的队伍，这些中小城镇会慢慢成为未来几年智慧城市建设的主力军。

5.2.3.2 自治州、县的试点智慧城市建设分析

民族地区的自治州、县也积极参与到智慧城市的建设中。在三批国家智慧城市试点中，属于民族自治州的城市有12个，包括贵州省黔东南苗族侗族自治州的凯里市、云南省大理白族自治州的大理市、云南红河哈尼族彝族自治州的蒙自市和弥勒市、云南文山壮族苗族自治州的文山市、新疆伊犁哈萨克族自治州的伊宁和奎屯市、昌吉回族自治州的昌吉市、巴音郭楞蒙古自治州的库尔勒市、青海海南藏族自治州的共和县和贵德县、青海海西蒙古族藏族自治州的格尔木市等12个城市，具体如表5-5所示。

表5-5 4个民族省份的自治州、州府、民族及试点智慧城市一览

省份	自治州			
	名称	州府	主体民族	试点智慧城市
贵州	黔东南苗族侗族自治州	凯里市	苗族、侗族	凯里市
	黔南布依族苗族自治州	都匀市	布依族、苗族	—
	黔西南布依族苗族自治州	兴义市	布依族、苗族	—
云南	迪庆藏族自治州	香格里拉市	藏族	—
	大理白族自治州	大理市	白族	大理市
	楚雄彝族自治州	楚雄市	彝族	—

续表

省份	自治州			
	名称	州府	主体民族	试点智慧城市
云南	西双版纳傣族自治州	景洪市	傣族	—
	德宏傣族景颇族自治州	芒市	傣族、颇族	—
	红河哈尼族彝族自治州	蒙自市	哈尼族、彝族	蒙自市、弥勒市
	文山壮族苗族自治州	文山市	壮族、苗族	文山市
	怒江傈僳族自治州	泸水市	傈僳族	—
新疆	博尔塔拉蒙古自治州	博乐市	蒙古族	—
	伊犁哈萨克自治州	伊宁市	哈萨克族	伊宁市、奎屯市
	昌吉回族自治州	昌吉市	回族	昌吉市
	巴音郭楞蒙古自治州	库尔勒市	蒙古族	库尔勒市
	克孜勒苏柯尔克孜自治州	阿图什市	柯尔克孜族	—
青海	海北藏族自治州	海晏县	藏族	—
	黄南藏族自治州	同仁县	藏族	—
	海南藏族自治州	共和县	藏族	共和县、贵德县
	果洛藏族自治州	玛沁县	藏族	—
	玉树藏族自治州	玉树市	藏族	—
	海西蒙古族藏族自治州	德令哈市	藏族、蒙古族	格尔木市

在我国的新型城镇化和智慧城市战略中，民族地区处于一个重要的战略位置，并且国家给予了其诸多的政策优惠。而民族地区也正在融入智慧城市建设的大潮中，民族地区智慧化建设主要以特色化、差异化、精准化为主，具体表现在以智慧城市的建设更好地解决本地区城镇化进程中出现的问题，促进城市的发展，将信息技术、现代化科技与民族地区自治管理融合起来，将政策优惠与自我发展能力培育紧密结合起来，积极推进社会事业改革创新，深入推进城镇化，逐步实现基本公共服务均等化，实现民族融合的新局面。这 12 个民族自治州城市的智慧化建设内容均有差异，具体如表 5-6 所示。

表 5-6　民族自治州智慧城市建设内容与思路

城市	智慧城市建设内容与思路
凯里市	大力发展以大数据为引领的电子信息产业，以大健康为目标的医药养生产业，以绿色有机无公害为标准的现代山地高效农业，以民族和山地为特色的文化产业，以节能环保低碳为主导的新型建筑建材业
大理市	推动智慧旅游建设，打造特色全域旅游，打造智慧古城、协作导航式官方旅游信息网站、非物质文化遗产数据库

续表

城市	智慧城市建设内容与思路
蒙自市	基础信息网络、滇南云计算中心
弥勒市	从智慧旅游上进行推进：打造智慧旅游网站、创建智慧旅游景区、扶持智慧旅游电商、搭建智慧旅游平台等，同时加紧推进智慧政务、基础网络设施、智慧旅游、智慧交通工程、平安城市的建设
文山市	通过智慧城市建设落实国家农业农村信息化示范基地项目：大数据私有云，大数据采集、存储与分析平台，智慧农业公共服务平台、政务办公系统、网格化社会管理平台、数据交换与共享平台
伊宁市	在前期“数字伊宁”的基础上，在提高伊宁市城市发展实力时，坚持以智慧门户为导向，首先完善智慧政务，着重加强智慧安防、智慧校园、智慧社区建设，依托于物联网、云计算现代科学技术，使信息化辐射到城市公共信息平台、城市公共基础数据库、数字化城市管理、少数民族语言资源库等方方面面
奎屯市	在智慧城管信息系统、智慧公交系统和国土资源执法监察监控指挥中心的建设基础上，重点打造“平安奎屯”
昌吉市	重点围绕智慧政务设施、智慧民生、智慧产业等方面开展智慧城市建设，完成智能交通、智慧医疗、智慧文化旅游服务、智慧社区服务应用，加快推进公共信息服务平台建设，实现城市治理、社会管理和公共服务的互联整合与智能运作
库尔勒市	提高信息化基础设施建设，主要包括信息基础设施、智慧建设与宜居、智慧管理与服务、智慧旅游四个方面。建设内容有：基础地理空间共享平台、电子政务应用系统、数字城市管理、数字规划、工商 E 线等 19 个智慧基础项目和应用工程
共和县	用于城市公共数据库、城市公共平台等，积极创建民族团结进步先进区项目的建设实施，整合和注入各类资源，提高共和县“智慧城市”项目的建设质量
贵德县	“生态旅游+现代农业”的智慧城市建设思路
格尔木市	以“互联网+”行动计划为重点，积极推进“宽带青海”建设，重点打造格尔木智慧云服务中心；建成时空地理信息框架、重点打造智慧政务及天网等项目，实现城市智能、精细化管理

通过对上述试点智慧城市建设内容的梳理，可以发现以下几个特点：

第一，民族地区自治州的城市均处于少数民族居住地，发展较为落后，因此都有一个共同点，就是城市基础设施薄弱、信息发展滞后，在实现建设自身特色化智慧城市的目标之前，首要任务就是大力发展信息化基础设施建设。以上 12 个城市的智慧城市建设都将信息化基础设施建设放在首位。

第二，立足自身，抓住优势、利用优势，创造城市竞争力。各个地区都在寻找自身的优势，从而利用智慧城市的信息科技与互联网技术发挥优势，比如贵州黔东南苗族侗族自治州的凯里市，拥有丰富的药材资源，药用植物多达 2656 种，占全国药用植物的 25.4%，占贵州省的 67.7%。全国统一普查的 363 种重点中药材中，凯里就有 328 种，苗、侗民族医药产业依托生态环境、生物资源、民族医药成为凯里的优势产业。在智慧城市建设下，“大扶贫、大数据、大健康”三大发展战略，为苗、侗医药发展增加了更多的活力与动力。又如云南省大理市，作为优秀的旅游城市，其借助智慧城市建设重点打造智慧旅游和特色全域旅游，建立协作导航式官方旅游信息网站和非物质文化遗产数据库，这些都为大理的优势旅游产业提供了更好的发展前景。

第三，“互联网+”的应用成为智慧城市的主要内容。民族自治州的智慧城市建设开展较晚，与东部地区城市相比缺乏全面且细致的顶层设计与规划，但都把“互联网+”作为智慧城市的突破口，推动新型智慧城市分级分类有序进行，具体措施包括“互联网+交通”的智慧交通、“互联网+医疗”的智慧医疗、“互联网+教育”的智慧教育等创新应用。民族自治州的智慧城市建设通过将互联网创新成果与经济社会各领域进行深度融合，形成了更广泛的以互联网为基础设施和创新要素的新形态，并以此为突破口促进了智慧城市有序推进。

5.2.4 民族地区智慧城市建设现状

试点智慧城市是民族地区智慧城市建设的标杆与示范，在新型城镇化的不断推进过程中，民族地区其他非试点城市的智慧城市建设也在不断地推进。如青海省在 3 个国家试点城市申报成功获批之后，“智慧西宁”“智慧玉树”“智慧海东”的概念与城市定位也在逐渐形成，智慧城市已成为青海省各个城市发展规划中的重要指标和要素，并且许多城市已经结合自身的资源优势特点开始了智慧城市建设工程。但是，民族地区智慧城市的建设水平在全国仍处于较低水平。

对于智慧城市发展水平的评价由不同的组织、政府部门及研究机构进行，各种评估报告所采用的评价指标也是不同的，较为权威的是由新型智慧城市建设部际协调工作组进行调研撰写的《新型智慧城市发展报告（2017）》及国脉互联发布的《智慧城市发展水平评估报告》。本书通过对国脉互联 2014—2016 年的智慧城市发展水平报告进行跟踪及相关数据分析，从而对民族地区智慧城市的建设有一个动态的了解。国脉互联的智慧城市评价指标由 2014 年的智慧基础设施、智慧管理、智慧服务、智慧经济、智慧人群、保障措施六个部分，变更为 2016 年的智慧基础设施、智慧治理、智慧民生、智慧经济、智慧人群、保障体系六个部分，① 在评价指标上有细小的变换，如将智慧管理变为智慧治理，将智慧服务变为智慧民生，将保障措施变为保障体系，

① 资料来源：北京国脉互联信息顾问有限公司 2014 年、2015 年、2016 年智慧城市发展水平报告。

但内容依旧是智慧城市的主要构成因素。国脉互联考察了智慧城市不同领域和重点环节的发展水平，所采用数据是中国社科院信息化研究中心和国脉互联智慧城市研究中心对2014年的100个城市、2015年的151个城市及2016年的210个城市长达半年的数据采集、整理和评估评价得出的，因此其智慧城市发展水平评估报告具有较高的权威性。

5.2.4.1 全国智慧城市的总体排名情况

2014—2016年智慧城市发展水平排名的前十位都位于东部地区，主要分布在长三角和珠三角地区，尤其是长三角地区的智慧城市从数量和质量上都占优势地位，如宁波、无锡、上海、杭州、扬州。珠三角地区城市也具有强劲的发展势头，如广州、佛山、厦门等。长三角和珠三角地区拥有国内著名的信息科技企业和大型运营公司，在此基础上依靠较强的经济实力、雄厚的资金投入，加上地方政府主动、积极地推进以及从事智慧业务企业的积极投入，长三角和珠三角成为我国高水平智慧城市的聚集地，其智慧城市建设始终走在国内前列。

从萌芽阶段到不断地深入建设，这些排名靠前的优秀智慧城市所呈现的特征有：智慧城市各个评价领域的得分没有较大的差异，其智慧城市建设已经进入了稳定期，注重不同领域的均衡发展，尽管在发展初期存在经济、科技等先决优势条件，但在发展思路和路径上可以为我国其他城市树立良好的标杆，提供发展思路。

国脉互联的智慧城市评估报告中排名后十位的智慧城市基本上都是西部地区城市，西部地区疆域辽阔，人口稀少，既是我国经济欠发达[①]和少数民族聚集地，也是智慧城市需要加强开发的地区。西部地区丘陵、山地、高原地形众多，致使交通运输较不便利，信息传输流通较慢，与中、东部地区的联系较远，这些都是阻碍地区经济发展的因素。2014年、2015年智慧城市排名后十位的均是西部地区经济不发达的城市，2016年的智慧城市评估报告将样本城市扩大到200个，对更多的民族地区城市进行了发展水平的分析，前十位排名变化不大，但是后十位的排名具有明显的变化。后十位的城市中，有70%都属于民族地区，分别是黔东南苗族侗族自治州、海东、伊犁哈萨克自治州、海西蒙古族藏族自治州、巴音郭楞蒙古自治州、海南藏族自治州和林芝市，可以发现，这些城市都属于民族地区的自治州及县级市。从评价指标

① 阿桂．中国智慧城市发展水平排名［J］．中国建设信息，2015（1）．

的各个领域得分情况可以看出，这些城市在智慧城市各要素领域的得分均较低，智慧城市没有得到切实的发展。

对排名前十位与排名后十位的城市进行综合对比分析发现，它们之间的分值差距最大的是智慧基础设施和智慧服务两项指标，所以民族地区城市最大的短板在于智慧基础设施落后和智慧服务的欠缺，这是由长期落后的经济基础决定的，但是在智慧管理和保障体系方面，它们之间的分值没有太大的悬殊，这说明在民族地区智慧城市的建设中，政府层面的引导与推动起着决定性的作用。

在智慧城市评价结果中，排名前列的城市与榜尾城市分别代表了中国智慧城市发展较高的水平与较低的水平，也表明了中国智慧城市发展的极不均衡。尽管在排名中并不是所有的民族地区智慧城市分数都很低，但低分城市所占比例很大。民族地区的智慧城市之所以发展水平低是因为具有很多发展的短板问题，下文将从智慧城市的各个评价指标出发，对排名前十位的城市与民族地区智慧城市在得分、制约因素等方面进行比较分析，以更好地帮助民族地区城市寻找智慧城市建设中出现的问题和不足，以及产生差距的原因，从而提高中国智慧城市建设和发展的整体水平。

表 5-7 为中国智慧城市排名前十位和民族八省区首府城市在各个评价领域的对比数据，其中第三列为两者平均分值的差距。通过数据分析可以发现，民族地区城市的每项评价指标的得分均是较低的，其中智慧基础设施在各项指标中得分较高，但通过与榜首城市的分数相比可以看出，两者还是存在较大的差距。

表 5-7　2016 年中国智慧城市排名前十位和民族八省区省会、自治区首府城市各项发展情况对比

评价指标	榜首前十位城市平均分	民族八省区省会、自治区首府城市平均分	分值差异
智慧基础设施	16. 40	9. 56	6. 84
智慧管理	15. 22	9. 30	5. 92
智慧服务	8. 29	2. 62	5. 67
智慧经济	8. 80	4. 79	4. 01
智慧人群	9. 86	6. 10	3. 76
保障体系	11. 70	9. 00	2. 70

注：其中民族八省区省会、自治区首府城市平均分是根据 2016 年中国智慧城市发展水平报告中八省区的省会、自治区首府城市的得分相加后求平均值计算所得，用于与前十位城市的平均分进行比较。

对智慧城市发展水平排名前十位的城市和民族地区智慧城市进行比较，通过雷达图（见图5-1）的形式可以清晰地看到，排名前十位的城市与民族地区城市在智慧城市的不同领域内的优劣势。① 排名前十位的城市在智慧基础设施方面平均得分最为突出。排名前十位的城市和民族八省区省会、自治区首府城市的优势各不相同，两者得分的分差分别从智慧基础设施、智慧管理、智慧服务、智慧经济、智慧人群、保障体系依次变小，智慧公共服务的建设则是两者共同的短板，尤其是民族地区智慧服务的得分只有2.62分，因此如何提高智慧服务水平是十分值得思考的问题。民族地区城市在保障体系指标上的得分并不低，与榜首城市相差只有2分，这也说明政府在智慧城市建设中的投入是充足的，政府起到了重要的引导作用。

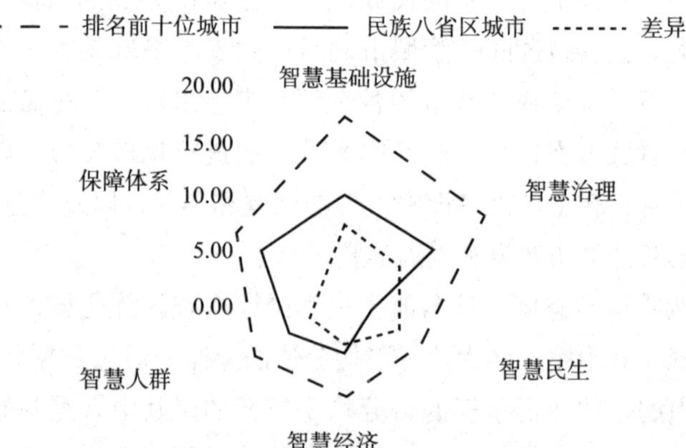

图5-1　2016年中国智慧城市排名前十位与民族八省区省会、自治区首府城市发展情况

5.2.4.2　智慧城市的区域性得分情况分析

通过对区域得分的比较分析可以发现，中国的智慧城市建设从东到西、从沿海到内陆呈现不均衡的状态。其中，华东地区与华南地区一直处于领先地位，智慧城市建设水平显著高于其他地区，属于第一梯队；东北、华北、华中、西南四个地域平均成绩较为相近，但智慧城市建设成绩低于全国总体的平均水平，属于第二梯队；西北地区得分最低，属于第三梯队。民族八省区的绝大多数城市刚好分布在西南和西北地区，因此民族地区智慧城市建设的总体现状是起步晚、水平低。各区域智慧城市不均衡的发展情况（见表

① 陈劲，于飞，等．中国智慧城市发展与排名研究：基于2017年《智慧城市评价模型及基础评价指标体系》国家标准的分析［J］．清华管理评论，2018（2）．

5-8），究其原因是经济水平、基础设施、生活水平等方面均存在较大层次差异，从而展示出不同程度的智慧城市建设水平。通过图 5-2 可以清晰地看出 2016 年建设水平明显提高，由东部至西部水平明显下降。

表 5-8　不同区域智慧城市得分情况

年份	总体	东北	华南	华北	华中	华东	西南	西北
2014	38.20	32.40	—	—	32.40	—	—	—
2015	38.14	30.73	43.66	34.73	36.77	42.63	32.66	30.12
2016	44.30	41.04	50.79	41.73	42.21	49.73	40.04	35.79

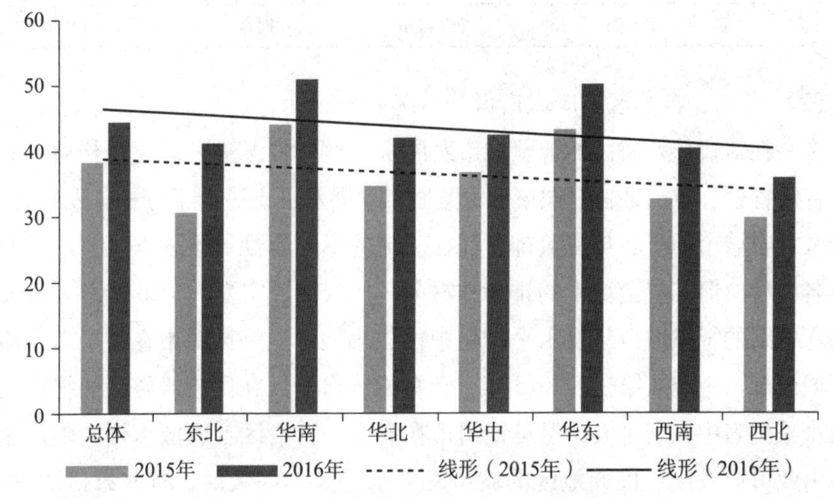

图 5-2　2015—2016 年智慧城市区域得分线形

5.2.4.3　民族八省区智慧城市建设水平得分情况分析

（1）省份得分情况分析

本书对民族八省区的智慧城市建设情况进行了分析，从而判断各个省份的智慧城市发展水平。本书从所有省份的排名中筛选出民族八省区，对它们进行排名（见表 5-9）。2015 年全国智慧城市发展的平均分数为 40.05 分，民族八省区均未到达平均水平分数线；2016 年全国智慧城市发展的平均分数为 44.30 分，其中内蒙古得分为 45.87，刚刚达到全国平均水平，其余 7 个省份的平均分数均低于全国平均水平，其中青海省和西藏自治区得分低于 30 分，智慧城市建设水平最低。

表 5-9　2015—2016 年民族八省区智慧城市发展水平得分情况

排名	2015 年		2016 年	
	省份	平均分	省份	平均分
1	贵州	37.39	内蒙古	45.87
2	内蒙古	34.59	广西	39.25
3	云南	32.84	贵州	38.79
4	宁夏	32.15	云南	38.13
5	广西	31.86	宁夏	36.53
6	新疆	30.79	新疆	34.75
7	西藏	28.32	青海	28.92
8	青海	25.22	西藏	27.98

（2）省会、自治区首府城市得分情况分析

本书在对民族八省区的智慧城市发展水平整体情况进行对比分析后，对民族八省区省会、自治区首府城市的智慧城市发展水平也进行了分析，发现省会、自治区首府城市的排名与省份排名存在一定的不吻合性（见表 5-10）。一些省份排名靠后，但其省会城市的排名却靠前，如云南、宁夏。2016 年，云南省在民族八省区的智慧城市建设水平排名中位居第四，但是昆明市在省会、自治区首府城市排名中位居第二；2015 年，宁夏回族自治区在民族八省区的智慧城市建设水平排名中位居第五，但是银川市在省会、自治区首府城市排名中位居第二。由此可以发现，民族地区的城市发展水平是不一致的，有些省份的省会、自治区首府城市首位度很高，经济、文化、城市基础设施等方面均表现较好，所以省会、自治区首府城市的智慧城市建设得分也较高，而其他城市的发展缓慢，使省份的整体平均水平被拉低。在民族八省区的省会、自治区首府城市中，2014—2015 年贵阳一直处于第一位，2016 年度排第五位，分数与前两年没有较大的浮动，但名次浮动大，是因为在不断地建设过程中，呼和浩特、昆明的智慧政务、智慧民生、智慧交通、智慧教育等各个方面有所加强使其得分上升。民族八省区省会、自治区首府城市中乌鲁木齐、西宁、拉萨的排名一直处于后三位，作为省会、自治区首府城市其平均得分甚至低于中、东部地区省份的县级市。主要原因是他们处于西北内陆地区，经济不发达，智慧城市建设起步较晚、城市基础设施硬件条件较差，智慧城市成长较慢，发展水平无法与东部地区相比。但是也可以看到，这三个城市在自身的纵向数据中是有一定成长的，如西宁市的得分由 2014 年的 24.30 增长到 2015 年的 28.71，再到 2016 年的

33.61；乌鲁木齐的得分由 2015 年的 31.25 增长到 2016 的 37.43；拉萨的得分由 2015 年的 28.32 增长到 2016 年的 33.48，在全国范围内及地区范围内，尽管排名靠后、得分较低，但是发展水平呈上升趋势。所以，通过对这三年数据的纵向、横向对比分析，可以更加客观地了解民族地区智慧城市建设的动态变化与发展情况。

表 5-10　2014—2016 年民族八省区省会、自治区首府城市智慧城市建设得分情况

排名	2014 年		2015 年		2016 年	
	省会、自治区首府	得分	省会、自治区首府	得分	省会、自治区首府	得分
1	贵阳	48.10	贵阳	46.41	呼和浩特	49.97
2	南宁	38.10	银川	45.57	昆明	48.54
3	昆明	35.50	南宁	39.90	南宁	48.44
4	呼和浩特	32.80	呼和浩特	38.91	银川	47.32
5	银川	30.40	昆明	38.83	贵阳	46.42
6	西宁	24.30	乌鲁木齐	31.25	乌鲁木齐	37.43
7	乌鲁木齐	—	西宁	28.71	西宁	33.61
8	拉萨	—	拉萨	28.32	拉萨	33.48

（3）地级市得分分析

除了对省份、省会、自治区首府城市的智慧城市建设水平进行分析之外，国脉互联智慧城市报告还选取了一些地级市样本，通过增加样本量更准确地分析省份的整体智慧城市建设水平。2014 年国脉互联智慧城市报告中民族八省区的地级城市的样本数量为 11 个、2015 年样本城市数量为 16 个、2016 年样本数量为 31 个，特别增加了民族地区的自治州样本。新增加的城市样本在时间上不具有连贯的对比性，但是结合样本城市数量可以看出，民族地区已经有越来越多的城市在进行智慧城市建设，而且智慧城市建设也使样本城市更好地参与到智慧城市的评分中（见表 5-11）。

通过对这些地级市的评分分析可以发现，省会、自治区首府城市首位度不高的省份，其智慧城市的整体发展水平较好，如贵州、内蒙古。人口规模较小但工业生产总值较高的资源型城市，其智慧城市发展水平也较高，如鄂尔多斯、克拉玛依等。智慧城市顶层规划设计科学、安排合理、政府重视的城市，也有较高的得分，如柳州、呼伦贝尔等。排名靠后的是青海、新疆和拉萨的几个地级市：海东、伊犁哈萨克自治州、海西蒙古族藏族自治州、巴音郭楞蒙古自治州、海南藏族自治州、林芝市。

在民族地区地级市的智慧城市建设中，有一些城市的发展得分较高，排名靠前，通过调研与数据资料的查阅分析，可以总结出一些规律性的特点。如克拉玛依智慧城市有以下几个特点：第一，认真研读国家发展战略与政策，通过智慧城市的先导项目进行推进。先导项目是智慧城市建设的准备工作项目，它围绕党和国家的发展战略与政策方针，以社会管理和民生服务为出发点，体现了智慧城市的建设目标与远景。① 第二，认真做好科学、全面的智慧城市顶层规划设计。《克拉玛依智慧城市规划方案》内容全面，符合克拉玛依的发展目标，内容涵盖了智慧城市规划各方面的需求，并且满足了前瞻性、可行性、实用性、完整性、经济性、集成性等原则和编制要求。第三，有步骤、有准备地完成各项智慧城市任务，形成信息的互通共享。克拉玛依建设智慧城市的特色在于，进行了先导项目研究，为后期智慧城市的开展奠定了良好的基础。

智慧城市是一个城市系统，民族地区智慧城市建设刚起步，很多城市都刚从城市的硬件基础设施做起，因此要使这个系统能够正常运转，还需要一个漫长的过程。

表 5-11　2014—2016 年民族八省区地级市智慧城市发展水平得分情况

排名	2014 年		2015 年		2016 年	
	地级市	得分	地级市	得分	地级市	得分
1	鄂尔多斯	33.00	六盘水	40.94	鄂尔多斯	51.44
2	呼和浩特	32.80	玉溪	34.71	克拉玛依	47.52
3	柳州	32.80	柳州	33.92	柳州	45.90
4	六盘水	31.30	鄂尔多斯	33.42	六盘水	44.95
5	包头	29.90	包头	33.15	呼伦贝尔	44.55
6	桂林	29.20	呼伦贝尔	32.88	遵义	44.09
7	凯里	25.70	遵义	32.63	包头	43.92
8	西宁	24.30	桂林	30.45	玉溪	42.62
9	丽江	21.40	克拉玛依	30.34	大理白族自治州	40.03
10	铜仁	20.10	大理白族自治州	30.20	乌海	40.00

① 资料来源：克拉玛依市政府网站。

续表

排名	2014 年		2015 年		2016 年	
	地级市	得分	地级市	得分	地级市	得分
11	呼伦贝尔	19.90	铜仁	29.60	桂林	38.85
12			丽江	27.62	安顺	36.68
13			吴忠	26.16	毕节	36.28
14			中卫	24.72	钦州	35.75
15			钦州	23.20	丽江	34.48
16			海东	21.72	玉林	34.03
17					石嘴山	33.90
18					昌吉回族自治州	33.78
19					铜仁	33.62
20					吴忠	32.70
21					贵港	32.56
22					中卫	32.20
23					文山壮族苗族自治州	31.83
24					红河哈尼族彝族自治州	31.31
25					黔东南苗族侗族自治州	29.47
26					海东	28.95
27					伊犁哈萨克自治州	27.99
28					海西蒙古族藏族自治州	27.44
29					巴音郭楞蒙古自治州	27.04
30					海南藏族自治州	25.68
31					林芝市	22.48

5.2.5　民族地区智慧城市发展特征

5.2.5.1　民族地区智慧城市发展的不均衡性

智慧城市在中国的发展呈现出区域不均衡的现象，东部长三角地区发展水平最高，西北民族地区发展水平最差。在民族地区内，智慧城市建设也存在不均衡的现象，表现在民族八省区之间智慧城市建设水平不一致，同一省份内，不同城市智慧化水平也不一致。例如，2016 年内蒙古自治区整体智慧城市建设水平在民族八省区中排第一位，其试点城市的得分分别为鄂尔多斯 51.44 分、呼和浩特 49.97 分、呼伦贝尔 44.55 分、包头 43.92 分、乌海

40.00分，这5个试点城市的得分，最高分比最低分高出11.44分，其整体实力还算平均；新疆维吾尔自治区整体智慧城市建设水平在民族八省区中排名第六位，其试点城市得分分别为克拉玛依47.52分、乌鲁木齐37.43分、昌吉回族自治州33.78分、伊犁哈萨克自治州27.99分，这4个试点城市最高分与最低分的分值差为20分。由此可见，由于民族地区经济基础、信息化基础的差异性以及政府的宏观战略发展规划和重视情况不同，不同省份之间智慧城市建设水平不同，而同一个省份内，不同试点城市也因为资源禀赋的差异、产业的发展水平、市民文化素质、是否少数民族聚集区等基础因素，导致智慧城市发展存在明显的差距。

5.2.5.2 城镇化率影响着民族地区智慧城市建设水平

通过对城镇化率和智慧城市建设水平得分的数据进行分析，可以发现城镇化率较高的省份及城市，智慧城市建设的效果也较好，较高的城镇化可以推动智慧城市的建设。城镇化带来的人口规模效应，使智慧城市建设的性价比更高。民族地区智慧城市发展水平落后是受到城镇化率影响的，民族地区自身存在的城镇化差异与不均衡问题也是非常严重的，实质上是汉族地区的城镇化在拉动少数民族城镇化的整体水平。以青海为例，青海省的城镇化率为48.51%，在8个民族省区中排名第三，仅次于内蒙古、宁夏，但是将这个数据分解来看，省会西宁的城镇化率为67.80%，而海北藏族自治州、海南藏族自治州、果洛藏族自治州的城镇化率均不到30%，两者的差距非常大，尽管西宁市也是一个少数民族聚集的城市，但是这里的少数民族已经形成一种特定的城市生活方式，在进行智慧城市建设时，同东部地区城市相比尽管存在经济、科技、文化落后的现状，但城市的基础条件是有的，而城镇化率极低的海北藏族自治州、海南藏族自治州、果洛藏族自治州的县镇的智慧城市建设则面临更多的困难。

5.2.5.3 政府是民族地区智慧城市建设的主要推动力

民族地区的智慧城市建设缺乏坚实的基础和智慧产业的推动。在信息化建设不断深化和全国建设智慧城市大潮的推动下，民族地区政府已经逐渐重视对智慧城市的建设，了解了智慧城市建设的必要性和可能产生的巨大效益，欲通过智慧城市建设解决城镇化进程中出现的“城市病”，也欲通过智慧城市建设提高城市竞争力，推动供给侧结构性改革，更欲通过对信息数据的深度挖掘和使用实现供给优化，更好地满足政府、企业、居民的需要。① 但是，智慧城市对于民族地区的市民大众而言仍是一个陌生的概念，同时民族地区的智慧城市建设也缺乏本土的信息科技企业和科研院所的加入，建设存在很大的困难。在这种情况下，政府成为民族地区智慧城市建设的主要推动力，由政府根据省、自治区的实际问题进行规划设计，在经营模式上由政府投资进行建设，“以单个项目带动智慧城市”、“以项目等企业”或者“企业带着项目找政府”的现象居多，这些均说明，民族地区智慧城市建设尚未形成“政府、企业、第三方部门、民众”四方的合力机制，政府层面的推动是主要发展动力。

5.2.5.4 局部化的智慧城市建设内容仍是主体

通过前面对民族地区智慧城市建设内容的梳理，可以发现，民族地区与智慧城市得分高的地区在建设内容上还是存在区别的。智慧城市是传统数字城市与信息化城市的升级，东部地区城市信息化建设基础较好，较早地进行了数字城市和信息化城市的建设工作，因此在智慧城市阶段，将更多的工作内容放在顶层设计与智慧应用上，从城市发展的大战略上进行规划。

例如，杭州市在市委十一届六次会议上提出，要以体制机制创新为动力，以智慧设施为基础，以智慧技术为手段，以智慧产业和智慧应用为载体，实现智慧城市发展目标，推进以智慧经济为载体的智慧城市建设，打造全国智慧城市规划、设计、技术、设备、服务、管理、营运的系统供应商，使杭州成为“基础设施最先进、技术水平最高、城市数据最开放、信息服务创意性能力最强、智慧城市应用最普及、智慧产业最聚集”的城市。由此可见，作为智慧城市发展水平较高的杭州，其智慧城市建设有较高的目标和定位且内容全面。在杭州市智慧产业的带动下，有较多从事智慧产业的企业成为智慧城市建设的主要推动力。通过对民族地区试点智慧城市的建设内容分析可以发现，大多数城市都是选择一些急需解决问题的领域和自身有特色优势的产业进行局部的智慧化。

例如，青海省格尔木市的智慧城市建设重点内容是以“互联网+”行动计划为重点，积极推进“宽带青海”，将格尔木打造成为智慧云服务中心，同时搭建时空地理信息框架，打造智慧政务及天网等安全稳定工程，

---

① 吴岩，许光建．我国智慧型城市建设：模式，困境与展望［J］．管理现代化，2017（2）．

其建设内容非常凸显，主要是针对格尔木市发展的最大短板问题，即城市基础信息设施建设和民族地区的安全稳定问题实施的。又如，云南省大理市智慧城市建设的内容非常具体，即“推动智慧旅游建设打造特色全域旅游：打造智慧古城、协作导航式官方旅游信息网站、非物质文化遗产数据库建设”。这是根据大理市的优势特色旅游产业进行的智慧旅游重点建设项目。

5.2.6 民族地区与其他省份智慧城市的相似性与差异性分析

5.2.6.1 相似性分析

首先，在建设动因上具有相似性。智慧城市本质上是为城市治理与运营、城市公共管理与服务提供简捷、灵活的决策工具与服务模式，因此对于不同历史发展轨迹的城市而言，都是一种新型的城市管理决策手段。智慧城市在促进技术创新的基础上，对新型城镇化过程中的经济转型升级、空间结构优化、治理模式现代化等具有重要的推动作用。所以，无论是东部地区沿海发达城市还是民族地区城市都在试图寻找一种有效的城市治理方法，解决在城镇化进程中出现的“城市病”，而智慧城市恰好是新型城镇化道路上解决城市发展问题的利器，都是以改善城市发展和管理模式，促进城市健康发展，满足市民需求为目的。

其次，建设要素与内容上具有相似性。东部地区和民族地区的智慧城市建设都是智慧城市基础要素的组合建设，如信息化设施、数据库和平台等，在这个基础上进行智慧城市模块设置和内容的排列组合，在建设内容上基本都是城市重要构成要素的智慧化建设。

最后，层次结构上具有相似性。不同地区省份的智慧城市建设都各具特色，有的以智慧政务为主、有的以智慧医疗为特色、有的以智慧社区为代表，民族地区智慧城市建设也根据自身要实现的目标进行了内容的规划与设计，但是它们在建设的层次结构模式上基本相似，都是“物质”与“精神”的完美融合，物质体现在大平台的搭建上，精神则体现在用智慧的思路设计和规划上。

5.2.6.2 差异性分析

首先，在对智慧城市概念的理解上存在差异。要建设高品质的智慧城市就必须先有一个正确的智慧城市概念。关于智慧城市的概念有很多，视角不同则概念不同。民族地区的发展情况完全不同于东部地区，在城镇化路径、经济发展模式、城市发展历程、民族宗教等多个方面均存在差异性。在智慧城市的三大类概念中，“智的技术”与“慧的管理”相融合的概念更适合民族地区，也更能对其智慧城市的建设起到指导作用。民族地区的信息化基础设施建设滞后并且非常薄弱，而智慧城市就是要通过将实体基础设施建设与信息化设施同时推进，达成融合。所以，民族地区城市一定要在硬件上大量投入，将基础的技术工作做到位。“慧的管理”则是帮助克服“智的技术”在智慧城市建设中出现“唯技术至上”的极端现象，改正那种认为智慧城市就是智能城市的错误。民族地区城市在国家西部政策的推动下有了快速的发展，但其城镇化也存在一些特殊性和难点，尤其在社会文化、历史、城市管理领域，所以民族地区的智慧城市建设需要通过人性化的“慧的管理”进行平衡。如生态安全问题、贫困问题、民族文化融合问题等，都是民族地区新型城镇化进程中的重要问题。智慧城市“智的技术”需要人性化的理念、科学的顶层设计、因地制宜的政策策略、高效的城市管理服务、实惠为民的方案等，这些趋向于“管理”的因素进行配合，以保证城市运行管理的高效率、综合服务的高水平和居民生活的高质量。只有这样才可以实现真正的智慧，提升政府行政效能、增强城市综合竞争力和品牌影响力，也可以使民族地区的智慧城市建设达到较高的市民满意度和良好的体验。

其次，从建设情况来看，民族地区的智慧城市建设范围较窄，多在一个重要的点上、一个内容模块上，并没有在诸多领域生根开花，即局部的亮点和内容较多，没形成通畅的循环系统。

最后，在智慧城市建设重点方面，民族地区的建设重点不同于其他城市。东部地区城市更多地关注智慧城市的精细化与智能化，以及与工业发展密切相关的智慧产业，民族地区的发展重点则是民族安定团结、生态可持续性发展、精准扶贫等。很多智慧城市建设目标都依据具体城市发展的实际情况确定，如智慧旅游、智慧民生、智慧产业等。2015 年，西宁市推出了西北地区首家由交警部门主办的“西宁智慧交通”项目，也是西宁市第一个上线的智慧城市项目，它的建设是针对西宁交通方面出现的问题。

5.3 民族地区智慧城市建设中存在的问题

5.3.1 对智慧城市的认识存在问题

5.3.1.1 没有对智慧城市内涵形成正确的认知

对于智慧城市的概念与内涵，学者、政府、企业都从不同的角度做出了不同的界定，有的偏向于智能型的技术，有的偏向于慧的城市管理，有的偏向于民生服务，还有的偏向于智慧城市保障体系的建立。之所以存在多元化的概念解读，是因为智慧城市建设具有明显的区域特色。智慧城市作为城市新模式建设的最终目的是为居民提供更加便利、便捷、宜居的生活。可是大众群体并不能从专业角度认知智慧城市的本质、作用和内涵，因此在智慧城市建设初期，大众的视野里只能看到城市局部的智慧功能。

民族地区的很多城市，尤其是较早获批试点的城市，因为刚刚接触智慧城市这个新概念，还没有从本质与内涵上真正认识到智慧城市是什么，应该怎样进行建设。它们通常会把智慧城市理解为信息系统的建设，或者把一些凡是涉及信息与数字化的内容都贴上“智慧”两个字，错误地混淆了智慧城市、数字城市与智能城市的概念。在对青海省的贵德县、共和县、格尔木市三个智慧城市进行试点调研中发现，政府部门人员、企业、市民三个层面均存在认识不到位的问题，认为智慧城市建设对民族地区城市来说太过遥远，也有将智慧城市建设理解成传统的电子物品，如IC卡、自动缴费等，或是把企业信息化建设混淆成智慧城市建设。社会对于智慧城市建设的重要性和发展必要性的认识均存在不足，导致社会参与智慧城市建设的积极性受挫，进而拖延了智慧城市建设步伐。

5.3.1.2 对智慧城市的价值未形成认同

在智慧城市建设中，也存在对其建设价值产生怀疑的声音。第一种声音认为智慧城市“无用”，不需要通过巨额投资做样子工程。第二种声音认为智慧城市价值不大，不是实实在在的。笔者在调研中发现，有50.18%的调查对象表示对智慧城市不太了解，有17.89%的调查对象表示没有听说过智慧城市。这说明大部分民众对于智慧城市建设没有一定的深切感受，与民众生活没有什么切实的联系。尽管在候车时能看到智慧公交站牌，会使用App查看公交线路，但人们还是没有意识到这就是智慧城市的组成部分。所以，政府在宣传上是欠缺的。第三种声音是“口号论”①，认为智慧城市同过去的数字城市、智能城市没有本质区别，只是一个新的口号而已。

5.3.2 对智慧城市的建设缺乏科学的顶层设计和总体规划

在智慧城市实际建设过程中，会存在建设单一、目标不明确、重复建设、利用率不高等问题，这一系列问题的产生都是因为缺乏科学的顶层设计；还有一部分城市则存在智慧城市规划不切实际、好高骛远，战略定位过高的问题，使智慧城市建设实施效果甚微；有些民族地区将智慧城市建设与乡村建设孤立对待，没有考虑到城乡间的差距问题。民族地区许多智慧城市的建设都存在片面化与点状化，即“局部亮点很多，整体乏善可陈”。没有把握“真、善、美”这一核心理念，出现了智慧城市基本内涵混乱、评价体系缺失、发展定位模糊、战略框架和路径残缺等问题，各种发展规划和建设项目未经思考就投资建设，使城市运行管理和生产生活未能实现真正的智慧化；试点城市总体规划、顶层设计目标宏伟，内容相似度高，针对性、可操作性较差，部分城市在全国范围内招标做顶层设计，虽然设计方案相对全面，但问题导向与本地特色结合较少；大部分都是以技术驱动为特点，重点发展先进的、高精尖的技术，将以人为本、惠民、利民的宗旨抛于脑后。虽然顶层设计是建设智慧城市必不可少的一部分，但对于顶层设计普遍的评价是过于“高大上”，难以落地。

对试点智慧城市建设的资料查询数据显示，在民族地区三批44个申报的试点智慧城市中，27个城市（见表5-12）均编制了智慧城市建设规划方案、建设纲要、工作方案、行动纲领等智慧城市发展规划，但规划中缺乏渐进性与适用性，很多城市都是与企业合作在网上招标顶层设计方案，并没有结合城市实际情况，或者抢时间、抢机遇，尽快推出建设方案，而没有进行前期的需求调研。有一半以上的城市建立了智慧城市建设领导组织机构，只有个别城市将管理机制纳入政府绩效考核体系。笔者在智慧城市建设的调研过程中，发现一个明显的特点：智慧城市建设效果较好的，均是顶层设计做得较好的，并且按照顶层设计和规划，分步骤、分阶段进行。2017年9月，银川市出台了《银川市智慧城市建设促进条例》，该条例是国内第一部由地方政府

---

① 刘奇，等．走向智慧城市：我国智慧城市建设若干关键问题研究［M］．北京：科学出版社，2014.

制定和颁布的智慧城市相关法规。它的出台使智慧城市建设更加制度化，并在信息基础设施建设、智慧产业发展、环境支撑、法律责任等相关方面进行了规范。

表 5-12 民族地区试点智慧城市的建设规划

城市	发布时间	规划
呼和浩特	2015 年 1 月	《“智慧呼和浩特”建设方案》
乌海	2013 年 3 月	《智慧城市创建任务书》、《智慧城市投融资规划》和《智慧城市重点项目方案》
呼伦贝尔	2017 年 12 月	《新型智慧城市建设项目顶层规划设计》
包头市石拐区	2013 年 9 月	“智慧石拐”顶层规划设计
鄂尔多斯	2014 年 2 月	《鄂尔多斯市推进智慧城市建设工作实施方案》
南宁	2014 年 7 月	《“智慧南宁”建设总体规划（2014—2020 年）》
柳州	2013 年 6 月	《柳州市智慧城市发展规划纲要（2011—2020 年）》
	2013 年 12 月	《柳州智慧旅游城市规划》
桂林	2013 年 5 月	《“智慧桂林”发展规划纲要（2013—2020 年）》
贵港	2017 年 1 月	《贵港市智慧城市管理中心建设与运维管理方案》
钦州	2015 年 1 月	《智慧钦州总体发展规划（2014—2020 年）》
	2015 年 9 月	《钦州市创建国家智慧城市试点实施方案》
玉林	2017 年 5 月	《玉林市推进智慧城市建设实施方案》
西宁	2016 年 12 月	《西宁市智慧城市建设方案》
拉萨	2011 年 12 月	《拉萨“智慧城市”总体规划（2009—2020 年）》
昆明	2011 年 11 月	《“智慧昆明”建设总体规划》
	2016 年 10 月	《关于加快推进智慧城市建设的实施意见（2016—2018 年）》
玉溪	2016 年 6 月	玉溪新型智慧城市顶层设计、玉溪新型智慧城市建设建议报告等
大理	—	《大理智慧城市规划报告》《大理市智慧城市可行性研究报告》
文山	2013 年 12 月	《文山市智慧城市发展纲要》《文山市智慧城市建设方案》
乌鲁木齐	2014 年	《乌鲁木齐市智慧城市建设工作方案的通知》
克拉玛依	2015 年	《克拉玛依智慧城市规划方案》
库尔勒	2010 年	《“智慧库尔勒”总体规划（2010—2015 年）》
贵阳	2013 年	《贵阳市智慧城市（2013—2015 年）建设纲要》
铜仁	2015 年	《铜仁市创建国家智慧城市工作方案》《国家智慧城市创建任务书》

续表

城市	发布时间	规划
六盘水	2013年6月	《智慧城市建设规划》
银川	2011年	《银川市创建智慧城市行动纲要》《智慧银川建设与发展规划》
	2016年6月	《银川市智慧城市建设促进条例》
吴忠	2013年1月	《智慧吴忠创建工作实施方案》
石嘴山	2014年	《石嘴山市推进内陆开放型经济试验区“智慧石嘴山”建设实施方案》
格尔木	2013年9月	《格尔木智慧城市顶层设计》

民族地区智慧城市的建设实践中也缺乏多维度的系统分析，没有很好地把握新型智慧城市的核心内涵，没有把智慧城市的创建、新型城镇化道路的目标和城市的实际问题三者相结合，没有处理好多种利益关系的平衡。各市的智慧城市建设设计方案与规划，主要都是以公共财政支撑整个智慧城市建设，没有采用行政配置资源和市场配置资源来安排和处理智慧城市建设的融资问题，忽视了政府与市场关系的处理。并且，民族地区由于城市管理水平相对不高，城市规划人才与智慧城市等专业人才匮乏，使智慧城市的顶层设计规划均通过招标的形式让企业完成，这就使顶层设计方案更多的是企业角度的内容，缺乏居民、专家、社会团体等社会各种活动主体的参与。

5.3.3 智慧城市建设中的数据利用缺乏有效性

民族地区智慧城市建设的普遍问题是缺乏“从数据到智慧的转化能力”,[①] 智慧城市的核心是“智慧”，是迅速、灵活正确地对数据进行利用、理解和处理的能力，表现在智慧城市建设中就是“感、传、知、控”，即对信息数据进行感知、上传到服务器与平台、进行知识加工处理，最后进行有效的控制。所以，智慧城市的智慧应该是四个特征的融合，是在物联网与信息互联的基础上，对城市系统大数据的反应。智慧城市以大数据分析发现城市运行中的问题和提供解决问题的新方式，推动着城市管理、服务、经济等系统的完善和重构，推动城市向更具有活力、更高效、更生态的方向发展。智慧城市建成后，随着城市的日常运营会产生大量的运营数据，这些数据需要专业的技术人员进行抽取与分析，帮助城市解决问题和预防危机。智慧城市

① 杨瑛．新标准管指引下的智慧城市顶层设计［J］．电子政务，2016（3）．

对数据来源、处理技术、基础资源等多方面提出了新的要求，但民族地区智慧城市建设在这方面的表现不佳。一方面是因为还没有形成智慧预警的观念与氛围，另一方面是因为专业技术性人才的极度缺乏，所以很多信息数据仅仅通过城市的摄像头大量搜集而来，并未对真正有意义的数据进行抽取、分析等，这样必然会降低智慧城市的效果，无法对城市问题进行有效的预测和应急响应。

5.3.4 没有形成智慧城市跨区域的协同发展

党的十九大报告强调“推动区域协调发展”“以城市群为主体构建大中小城市和小城镇协调发展的城镇格局，加快农业转移人口市民化”，这标志着城市的未来发展战略是在国家整体规划基础上，推动区域外部协同与内部联动发展的新探索。智慧城市的跨区域协同，有助于发挥信息技术在各区域中的应用优势，提高各区公共产品的供给能力。因此，要实现城市群的深化协同发展，智慧城市是重要的突破口。但是，民族地区尚未形成有效的和成功的跨区域共同发展的智慧城市联盟，单独的智慧城市建设居多。例如，2017 年初，首个京津冀协作型智慧城市建设项目在河北肥乡落地。京津冀三地可以在环境治理、健康医疗等很多方面实现信息资源共享，以便更好地协作管理。① 如环境治理方面，可以实时检测并共享数据；健康医疗方面，可以在服务平台上共享医疗资源和个人电子病例、健康档案。这种协同发展打破了“信息孤岛”和“跨城办理”的局面，使各种资源在三地间实现高效调配。民族地区各城市间正缺少这样一个平台和机制。

5.3.5 智慧城市建设的信息安全管理有待加强

对于民族地区来说，数字城市尚未成熟就直接跨入了智慧城市的时代，这是一个全新的实践，城市的信息安全面临着前所未有的挑战。以物联网、云计算等大数据技术体系为基础的智慧城市建设，不仅数据信息冗杂，而且覆盖政务、商业、生活等方面，所以一旦出现泄密等安全问题，后果将不堪设想。因此，保护智慧城市的信息安全刻不容缓。

第一，智慧城市的各种应用软件会留下消费者的个人信息与消费痕迹，将大众的信息暴露在公众平台上，一旦被黑客攻击，就会出现公众信息安全隐患。

---

① 资料来源：北京市人民政府网站 http：//zhengwu.beijing.gov.cn/zwzt/jjjyth/zljj/t1494757.htm. 2018-7-30（19）。

第二，智慧城市安全技术防护体系是一个复杂多变的系统。智慧城市的安全系统由应用安全、网络安全、系统安全和物理与环境安全等构成，[①] 安全问题变得更加复杂。在云计算环境下，除了类似身份安全、网络欺诈、网络攻击等传统的安全问题之外，又出现了很多新的安全问题。智慧城市建设更多的关注点都集中在各种智慧应用开发等大型项目上，信息安全方面的管理是薄弱的。

5.3.6　智慧化城市管理能力较弱

城市管理是对城市的市容环境、市政、公共服务、交通、应急等诸多领域进行宏观调控、指导、治理与服务，是一项复杂的管理活动。随着科技信息技术不断融入城市发展中，"科学高效、多方协调、资源共享"成为城市管理的新要求。民族地区对于智慧城市的认知处于萌芽时期，对理论的了解少于对实践的感知，但又因为理论的缺乏，使实践存在一些误区，使其对智慧城市的运行与发展规律掌握不够准确，智慧城市建设方案也存在一些不足与不完善，整体的智慧城市建设处于不断地摸索之中。民族地区的城市大多都是三、四线城市，城市平均发展水平不高，城市基础设施建设普遍不够完善，政府的城市管理经验本身就不足，智慧城市的管理能力没有跟上城市发展变化的步伐。

民族地区的智慧化城市管理缺乏人性化的管理思路。民族地区的特殊性表现在群体的差异性和多元化上，不同民族、不同宗教、不同文化表现突出，因此在智慧城市的建设中会出现很多复杂问题，这既需要城市管理部门灵活、柔性地解决，也需要政府对不同群体的差异化需求给予关注，但在具体工作中，经常由于政府对不同人群关注的缺乏，使城市提供的公共服务存在偏差和非均衡性，如老年人群体、少数民族群体、文化程度低的群体，他们对数字化、智能化[②]的产品和工具了解甚少，导致智慧城市的福利不能很好地实现整体覆盖，造成智慧城市在不同群体间的认知和接受上出现鸿沟。

民族地区对数据的应用能力和科学决策能力相对较低。笔者通过调研发现，许多城市都缺乏对信息数据的统计、整理与高效利用，加之智慧城市建设方面人才的缺乏，使数据资源闲置，或者没有在城市管理中发挥有效的作用。

---

① 郑建华．智慧城市建设与信息安全［J］．网信军民融合，2018（7）．

② 葛蕾蕾，佟娴，等．国内智慧城市建设的现状及发展策略［J］．行政管理改革，2017（7）．

5.4 制约民族地区智慧城市发展的因素

5.4.1 经济发展水平是制约民族地区智慧城市发展的首要因素

智慧城市建设是一项花费巨大的城市工程项目。在对中国智慧城市发展现状进行分析时发现，智慧城市发展水平排名前十位的城市都属于东部地区或沿海城市，这些城市都是当地的经济、政治、文化中心，区位上对周边城市起着很大的辐射作用，有着更多的资源建设智慧城市。智慧城市发展水平评价得分与城镇化率、城市 GDP、人均 GDP、人均财政收入等主要经济社会发展水平指标相关性很强，可见智慧城市的发展与科技发展、政策环境、人才结构等均有关系，与经济发展关系尤为密切，城市经济发展水平为智慧城市建设提供了支撑，而智慧城市建设促进了城市经济发展水平的提高，两者之间是相辅相成的。2016 年，全国 32 个省份 GDP 总量排名与智慧城市建设水平排名几乎吻合，GDP 总量排后十位的分别为吉林 14.886.23 亿元、云南 14869.95 亿元、山西 12928.34 亿元、贵州 11734.43 亿元、新疆 9617.23 亿元、甘肃 7152.04 亿元、海南 4044.51 亿元、宁夏 3150.06 亿元、青海 2572.49 亿元、西藏 1150.07 亿元。除了吉林省和山西省，其他几乎都是民族地区省份，在智慧城市排名中，这些省份也是处在榜单的后面。因此，制约民族地区智慧城市建设最主要的因素是当地的经济发展水平。因为经济发展水平低，使政府无力为高昂的智慧城市建设买单，导致很多城市都是从局部做起，缺乏顶层设计。

5.4.2 信息科技水平是制约民族地区智慧城市发展的短板因素

科技因素是制约民族地区智慧城市发展的第二大因素。有许多东部地区智慧城市发展迅速是因为在前期非常重视科技，有着良好的科技成果转变能力，在建设智慧城市之前就已经有了很好的科技成果应用基础与平台，如被称作“物联网之都”的无锡在物联网方面拥有着核心竞争力，政府一直以来积极推进以物联网为基础的信息基础设施的大量建设与应用，注重顶层设计。无锡之所以能够在我国上百个智慧城市中独占鳌头，不是因为它有着最好的经济实力，而是得益于其政府对科技的重视。无锡在智慧城市建设前期，信息科技水平就很高，因此在智慧城市建设过程中，容易形成明显的产出效应，城市的管理、惠民服务、政企协作、社会参与、市场运作等方面都会受益。

民族地区城市都不是科技资源强的城市，尤其对科技资源的资金投入是严重落后的。[①] 在民族地区的城镇化过程中，城镇基础设施建设投入和农业现代化投入[②]是两个重要的资金流向。在城镇基础设施建设方面，大量资金投入是从拉动的方面改善城镇基础设施，提升城镇功能，强化城镇集聚效应。在农业现代化方面，大量资金投入是从推动的方面实现现代化新型农业，让更多的农民可以离开农村进入城镇。但这种结果使现代新型的城市设施如轨道交通、基础信息建设、智慧化的城市管理等方面的资金投入薄弱，导致在智慧城市建设前期没有很好的信息产业基础。

5.4.3　政府“引导+推动”模式是制约民族地区智慧城市建设的动力因素

民族地区的智慧城市建设以政府投入为主，缺乏更多的社会资金支持。尤其是西部民族地区的智慧城市建设，并非城市发展中城市类型与城市形态自然地过渡，而是在国家新型城镇化与智慧城市建设的政策倡导中，努力积极地向政策靠拢，抓住政策的机遇发展城市，但城市实际的信息化发展水平是较差的，其信息化发展一般集中在居民社会生活领域和公关管理领域的一些智慧应用上，规模小、重复建设多，一般由政府投资建设补齐城市基础设施的短板。这种模式是一种“填补式”的，没有经济实体的参与，因此缺乏动力，并且不会成为通畅的循环系统。民族地区的智慧城市建设也有一些大型企业和本地的电信运营商参与其中，但只是在一些领域进行尝试，没有形成良性的经济运营机制。

5.4.4　科研创新力度不足是制约民族地区智慧城市发展的基础因素

科研创新力度与科研投入水平是城市未来发展的新动力，在一定程度上影响和制约着智慧城市的有效发展。民族地区城市与东部地区城市在科研实力水平、科研投入与科研创新方面存在较大的差异，民族地区技术市场成交

---

① 叶宝忠．民族地区科技进步对经济发展的影响研究［J］．贵州民族研究，2014（1）．

② 张冬梅．民族地区如何推进特色新型城镇化［N］．中国民族报．2014-12-19（6）．

额低。① 2016 年，民族八省区技术市场成交额占全国比重均不足 5%，这种结果会导致科研创新力度不足。从 R&D 人员与 R&D 经费来看，民族八省区虽然有较大的增幅，但是同全国平均水平相比还存在非常大的悬殊。《2017 年全国科技经费投入统计公报》显示（见表 5-13），民族八省区的 R&D 经费与投入强度均排在全国的末尾。

表 5-13　2017 年民族八省区 R&D 经费与投入强度

地区	R&D 经费（亿元）	R&D 经费投入强度
全国	17606.1	2.13
云南	157.8	0.96
广西	142.2	0.77
内蒙古	132.3	0.82
贵州	95.9	0.71
新疆	57.0	0.52
宁夏	38.9	1.13
青海	17.9	0.68
西藏	2.9	0.22

科研创新力度不足可以从科研经费、科研人才和科研环境三方面考虑。

首先，民族地区的科研经费是严重不足的。例如，2017 年广东省的 GDP 为 89879.23 亿元，排位末尾的西藏自治区的 GDP 是 1310.63 亿元，广东省的 GDP 是西藏自治区的 68 倍左右，广东省 R&D 经费为 2343.6 亿元，是西藏 R&D 经费 2.9 亿元的 808 倍。因此，民族地区的研发投入是极度不足的。由于经济因素，民族八省区科技经费的投入达不到全省 GDP 的 0.1%，与我国规定的科技投入经费占 GDP 比重 3%~5%的标准也相差甚远。②

其次，民族地区科研人才严重缺乏。民族地区高校数量较少、高校规模实力一般、高校教师师资质量不高，因此教育工程力量薄弱。同时，人才短缺和人才流失的现象非常严重，加上经济发展水平落后，自然环境恶劣，社会机制不灵活，人才体系不健全等因素，无法吸引高素质人才，使民族地区的科技发展缺乏人才的支撑。

① 王延中，方勇，等．中国民族发展报告（民族发展蓝皮书）（2016）［M］北京：社会科学文献出版社，2016.

② 叶宝忠．民族地区科技进步对经济发展的影响研究［J］．贵州民族研究，2014（1）．

最后，民族地区缺乏积极的科研环境。民族地区科技创新意识差，对新科技研发的投入少，缺乏利用信息科技提升经济发展的意识观念，缺乏运用先进技术的人才；对科研人员的激励不够，没有形成良好的科研激励制度；没有构建积极的科技成果转化应用体系。

民族地区智慧城市建设存在的问题并不是一个简单的经济发展是否带动城市发展的问题。发展智慧城市，除了要有经济实力之外，还需要基础设施、政策环境、高科技人才、高新产业、高素质市民等众多资源要素的支撑，更要有敢于创新的精神。民族地区可以向东部地区智慧城市的领跑者学习，主动与东部区域进行交流与合作，但要注意绝不能照搬东部地区的发展模式，要寻找到属于自己的城市发展模式。

第 6 章

民族地区智慧城市发展评价指标

6.1 民族地区智慧城市评价指标体系的构建

智慧城市建设作为一项复杂的系统工程，需要一定的指标对其进行评价与测评。关于智慧城市的评价指标体系有许多，有国外研究机构提出的，如维也纳工业大学区域科学中心发布的欧盟中等规模城市智慧排名评价指标（2007）、IBM 商业价值研究院发布的 IBM 智慧城市评估标准和要素（2008），也有国内学者、政府与研究机构提出的，如住房和城乡建设部发布的国家智慧城市（区、镇）试点指标体系（试行，2012）、南京信息中心发布的智慧南京评价指标体系（2011）等，这些都是国内外知名的评价指标体系，但它们更适用于国外先进的城市以及国内一线城市或者经济发达城市，其中的许多评价指标并不适用于民族地区城市，国内没有针对民族地区城市的评价指标体系，所以在这样的背景下，需要针对民族地区城市的发展现状与发展特点制定出一套有针对性的、有效的、简单的、易行的评价指标体系。

6.1.1 民族地区智慧城市评价指标体系构建的依据

民族地区智慧城市评价指标体系的制定需以扎实的理论作支撑，与民族地区城市发展的客观实际相贴合。评价指标体系的制定依据包括政策依据、理论依据和现实依据。

（1）政策依据

智慧城市评价指标体系的制定以《国民经济和社会发展第十二个五年规划》、《2006—2020 年国家信息化发展战略》、《国务院关于大力推进信息化发展和切实保障信息安全的若干意见》以及十八大报告精神为政策依据。

根据以上政策要求，智慧城市评价指标体系的制定必须抓住以人为本的核心思想，把民生利益放在首位，突出考核智慧城市建设发展在提高城市管理能力和服务水平方面所取得的成效。

（2）理论依据

智慧城市评价指标体系的制定以广义智慧城市内涵、智慧城市发展路径模型以及城市可持续发展为主要理论依据，同时参考了国内外众多重要的智慧城市评价体系标准、智慧城市的SMART模型、城市管理、城市信息化、项目管理、信息管理、信息资源等理论。

（3）现实依据

智慧城市评价指标体系的制定要充分尊重民族地区的特殊城镇化进程，要考虑独特发展环境对智慧城市建设的基本要求，要考虑我国智慧城市建设现状以及不同类型城市的需求特征，从而提出相关的指标项和评价标准。

6.1.2　民族地区智慧城市评价指标体系构建的原则

（1）科学性原则

科学性是设计评价指标体系的基石，是指要从智慧城市建设内容的各个基本原理出发，通过梳理智慧城市发展的脉络，综合城市管理、人文地理、城市规划以及智慧城市等领域的专家、学者、相关机构已有的评价指标，选取能够体现智慧城市内涵与主要内容的适当指标；要结合民族地区的实际发展情况以及关键发展问题，能够评价民族地区智慧城市的发展现状特征，并为更多的城市提供发展经验。

（2）可获取性原则

首先，民族地区的很多城市经济发展落后，没有完善的城市发展数据指标的统计与归档，或者对某一些指标的数据统计资料不齐全，在时间上不具有连贯性，所以在做该城市评价指标的相对应数据的查找与分析时，数据的获取存在一定的难度。因此，就要求民族地区智慧城市评价指标的选取，既要有针对性地代表智慧城市的发展特征，又能较为方便地获得其相应的数据。其次，指标体系的选取尽量使用定量化的数据指标。定量化的指标一般较为客观，通过各类统计年鉴可以查到，并且各数据的来源一致，这样在进行相互比较分析时，不确定性误差小，可以较客观地对民族地区智慧城市发展水平进行测评与排名。

（3）有效性原则

评价指标不能“因地而设”，即只为测评个别城市的具体特殊情况设置，而应该结合已建设的智慧城市存在的问题和民族地区城市共有的特征设置，要具有能够较为全面地进行各城市间横向比较的价值。评价指标的各个分指标应该能全面地反映出所需要测评民族地区智慧城市的发展问题。

（4）动态性原则

智慧城市建设是一个不断发展的过程，是一个动态的、循序渐进的过程。虽然民族地区智慧城市的建设刚刚起步，但随着不断地深化以及与外地的交流学习，一定会有新的成效。因此，本书对民族地区智慧城市评价指标体系的构建也是秉承这个原则。民族地区智慧城市尽管起步较晚，但是在后期的发展过程中有新的突破和后发优势。所以，智慧城市的评价指标体系应包含生态环境、城市居民、政府管理、城市经济等方面。

6.2 现有智慧城市评价指标体系的评析

在技术与信息化水平较高的西方国家，智慧城市的评价工作大多由一些城市发展智库或科研机构进行，这些机构首先选择一定的样本或目标城市，然后针对具体的研究问题和目的发布相应指标对智慧城市建设水平进行评估。本书对国内外主要的智慧城市发展评价指标进行了梳理（见表6-1），对它们的优缺点进行了综合分析整理，并结合民族地区的现实情况、数据搜集的难易度、指标有效性及指标操作的局限性等进行了评价。

表6-1　国内外智慧城市主要评价指标比较

指标名称	指标发布时间	关注内容	评价目标	指标针对性	指标操作性和局限性
智慧社区论坛（ICF）评估指标	1999年	宽带连接、知识型劳动力、创新、数字包容、营销和宣传	对智慧社区进行有效评价	政府与企业角度出发	有较多的定性内容、缺乏对居民的关注
欧盟中等城市智慧城市评估指标	2007年	智慧产业、智慧民众、智慧治理、智慧移动、智慧环境和智慧生活等城市发展的短板	绿色、低碳的经济和生活模式，鼓励和倡导社会力量参与基础设施建设	居住规模小于50万人的中等城市	个别指标的数据难以获得；地域特色太浓厚

续表

指标名称	指标发布时间	关注内容	评价目标	指标针对性	指标操作性和局限性
IBM智慧城市评估标准和要素	2009年	居民、商业、通信、运输、水、能源等重要的城市系统①	城市智能的系统化	针对中国智慧城市《智慧城市在中国》（白皮书）	数据的采集上存在很大的困难，尤其对于信息建设较为落后的地区和城市
国家智慧城市（区、镇）试点指标体系（试行）	2014年	保障体系与基础设施、智慧建设与宜居、智慧管理与服务、智慧产业与经济	引导智慧城市建设和对试点城市创建后的成效进行评估	2012年、2013年、2015年三批国家智慧城市试点的建设情况	指标体系内容庞杂，涉及方方面面，涵盖面太大，对于很多城市并不适用
工业和信息化部《智慧城市评估指标体系（征求意见稿）》	2012年	智慧城市发展中的智慧准备、智慧管理和智慧服务	对智慧城市信息化能力的关注	已建及在建的智慧城市	技术性较强，对其他领域有所忽略，因此操作性也存在难度
上海浦东智慧城市研究院《智慧城市评价指标体系2.0》	2013年	硬环境：智慧城市的基础设施、公共管理服务、信息服务与经济发展；软环境：人文科学素养、市民主观感知等	为准确地衡量和反映智慧城市建设的主要进度和发展水平	在建智慧城市的城市信息化水平、综合竞争力、绿色低碳、人文科技等	许多主观指标无法搜集，并且难以进行量化处理
国家发展改革委、中央网信办、国家标准委员会联合发布的《新型智慧城市评价指标（2016年）》	2016年	惠民服务、精准治理、生态宜居、智能设施、信息资源、网络安全、改革创新和市民体验	切实提升国家新型智慧城市建设实效、提高市民满意度和获得感	全国范围内的地级以上的249个智慧城市	工作量庞大，需要多方统筹，一些智慧城市建设实力较弱的城市无法提交数据

6.3　民族地区智慧城市评价指标的理论框架

6.3.1　民族地区智慧城市评价指标的理论框架的确定

本书第2章对民族地区智慧城市的内涵已经做了阐述，认为民族地区智

① 资料来源：IBM公司发布的白皮书《智慧城市报告》。

慧城市的核心是以人为本，充分利用大数据、云计算等信息技术，不断提升城市的承载力，打造绿色、安全、宜居的幸福城市，从而最终实现城市的可持续性发展，是一种广义上的新型智慧城市。

如果把城市看作一个巨型的开放系统，智慧城市就是以现代信息技术作为手段和动力，促进城市系统中各种“信息流、人口流、物质流、资金流”等高效流动，从而相互感知，最终使城市的各个子系统安全、高效运行，为市民提供满意的服务，推动城市良性循环发展的城市系统。

智慧城市可持续发展的模型与路径是：智慧城市是一个智慧的系统，可以帮助城市实现完善发展与不断优化，智慧城市利用科技手段将城市的信息与各种资源流重新整合，进行新的输入、开发、输出与利用，形成一个新的高效的城市系统，使城市的环境、服务、产业等方面的发展均有显著提升，使城市的政府管理水平提高，为市民带来开放共享的学习与工作环境，营造绿色和谐的生活环境，让城市变得更加宜居宜游，从而使城市可持续发展。在这种思路和观点下，本书构建了智慧城市发展水平的可持续发展模型与路径（见图 6-1），并将此模型与路径作为民族地区智慧城市评价指标体系构建的理论框架，如图 6-2 所示。

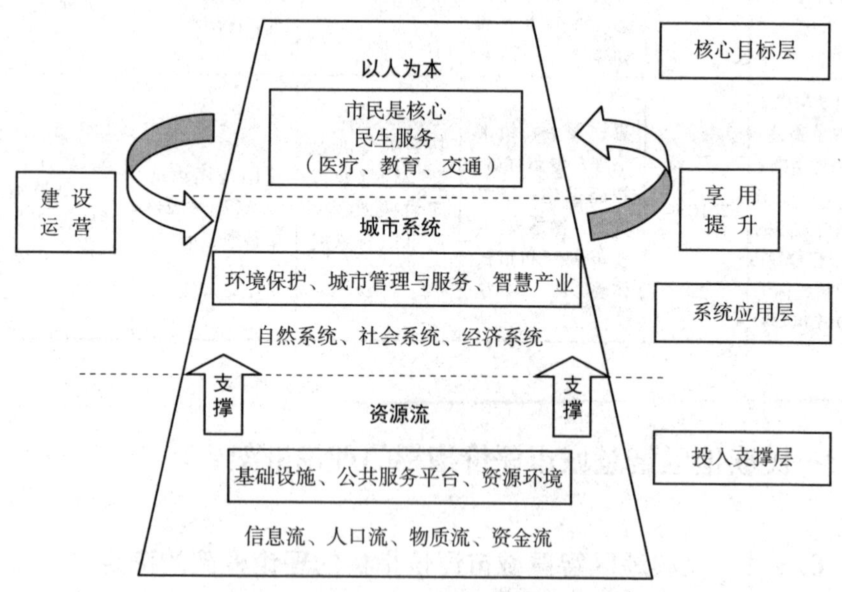

图 6-1　智慧城市可持续发展模型与路径

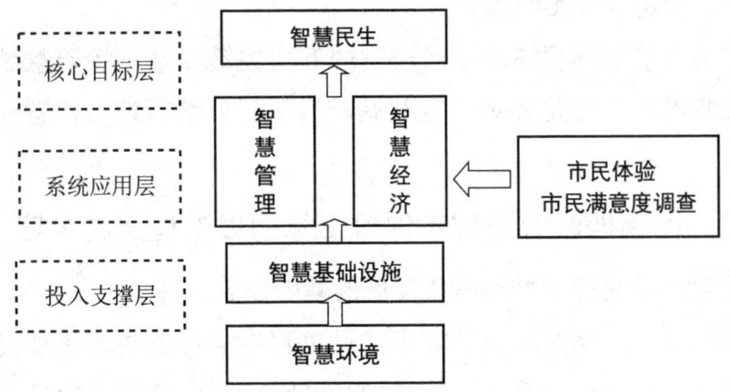

图 6-2　智慧城市评价指标的理论框架

本书结合民族地区的实际情况，提炼出民族地区智慧城市建设的关键要素，分别是智慧环境——环境保护的智能化（对民族地区环境、生态的智能化监测与保护），智慧基础设施——城市基础设施的智慧化建设与管理（民族地区城市基础设施的建设与升级，如宽带入村、城市摄像头的安置等），智慧管理——智慧化的公共、行政等（民族地区城市治理的人性化、便捷化与高效率），智慧经济——产业信息化水平、企业信息化等（对民族地区产业的信息化发展，企业的信息化发展水平的智慧化建设），智慧民生——以人为本，关注民生，智慧化的医疗、教育、生活网络化水平等（民族地区居民的生活便利化和网络化等）。

根据区域性进行智慧城市研究的研究文献较少，张楠、陈雪燕等（2015）通过对 96 个城市的 70 份样本进行统计分析研究，得出东、西部地区在智慧城市建设的关键问题选择上是不一样的，东部地区城市之间对于智慧城市关键问题的认知大体没有差异，而西部地区城市对监测智能化、软环境建设、智慧交通、人力资本和信息产业等方面的重视程度较小。① 张协奎、乔冠宇等（2016）基于对智慧城市评价指标体系和西部地区城镇化等多重因素研究得出社会综合性因子、价值实现因子、科技投入因子三个主成分，并以 8 个民族省份为样本进行实证分析得出相关结论，认为西部地区智慧城市起步晚，各省发展侧重点不同。② 这项研究忽略了人的因素，没有考虑智慧人群，即教育水平、素质等因素；同时，也没有考虑每个省份的民族构成以及民族省份最

① 张楠．中国智慧城市发展关键问题的实证研究［J］．城市发展研究，2015（6）．
② 张协奎，乔冠宇．西部地区智慧城市建设影响因素研究［J］．生态经济，2016（7）．

重要的生态、稳定等现实问题。

因此，本书基于智慧城市发展模型的五大关键要素，将智慧城市评价指标体系的范畴界定为智慧环境、智慧基础设施、智慧管理、智慧经济和智慧民生。

6.3.2 民族地区智慧城市评价指标的理论框架的内容

（1）智慧环境是智慧城市健康发展的基础保障

智慧环境既是民族地区智慧城市建设过程中需要解决的重要问题，也是民族地区智慧城市的一个重要评价指标。民族地区肩负着保护环境的艰巨使命，“生态优先”是很多民族地区的发展原则。持续性地发展经济以加强生态环境保护、促进绿色低碳发展、提高资源利用率是智慧城市建设的基本前提。

（2）智慧基础设施是智慧城市建设的基础准备

《国家新型城镇化规划（2014—2020 年）》中明确提出，智慧城市建设推进的先决条件和基础准备就是要扎实地完善信息基础设施建设，使智慧城市基础设施建设可以实现高效运转。民族地区城市发展起步较晚，很多城市的基础设施是不健全的，严重影响了智慧城市的建设，所以要建成智慧城市就必须补足硬件的短板，大力发展基础设施建设。因此，智慧基础设施建设是智慧城市建设的重要评价指标。智慧基础设施是城市中非常重要的物质层，为城市的文化、制度、创新等内容的发展奠定了重要的基础。智慧基础设施包括信息网络设施、公共服务平台等。如果要保持城市长期持续的良性发展，就需要有坚定的信息化发展理念，通过不断完善信息网络等基础设施改变城镇、乡村等居民的生产生活方式，实现城镇经济的转型增长。

（3）智慧管理是智慧城市发展的关键性因素

智慧管理是指政府采用电子政务、智慧化公共服务等智慧化管理模式，既是智慧城市发展水平的重要体现，也是市民对政府管理能力感受较多的方面。在互联网时代，政府的智慧管理与智慧政务是政府治理发展的新形态，是政府工作改革的重要手段。政府可以借助智慧城市的技术对城市运行、城市政务进行改革；以开放、透明、公正的态度改革各类政府工作，从而节省大量的政务成本，提高政府的行政效率。民族地区的特殊性使其对政府的管理能力要求更高。

(4) 智慧经济是智慧城市发展的物质基础

城市经济是智慧城市建设的物质基础。只有具有雄厚的经济基础才可以更高效地建设智慧城市，同时也可以投入更多的资源来增强智慧城市竞争力，经济基础是智慧城市可持续性发展的动力。尤其是民族地区，经济基础差，贫困现象严重，产业布局不合理，很多地区依旧没有形成产业的良性发展，所以要通过智慧城市的建设带动当地经济发展，促进经济发展模式的创新，增加知识与信息资源对经济发展的贡献，智慧城市可以解决精准扶贫、产业转型等重要经济问题。

(5) 智慧民生是智慧城市发展的最终目标

智慧城市建设的目标是以人为本，实现城市居民的幸福生活。智慧民生包括两个部分：第一，智慧人群。人是智慧城市建设过程中的重要因素，既是建设的主体，也是智慧城市的建设者、运营者以及享用者，所以智慧城市建设要考虑市民的文化素质、文化教育和智慧技能的高低，只有不断地提高市民素质，提倡市民参与共建，才能真正建成智慧城市。第二，智慧城市的民生服务与市民体验。市民在一个城市生活，对一个城市最基本的感受就是与之息息相关的生活内容，如交通出行、医疗、教育等，因此智慧城市不但要“慧”还要“惠”，要通过对民生内容的智慧化建设，让市民切实感受到生活环境的改变。

6.4 民族地区智慧城市评价指标体系的制定

6.4.1 民族地区智慧城市指标体系构成框架

本书通过对智慧城市的理论框架和指标范畴的确定，根据民族地区智慧城市评价指标体系的创建原则和创建依据，在反复研讨、修改与完善的基础上，针对民族地区的智慧城市发展构建了一套评价指标体系。该指标体系由三级指标构成，其中一级指标作为评价指标的重要框架，包含了智慧环境、智慧基础设施、智慧管理、智慧经济和智慧民生五大因素，是民族地区智慧城市评价指标体系中的客观指标。本书在五大客观指标之外，还增加了两个创新指标：一是为了考虑每个民族省份的特殊性，增加了特色指标。它是总体指标体系的加分项，包括每个城市发展过程中的特色产业、特色智慧城市服务、建设亮点等衡量指标。在中国的智慧城市建设过

程中，应该强调“因地制宜与独特性”，而不是“大而同”或者“千城一面”，所以本书在客观评价标准之外，增加了特色指标。二是增加了市民体验这一主观指标。它是总体指标体系的验证项，即通过对市民的满意度调查考量是“真智慧”还是“假智慧”，因为仅仅是评价指标上的高分不一定表示就是市民喜欢的宜居城市。作为评价指标体系的重要部分，市民体验是国内外智慧城市评价指标体系中的一个创新，旨在引导民族地区的智慧城市建设不要过多关注技术的死板应用，而应该更多地注重公众满意度和社会参与度。《新型智慧城市评价指标（2016 年）》按照“以人为本、惠民便民、绩效导向、客观量化”的原则，将评价指标分为客观指标、主观指标和自选指标三部分。由此可见，本书在市民体验这部分的创新是与政府部门新型智慧城市的评价指标一致的。

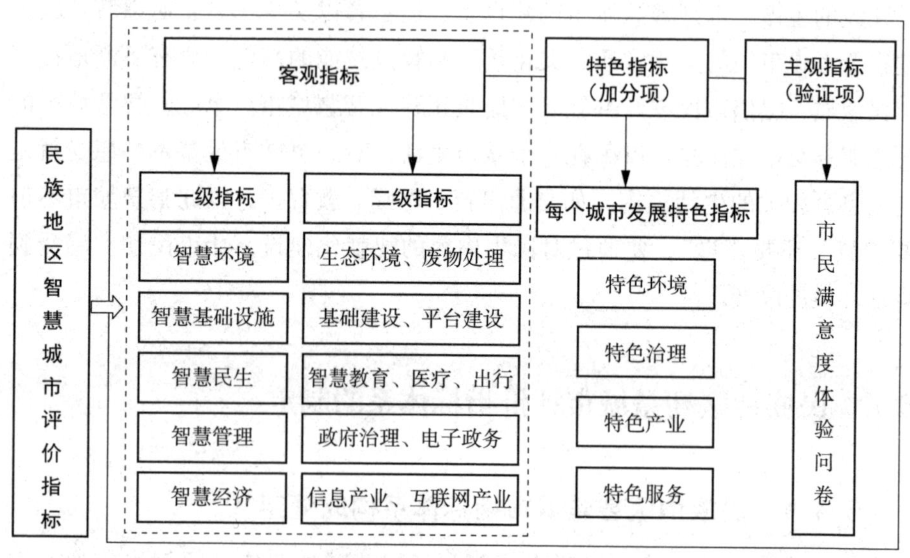

图 6-3　民族地区智慧城市指标体系构成框架

6.4.2　民族地区智慧城市评价体系标准的构建

6.4.2.1　客观评价标准

民族地区智慧城市客观评价标准是评价体系中最重要的组成部分。由一级、二级和三级指标层级构成。一级指标分为智慧环境、智慧基础设施、智慧管理、智慧经济、智慧民生 5 个维度，共有 33 个细化的分指标（见表 6-2）。

（1）智慧环境

一级指标智慧环境主要是指智慧城市通过智慧管理减少污染物排放，减轻污染，主要包括生态环境监测、废物处理能力、城市环境质量3项二级指标，包括生态环境质量监测网络、生活垃圾无害化处理率、生活污水处理率、工业固体废物处置利用率、城市环境空气质量综合指数、城市绿化面积6项三级指标。

（2）智慧基础设施

一级指标智慧基础设施是指确保智慧城市各项功能顺畅、安全运行的相关基础设施，[①] 主要包括信息基础设施和平台与应用情况2项二级指标，包括每万户拥有移动电话数、移动互联网接入用户（人）、固定宽带用户比例、无线网络覆盖率、云平台建设应用情况、政府数据中心建设情况6项三级指标。

（3）智慧管理

一级指标智慧治理主要是指政府提供高效互动的行政服务的能力及其对公共服务投入情况，包括政府电子政务、政府服务水平、智慧城市规划3项二级指标，包括智慧城市发展规划制定情况、政府互联网+社会民生服务水平、政府社会化媒体参与度、政府网站点击量排名、信息化宣传推广情况等6项三级指标。

（4）智慧经济

一级指标智慧经济主要是对影响城市经济的主要因素水平及产业发展情况等进行考察，包括经济实力、产业结构、创新能力3项二级指标，包括人均GDP、第三产业占比、互联网产业发展水平、创新创业水平、R&D占财政支出比重5项三级指标。

（5）智慧民生

一级指标智慧民生主要从市民角度考察智慧城市建设中市民素质、教育情况、信息产业从业人员等基本市民情况和智慧城市以人为本的大众民生智慧服务，主要包括智慧人群、居民智慧民生服务2项二级指标，包括人均可支配收入、大专及以上学历人口比重、信息服务业从业人数比重、居民生活网络化水平、城镇居民教育支出财政支出、基本养老保险覆盖率、基本医疗保险覆盖率、居民电子健康档案建档率、流动人口开发外文系电子建档率、公交站牌电子化率10项三级指标。

---

① 宁波市智慧城市规划标准发展研究院．智慧城市发展水平评估研究报告（征求意见稿）［Z］．2011（8）．

表 6-2　民族地区智慧城市发展水平评价指标体系

目标层	一级指标	二级指标	三级指标	指标序号
民族地区智慧城市发展水平	智慧环境	生态环境监测	生态环境质量监测网络（分）	X_1
		废物处理能力	生活垃圾无害化处理率（%）	X_2
			生活污水处理率（%）	X_3
			工业固体废物处置利用（%）	X_4
		城市环境质量	城市环境空气质量综合指数（分）	X_5
			建成区城市绿化覆盖率（%）	X_6
	智慧基础设施	信息基础设施	每万户拥有移动电话数（部/万户）	X_7
			固定宽带用户数（万户）	X_8
			移动互联网接入用户（人）	X_9
			主要公共场所无线网络覆盖率（%）	X_{10}
		平台与应用情况	云平台建设应用情况（分）	X_{11}
			政府数据中心建设情况（分）	X_{12}
	智慧管理	政府电子政务	政府在线服务能力（分）	X_{13}
			市政府门户网站点击量排名（位）	X_{14}
		政府服务水平	政府互联网+社会民生服务水平（分）	X_{15}
			政府社会化媒体参与度（分）	X_{16}
			信息化宣传推广情况（分）	X_{17}
		智慧城市规划	智慧城市发展规划制定情况（分）	X_{18}
	智慧经济	经济实力	人均 GDP（元）	X_{19}
		产业结构	第三产业占 GDP 比值（%）	X_{20}
			互联网产业发展水平（分）	X_{21}
		创新能力	创新创业水平（分）	X_{22}
			R&D 占财政支出比重（%）	X_{23}
	智慧民生	智慧人群	城镇居民人均可支配收入（元）	X_{24}
			大专及以上学历人口比重（%）	X_{25}
			信息服务业从业人数比重（%）	X_{26}
			居民生活网络化水平（分）	X_{27}
			城镇居民教育支出占财政支出比重（%）	X_{28}
		居民智慧民生服务	基本养老保险覆盖率（%）	X_{29}
			基本医疗保险覆盖率（%）	X_{30}
			居民电子健康档案建档率（%）	X_{31}
			流动人口规范化电子建档率（%）	X_{32}
			公交站牌电子化率（%）	X_{33}

如表6-2所示，民族地区智慧城市建设水平的评价指标体系由5个一级指标、13个二级指标和34个三级指标构成，其中客观指标24项，占总指标的71%，易获得指标30项，占总指标的88%。因此，说明该指标体系具有较强的可操作性，尤其针对民族地区智慧城市建设具有一定的指导作用。

客观评价指标解释如下。

第一部分：年鉴及统计数据指标。

生活垃圾无害化处理率、生活污水处理率、工业固体废物处置利用这3项指标都属于环境类的指标，考察城市对废物的综合回收利用情况，3项指标的数据来源均为《中国城市统计年鉴（2016）》。

城市环境空气质量综合指数考察城市环境质量中的空气质量，采用中国环境监测总站发布的AQI指数。该指数是反向指标，指数越小表明城市空气质量越高（本书采用的数据是2016年11月至2017年10月的平均值）。数据来自中华人民共和国生态环境部网站。

建成区城市绿化覆盖率直接考察城市绿化覆盖率，数据来自《中国城市统计年鉴（2016）》。

每万户拥有移动电话数是指电话总拥有数除以年末户数。

固定宽带用户数是每万户用户接入互联网宽带的数量，考察城市信息网络中宽带网络的覆盖率。每万户拥有移动电话数和固定宽带用户数都可以从城市统计年鉴中获得，这两个指标属于智慧城市的基础设施建设具体指标，数据越高，表明城市信息化的普及率越高。

移动互联网接入用户是指移动互联网的用户使用数，数据来自各市通管局网站的统计数据。

主要公共场所无线网络覆盖率是指各种无线网络在城市的大中专院校、商业区、公共活动中心等主要公共场所的覆盖率。智慧城市的无线网络覆盖率反映了城市宽带发展速度与宽带使用率。该数据来自各市通管局网站的统计数据。

市政府门户网站点击量排名考察的是该城市的政府网络在线服务质量，指标数据可通过在网上逐一查询与统计获得。本书关于民族地区城市政府的门户网站点击量是通过Alexa.cn网站的流量与访问量统计软件查询的，选择的指标项目是国内中文网站排名。

人均GDP（元）、第三产业占GDP比值两个数据来自《中国城市统计年鉴（2016）》，表示样本城市的人均GDP以及各个城市第三产业占GDP的比重。

R&D 占财政支出比重用于测算样本城市的科研研发支出占政府公共财政支出的比重，该指标用来判断城市在创新方面的发展力度与投入。数据来自《中国城市统计年鉴（2016）》。

城镇居民人均可支配收入指标数据来自各省市 2016 年城市统计年鉴。

大专及以上学历人口比重指标用来测算样本城市高等学历的人口比重，从而判断出该城市的市民文化素质，对于智慧城市建设而言，市民文化素质是一个决定性因素。该数据来自《中国城市统计年鉴（2016）》。

信息服务业从业人数比重指标用来测算样本城市信息服务业从业人数占该城市从业总人数的比重，这项指标对于智慧城市的发展而言非常重要，是用来判断该城市在智慧城市建设中有关信息服务业人员的数量，关系到智慧产业的发展。信息服务业从业人数比重=信息从业人数/城镇单位从业人数，基本数据来自《中国城市统计年鉴（2016）》。

城镇居民教育支出所占比重：本数据用于测算样本城市用于教育的经费支出占政府公共财政支出的比重，来测算城市在教育方面的发展力度与投入，从而对智慧城市的使用者——智慧人群进行间接的考查，数据来源于《中国城市统计年鉴（2016）》。

基本养老保险覆盖率与基本医疗保险覆盖率这两项指标数据来自《中国城市统计年鉴（2016）》，主要考察智慧城市中养老和医疗的覆盖情况，只有覆盖率较高才可以保证智慧城市在智慧民生方面的有效性。

居民电子健康档案是存储于计算机系统中、面向个人提供服务、具有安全保密性能的终身个人健康档案，主要包括个人基本情况、家庭情况、健康体检情况、重点人群健康管理记录等。居民电子健康档案建档率是智慧城市建设中一项重要的指标，用来考察智慧城市是否利用移动互联网信息技术，以多种线上服务的形式为群众提供便捷的基本公共卫生服务。此数据来源于各个样本城市“卫生与计划生育委员会官网”的统计数据，数据截止日期为 2017 年 6 月。

流动人口规范化电子建档率的数据来自各省份、市政府网站以及关于卫生和计划生育委员会人口与计划生育工作开展的工作总结，数据截止日期为 2017 年 1 月。

公交站牌电子化率是指电子公交站牌在城市所有公交站牌中的比例，是智慧城市建设中一项重要的指标，用来考察城市的智慧交通以及方便百姓出行的信息指南。该数据来源于各个样本城市的公交公司官网和对个别城市的公交公司电话调研，数据截止日期为2017年6月。

第二部分：主观指标及相关人员打分表。

这一部分的主观评分表是通过对城市管理领域和智慧城市领域的学者、教授、专家进行访谈和调查获得的。本书将指标设计成5分制的李克特量表，并将打分表进行综合平均加权后得到每个指标的得分数据，也综合考虑了国脉互联研究中心、信息化和新型智慧城市评价报告的数据信息。

生态环境质量监测网络指标包括环保网站的公务信息建设、是否实现自动化监测、环境事件处理和公开环境企业名录4个内容，该指标分数通过对各市环保局的官方网站内容进行统计及专家打分综合得出。

云平台建设应用情况是对政府云平台建设及利用能力的考察。该指标分数是根据调研的情况对样本城市进行专家打分，以及是否拥有的情况综合打分得到。

政府数据中心建设情况是指政府是否计划或者已经着手建立数据中心，同时也考察对已经建设的数据的利用能力，该指标分数是根据调研情况对样本城市进行专家综合打分得到的。

政府在线服务能力考察市政府在线服务平台的建设情况及服务能力，是体现政府智慧管理的重要指标。

政府互联网+社会民生服务水平考察政府通过“互联网+城市服务”发展便民服务新业态，实现城市服务与信息通信技术深度融合的情况。①

政府社会化媒体参与度考察政府借助微信、微博等新型社会化媒体进行政务处理的情况。

信息化宣传推广情况考察对智慧城市相关信息的社会化宣传情况，相关部门对智慧城市信息的更新、市民对智慧城市相关知识的培训学习等内容的实际情况。

智慧城市发展规划制定情况是从政府的保障制度上对智慧城市建设是否有发展规划等行动纲领进行考察。该指标还考察所制定的行动规划对已有城市建设和运行是否起到了很好的指导作用。

互联网产业发展水平综合考察城市信息产业产值比例，以及城市电子商务规模。

---

① 资料来源：国家新型智慧城市评价报告（2016）。

创新企业水平：本指标考查智慧城市发展下，信息的流畅性与开放性使得该城市在创新创业领域的发展水平，例如社会各层次参加各类大赛，新创企业的数量、发展趋势以及大学生参加此类大赛的活跃程度与取得的奖项等。

居民生活网络化水平指标考察城市居民移动互联网的使用水平以及网购水平，通过对市民上网率、移动设备使用率、家庭网购率进行统计计算，反映市民生活的网络化程度。

本书在民族地区智慧城市的发展评价体系中，使用的数据主要来自知网的中国经济社会发展统计数据库、历年城市统计年鉴、地方省市统计年鉴、年度政府经济公报等，数据全面、真实可靠。

6.4.2.2 特色评价指标

智慧城市在中国的发展已经逐渐趋于成熟，但仍旧存在跟风与模仿现象，民族地区在后起的情况下，自然存在一些经验主义，想要效仿东部地区的建设模式。因此，本书在评价体系中增加了特色评价指标。特色评价指标不同于客观指标，是每个城市的发展特色指标，包括城市的特色环境、特色产业、特色服务和特色治理等内容，这部分可以由样本城市自己提出特色内容，作为评价该智慧城市发展水平的加分项。

6.4.2.3 市民主观满意度体验指标

对民族地区智慧城市建设水平的评价更需要考虑以人为本的因素，对东部地区智慧城市的建设经验与模式如果直接借鉴，会与民族地区的社会经济、实际情况不相匹配。因此，民族地区智慧城市建设要“惠于民”，要了解市民最迫切的需求，解决市民最关心的现实难点问题。所以本书在评价体系中增加了“市民体验”这一指标，注重对公众满意度的调查。这一指标作为验证性指标，通过调研的方式了解市民体验与满意度，从交通、医疗、教育、网络设施、城市环境、政府政务等多个方面评价市民民生服务情况。考虑到民族地区城市较多，如果对 17 个样本城市进行调研访谈，数据量庞大，数据获取会存在很大的困难，因此，挑选了 3 个城市进行调研，对此会在第 8 章进行详细叙述分析。

6.5 民族地区智慧城市评价指标的说明

智慧城市评价指标体系的研究以研究机构、学者和政府三方面为主导，许多国家层面的指标体系都以东部地区及沿海城市为主要测评对象，个别指标在民族地区城市没有统计数据，也无法完成指标的上传分析。因此，建立民族地区智慧城市评价指标体系一定要考虑数据的可获得性、获得数据的准确性与可靠性、研究方法的有效性。民族地区智慧城市的研究还是空白，所以经验上是欠缺的。基于这一系列原因，对民族地区智慧城市发展水平进行评价存在一定的难度。

需要说明的是，智慧城市存在动态性、复杂性、系统性、针对性等特征，在已有研究基础上提出对“民族地区智慧城市”的发展评价是一种全新的探索与尝试。但是，鉴于上述民族地区智慧城市评价的困难性，使本评价指标体系存在着很多方面的不足，加之在研究之外的实践中，智慧城市又是在不断地提升与加强的，所以该指标体系也应该随着实践活动逐步调整完善。

本书中关于样本城市的评价指标体系的实证分析数据都截至 2017 年 8 月，但因不同指标的特点不同，所查找的出处和来源不一致，所以存在时间上的一些误差，只能保证所有样本在同一指标上所选取的时间节点都是一致的。另外，智慧城市是不断发展的，因此在评价过程中必须选择一个检查节点，在检查的节点上，出现书中 17 个民族地区智慧城市建设水平暂时的排名与位置，但随着每个城市政府部门规划工作的不断部署安排，随着建设进程的推进，后期一定会出现不一样的排名。本书的主要目的是为民族地区智慧城市建设建立一套适合的评价标准，对已建的智慧城市进行一个评价，并通过评价过程找出智慧城市建设中的难点与问题。

第7章

民族地区智慧城市发展水平综合评价实证研究

7.1 民族地区智慧城市发展水平评估样本城市的选择与发展概况

7.1.1 样本城市及其智慧城市建设规划

本书以新架构的民族地区智慧城市评价指标体系为基础，以民族八省区的17个城市为研究对象，对其智慧城市的发展水平进行评价。这17个城市包括民族八省区的省会、自治区首府，以及八省区试点智慧城市中的地级市和试点较早的市，对它们进行综合评价有助于发现智慧城市建设中的动力因素和制约因素，也可以帮助各地方政府制定未来智慧城市发展规划，为其他城市提供一些经验，从而实现智慧城市的健康发展。智慧城市在民族地区的试点城市还有很多是县、镇，但这一层面的数据获取难度较大。根据数据可获取性与城市之间的可比性原则，最终选定了17个样本城市进行研究，分别是呼和浩特、鄂尔多斯、银川、石嘴山、吴忠、乌鲁木齐、克拉玛依、南宁、柳州、桂林、拉萨、西宁、贵阳、六盘水、铜仁、昆明、玉溪。这17个城市除了青海省西宁市是非智慧城市试点外，其他都是国家试点智慧城市，但由于西宁作为青海省的省会城市，又是西北民族地区的重要城市，所以也被选为研究样本。青海省的智慧城市试点分别是海西州的格尔木市、贵德县与共和县，由于数据获得的困难性，所以选择西宁进行研究，并且西宁市政府也围绕“智慧民生幸福西宁”的主题，编制完成了《西宁市智慧城市建设方案》，制定了以政务服务、市民生活、社会运行、城市管理等内容为主的智慧城市建设规划。

表7-1是这些试点智慧城市的审批情况，及其市委、市政府对于智慧城市建设的规划及措施。

表7-1 样本城市智慧城市试点时间及建设规划

城市	试点时间	措施与规划
呼和浩特	2015年4月，第三批	2015年1月，呼和浩特市印发了《“智慧呼和浩特”建设方案》
鄂尔多斯	2013年8月，第二批	2014年2月，鄂尔多斯市成立了落实智慧鄂尔多斯城市创建工作领导小组；2017年8月，印发了《鄂尔多斯市推进智慧城市建设工作实施方案》的通知
南宁	2013年8月，第二批	2014年7月，南宁市政府印发《“智慧南宁”建设总体规划（2014—2020年）》，提出基本建成智能化、信息化、网络化的“智慧南宁”，实现“网上南宁”建设目标
柳州	2013年8月，第二批	2013年6月，柳州市政府制定了《柳州市智慧城市发展规划纲要（2011—2020年）》，重点对城市未来智慧基础设施、智慧应用领域、智慧产业发展、智慧支撑体系等方面进行谋划，并于2013年12月制定了《柳州智慧旅游城市规划》
桂林	2013年8月，第二批	2013年5月，桂林市政府出台了《“智慧桂林”总体规划》，规划要求以智慧旅游为智慧城市建设的突破口和信息产业增长点，带动智慧农业、智慧交通等一系列智慧产业发展
西宁	—	2016年12月，西宁市围绕“智慧民生幸福西宁”的主题，编制完成了《西宁市智慧城市建设方案》，该方案以政务服务、市民生活、社会运行、城市管理等内容为主
拉萨	2013年1月第一批	2011年12月，拉萨市出台了《拉萨“智慧城市”总体规划》；2017年11月，拉萨市政府提出创建“新型智慧城市”，分为“打基础、成体系、精应用”三个阶段统筹推进
昆明	2013年1月第一批	2011年11月，《“智慧昆明”建设总体规划》完成编制；2016年10月，昆明市委常委会审议通过《关于加快推进智慧城市建设的实施意见（2016—2018年）》，提出将昆明打造为国内发展创新型智慧城市样板
玉溪	2015年4月，第三批	2016年6月，玉溪市编制完成玉溪智慧城市顶层设计、玉溪新型智慧城市建设建议报告等，并把信息产业作为战略性新兴产业进行重点培育，加快云数据中心基础设施建设，在产业布局、引进企业、推动发展等方面取得了一系列突破
乌鲁木齐	2013年8月，第二批	2014年，乌鲁木齐市印发了《乌鲁木齐市智慧城市建设工作方案的通知》，确定了乌鲁木齐智慧城市建设的重点任务共32项，涵盖了城市公共信息平台、公共基础数据库、网络基础设施、城管、建设、交通、环保、应急、社区等多个方面
克拉玛依	2013年8月，第二批	2015年，克拉玛依市出台《克拉玛依智慧城市规划方案》，该方案涵盖了智慧城市规划所必需的内容

续表

城市	试点时间	措施与规划
贵阳	2013 年 8 月，第二批	2013 年，贵阳市出台《贵阳市智慧城市（2013—2015 年）建设纲要》
铜仁	2013 年 1 月，第一批	2015 年 9 月，铜仁市人民政府办公室印发了《铜仁市创建国家智慧城市工作方案》和《国家智慧城市创建任务书》
六盘水	2013 年 1 月，第一批	2013 年 6 月，六盘水市出台《智慧城市建设规划》
银川	2013 年 8 月，第二批	2011 年，银川市提出了“智慧银川”建设的目标和任务，出台了《银川市创建智慧城市行动纲要》和《智慧银川建设与发展规划》；2016 年 6 月，银川市出台《银川市智慧城市建设促进条例》，使智慧城市建设制度化、法律化，是全国首部关于智慧城市建设方面的地方性法规
吴忠	2013 年 1 月，第一批	2013 年 1 月，吴忠市出台了《智慧吴忠创建工作实施方案》；2013 年 3 月，吴忠市正式启动开展智慧吴忠创建工作
石嘴山	2013 年 8 月，第二批	2014 年，石嘴山市出台了《石嘴山市推进内陆开放型经济试验区“智慧石嘴山”建设实施方案》

7.1.2 样本城市的城镇化发展情况

本书通过对 17 个样本城市的 GDP、常住人口、人均 GDP 等基本数据分析后发现，这些试点城市基本上都是本省经济发展水平相对较高的地级市，有独特的资源和特色产业，在该省的经济结构和社会发展中发挥着重要的作用。通过一些研究机构的“中国智慧城市发展水平排名”可以发现，一个城市的 GDP、人均 GDP 等经济指标是判断智慧城市建设水平的重要指标因素，但并不是决定性因素。除此之外，政府关注与科技创新水平等都会决定智慧城市的建设水平。这些样本城市均是所属省份中 GDP 排名靠前的城市，且均有特色支柱产业。但智慧城市排名与 GDP 的高低不是绝对的正相关关系。例如，贵阳市 2014 年 GDP 为 2085 亿元，2015 年 GDP 升至 2497.27 亿元，在这 17 个城市中 GDP 排名第五，但它是民族省份城市中智慧城市建设很有特色和成效的城市。

自西部大开发战略和“一带一路”倡议实施以来，民族地区经济、社会发展取得了显著的成就，尤其是城镇化率有了较大的提升，通过对样本城市 2010 年、2013 年、2014 年、2015 年和 2016 年城镇化率的纵向比较分析（见表 7-2），可以发现城镇化率水平总体是上升的，城市基础设施建设发展迅速，人民的生活水平也在总体提升，社会文明程度明显好转。

表7-2　2010年、2013—2016年17个样本城市的城镇化率

（单位：%）

城市	2010年	2013年	2014年	2015年	2016年
呼和浩特	62.47	66.24	66.90	67.50	68.20
鄂尔多斯	69.53	72.40	72.80	73.13	73.54
南宁	52.64	56.70	58.46	59.31	60.23
柳州	55.19	58.67	61.06	62.11	63.01
桂林	38.76	42.78	45.56	46.62	47.61
西宁	63.70	67.70	68.61	68.92	70.02
拉萨	37.00	—	—	—	53.10
昆明	64.00	68.05	69.05	70.05	73.00
玉溪	38.30	44.10	45.10	47.07	48.50
乌鲁木齐	44.50	45.30	46.07	56.10	57.35
克拉玛依	98.62	98.90	99.00	99.30	99.60
贵阳	68.13	70.53	73.20	73.25	74.16
铜仁	29.00	38.00	41.00	42.01	43.00
六盘水	32.00	45.00	46.50	47.5	47.60
银川	74.68	74.89	75.45	75.80	75.70
吴忠	44.00	45.10	45.70	47.85	55.30
石嘴山	59.60	70.58	72.25	74.00	74.41

尤其是在2013年之后，各城市城镇化率是不断上升的。在17个样本城市中，城镇化率最高的是克拉玛依，这与克拉玛依的城市定位、城市规划、发展规模的扩大、工业的深化等都是分不开的。每个民族的城镇化率数字的背后都有深层的原因与值得分析的综合性因素。但是横向来看，由于民族地区的地理疆界、人口结构、人文风貌、经济状况、宗教信仰等的特殊性，使民族地区的城市发展既有与内地城镇化建设的共性之处，也有鲜明的地域特征。与东部地区城市相比，民族地区城镇化需要考虑的因素与环境更为复杂，因此城镇化进程较为缓慢。

本书以2013年（第一批国家智慧城市试点）为时间节点，通过对2010年、2013—2016年的17个样本城市的城镇化率进行对比分析，可以发现，每个省份中能成为试点智慧城市的都是那些城镇化率相对较高的城市。从城镇化率的变化时间曲线分析，每个城市的走势也是不同的。如图7-1所示，克拉玛依、鄂尔多斯和银川2010年、2013—2016年的城镇化率相对较为稳定，

没有很大的增速，因为其城镇化率起始点很高。昆明、吴忠、乌鲁木齐 2015 年之后城镇化率上升走势较为明显，增幅较高。南宁、柳州、玉溪、西宁则属于稳定的增长，从 2010 年开始，每年都会呈阶梯状上升。所以，智慧城市与新型城镇化的发展属于互相作用的关系，智慧城市帮助城市解决“城市病”，提高城市管理的水平和效率，增加认同感，从而提升城镇化的质量；反之，新型城镇化的不断深入，也为城市带来了新的活力，为智慧城市的有效建设提供了一个好的平台和土壤。

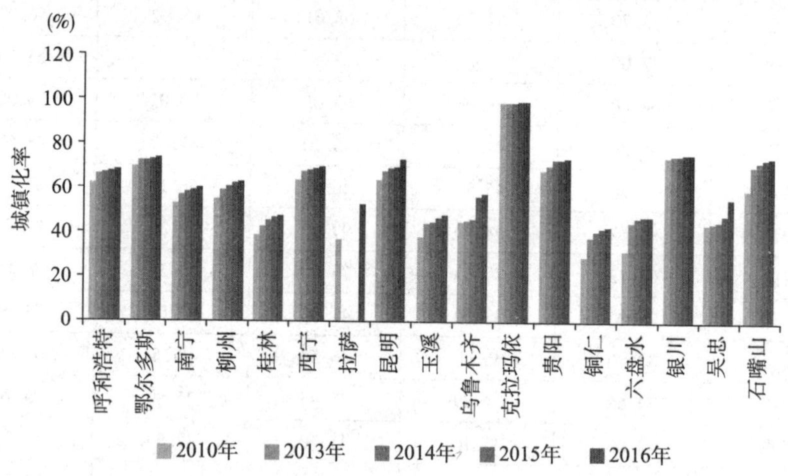

图 7-1 2010 年、2013—2016 年 17 个样本城市城镇化率变动情况

7.1.3 城镇化质量与智慧城市

对上述样本城市的城镇化率进行分析可以发现，随着国家政策的不断推进，民族地区城市的城镇化率不断提高，可是其城镇化质量却不一定随之提高。民族地区的城镇化存在市民文化程度低、人均 GDP 较低、工业化程度不高、资源环境承载力较差、吸纳人口就业能力不强、城市管理水平低、城市之间发展差距大、有些省份城市首位度过高等问题，这些问题都是决定城镇化质量的关键因素。因此，提高民族地区城市的城镇化质量，让城镇化率与城镇化质量相互协调是新型城镇化进程中的重中之重。众多学者通过对智慧城市与新型城镇化之间关系的研究，发现两者之间存在必然的互动。智慧城市的建设过程也是城镇化不断深入的过程。智慧城市建设中的改善城市基础设施、加大信息化和网络建设、提高市民生活的智慧化和便利性等内容在无形中促进了城镇化质量的提升。本书通过构建有针对性的评价指标体系，对样本城市进行智慧城市建设水平的综合分析评价，目的是试图发现智慧城市建设中的短板，并寻找一定的方法与路径来提高智慧城市建设水平，进而提高城镇化质量。

表7-3　17个样本城市GDP以及人口数量

城市	GDP（亿元）		名义增长率（%）	2016年末常住人口（万人）	2016年人均GDP（元）
	2015年	2016年			
呼和浩特	3090.52	3173.59	2.69	288.66	109942
鄂尔多斯	4226.13	4417.93	4.54	210.00	210378
南宁	3410.08	3703.39	8.50	666.00	55606
柳州	2298.62	2476.94	7.76	375.00	66052
桂林	1942.90	2075.89	6.80	500.94	41440
西宁	1131.62	1248.16	10.30	233.37	53484
拉萨	376.73	—	—	55.00	—
昆明	3968.01	4300.43	8.40	726.00	59234
玉溪	1244.52	1311.98	5.40	237.50	55241
乌鲁木齐	2631.64	2824.54	7.60	351.96	80252
克拉玛依	629.42	648.92	3.10	41.78	155318
贵阳	2891.16	3157.70	11.00	469.68	67231
铜仁	770.89	856.97	11.17	314.07	27286
六盘水	1201.08	1313.70	9.38	288.99	45458
银川	1493.86	1617.28	8.30	219.11	73811
吴忠	405.60	436.06	7.50	139.11	31346
石嘴山	482.60	513.37	6.38	78.80	65140

智慧城市建设是新型城镇化的加速剂，能不断提升城市管理水平，提升市民生活的幸福水平，提升城镇化质量。党的十九大报告提出，要“更好地发挥政府作用，推动新型工业化、信息化、城镇化、农业现代化同步发展，主动参与和推动经济全球化进程，发展更高层次的开放型经济”。[①] 民族地区的智慧城市建设更要将此要求作为发展战略，把信息化与城镇化结合起来，依托智慧城市的发展推进民族地区的工业现代化与农业现代化。

---

① 人民网：仝宗莉，李楠桦．十九大代表聚焦新型工业化道路：百年强国梦一朝成真［DB/OL］http：//finance. people. com. cn/n1/2017/1020/c1004-29597403. html. 2017-10-20.

7.2 民族地区智慧城市发展水平评价的研究方法及数据的来源

7.2.1 基于熵权-TOPSIS的智慧城市发展水平综合评价模型

7.2.1.1 熵权-TOPSIS 评价原理概述

(1) 熵权法的基本原理

本书选取了17个民族地区样本城市，通过第6章确立的民族地区智慧城市评价指标，对它们进行智慧城市发展水平的综合评价。评价的第一步需要为评价指标确定权重。本书采用熵权法确定评价指标的权重。熵权法作为一种普遍应用的客观赋权方法，克服了传统的客观赋权过于刻板而主观赋权又较随意的不足，可以较好地平衡主客观因素的影响。它以数学理论为依据，通过评价指标数据的信息量确定权重。例如，对于智慧城市中同一个具体评价指标，不同的样本所反映的数据差异越大，越没有规律性，就越值得关注，它提供的信息也就越多，因此相应的权重也就越大。本书采用熵权法作为主要的客观赋权方法，为了进行修正，第二步需要采用专家打分方法进行主观赋权，对客观赋权进行平衡。两种方法相结合，可以较好地中和二者的优劣势，得到较为有效的指标权重。

(2) TOPSIS 的基本原理

指标权重确定后，下一步则是选择最佳的综合评价方法。综合评价方法的选择主要有以下考量因素：第一，民族地区智慧城市的建设刚刚起步，有许多东部地区的考察指标是不适合的，也不可能采用新型智慧城市发布指标中的各项指标对智慧城市进行细致评价，因为智慧城市建设水平越低，提供的填报数据就越少，不具有分析价值。第二，本书是针对民族地区城市进行区域内部化的评价，因为以往的评价指标都是在国家范围进行东西部城市的统一评价，不能准确地指出民族地区城市之间的差距。第三，本书的目的不是判断样本城市是否是智慧城市，而是通过相关数据对不同城市的智慧城市发展水平进行客观评价，确定哪些城市的智慧程度更高，哪些城市的智慧程度较低，以及在智慧城市的二级指标中哪个城市表现得更为突出，从智慧城市各方面得分高的城市中分析原因、获取经验，从得分较低的研究对象上查找智慧建设中哪一个指标对其影响最大，哪一个指标的完成效果不佳等原因，然后对症下药，从而促进智慧城市建设水平的提升。

针对本书的研究需要，加上对研究方法利弊的综合分析，结合研究对象的特殊性，本书选择TOPSIS对民族地区样本智慧城市发展水平进行综合评价。

TOPSIS的中文为“逼近理想解排序法”，常被用于当一个研究对象拥有多个指标并要对其进行综合分析评价时。TOPSIS分析方法最大的优点是对评价对象的原始数据信息利用得最为充分，其结果能精确反映各评价方案之间的差距。可以将研究问题视为一个由多个指标构成的多维空间，在这个空间中，根据有限的评价对象与理想化目标的接近程度进行排序，从而对现有对象进行相对优劣的评价。

7.2.1.2 基于熵权-TOPSIS的评价步骤

在m个被评价城市、n个评价指标的评估问题中，将第i个被评价城市在第j个指标上的原始指标值记为V_{ij}(其中$i=1, 2, \cdots, m$；$j=1, 2, \cdots, n$)，建立初始矩阵$V=(V_{ij})_{m\times n}$。

（1）原始数据的标准化处理

在民族地区智慧城市评价指标体系中有两类指标，一类是正向的效益型指标，这类指标值越大，表明城市在该部分做得越好，如智能公交站牌电子化率、人均GDP、固定宽带用户比例等；另一类指标是负向的成本型指标，这类指标的指标值越小越好，如城市环境空气质量综合指数指标。不同指标代表的物理含义不同，即异量纲性，对于正向指标和负向指标分别通过式（7-1）和式(7-2)进行无量纲化处理，得到标准化矩阵$X=(x_{ij})_{m\times n}$。

$$x_{ij}=\frac{V_{ij}-\min\limits_{i=1,2,\cdots,m}V_{ij}}{\max\limits_{i=1,2,\cdots,m}V_{ij}-\min\limits_{i=1,2,\cdots,m}V_{ij}} \tag{7-1}$$

$$x_{ij}=\frac{\min\limits_{i=1,2,\cdots,m}V_{ij}-V_{ij}}{\max\limits_{i=1,2,\cdots,m}V_{ij}-\min\limits_{i=1,2,\cdots,m}V_{ij}} \tag{7-2}$$

其中，V_{ij}为第i个被评价城市在第j个指标上的原始值；x_{ij}为第i个被评价城市在第j个指标上的标准化值。

（2）熵权法计算指标客观权重

在系统的初始矩阵$V=(V_{ij})_{m\times n}$中，对于给定的j，V_{ij}的变异程度越大，表明该指标的信息熵越大，即提供的信息量越多，该指标权重值也就越大。

①计算指标标准化值的比重。对标准化矩阵$X=(x_{ij})_{m\times n}$中的各项指标的标准化数据进行比重变换。利用式（7-3）计算对于第j个指标而言，第i个系统的贡献度p_{ij}：

$$p_{ij} = \frac{x_{ij}}{\sum_{i=1}^{m} x_{ij}} \tag{7-3}$$

②计算各指标的熵权值 e_j：

$$e_j = -\frac{1}{\ln n}\sum_{i=1}^{m} p_{ij}\ln p_{ij} \tag{7-4}$$

其中，当 $p_{ij}=0$ 时，$p_{ij}\ln p_{ij}=0$。

③计算各指标的熵权重 w_j：

$$w_j = \frac{1-e_j}{n-\sum_{j=1}^{n} e_j},\ j=1,\ 2,\ \cdots,\ n \tag{7-5}$$

（3）修正熵权重

熵权法通过测算指标在不同系统中的变异程度确定指标权重，在一般情况下精度较高，但有时也会出现与现实相悖的情况，不能体现指标的实际意义。因此，为了更准确全面地反映各指标的相对重要程度，本书引入基于专家打分的主观经验权重，按式（7-6）对客观熵权重进行修正，修正后的结合权重 w_j^0 为：

$$w_j^0 = \frac{\lambda_j w_j}{\sum_{j=1}^{n} \lambda_j w_j} \tag{7-6}$$

（4）运用 TOPSIS 进行综合评价

①构造标准化的数据加权决策矩阵。将无量纲化后的标准化矩阵 $X=(x_{ij})_{m\times n}$ 与修正后的指标权向量 $w_j^0=(w_1,\ w_2,\ \cdots,\ w_n)$ 相乘，如式（7-7），得到标准化的数据决策矩阵 $Y=(y_{ij})_{m\times n}$。

$$Y=(y_{ij})_{m\times n}=(w_j^0 x_{ij})_{m\times n} \tag{7-7}$$

②确定正理想解和负理解想。理想解 A^* 是被评价系统中虚拟出来而事实上并不存在的一个最优解，其中的每个指标值都是决策矩阵中该指标的最优值；负理想解 A^- 则是最劣解，其中的每个指标值都是决策矩阵中的最差值。最优解和最劣解由式（7-8）和式（7-9）确定。

$$A^*=(y_1^*,y_2^*,\cdots,y_j^*,\cdots,y_n^*)=(\max_{i=1,2,\cdots,m} y_{ij}\,|\,j\in J) \tag{7-8}$$

$$A^-=(y_1^-,y_2^-,\cdots,y_j^-,\cdots,y_n^-)=(\min_{i=1,2,\cdots,m} y_{ij}\,|\,j\in J) \tag{7-9}$$

其中，$J=\{j\mid j\in(1,\ 2,\ \cdots,\ n)\}$

③计算各评价对象指标的标准化向量分别得到最优解和最劣解的欧式距离 S_i^* 和 S_i^-：

$$S_i^* = \sqrt{\sum\nolimits_{j=1}^{n} (y_{ij} - y_j^*)^2} \tag{7-10}$$

$$S_i^- = \sqrt{\sum\nolimits_{j=1}^{n} (y_{ij} - y_j^-)^2} \tag{7-11}$$

④计算各评价城市指标与理想解的相对接近度 C_i：

$$C_i = \frac{S_i^-}{S_i^* + S_i^-},\ i=1,\ 2,\ \cdots,\ m \tag{7-12}$$

C_i 值越大，表明该评价城市的智慧度越高；C_i 值越小，表明该评价城市的智慧度越低。

7.2.2　样本选择与数据搜集

7.2.2.1　样本城市选择的说明

本书是以民族八省区的智慧城市为研究对象。智慧城市在民族地区的试点城市还有很多是县、镇，如青海省的贵德县与共和县分别是 2014 年住房和城乡建设部智慧城市试点，但县、镇层面的数据获取难度较大，因此结合数据的可获取性，本书将评价对象的范围选定为民族八省区的 17 个样本城市进行实证研究，分别是呼和浩特、鄂尔多斯、银川、石嘴山、吴忠、乌鲁木齐、克拉玛依、南宁、柳州、桂林、拉萨、西宁、贵阳、六盘水、铜仁、昆明、玉溪。

7.2.2.2　数据收集来源

本书第 6 章对评价指标中的 33 个指标的每个具体指标都做出了解释说明，以及每个指标落实到具体城市时数据的来源也做出了说明。本书的数据主要分为两类：第一类是统计数据，分别来源于《中国城市统计年鉴（2016）》、2016 年部分城市统计公报、环保部或中国环境监测总站发布的各个城市 AQI（AQI 采用的是 2016 年 11 月至 2017 年 10 月的均值）、第六次人口普查统计数据、各样本城市的政府网站以及相关研究机构数据、年鉴及统计数据。第二类是分值数据，来源于专家打分，分别采用 1~5 个分数量表，选择了在智慧城市领域和城市管理领域的专家进行打分，同时还结合 2017 年《新型智慧城市报告》中的相关数据进行综合考量。《新型智慧城市报告》的数据是各城市向住房和城乡建设部上报的数据，属于官方统计，因此第二部分的数据具有一定的可信度。最后将 17 个城市各项指标的两类数据汇总为基础数据表，详见附录一（其中表 A1 为客观数据表，表 A2 为分值类指标数据的专家打分表）。

7.3 基于熵权-TOPSIS 模型的民族地区智慧城市实证分析

7.3.1 指标熵权重的确定

本书按照评价指标的 33 个三级指标要求，对 17 个样本城市进行指标原始数据的搜集，然后按照综合评价模型的步骤，运用式（7-1）到式（7-5）的计算公式，将数据通过 EXCEL 软件进行计算处理，从而得到 33 个评价指标的熵权重，如表 7-4 所示，并对评价指标的权重重要性结果进行重新排序，如表 7-5 所示。

表 7-4 指标熵权重计算结果

指标	X_1	X_2	X_3	X_4	X_5	X_6	X_7	X_8	X_9
熵权重	0.0259	0.0244	0.0242	0.0294	0.0276	0.0246	0.0314	0.0364	0.0325
排名	22	26	27	13	18	25	9	3	5
指标	X_{10}	X_{11}	X_{12}	X_{13}	X_{14}	X_{15}	X_{16}	X_{17}	X_{18}
熵权重	0.0207	0.0242	0.0372	0.0316	0.0294	0.0320	0.0241	0.1030	0.0272
排名	33	28	2	8	12	7	29	1	19
指标	X_{19}	X_{20}	X_{21}	X_{22}	X_{23}	X_{24}	X_{25}	X_{26}	X_{27}
熵权重	0.0277	0.0305	0.0254	0.0293	0.0321	0.0252	0.0279	0.0301	0.0234
排名	17	10	23	14	6	24	16	11	31
指标	X_{28}	X_{29}	X_{30}	X_{31}	X_{32}	X_{33}			
熵权重	0.0261	0.0241	0.0266	0.0229	0.0280	0.0348			
排名	21	30	20	32	15	4			

表 7-5 指标熵权重的权重排名

指标	X_{17}	X_{12}	X_8	X_{33}	X_9	X_{23}	X_{15}	X_{13}	X_7
熵权重	0.1030	0.0372	0.0364	0.0348	0.0325	0.0321	0.0320	0.0316	0.0314
排名	1	2	3	4	5	6	7	8	9
指标	X_{20}	X_{26}	X_{14}	X_4	X_{22}	X_{32}	X_{25}	X_{19}	X_5
熵权重	0.0305	0.0301	0.0294	0.0294	0.0293	0.0280	0.0279	0.0277	0.0276
排名	10	11	12	13	14	15	16	17	18

续表

指标	X_{18}	X_{30}	X_{28}	X_1	X_{21}	X_{24}	X_6	X_2	X_3
熵权重	0.0272	0.0266	0.0261	0.0259	0.0254	0.0252	0.0246	0.0244	0.0242
排名	19	20	21	22	23	24	25	26	27
指标	X_{11}	X_{16}	X_{29}	X_{27}	X_{31}	X_{10}			
熵权重	0.0242	0.0241	0.0241	0.0234	0.0229	0.0207			
排名	28	29	30	31	32	33			

本书依据权重得数对指标重新进行了权重排名，权重排名第一位的是 X_{17}（居民信息化宣传推广情况），权重为0.1030；第二位是 X_{12}（政府数据中心建设情况），权重为0.0372；第三位是 X_8（移动互联网接入用户），权重为0.0364；第四位是 X_{33}（公交站牌电子化率），权重为0.0348；第五位是 X_9（固定宽带用户比例），权重为0.0325；第六位是 X_{23}（R&D占财政支出比重），权重为0.0321；第七位是 X_{15}（社会化民生服务水平），权重为0.0320。排名前五位的指标权重明显高于排名靠后的指标，并且指标数据差距也较大。排名前五位的指标权重之和是所有33个指标的1/5，尤其是排名第一位的指标“居民信息化宣传推广情况”的权重超过了0.1，可见民族地区智慧城市实现的最重要的因素是对居民的信息化进行有效的宣传和推广，这与现实情况相吻合。其余的前五位指标也都是与智慧城市建设相关且影响重要的因素。

7.3.2　指标组合权重的确定

主观赋权与客观赋权各自具有不同的缺点，利用熵权法确定指标权重，会由于指标的统计误差，以及指标属性（如相对指标和绝对指标的差异）等因素的影响，导致最终的指标权重存在一定的偏差。本书对33个指标首先用熵权法进行了赋值，确定了指标权重。在赋值的过程中，为了将指标值误差减到最小，以及更加客观地反映指标的权重关系，可以更客观地实现主客观权重的结合赋权，本书采用专家打分赋权的方法，应用主观权重赋权对每个指标的熵权进行适当修正，这样每个指标得到的修正后权重值将更为客观。根据专家打分的结果（具体各专家打分情况见附录B中的表B1～B7），按照式（7-6）对指标修正后的权重进行计算，计算结果如表7-6所示。

表 7-6　指标主观权重及修正后权重计算结果

指标	X_1	X_2	X_3	X_4	X_5	X_6	X_7	X_8	X_9
熵权重	0.0259	0.0244	0.0242	0.0294	0.0276	0.0246	0.0314	0.0364	0.0325
主观权重	0.0360	0.0255	0.0195	0.0180	0.0300	0.0210	0.0368	0.0299	0.0322
修正后权重	0.0303	0.0202	0.0153	0.0172	0.0269	0.0168	0.0375	0.0354	0.0340

指标	X_{10}	X_{11}	X_{12}	X_{13}	X_{14}	X_{15}	X_{16}	X_{17}	X_{18}
熵权重	0.0207	0.0242	0.0372	0.0316	0.0294	0.0320	0.0241	0.1030	0.0272
主观权重	0.0414	0.0414	0.0483	0.0462	0.0330	0.0330	0.0330	0.0330	0.0418
修正后权重	0.0278	0.0325	0.0583	0.0475	0.0316	0.0343	0.0259	0.1104	0.0370

指标	X_{19}	X_{20}	X_{21}	X_{22}	X_{23}	X_{24}	X_{25}	X_{26}	X_{27}
熵权重	0.0277	0.0305	0.0254	0.0293	0.0321	0.0252	0.0279	0.0301	0.0234
主观权重	0.0340	0.0340	0.0391	0.0289	0.0340	0.0207	0.0253	0.0276	0.0276
修正后权重	0.0306	0.0337	0.0323	0.0275	0.0354	0.0170	0.0229	0.0270	0.0210

指标	X_{28}	X_{29}	X_{30}	X_{31}	X_{32}	X_{33}			
熵权重	0.0261	0.0241	0.0266	0.0229	0.0280	0.0348			
主观权重	0.0207	0.0184	0.0184	0.0253	0.0230	0.0230			
修正后权重	0.0176	0.0144	0.0159	0.0188	0.0209	0.0260			

7.3.3　运用 TOPSIS 进行综合评价

本书针对各城市在各个指标下的标准化值，结合表 7-6 中的修正后权重，运用式（7-7）到式（7-9）的公式，计算了各指标的理想解和负理想解，由于在标准化环节已经把负向指标统一标准化为正向指标，所以每个指标的理想解均为该指标在所有待评价方案中的最大值，负理想解则为待评价方案中的最小值，最终各个指标的理想解和负理想解的计算结果如表 7-7 所示。

表 7-7 中每个指标的理想解的集合即为智慧城市发展水平评价系统的最优方案，也即理想方案；相应地，每个指标的负理想解的集合为最劣方案，也即负理想方案。运用式（7-10）到式（7-12）的公式分别计算各城市方案与理想方案的欧式距离、负理想方案的欧式距离以及各城市方案与理想方案的相对接近度，计算结果如表 7-8 所示。

表 7-7 各指标的理想解与负理想解

指标	X_1	X_2	X_3	X_4	X_5	X_6	X_7	X_8	X_9
理想解	0.0303	0.0202	0.0153	0.0172	0.0269	0.0169	0.0375	0.0354	0.0340
负理想解	0.0000	0.0000	0.0000	0.0000	0.0000	0.0000	0.0000	0.0000	0.0000
指标	X_{10}	X_{11}	X_{12}	X_{13}	X_{14}	X_{15}	X_{16}	X_{17}	X_{18}
理想解	0.0278	0.0325	0.0583	0.0475	0.0316	0.0343	0.0259	0.1104	0.0370
负理想解	-0.0348	0.0000	0.0000	0.0000	0.0000	0.0000	0.0000	0.0000	0.0000
指标	X_{19}	X_{20}	X_{21}	X_{22}	X_{23}	X_{24}	X_{25}	X_{26}	X_{27}
理想解	0.0306	0.0337	0.0323	0.0275	0.0354	0.0170	0.0230	0.0270	0.0210
负理想解	0.0000	0.0000	0.0000	0.0000	0.0000	0.0000	0.0000	0.0000	0.0000
指标	X_{28}	X_{29}	X_{30}	X_{31}	X_{32}	X_{33}			
理想解	0.0176	0.0144	0.0159	0.0188	0.0210	0.0260			
负理想解	0.0000	0.0000	0.0000	0.0000	0.0000	0.0000			

根据 TOPSIS 方法将 17 个城市的正理想方案、负理想方案的距离及相对接近度进行计算，得到表 7-8 中每个城市的具体数值，通过排名后可知，排在第一位是柳州，第二位是昆明，第三位是贵阳，第四位是银川，第五位是南宁，第六位是乌鲁木齐，第七位是克拉玛依，第八位是呼和浩特，第九位是鄂尔多斯，第十位是桂林，第十一位是西宁，第十二位是铜仁，第十三位是玉溪，第十四位六盘水，第十五位是石嘴山，第十六位是吴忠，第十七位是拉萨。

表 7-8 各城市与理想方案、负理想方案的距离及相对接近度

城市	Si^*	$Si-$	Ci	城市	Si^*	$Si-$	Ci
乌鲁木齐	0.1464	0.1023	0.4113	呼和浩特	0.1559	0.0963	0.3819
克拉玛依	0.1555	0.1052	0.4035	鄂尔多斯	0.1567	0.0928	0.3719
南宁	0.1452	0.1159	0.4439	贵阳	0.1287	0.1349	0.5117
柳州	0.1021	0.1499	0.5949	铜仁	0.1636	0.0786	0.3247
桂林	0.1585	0.0886	0.3585	六盘水	0.1676	0.0696	0.2936
西宁	0.1634	0.0834	0.3378	银川	0.1430	0.1174	0.4508
拉萨	0.1935	0.0516	0.2106	石嘴山	0.1745	0.0715	0.2907
昆明	0.1276	0.1381	0.5199	吴忠	0.1777	0.0672	0.2744
玉溪	0.1659	0.0784	0.3209				

利用熵权-TOPSIS 模型对样本城市进行发展水平评价。本书分别对 17 个城市指标体系各个维度上的表现进行评价，最终这 17 个城市在智慧环境 C_i^{En}、智慧基础设施 C_i^I、智慧管理 C_i^G、智慧经济 C_i^E、智慧民生 C_i^P 5 个系统维度以及总体智慧城市表现 C_i 的排名评价结果如表 7-9 所示，其中 C_i^{En}、C_i^I、C_i^G、C_i^E、C_i^P 分别表示 17 个样本城市 5 个一级指标维度与理想值的相对接近度。

表 7-9　各样本城市得分及排名情况

城市	C_i	排序	C_i^{En}	排序	C_i^I	排序	C_i^G	排序	C_i^E	排序	C_i^P	排序
柳州	0.5949	1	0.7270	1	0.5843	4	0.6885	1	0.3498	9	0.3863	11
昆明	0.5199	2	0.7220	2	0.7548	2	0.3244	4	0.6480	2	0.6661	1
贵阳	0.5117	3	0.6564	5	0.8015	1	0.3426	3	0.6729	1	0.4811	5
银川	0.4508	4	0.4841	13	0.6657	3	0.3508	2	0.3140	12	0.4392	9
南宁	0.4439	5	0.6470	6	0.5565	6	0.2398	6	0.5428	4	0.6128	2
乌鲁木齐	0.4113	6	0.5061	10	0.5733	5	0.2111	10	0.5823	3	0.4607	8
克拉玛依	0.4035	7	0.7143	3	0.4660	10	0.2258	7	0.4476	5	0.5762	4
呼和浩特	0.3819	8	0.4695	14	0.5394	7	0.1725	15	0.3926	8	0.5766	3
鄂尔多斯	0.3719	9	0.5016	11	0.5301	8	0.2207	8	0.2550	16	0.4784	6
桂林	0.3585	10	0.6982	4	0.4580	11	0.1836	14	0.4064	7	0.3646	15
西宁	0.3378	11	0.5602	8	0.4030	12	0.1913	12	0.4079	6	0.4719	7
铜仁	0.3247	12	0.5398	9	0.4709	9	0.1055	17	0.2722	15	0.4183	10
玉溪	0.3209	13	0.6254	7	0.3762	14	0.2155	9	0.2828	14	0.3859	12
六盘水	0.2936	14	0.4878	12	0.3783	13	0.1275	16	0.3291	10	0.3676	14
石嘴山	0.2907	15	0.4389	16	0.2912	16	0.2451	5	0.3001	13	0.3547	16
吴忠	0.2744	16	0.4497	15	0.3290	15	0.1920	11	0.1329	17	0.3790	13
拉萨	0.2106	17	0.3237	17	0.0148	17	0.1902	13	0.3280	11	0.2825	17
平均	0.3824		0.5619		0.4819		0.2486		0.3920		0.4531	

7.3.4　智慧城市发展水平评估总结

7.3.4.1　民族地区 17 个样本智慧城市发展整体水平分析

从总体排名来看（见图 7-2），17 个样本城市中柳州、昆明、贵阳、银川和南宁处于智慧城市发展水平排名的前五位，玉溪、六盘水、石嘴山、吴忠和拉萨位列后 5 名。从表 7-9 中各样本城市的智慧城市发展水平总分值 C_i 来看，最高分为 0.5949，最低分为 0.2106，平均分为 0.3824，表明 17 个民族地区城市的智慧城市发展水平整体不高。0.5 分以上的城市有 3 个，0.3 分以下的城市有 4 个，由此可见，城市发展水平呈正态分布，得分高与得分低的城市个数较少，大多数城市均处在 0.3~0.5 分的水平。说明就民族地区整体而言，智慧城市建设能力及智慧城市发展水平是参差不齐的，城市智慧化程度还不高，各城市建设能力差距较大，各个领域的智慧城市建设还需进一步提高。

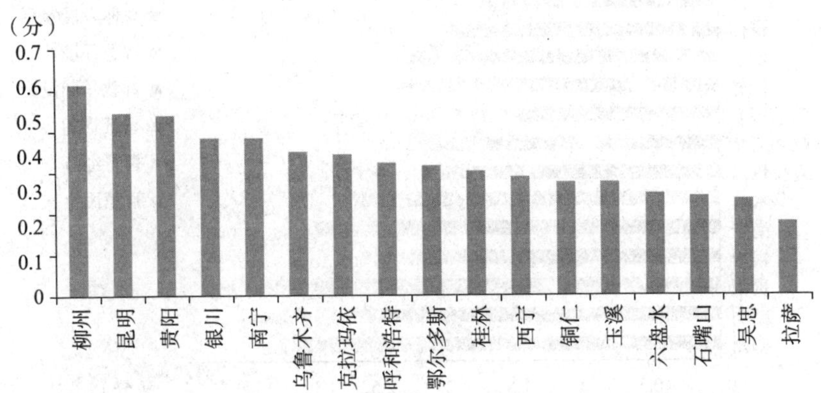

图 7-2　17 个民族地区样本城市智慧城市发展总体水平

从表 7-9 中也发现了 17 个民族地区样本城市在智慧环境、智慧基础设施、智慧管理、智慧经济和智慧民生 5 个一级指标上，得分也存在差异，每个智慧城市发展水平是不均衡的，不同维度的得分表现可以说明该城市存在的主要问题。将 17 个样本城市的智慧城市总体发展水平分值排名与它们在 5 个维度中的得分排名进行综合分析，可以发现，每个城市在五维度下的表现是不同的（见图 7-3、图 7-4），尤其在图 7-4 的五维度雷达图上表现得非常明显，17 个城市中智慧管理得分普遍较低，其次是智慧经济，城市的经济实力与智慧城市发展水平密切相关。

智慧城市发展水平是一个综合概念，可以细化为 5 个一级指标和 33 个三级指标对其进行评价。通过对民族地区智慧城市的智慧环境、智慧基础设施、智慧管理、智慧经济、智慧民生 5 个领域的综合评价，可以看出民族地区整体智慧城市发展水平均不高，主要是因为民族地区传统经济底子薄弱，互联网经济起步晚，智慧经济发展滞后。从综合分析的结果可以发现，在 17 个样本智慧城市中排名靠前的都是省会城市、工业较发达的城市或者经济实力较强的城市。这些城市在经济总量上、在产业结构上都领先于其他城市。较强的经济实力能为智慧城市发展中其他各领域的发展给予一定的资金投入。同时，在智慧民生维度中，由于民族地区少数民族群众受教育水平较低，从事第三产业和信息服务业的人数较少，使智慧城市发展受到了人才因素的限制。

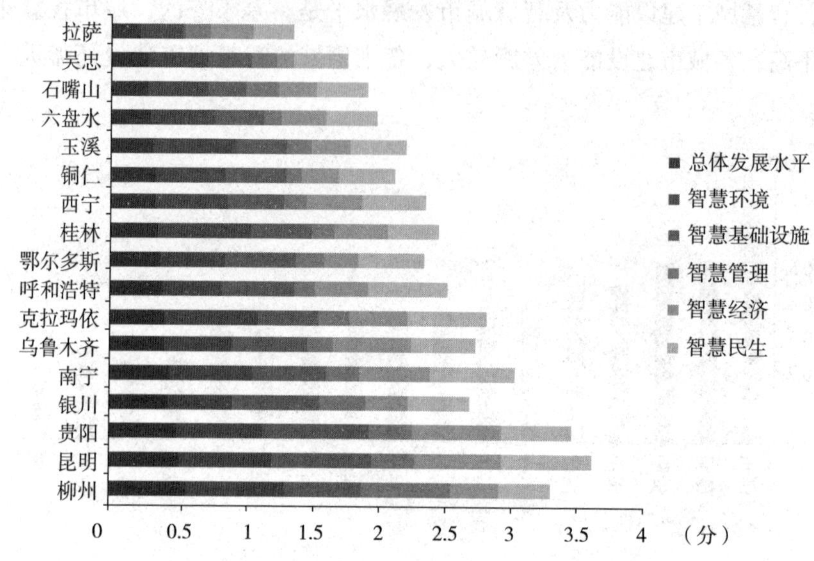

图 7-3　民族地区样本城市智慧城市发展水平得分分析

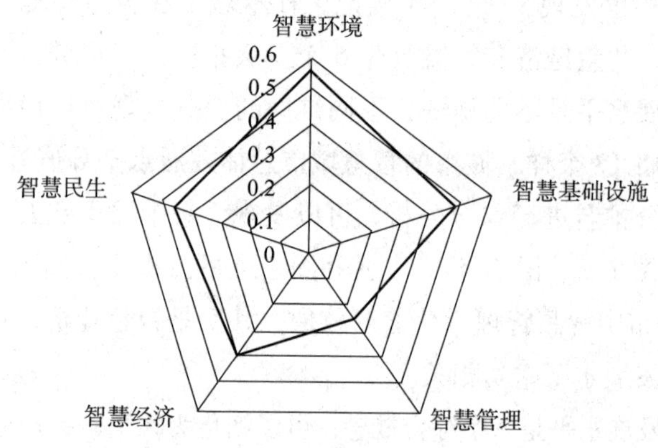

图 7-4　民族地区样本城市智慧城市五维度得分比较雷达

7.3.4.2　智慧环境发展水平

从智慧环境评价得分排名来看，排名前五位的分别是柳州、昆明、克拉玛依、桂林和贵阳，排名后五位的分别是六盘水、银川、呼和浩特、吴忠、石嘴山和拉萨。17 个样本城市中分值最高的为 0.7270，最低的为 0.3237，平均值为 0.5619。排名靠前的城市在先天环境优势与环境监控、保护方面都有突出表现。通过此得分情况可以发现，民族地区城市智慧环境发展水平相对较高，同时根据熵值的特点，差异较小也导致权重较低，所以智慧环境发展水平对智慧城市发展总水平的影响力也是较低的。

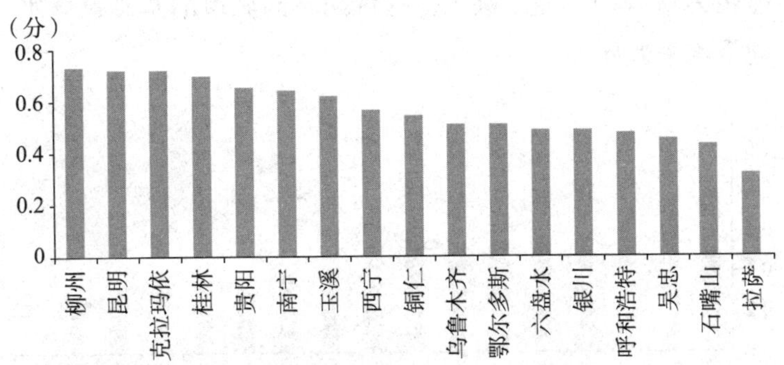

图 7-5　17 个民族地区样本城市智慧环境发展水平

将 17 个样本城市的智慧环境与智慧发展总体水平相比较，它们尽管在分值上存在一些差别，但总体而言，排名没有较大的偏差，即在不同的指标下，排名未出现巨大的变化。但需要关注的是，西北地区民族城市的智慧环境分值相比西南地区的分值较低，西北地区在先天环境资源、气候资源上存在劣势。由于民族地区是生态保护的重地，因此各城市后期需要继续在城市环境上下功夫，通过智慧城市助力生态环境保护。

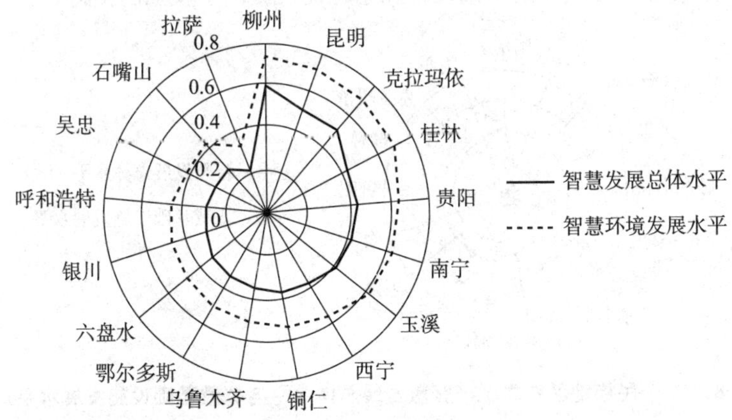

图 7-6　17 个民族地区样本城市智慧发展总体水平与智慧环境发展水平对比

7.3.4.3　智慧基础设施发展水平评价

从样本城市在智慧基础设施方面的评价得分排名来看，发展水平排在前五位的城市分别为贵阳、昆明、银川、柳州、乌鲁木齐，排名后五位的城市分别是六盘水、玉溪、吴忠、石嘴山、拉萨。17个样本城市中分值最大的为0.8015，最小的为0.0148，平均值为0.4819，排名首位的贵阳与末尾的拉萨之间分数差距为0.7867，差距甚大。这说明不同城市的基础设施水平建设起步不同，建设水平差异大。

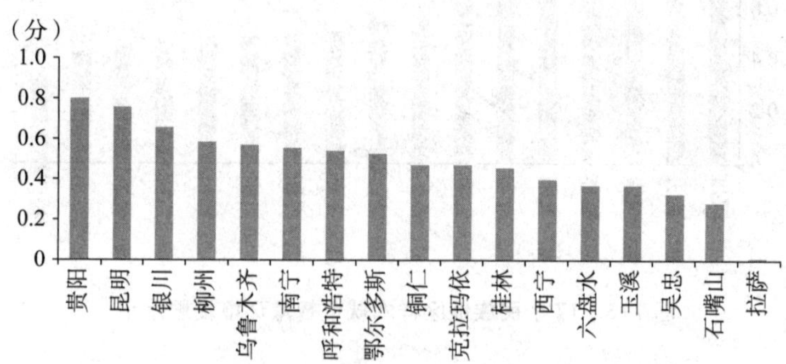

图7-7　17个民族地区样本城市智慧基础设施发展水平

17个样本城市的智慧基础设施评价的平均值低于0.5，整体发展水平不高，且城市之间发展差异巨大。与智慧环境得分相比，智慧基础设施的得分普遍不高，在智慧城市具体实践中大部分城市都存在信息化基础设施建设薄弱和已建成设施应用不足的现象，双重的困境使样本城市得分较低。排名靠前的城市在经济实力上较强，为城市的基础设施和息化建设提供了较强的支持。

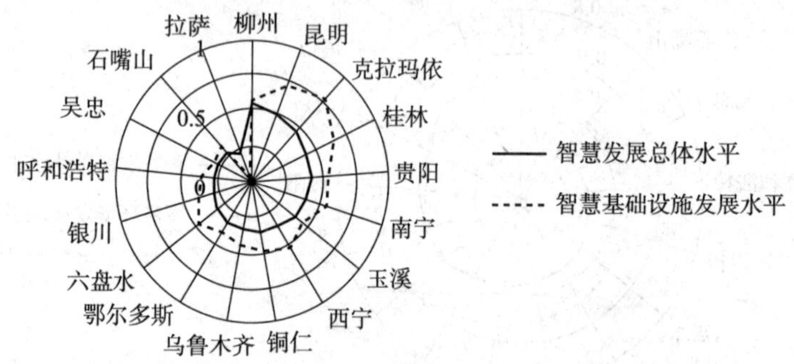

图7-8　17个民族地区样本城市智慧发展总体水平与智慧基础设施发展水平对比

7.3.4.4　智慧管理发展水平评价

从样本城市在智慧管理领域的评价得分排名来看，发展水平排名前五位的城市分别是柳州、银川、贵阳、昆明、石嘴山，排名在后五位的城市是拉萨、桂林、呼和浩特、六盘水、铜仁。17个样本城市中分值最大的为0.6885，最小的为0.1055，平均值仅为0.2486，是5个维度中平均值最低的一个指标，足以说明民族地区城市在智慧管理方面是较为落后的。得分较高的城市表现在：该城市政府重视对智慧城市的计划与组织，较早且详尽制定了智慧城市规划方案和行动方案；将电子政务落到实处，实现在线政务与城市服务比例较高；将城市便民服务作为重点项目，积极建设并大力推广。

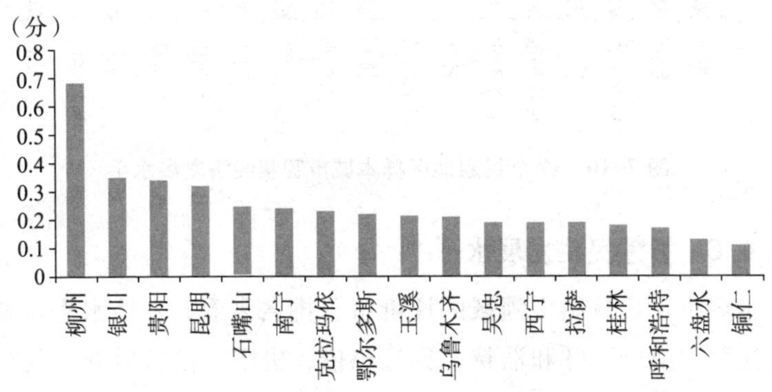

图7-9　17个民族地区样本城市智慧管理发展水平

虽然智慧城市管理是民族地区智慧城市综合发展中的短板，但也是一个可以在短期内冲刺追赶的领域，有很多上升的空间。民族地区在智慧城市管理领域的得分也反映出民族地区的观念较为落后，在电子政务的推进上还不够积极主动，政府服务的角色尚未转变过来，在智慧服务上缺乏创新观念和宣传意识，在软文化环境上，智慧城市文化宣传、气氛营造上表现不够积极，因此民族地区智慧城市建设可以在城市管理与服务领域内寻求突破，以弥补经济与基础设施的短板。

7.3.4.5　智慧经济发展水平

从智慧经济的评价得分排名来看，发展水平最高的前五位分别是贵阳、昆明、乌鲁木齐、南宁、克拉玛依，排名后五位的分别是石嘴山、玉溪、铜仁、鄂尔多斯、吴忠。17个样本城市中分值最大的为0.6729，最小的为0.1329，平均值仅为0.3820，在5个维度中平均值排名第四位，各样本城市的智慧经济水平普遍也不高，与智慧城市总体发展水平的平均分最为接近，与智慧环境与智慧基础设施、智慧管理其他3个维度各城市排名差异比较大。智慧城市的发展既需要依靠城市的经济实力支持，也要依靠本地的特色产业推动和智慧产业的引领。

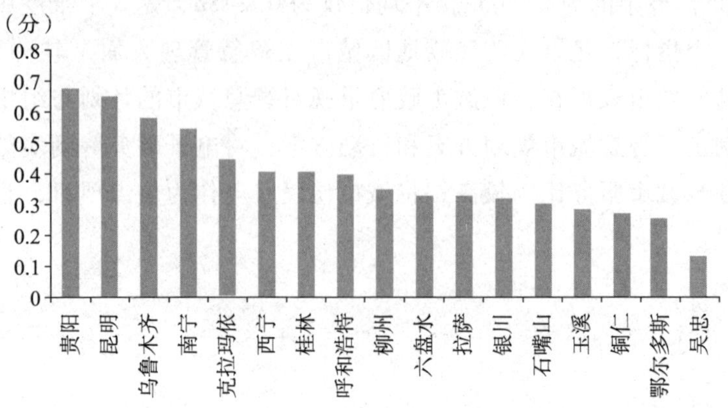

图 7-10　17 个民族地区样本城市智慧经济发展水平

7.3.4.6　智慧民生发展水平

从样本城市在智慧民生领域的评价得分排名来看，发展水平排在前五位的分别是昆明、南宁、呼和浩特、克拉玛依、贵阳，排名后五位的分别是吴忠、六盘水、桂林、石嘴山、拉萨。17 个样本城市中分值最大的为 0.6661，最小的为 0.2825，平均值为 0.4531。

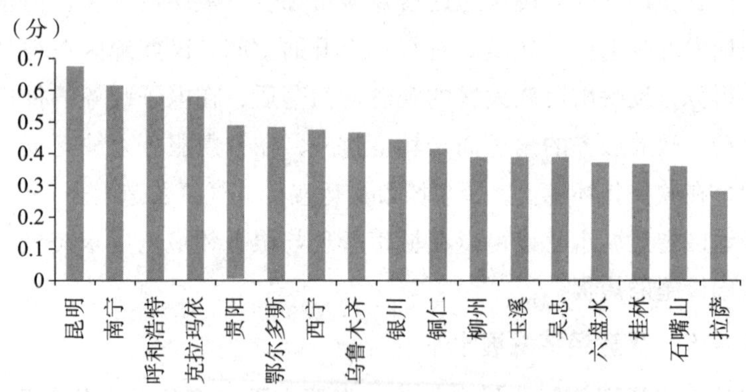

图 7-11　17 个民族地区样本城市智慧民生发展水平

从具体指标来看，排名靠前的城市一方面表现在智慧人群发展水平较高，另一方面表现在城市智慧民生服务水平较高，而分值较低的主要原因是民族地区的大多数城市人才缺乏，具体表现在市民文化素质较低，缺乏高学历人才和智慧城市亟须的信息专业人才，这些基本的现状又导致居民的网络信息化接受程度较低。

7.3.5 智慧城市发展水平评价的启示

民族地区17个样本城市的智慧城市发展水平实证综合分析和分类分析，对于提高民族地区智慧城市建设水平具有以下几点启示：

第一，民族地区智慧城市的发展需要政府部门的足够重视。政府要从意识观念上正确认识智慧城市建设的趋势，并将这种观念由政府层面逐渐向市民群众推广，形成全体共建的良好氛围。政府要认识到对于民族地区而言，在新型城镇化的进程中，要通过智慧城市建设不断完善智慧基础设施，从而增大对政府智慧化管理的扶持力度，全面提升城市信息化水平，最终实现提高城市智慧管理能力的目标。

第二，民族地区智慧城市建设应该着重培养智慧城市发展的内在动力。智慧城市建设成效不能只关注外部的物质层，这只是其建设水平的表象，还应从内部机制考虑智慧城市的可持续发展，从智慧经济着手，发展民族地方产业；还必须强化城市内部脉络，加强智慧城市管理，从政策上和资金上支持民族地区的科、教、文、卫事业的发展；建立智慧城市的人才体系，为科技不断创新提供强大的人力、财力、物力支撑。民族地区要借智慧城市的动力，① 实现特色产业跨越式发展。

第三，民族地区智慧城市建设更应该注重顶层设计。民族地区智慧城市建设要尊重民族地区居民的特殊情况与特殊需求，设计并制定具有地方特色、详尽可行的智慧城市建设方案，并能将建设方案落实与执行。

第四，民族地区智慧城市更要克服面子工程，将智慧城市做到有实效。智慧城市的好坏最终是由居民评价的，政府不能只关注外在形式，更要关注所有的在建智慧化项目是否能正常运行、管理和维护，是否给居民带来了切实可行的实惠与方便。民族地区智慧城市起步晚，因此有许多东部地区城市建设的经验作为参考，民族地区地府要多调研、多思考，做到少走弯路和错路。在面对众多科技公司不同的智慧业务服务时，要有针对性地选择简单易行、操作简便的技术，让居民能真切感受到智慧城市时代已经来临。

① 张中青扬，邹凯，等．智慧城市建设能力评估模型与实证研究［J］．科技管理研究，2017（1）．

第 8 章

民族地区智慧城市建设市民需求调查与满意度调查分析

8.1 智慧城市建设的市民需求分析

8.1.1 智慧城市项目管理视角下的利益方需求

智慧城市的建设需要政府、企业与市民三方共同参与，如果用“项目管理”的思路考虑智慧城市的“三方”，那么企业属于项目施工方，政府与市民则属于项目干系人。作为智慧城市的不同参与方，三方都有不同的需求，作为项目施工方的企业，不能只考虑政府的需求，应该与政府一起携手满足市民的需求，这样才能避免智慧城市项目的“假大空”。

从政府的角度来看，对智慧城市的需求更多地体现在提高城市管理效率、构建和谐文明的城市、提高市民满意度、完善城市基础设施等方面。政府需要在城市管理、公共安全、交通等方面提供接入宽带业务的电子政务、智能办公、应急救助、远程信息交互等功能；[①] 政府也需要高清的摄像头获取交通、治安等数据；政府需要参与建设的企业能按照政府部门的招标方案进行有创新性的设计，有针对性地解决城市最亟须解决的问题。对于参与智慧城市规划建设的信息科技企业而言，它们的需求就是政府部门能给出明确的需求清单，谈判环节、签约环节与采购环节的顺畅，以及在后期的项目实施过程中得到政府的大力支持，能达到适当的利润目标等。对于市民而言，市民对智慧城市建设是充满热情的，希望能够加入政府的决策中，能够建设老百

① 杨成福，王毅睿．智慧城市顶层设计浅析［J］．邮电设计技术，2016（4）．

姓真实感受到的智慧城市，具体需求包括是否可以降低城市生活成本、提高各项服务的便利性与快捷性等。表 8-1、表 8-2、表 8-3 分别是政府、企业、市民三方的智慧城市建设需求调研矩阵。

表 8-1　政府方智慧城市建设需求矩阵

相关方	需求分类	需求说明
政府	商业需求	合理的政府采购成本
	城市发展战略需求	可以满足城市良性发展，解决城市问题
	交付需求	按照合同及时交付
	技术需求	采用先进的信息智能科技 科学的顶层实际规划方案 人性化的实施方案
	安全需求	确保信息安全、资金安全等
	性能需求	能通过该智慧城市项目实现智慧化管理，提高公共服务水平

表 8-2　企业方智慧城市建设需求矩阵

相关方	需求分类	需求说明
企业	商业需求	利润目标、企业商业目标，高投资回报率、长期合作
	城市发展战略需求	所提供产品和服务方案与城市发展要求相匹配
	交付需求	按照项目合同与进程交付
	技术需求	城市已有信息化基础设施 政府的需求与智慧城市建设目标
	安全需求	建设款项的及时支付
	性能需求	谈判环节、签约环节与采购环节的顺畅 项目实施过程中得到政府的大力支持

表 8-3　市民方智慧城市建设需求矩阵

相关方	需求分类	需求说明
城市居民	商业需求	便捷的城市服务、较低的城市生活成本
	城市发展战略需求	可以融入城市战略决策，成为真正的参与者
	交付需求	有价值、有意义的城市利民工程项目
	技术需求	采用先进的信息智能科技 人性化的使用方法
	安全需求	确保信息安全、资金安全等
	性能需求	通过智慧城市建设，将智能便捷带到生活点滴（政府办事效率，市民就医、教育、交通等）中

8.1.2 以需求为导向的智慧城市建设

(1) 智慧城市市民群体的多元化特征分析

智慧城市面向的城市市民群体是多元化的，因此智慧城市建设存在众口难调的问题。智慧城市市民可以按照年龄结构、受教育程度、收入水平、职业等划分出不同的群体，每个群体对智慧城市的认知和需求各不相同。

首先，群体类型与特征不同，对智慧城市的认知和了解程度也不同。不同群体由于成长环境、接受教育水平、关注点等的不同，在具体的生产生活中接触到智慧城市的内容不同，对智慧城市的解读也会不同，如城市环卫工作者关注的智慧城市重点为是否可以对垃圾进行智能分类、智慧化污染监测等；在从事高新技术产业的群体眼里，智慧城市建设主要是通过新一代信息技术，加快城市信息资源的整合，促进信息交流与共享。①

其次，从各个群体角度来看，智慧城市理念及其相应的产品服务发挥的效用也不尽相同。因生理、认知等客观条件受限，老年群体、低文化程度群体等对最新的信息技术了解较少，在一定程度上会影响他们对智慧城市的认知和接纳。因此，关注不同利益相关群体的多元化需求是智慧城市建设的必由之路，为不同群体提供更加简便、快捷和易于操作的产品和服务，是智慧城市建设的重要内容。

(2) 智慧城市的建设过程要以市民需求为导向

智慧城市建设是否以市民需求为导向，其建设的初衷、目标与效果都是不同的。智慧城市建设的主体是政府和企业，但最终的使用者是城市的市民大众，因此智慧城市的建设要落地生根，要能够让市民真切感受到“方便、好用、有效”。生活经验与城市现存问题让市民对哪一个项目应该重点建设最有发言权，市民希望自己生活中遇到的最主要问题可以尽快有效解决。政府和企业的主要任务就是把市民大众的合理化需求转变成可以解决问题的人性化方案。

(3) 以人为本的公共服务是智慧城市建设的首要内容

在智慧城市建设中，以人为本的公共服务是智慧城市建设的首要内容。只有切实分析城市市民的现实需求，研究城市公共服务存在的问题，才能正确指引智慧城市建设方向。市民作为城市的主体，需求是最为重要的，也是

---

① 葛蕾蕾，佟婳，等．国内智慧城市建设的现状及发展策略［J］．行政管理改革，2017（7）．

最为复杂的。在智慧城市的建设过程中，要考虑把大多数人的需求作为建设目的，这是非常核心的伦理价值。[①] 城市包含了市民的“吃、穿、住、用、行、医、娱、教”，市民关注什么，市民最迫切需要解决的问题是什么，政府应该按照缓急程度，分阶段循序渐进解决。市民对智慧城市的需求包括恶劣天气预警、公告信息、市政信息、交通拥堵状况等公共信息的获取；医疗服务、老人小孩的居家照顾等现代化的生活服务；垃圾处理、废气排放等城市环境的智慧化治理等。

对智慧城市建设中市民需求的分析与调查是有一定的必要性与价值的。与东部地区城市相比，民族地区是多民族、多宗教、多文化、多生态的人文地理区域，市民的需求也存在很多特殊性，因此作为后起之秀的民族地区的智慧城市建设，不能完全照搬东部地区城市，应该有自己的特色和创新。

8.2　智慧城市建设中的市民满意度分析

8.2.1　市民满意度是智慧城市建设中重要的考评指标

住房和城乡建设部三批国家智慧城市试点共有 276 个，民族地区智慧城市试点有 44 个，占总数的 16%。东部地区的智慧城市建设一直走在前面，做得较好，但也存在一些问题，如重技术、轻服务、数据信息孤立、市民感知度较差等。《新型智慧城市评价指标（2016 年）》也有新的改善，评价原则更加务实，更强调智慧城市的普适性与实用性，将“以人为本，便民惠民”作为新型智慧城市建设的目标，立足点放在应用效果上，增加了市民体验。因此，在智慧城市建设中关注“市民满意度”是智慧城市的人文刻度。[②]

8.2.2　智慧城市建设中“市民满意度”与“市民需求”的辩证关系

智慧城市的“市民满意度”与“市民需求”是一个范畴、两个阶段的概念。市民需求是智慧城市在顶层设计与战略规划前就应该调查了解

① 张守营．智慧城市建设如何注入人文精神［N］．中国经济导报，2016-09-02.

② 评论员文章．便民惠民是智慧城市的人文刻度［N］．广州日报，2016-12-07.

的，政府要根据市民需求有针对性地进行顶层设计；市民满意度是智慧城市建设后，市民对建设情况的体验与评价。公众期望值和质量感知效果是体现市民满意度的重要方面。满意度的测量主要用来评价智慧城市建设成效，市民满意度的高低取决于三个因素：第一，智慧城市建设效果；第二，智慧城市的宣传力度；第三，市民文化素质对智慧城市使用效果的影响。

民族地区智慧城市建设的效果如何，不能仅仅通过评价指标进行评估，那样容易形成“跟风效应”，并且民族地区很多城市、城镇智慧城市建设起步较晚，所以在客观指标上会难以达到高标准。智慧城市是一个长期不断的系统工程，智慧城市的发展更多的是让市民可以感受到生活质量的改善，要“惠”及民生。本书从市民满意度调查着手，结合市民群众的主观感受，通过问卷调查与小范围的访谈调查，以小数据的方式获得智慧城市建设过程中的市民满意度。尤其针对民族地区市民文化素质较低的情况，让访问者帮助受访者填写问卷，效果较好。

8.3 民族地区智慧城市建设的市民需求调查与满意度调查分析

8.3.1 民族地区市民需求调查的理论框架

《国家新型城镇化规划（2014—2020 年）》明确提出以人的城镇化为核心，增加基本公共服务供给，增强对人口集聚和服务的支撑能力。随着城镇化的深入发展，城市公共服务与公众日益增长的需要之间出现了明显矛盾，两者之间存在较大的鸿沟，存在公共服务资源短缺、城乡差距大、均等化与普惠化水平不高和社会公众参与不足等问题。为改变这种现状，2014 年，国家发展改革委等部委印发了《关于促进智慧城市健康发展的指导意见》和《关于加快实施信息惠民工程有关工作的通知》，强调了将公共服务便捷化作为智慧城市建设和信息惠民工程目标的重要性，从而提高公众获取基本公共服务的便捷性、及时性和高效性。

民族地区的城镇化质量本身就不高，城市公共服务水平较低，无法满足各类人群的需求，城市的规划设计与市民需求脱节。因此，以人为本的公共服务是智慧城市建设的首要内容。民族地区智慧城市的市民需求调查正是以快速城镇化进程中的民族地区智慧城市建设为例，通过问卷调查的方式获取一手资料，研究智慧城市公共服务存在的问题，为智慧城市今后的发展提供决策依据。

关于智慧城市公共服务与市民需求的研究并不是单独在研究中出现，许多学者都将其作为智慧城市评价的组成部分去研究，例如，Piro 等（2014）认为智慧城市应在多个公共领域得到应用，Caragliu 等（2011）认为提高公共服务及交通投入可以保障智慧城市的经济发展和生活质量。①《关于促进智慧城市健康发展的指导意见》中提出，智慧城市要突出“为民、便民、惠民”的建设理念。

以市民需求和应用为导向的智慧城市建设，重视城市民生服务领域的智慧化应用，有助于提升居民的生活质量。智慧城市建设将推动城市公共服务方式的创新，在教育、医疗、就业、养老、交通出行、社会保障、环境保护、公共安全、社区服务等领域建立便捷化、普惠化的公共服务体系，从而为城市居民提供广覆盖、多层次、差异化、高质量的公共服务。②

新型智慧城市指标体系（2016）把城市公共服务分为 8 种，并对每种公共服务都给出了相应的占比，具体为政务服务占 8%、交通服务占 3%、社保服务占 3%、医疗服务占 3%、教育服务占 3%、就业服务占 3%、城市服务占 7%、帮扶服务占 5%。通过观察每种公共服务的占比可以发现，在新型智慧城市评价指标中，每种公共服务的重要性都是不一样的，但这种评价指标比重不一定适合民族地区，因为不同经济环境下城市存在特殊情况，市民对智慧城市建设的需求也是不一样的，所以笔者也从这方面考虑，来了解民族地区市民大众的需求情况。

对市民需求的调查是从智慧基础设施、智能公共交通改进、智慧环境、城市交通出行智慧改进、市民食品安全智慧化、城市智慧医疗、城市智慧中小学教育、学校教育的智慧化服务、市民文体生活智慧建设、智慧化的政府管理、城市智慧化社会保障 11 个方面进行的，具体如图 8-1 所示。

---

① 赵勇，张浩，等．面向智慧城市建设的居民公共服务需求研究：以河北省石家庄市为例［J］．地理科学进展，2015，（4）．

② 盛广耀．智慧城市建设与城市转型发展研究［J］．中共福建省委党校学报，2017（7）．

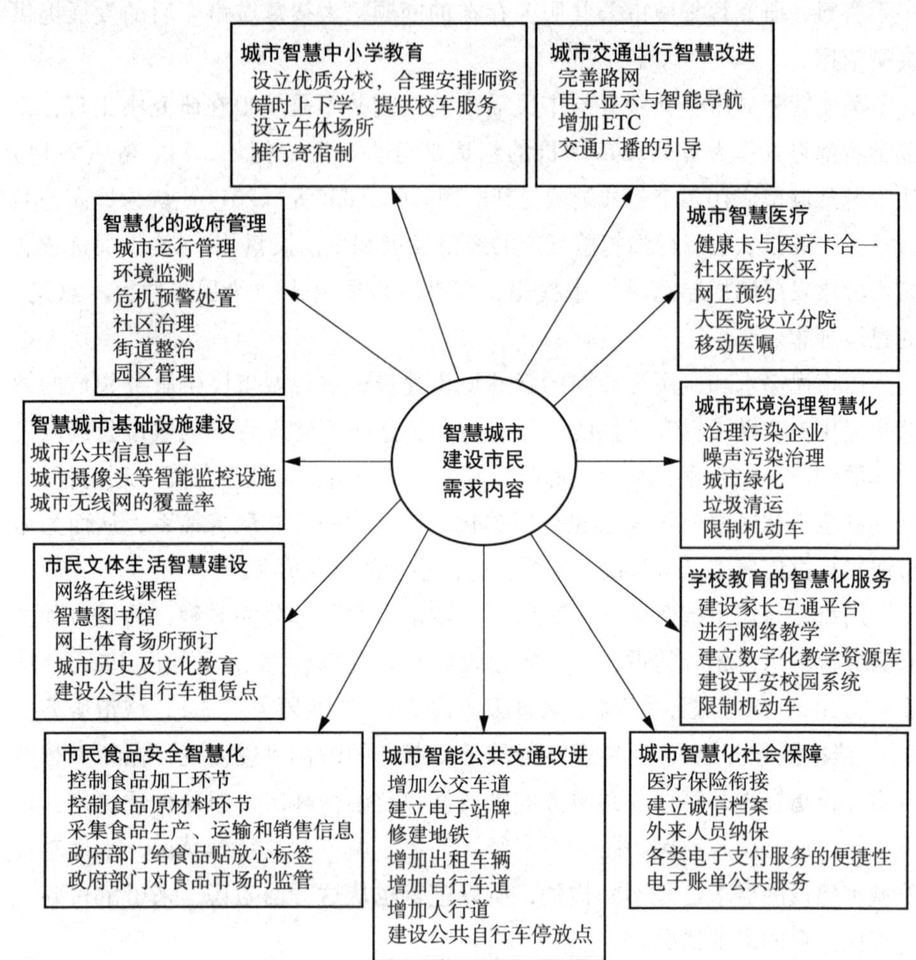

图 8-1　智慧城市市民需求分析内容框架

8.3.2　民族地区市民满意度研究的理论框架

本书对市民的满意度研究是基于市民需求框架之上的，通过对市民需求的梳理，针对市民常见的公共需求进行调查，针对智慧城市建设的进度与建设情况进行体验与满意度的测评，测评内容按照李克特量表的方式进行。在智慧城市市民满意度具体问题的设置上，本书在需求框架的基础上对一些具体问题进行了解，包括城市的无线网络覆盖率，城市的信息传播和共享效率，住所网络传输速度，城市的标识，服务场所指示，智能化交通以及智能公交站牌建设，智慧出行软件的普及程度及使用效率，市民网络挂号就医的便捷性，城市市民健康档案的建立情况，市民的网络问诊卡、医疗卡、社会保障卡及一卡通的使用情况，智能水、电、天然气表的普及，网上生活缴费服务是否满意，对通过电子信息手段获得政府管理服务相关信息的便捷程度是否满意，对景区规划及交通方便可达性是否满意，旅游信息智能化，企业网上门户建站率等。

由此可见，对于智慧城市需求调查的分析着手于长远与未来，为下一步智慧城市建设提供建议与设想；对于满意度调查分析则着手于实际，了解市民对城市智慧化建设的体验情况。

本书通过对城市居民公共服务需求进行研究，发现了智慧城市建设推进中城市公共服务存在的问题，提出了今后智慧城市发展的方向和重点，对推进智慧城市公共服务建设具有重要的作用，对其他城市也具有借鉴意义。

8.4 样本城市市民需求与市民满意度的调查数据分析

8.4.1 样本城市的选择

民族八省区在经济发展上、新型城镇化进程中所面临的困境具有相似性，但因地域的不同、民族的不同、发展历史的不同，智慧城市建设过程中存在的具体问题也是不同的，结合笔者所处省份的特殊性，本书在问卷调研阶段选取的样本区域是青海、新疆和宁夏三省。对青海的选取因为是笔者所在地，调研与研究方面具有地理优势；对新疆的选取是因为在民族省区中其智慧城市试点数量最多，建设效果较好；选取宁夏是因为银川是西部地区智慧城市建设的优秀案例。本书通过对这三个典型省份进行调研对比，对获得的有效数据进行分析研究。

8.4.2 研究方法与数据来源

智慧城市建设在民族地区的突出问题就是顶层设计的人性化不强、现代化科技设计与民族地区市民需求不匹配等，如何在民族地区将智慧城市这种新型的城市发展模式进行有效的应用，真正地解决城市发展中出现的问题，切实从市民需求出发，提高城市主体的满意度是非常重要的。“新型智慧城市评价指标”也强调了市民的主观体验已经成为评价智慧城市发展水平的重要指标。本书的第 7 章对“民族地区智慧城市评价指标体系”已经进行了分析，但民族地区市民满意度也是智慧城市评价指标的重要组成部分，因此本章节

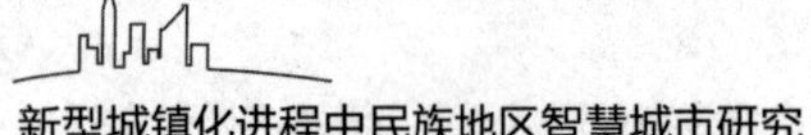

将对智慧城市市民满意度进行实证分析。

民族地区智慧城市市民“需求与满意度”的研究分为问卷设计、问卷发放、数据收集、数据分析四个步骤。

在问卷设计之前，笔者对国内外各种关于智慧城市的相关文献进行了查阅，将智慧城市的评价指标、公共服务内容进行了梳理和整合，以此作为调查问卷的理论框架，[①] 并针对民族地区存在的特殊情况，在问卷中进行内容的补充和完善。问卷从“市民需求”、“市民满意度”和“市民建议”三个方面了解市民的情况。笔者对青海、宁夏、新疆三个民族省份的试点与非试点智慧城市市民进行了随机的网上调查与实地调查。

调查问卷于 2016 年 9 月完成设计，首先通过德尔菲方法对问卷进行了修改与完善，于 2016 年 12 月初步定稿，进行首次小范围的预调研，发现问卷中存在一些需要完善与修改的问题，之后进行了问卷的最终修订。2017 年 1 月，通过北京益派咨询公司的“云调查”网络平台，以在线的方式发放网络问卷“民族地区智慧城市建设情况调查”进行探索性研究。随后于 2017 年 3 月又以实地调研的方式进行了调研。

实证研究数据来自两部分：一部分是对乌鲁木齐、西宁、银川三市进行的网络调研，时间为 2016 年 12 月 30 日至 2017 年 2 月 5 日，最后回收有效问卷 750 份。之后，为了能与受访者有更深层次的接触与访谈，笔者又在西宁、银川、乌鲁木齐三地进行了实地的问卷调查，时间为 2017 年 3 月 15 至 4 月 15 日，发放问卷 1150 份，实际回收有效问卷 1061 份。线上调查与线下实际调查两种方式共回收有效问卷 1811 份。

本书的调研目的是了解智慧城市建设过程中的市民需求与市民满意度。城市公共服务涉及众多行业，覆盖人群范围较为广泛，因此对于调研样本的选择没有特定的范围，尽量多样化选择，不仅有城市管理、城乡建设等政府部门人员和高校教师、科研机构人员等，还对商业从业人员如餐饮、宾馆及超市、物流等企业员工进行了调查。在调查地点的选择上，有城市人口流动的密集地区，如商业场所、广场、公园等，还有相对固定的场所，如小区、高校、企事业单位等。因此，问卷样本在性别差异、工作性质、年龄结构、文化程度等方面具有代表性和多样性。

问卷首先了解了被调查人员的基本情况，包括被调查人员的性别、年龄、

① 张楠，陈雪燕，等．中国智慧城市发展关键问题的实证研究［J］．城市发展研究，2015（6）．

职业性质、居住类型、民族分布、文化程度等方面，具体数据如图 8-2 所示。

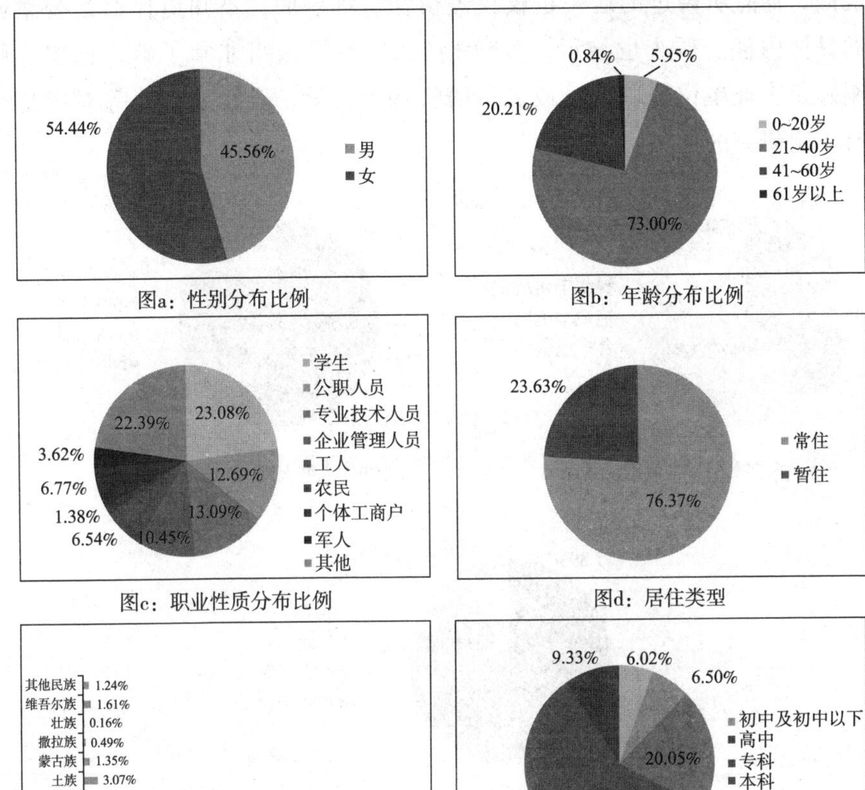

图 8-2　被调查者基本情况分布比例

问卷还对被调查者的其他情况进行了调查，在对被调查人群的上网设备进行调查时，可以发现智能手机或者 iPad 已经成为三市居民上网的首选工具，约占 63.32%的比例，其余分别是笔记本电脑占 26.09%，台式机人数最少，这也说明移动智能新生活已经成为民族地区城市发展的一个常态，人们开始更多地使用智能手机进行各种社交生活。关于调查者上网时间的统计，有 26.94%的居民上网时间超过 5 小时以上，30.79%的居民上网时间在 3~5 小时，这里有一半的居民上网时间超过 3 小时，因此互联网已经成为三市居民生活中不可缺少的基础设施。对智慧城市知晓情况的调查显示，有 17.89%的居民表示“没有听说过”，有 50.18%的居民表示“不了解”，这说明智慧城市在三市的知晓率过低，这个新概念和新理念没有普及到老百姓层面，而且听说过的居民也仅仅停留在名称层面，不知道什么是智慧城市的具体内涵。调查也显示，7.99%的人对智慧城市非常了解，这部分居民刚好是事业单位公职人员或者科研机构、大学、科技型企业等对智慧城市有一定研究的居民。

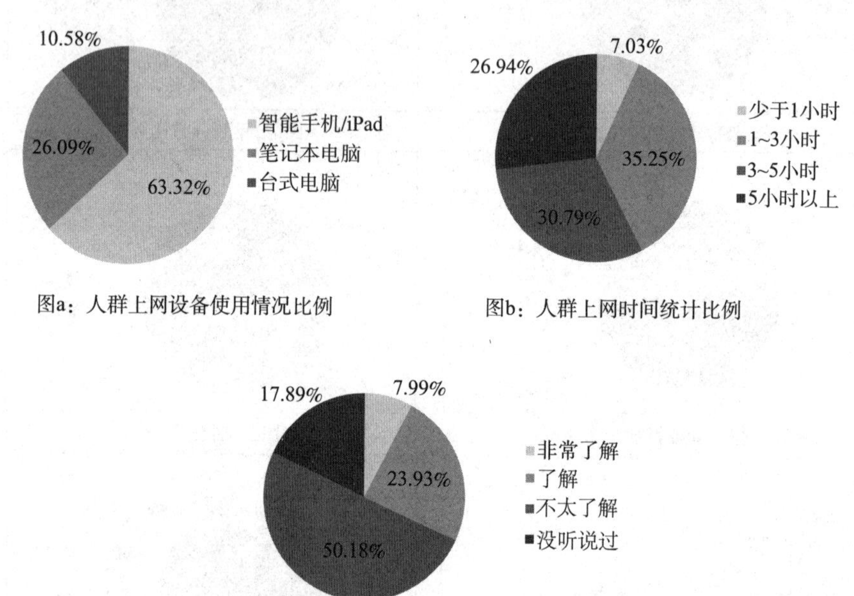

图 8-3　被调查者的上网设备、上网时间及对智慧城市知晓情况比例

8.5　三市智慧城市建设的需求调查结果分析

通过对回收的问卷的数据进行处理分析，可以发现三市在智慧城市建设过程中出现的共同问题与特殊性问题，也反映出智慧城市在政府角度与市民角度的区别，以及为了从市民角度展现出一个他们需要的智慧城市，目前的建设还有哪些严重的缺失与短板需要补齐。

8.5.1　市民需求调查内容

市民需求调查部分共有12道题，分别涉及智慧基础设施、智慧民生、智慧交通、智慧出行、智慧教育、智慧医疗、政府智慧化管理、智慧化社会保障等10余个方面，是国内智慧城市建设的主要内容模块。这10余个主题的建设内容非常多，因此本书在调查问卷各个题目的选项中罗列出了常见的一些解决该内容的方法，并且设置了“其他”选项，鼓励市民可以各抒己见，以提供更好的解决方案。

银川、乌鲁木齐、西宁三个智慧城市的创建过程与创建水平存在很大的区别，如银川智慧城市建设中的“PPP+资本市场”创新商业模式成为全国有名的“银川模式”，其城市建设已经由智慧城市1.0上升至智慧城市2.0，并且逐步向3.0发展。作为西北地区乃至全国智慧城市建设得分较高的城市，其智慧城市建设存在很多创新点和亮点。本书将对这三个城市市民的需求进行全面具体的分析。

8.5.1.1 公共服务智慧化总体需求分析

对银川、乌鲁木齐、西宁三个城市的市民需求进行调研，既可以为在建的智慧城市进行科学的顶层设计提供依据，也可以帮助已经建设的智慧城市进行自我审查，甄别智慧城市建设的方向与内容是否合理，是否有成效，市民需求调研也是智慧城市建设满意度调查的基础。本书选择市民在智慧民生服务方面重点关注的城市交通、环境治理、食品健康、公共医疗、教育设施、社会保障就业等进行调研，试图全面了解居民对城市公共服务的需求状况。

2010—2015年，银川、乌鲁木齐、西宁三市的城镇化率快速提高，其中乌鲁木齐城镇化率由2010年的44.5%增长到2015年的57.35%，银川市城镇化率由2010年的74.68%增长到2015年的75.70%，西宁市城镇化率由2010年的63.70%增长到2015年的70.02%，城市人口都在300万~500万人的规模，三市已经逐渐步入大城市行列。因此，其“城市病”也日益凸显。在民族地区复杂的城镇化进程中，必然会出现城市基础设施和各方面的服务水平与市民需求不匹配的情况。市民需求调查数据显示，三市市民对各类智慧化城市生活的服务内容都呈现出明显的需求量（见图8-4、图8-5）。其中，城市交通出行、公共医疗、食品健康均是银川、乌鲁木齐和西宁三个城市需求排名的前三位。银川、乌鲁木齐和西宁三个城市中分别有75.40%、74.56%、58.81%的受访者对公共卫生医疗表现出特别的关注，这说明三市的公共医疗卫生与市民需求之间存在较大的差距，特别是在41~60岁人群中，有较高比例的受访者认为公共医疗卫生需要改进；关于交通出行，如西宁市现有城市道路规划不够科学，道路狭窄，不能很好地满足城市发展要求，高峰期车辆拥堵增加了居民出行时间和成本，并且降低了生活质量。三市有超过一半的受访者表达出需要改进的强烈意愿，市民对城市的交通问题关注较多，对智慧化的交通需求量较大。食品安全状况也是市民非常关注的问题，银川、乌鲁木齐和西宁三个城市中分别有 71. 40%、69. 96%、62. 70%的受访者表示需要对食品健康进行全程的监控。

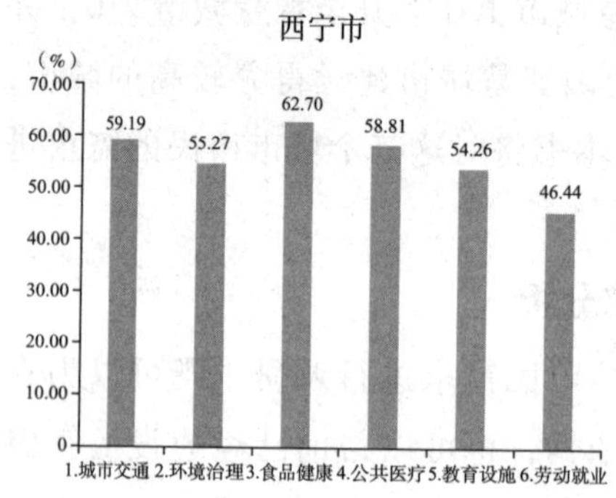

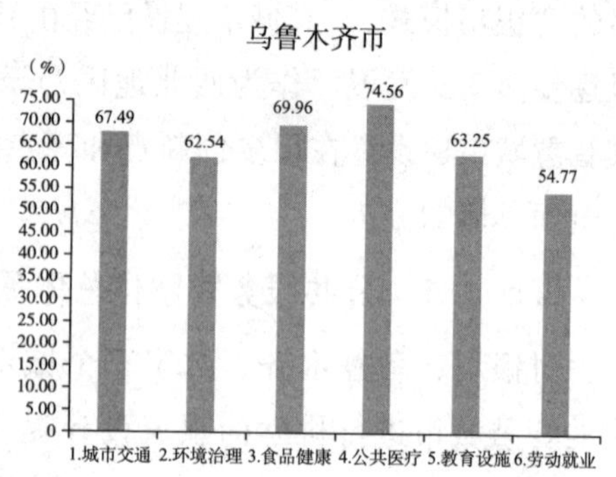

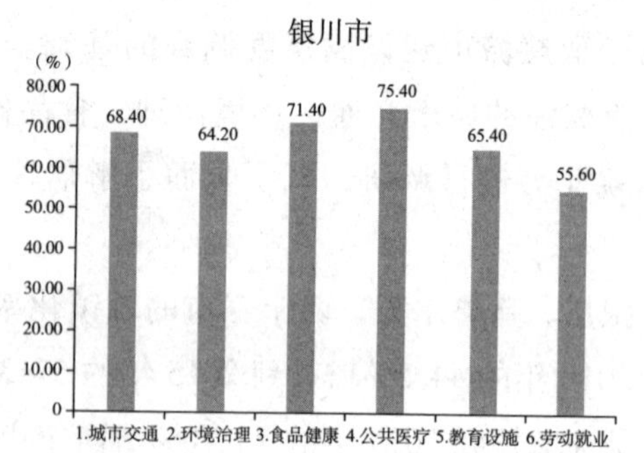

图 8-4　三市公共服务总体需求调查

从三市的横向对比来看，各选项的分值没有较大的差异，基本都有较高的需求表现。从图 8-5 可以看出，银川在各选项上的得分均高于乌鲁木齐与西宁。在智慧民生服务方面，银川与乌鲁木齐的居民对需求的关注度排序是一样的，分别是公共医疗、食品健康、城市交通、教育设施、环境治理和劳动就业；西宁市居民对需求的关注度排序是食品健康、城市交通、公共医疗、环境治理、教育设施和劳工就业。虽然排序不同，但是三个城市之间的差距是细微的，说明居民最关注的社会问题是一致的。

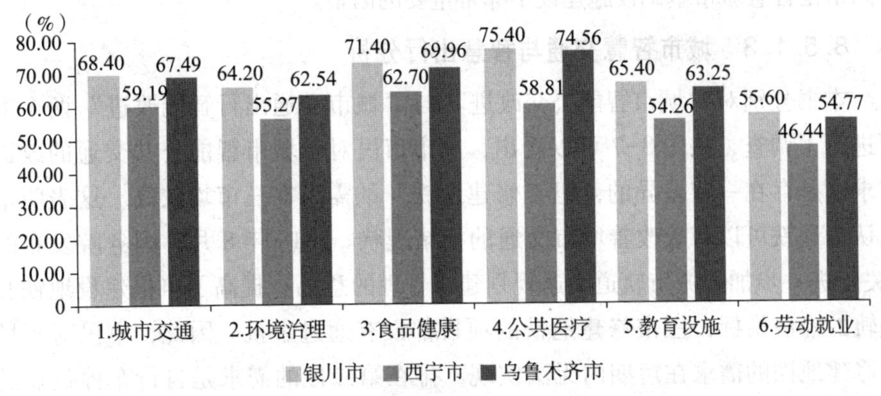

图 8-5 智慧民生服务需求关注重点

8.5.1.2 城市基础设施建设智慧化需求分析

首先是在智慧基础设施建设方面（见图 8-6），三市首先均对城市无线网覆盖率较为关注，市民普遍认为智慧城市是基于“互联网+”的现代化城市，如果很多场所和公共场合缺乏无线网，那么会影响各种信息的沟通传递，同时也会增加个人移动数据的使用量和费用。同时，市民也关注无线互联网的安全性问题，是否可以在一个公共空间享用安全的免费网络是一个需要尽快解决的关键问题。其次是市民相对关注的是城市公共信息平台的建设。最后是城市的摄像头等智能监控设施。在调查中，部分市民反映了城市基础设施与信息化的融合问题，如宽带网速、资费、信息的主动推送等，认为这些也都是政府应该关注的。从三个城市的横向比较来看，银川在无线网覆盖率、城市公共信息平台的建设、城市的摄像头等智能监控设施三个方面的需求都很高，市民均认为这三

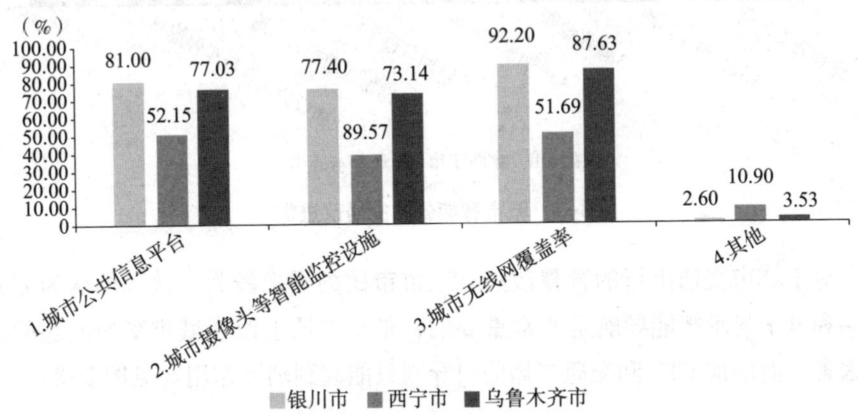

图 8-6 智慧城市基础设施方面的需求

个因素是智慧城市基础设施建设中非常重要的因素。

8.5.1.3 城市智慧交通与智慧出行分析

本书分别对“城市智能公交改进”与“城市交通出行智能改进”两个方面进行了调查，从图 8-7 可以看出，三市市民对于城市智能公共交通的改进需求还是存在一定差异的，但“修建地铁”的需求在三市均较高。这表明市民认为地铁可以有效改善城市交通的拥堵现状。2018 年 8 月，国务院发布的《关于进一步加强城市轨道交通规划建设管理的意见》提高了申报建设地铁和轻轨的经济指标，三市修建地铁的项目都没有通过审批。因此，市民对于城市修建地铁的需求在短期内无法实现。排在第二位的需求是自行车停放点的设置与自行车道的规划建设，表明绝大多数市民都愿意选择自行车出行。自行车道与停放地的缺乏是一个很大的困难，这三个城市都是在小范围内做出了绿道建设，主要用于市民健身锻炼，完全不能满足城市通勤需要。除此之外，公交车辆和公交站点的投放与设置也是市民的关注点。在银川、乌鲁木齐和西宁的受访者当中，有 44.1%的人认为应该增加公交车和公交车专用车道，所以三市当前的公交线路设置和运力水平均未达到公众期望值。

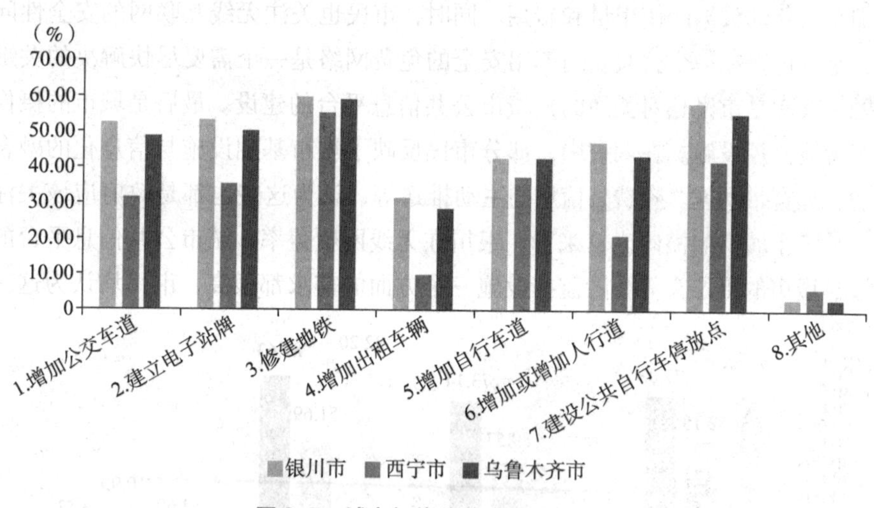

图 8-7 城市智能公共交通改进需求

对于城市交通出行的智慧改进，三市市民的需求较为一致，都认为完善路网和电子显示智能导航是非常重要的，是从本质上改变城市交通问题的重要因素，而增加 ETC 和交通广播的引导则只能起到辅助作用（见图 8-8）。

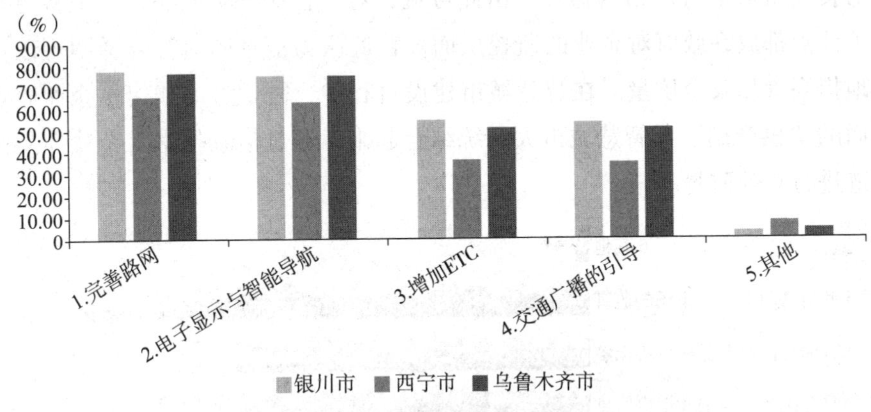

图 8-8　城市交通出行智慧改进需求

8.5.1.4　城市环境智慧治理与食品安全智慧管理分析

从图 8-9 可以看出，首先是居民对城市绿化和污染企业的治理非常关注，尤其是西宁市居民对城市绿化提出了较高的要求，这与西北地区因气候因素导致的城市绿化困难是分不开的。其次是城市垃圾的清运、城市噪声污染治理和限制机动车辆三个需求。城市垃圾的智慧化处理在西北民族地区还处于发展初期，还没有被广泛采用，但这个问题会随着智慧城市的推进逐渐被政府重视。

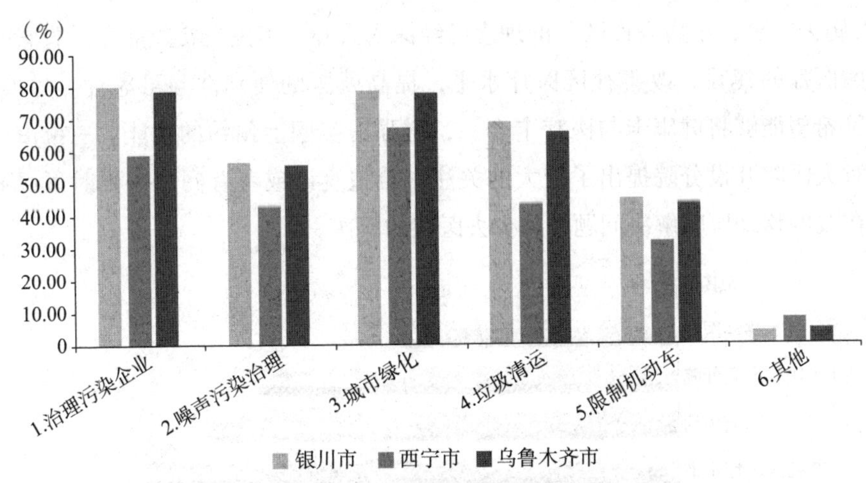

图 8-9　城市环境智慧化治理方面的改进需求

关于食品安全智慧化管理方面的需求如图 8-10 所示，三市市民对政府部门对食品市场监管的需求是高的，也可以看出市民希望通过智慧化的行政手段对食品质量进行严格的监控。由此可见，对于食品安全问题，市民将更多的关注点都放在政府对企业的监控层面，普遍认为信息的对称与透明可以很好地提高食品安全质量。在智慧城市建设过程中，需要考虑如何将企业微观层面的“供产销”与智慧城市大系统结合起来，通过信息技术对企业产品供销链进行有效监督。

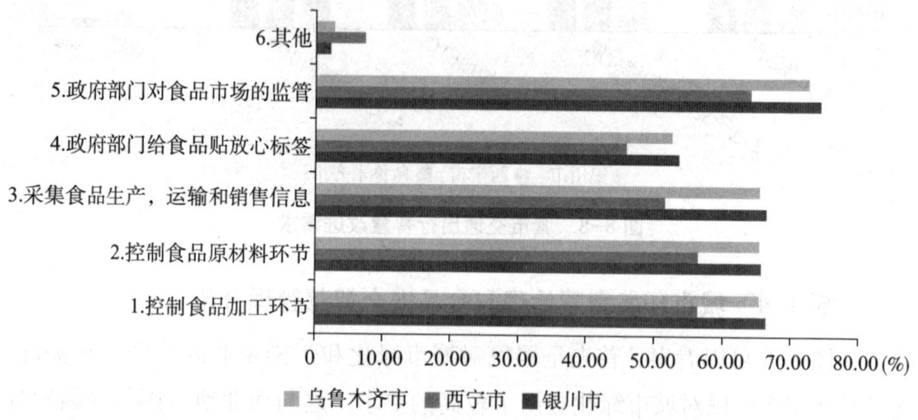

图 8-10　食品安全智慧化管理方面的改进需求

8.5.1.5　城市智慧医疗需求分析

从图 8-11 可以看出，三市市民对提高社区医疗水平的需求是最大的。“大病去医院，小病去社区”的理念已经深入人心，市民更希望能通过智慧化社区医疗的建设，改善社区医疗水平，提高就医的便利性与可靠性。另外，市民希望能够将健康卡与医疗卡合一，增强医院网上预约的功能。三市市民也对大医院开设分院提出了较大的关注，希望复诊或者有问诊需要时可以通过在线的移动医嘱解决问题，减少去医院的频次。

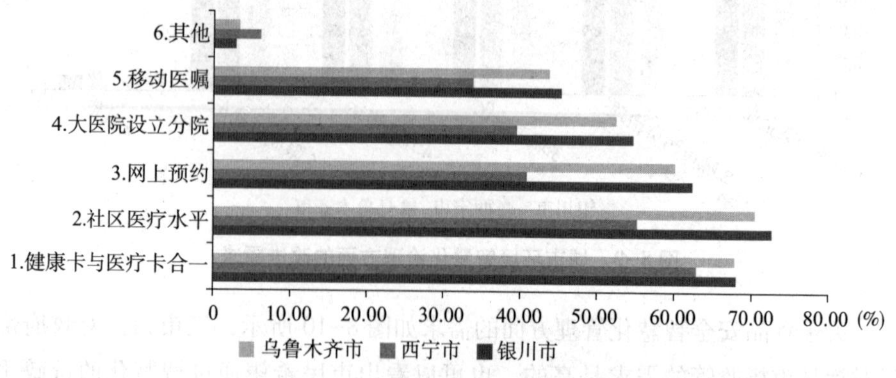

图 8-11　城市智慧医疗改进的需求

8.5.1.6　城市智慧教育需求

在智慧教育方面，本书从中小学教育和学校的智慧化教育服务两个方面进行调研。三市市民首先普遍较为关注中小学的分校设点与师资安排，其次建议错时上下学及校车服务，以及在学校设立午休场所和推行寄宿制学校等，乌鲁木齐市对这四个需求的表现均较为明显，需求比例很高。西宁市的众多市民也提出诸如灵活学区政策、均等化教学质量与教学资源、增加小学的社会实践环节等教育需求，具体如图 8-12 所示。

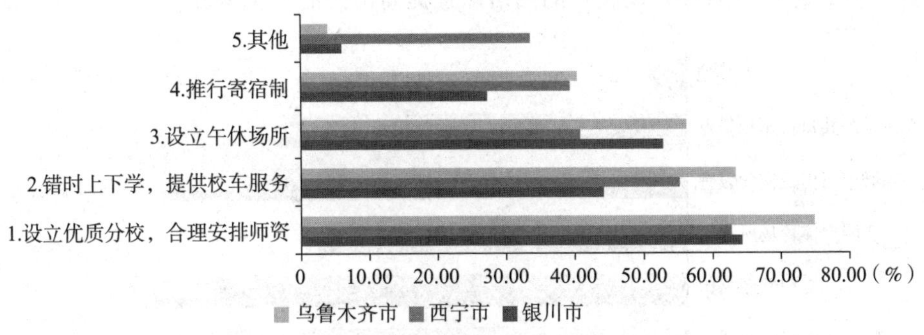

图 8-12　城市智慧中小学教育需求

从图 8-13 可以看出，三市市民对于平安校园建设关注的比例最高，他们希望可以通过智慧要素、信息手段建设平安校园，并建设有效的数字化教学资源库。需求排名第二的是建设家长互通平台和进行网络教学。许多被访

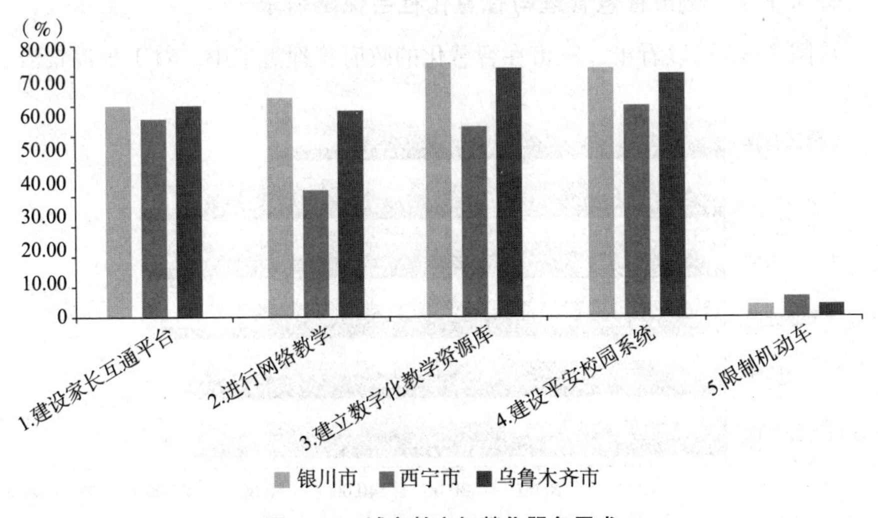

图 8-13　城市教育智慧化服务需求

者表示，智慧城市对学校服务方面有明显的改善，学校环境更加安全稳定了，但是他们希望可以有进一步的提高。受访者还希望在家中也可以获得更多的学习资料，从而帮助家长辅导孩子学习。

从图 8-14 可以看出，三市在城市历史及文化教育、智慧图书馆、网络在线课程三个方面的需求较为关注。市民都希望在智慧城市建设中能够更好地借助科技手段展现城市传统历史文化，形成良好的城市软文化氛围，对青少年进行文化教育。为了满足市民文化需求，可以建设更多的智能图书馆，除此之外，也可以通过开设免费的网络课程提高市民的文化素养。

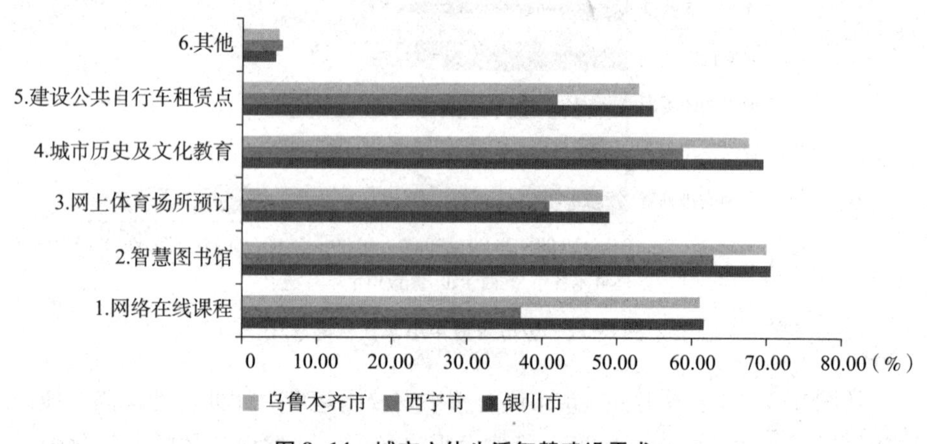

图 8-14　城市文体生活智慧建设需求

8.5.1.7　城市智慧管理与智慧化社会保障需求

从图 8-15 可以看出，三市在智慧化的政府管理需求中，对于街道整治、

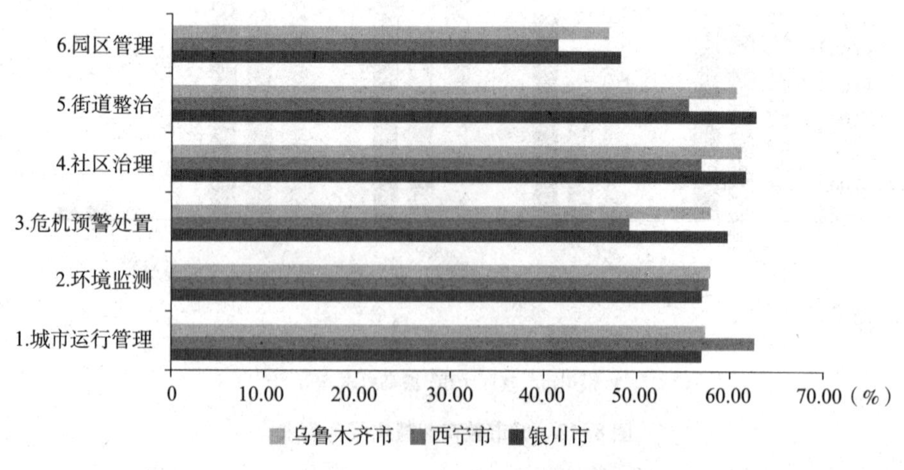

图 8-15　城市智慧化政府管理需求

社区整治、危机预警处置、环境监测和城市运行管理这些与市民生活息息相关的因素是较为关注的，关注度均超过了 50%。在以上需求中，西宁市对环境监测与城市运行管理的需求呼声是较大的。从图 8-16 可以看出，三市市民首先对医疗保险衔接的重视程度最大，其次是各类电子支付服务的便捷性和建立城市诚信制度。

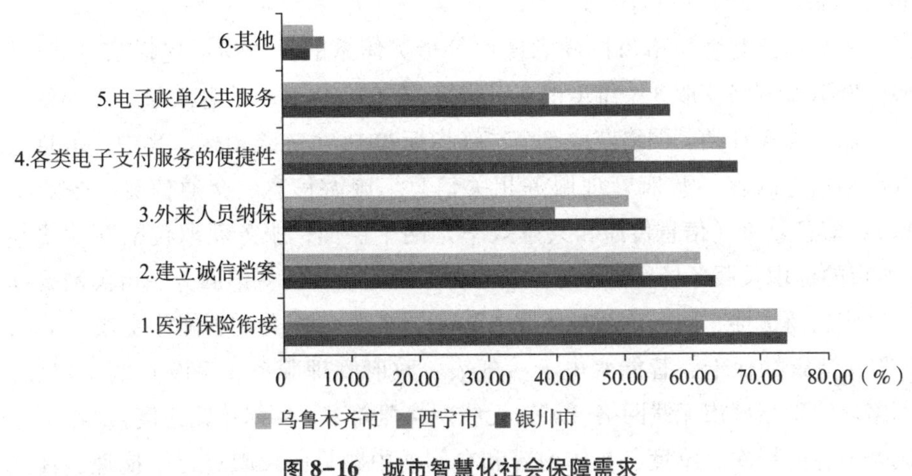

图 8-16　城市智慧化社会保障需求

8.5.2　结论

通过对三市市民进行智慧城市建设的需求调查可以发现，三个城市的调查结果均呈现出较为鲜明的需求特色，在每个内容上三个城市均没有过大的差别，但是由于每个城市发展的背景、成长的路径和自身情况的不同，对于每种具体服务的需求还是存在一些细小的差别。总体来说，市民的需求大多体现在一些共性需求上，如果哪个城市在某个方面表现得更弱，市民就会在这个方面有更强烈的需求。

8.6　三市居民满意度调查结果分析

8.6.1　三市满意度整体情况的模糊评价分析

关于乌鲁木齐、西宁、银川三市的智慧城市建设市民体验及满意度分析，本书采用模糊综合评价方法，对影响市民满意度的多重、复杂因素进行分析。模糊综合评价是指将用来反映被评事物的模型指标通过构造等级模糊子集进行量化（即确定隶属度），然后利用模糊变换原理对各指标进行综合分析。① 本书应用模糊数学中最大隶属度原则，对被评价智慧城市市民满意度的绩效进行分级评价。调查问卷将市民体验满意度的问题设计成李克特量表，分为6个测量等级：非常满意、满意、一般、不满意、非常不满意、没有体验，并将主观语义赋值为非常满意（100）、满意（80）、一般（60）、不满意（40）、非常不满意（20）、没有体验（0）。

民族地区智慧城市市民满意度评价指标体系的具体指标包括信息获取、服务获取及网络获取3个维度的一级指标，② 信息内容、信息效果、互动便利性、服务覆盖种类、网络获取5个二级指标和18个三级指标。其中，信息获取包括信息内容（政府管理服务相关信息、旅游信息、交通信息、企业信息）、信息效果（信息传播和共享效率）两个层面；服务获取包括互动便利（城市的标识及服务场所指示等汉语和少数民族语言的双语服务、市民网络挂号就医的便捷性、网上生活缴费服务）和服务覆盖种类（智能化交通、App、ETC、健康社保卡、智能水电天然气表、政府管理服务、旅游）两个层面；网络获取即指城市无线网络（城市无线网络覆盖率、网络传输速度）。本书对调查内容的层次、维度、具体内容和在问卷中题目的反映进行了梳理，具体如表8-4所示。

表8-4 居民对智慧城市建设满意度的分层、维度、内容及问卷题目

层次	维度	内容	在问卷中的题目反映
信息获取	信息内容	交通信息、健康档案、政府管理服务相关信息、旅游信息、企业信息	Q30、Q33、Q38、Q40、Q41
	信息效果	信息传播和共享效率	Q24
服务获取	互动便利性	城市标识与指示、市民网络挂号就医、一卡通	Q26、Q28、Q32、Q35
	服务覆盖种类	智能化交通、App、ETC、医疗、智能水电天然气表、网上生活缴费服务、旅游	Q27、Q29、Q31、Q34、Q36、Q37、Q39
网络获取	网络获取	城市无线网络覆盖率、网络传输速度	Q23、Q25

在进行模糊综合评价时，权重对最终的评价结果会产生很大的影响。本书首先通过专家意见确定每个指标层次的权重，然后对各位专家的意见进行综合，最终的权重确定结果如表8-5所示。

① 胡永宏，贺恩辉．综合评价方法［M］．北京：科学出版社，2000.

② 林念修，庄荣文，等．新型智慧城市发展报告2017［M］．北京：中国计划出版社，2018.

表 8-5　满意度评价指标体系内容及权重

<table>
<tr><th>层次</th><th>维度</th><th>指标内容与权重</th></tr>
<tr><td rowspan="6">信息获取</td><td rowspan="5">信息内容（0.25）</td><td>Q30 交通信息（0.05）</td></tr>
<tr><td>Q33 健康档案（0.05）</td></tr>
<tr><td>Q38 政府管理服务相关信息（0.10）</td></tr>
<tr><td>Q40 旅游信息（0.04）</td></tr>
<tr><td>Q41 企业信息（0.03）</td></tr>
<tr><td>信息效果（0.15）</td><td>Q24 信息传播和共享效率（0.06）</td></tr>
<tr><td rowspan="11">服务获取</td><td rowspan="4">互动便利性（0.2）</td><td>Q26 城市标识与指示（0.03）</td></tr>
<tr><td>Q28 智能公交站牌（0.04）</td></tr>
<tr><td>Q32 市民网络挂号就医（0.06）</td></tr>
<tr><td>Q35 一卡通（0.04）</td></tr>
<tr><td rowspan="7">服务覆盖种类（0.2）</td><td>Q37 网上生活缴费服务（0.05）</td></tr>
<tr><td>Q27 智慧出行（0.04）</td></tr>
<tr><td>Q29App 的使用（0.05）</td></tr>
<tr><td>Q31ETC（0.05）</td></tr>
<tr><td>Q34 医疗（0.05）</td></tr>
<tr><td>Q36 智能水电天然气表（0.05）</td></tr>
<tr><td>Q39 旅游规划（0.03）</td></tr>
<tr><td rowspan="2">网络获取</td><td rowspan="2">网络获取（0.2）</td><td>Q23 城市无线网络覆盖率（0.08）</td></tr>
<tr><td>Q25 网络传输速度（0.10）</td></tr>
</table>

通过各指标因素权重的确定可以发现，决定智慧城市居民满意度的指标中：城市无线网络覆盖率、政府管理服务相关信息、信息传播和共享效率、市民网络挂号就医是 4 个相对重要的指标，其权重较高。

这部分的数据来自 1811 份有效问卷，本书通过对调查问卷的整理、统计，得到单因素模糊评判矩阵及模糊综合评价，具体如表 8-6、表 8-7 所示。

表 8-6　模糊综合评价

评价项目	非常满意（100）	满意（80）	一般（60）	不满意（40）	非常不满意（20）	没有体验（0）
交通信息（0.05）	124	355	686	421	87	138
健康档案（0.05）	139	338	673	385	104	172
政府管理服务相关信息（0.10）	102	334	774	343	126	132
旅游信息（0.04）	109	362	772	363	93	112
企业信息（0.03）	125	262	732	338	89	265

续表

评价项目	非常满意（100）	满意（80）	一般（60）	不满意（40）	非常不满意（20）	没有体验（0）
信息传播和共享效率（0.06）	88	413	828	402	80	0
城市标识与指示（0.03）	120	528	790	278	95	0
智能公交站牌（0.04）	97	444	720	366	127	57
市民网络挂号就医（0.06）	147	366	659	359	152	128
一卡通（0.04）	238	568	497	285	87	136
网上生活缴费服务（0.05）	173	512	739	250	68	69
智慧出行（0.04）	109	442	699	409	104	48
App 的使用（0.05）	146	513	635	312	83	122
ETC（0.05）	162	516	671	264	80	118
医疗（0.05）	127	279	612	418	131	244
智能水电天然气表（0.05）	177	508	613	305	87	121
旅游规划（0.03）	155	426	783	329	86	32
城市无线网络覆盖率（0.08）	136	342	646	491	196	0
网络传输速度（0.10）	102	378	745	445	141	0

表 8-7　模糊综合评价结果

评价项目	非常满意（100）	满意（80）	一般（60）	不满意（40）	非常不满意（20）	没有体验（0）
交通信息（0.05）	0.068	0.196	0.379	0.232	0.048	0.077
健康档案（0.05）	0.077	0.187	0.372	0.213	0.057	0.094
政府管理服务相关信息（0.10）	0.056	0.184	0.427	0.189	0.070	0.074
旅游信息（0.04）	0.060	0.200	0.426	0.200	0.051	0.063
企业信息（0.03）	0.069	0.145	0.404	0.187	0.049	0.146
信息传播和共享效率（0.06）	0.049	0.228	0.457	0.222	0.044	0
城市标识与指示（0.03）	0.066	0.292	0.436	0.154	0.052	0
智能公交站牌（0.04）	0.054	0.245	0.398	0.202	0.070	0.031
市民网络挂号就医（0.06）	0.081	0.202	0.364	0.198	0.084	0.071
一卡通（0.04）	0.131	0.314	0.274	0.157	0.048	0.076
网上生活缴费服务（0.05）	0.096	0.283	0.408	0.138	0.038	0.037
智慧出行（0.04）	0.060	0.244	0.386	0.226	0.057	0.027
App 的使用（0.05）	0.081	0.283	0.351	0.172	0.046	0.067
ETC（0.05）	0.089	0.285	0.371	0.146	0.044	0.065

续表

评价项目	非常满意（100）	满意（80）	一般（60）	不满意（40）	非常不满意（20）	没有体验（0）
医疗（0.05）	0.070	0.154	0.338	0.231	0.072	0.135
智能水电天然气表（0.05）	0.098	0.281	0.338	0.168	0.048	0.067
旅游规划（0.03）	0.086	0.235	0.432	0.182	0.047	0.018
城市无线网络覆盖率（0.08）	0.075	0.189	0.357	0.271	0.108	0
网络传输速度（0.10）	0.056	0.208	0.411	0.246	0.079	0
综合隶属度	0.073	0.224	0.387	0.202	0.062	0.052
综合得分	57.76					

从表 8-7 可以看出，综合隶属度最高的是评价为一般的等级，模糊综合评价综合得分为 57.76，可见智慧城市建设的总体水平在一般和非常不满意之间，但更偏向于一般。

在市民满意度调查的相关问题中，“没有体验”的选择比例相对还是较高，在 19 道题目中，仅有 4 道题“没有体验”的选择人数是 0，其余 15 道题均存在不同比例的市民选择了“没有体验”选项。这也说明，在智慧城市的建设过程中有很多花巨资建设的项目，市民不知道也没有人去体验，成为摆设，造成了巨大的浪费。调查中还有很多受访者表示很多城市服务融入了科技之后，由于自身文化素质与年龄的原因不会使用，因此没有体验过。

8.6.2　三市满意度情况的对比分析

上文对三市智慧城市市民体验与满意度进行了综合的模糊评价分析，结论是民族地区智慧城市建设中市民体验满意度一般。本书通过对三个城市的数据进行对比分析，发现三个城市市民满意度水平是存在差异性的，具体如表 8-8 所示。

表 8-8　三市居民对智慧城市建设各项内容的满意与不满意比例统计

（单位：%）

选项内容	西宁			乌鲁木齐			银川		
	满意	不满意	无体验	满意	不满意	无体验	满意	不满意	无体验
城市无线网络覆盖率	11.70	27.34	—	30.70	14.20	—	32.20	11.20	—
信息传播和共享效率	11.76	22.40	—	41.24	6.93	—	44.60	6.00	—
网络传输速度	13.59	23.91	—	30.29	11.68	—	32.40	9.40	
城市标识与指示	21.01	16.06	—	42.70	6.20	—	42.80	6.20	—

续表

选项内容	西宁			乌鲁木齐			银川		
	满意	不满意	无体验	满意	不满意	无体验	满意	不满意	无体验
智慧出行	15.03	23.00	2.58	39.78	9.49	2.19	41.40	8.80	1.80
智能公交站牌	15.08	21.00	3.42	38.40	9.52	1.83	40.00	9.20	1.60
App 的使用	24.12	17.06	7.54	33.58	8.39	2.55	34.60	8.00	1.00
交通信息	12.08	22.67	8.15	33.94	14.23	3.65	35.80	13.40	2.80
ETC 使用	24.31	12.86	7.43	30.66	10.95	3.28	31.00	10.40	2.20
市民网络挂号就医	10.07	21.20	8.12	34.67	8.76	2.92	38.60	8.00	1.80
健康档案	8.12	21.65	10.91	35.53	11.72	2.56	38.00	11.40	1.60
医疗	6.37	22.32	16.61	30.66	15.33	4.01	32.80	15.40	1.40
一卡通	20.92	13.75	10.69	41.97	10.58	1.46	44.00	10.60	0.80
智能水电天然气表	17.70	16.70	8.46	41.61	8.76	2.92	43.00	8.00	1.80
网上生活缴费服务	21.17	13.98	—	37.00	6.59	1.47	38.00	6.00	0.60
政府管理服务相关信息	11.16	18.63	4.41	29.30	11.36	2.20	30.40	11.20	1.00
旅游规划	15.58	16.33	8.50	36.62	8.46	0.37	37.20	8.20	0.20
旅游信息	9.97	18.86	1.60	34.80	10.99	2.20	36.40	10.20	2.20
企业信息	5.58	15.57	6.70	27.11	14.65	4.23	28.20	15.20	0.40
平均比例	14.49	19.23	7.51	35.29	10.46	2.52	36.92	9.83	1.41

本书分别将三个城市的调查问卷进行了数据统计，选择满意、不满意和无体验三项进行统计平均，通过计算可以发现，不满意率最高的城市是西宁，不满意率为 19.23%，其次是乌鲁木齐，不满意率为 10.46%，银川最低为 9.83%；相反，满意率最高的城市是银川，满意率为 36.92%，乌鲁木齐居中，为 35.29%，西宁满意率最低只有 14.49%，不及银川满意率的一半；对于智慧城市各项内容无体验的比率，西宁最高为 7.51%，乌鲁木齐为 2.52%，银川为 1.41%。通过这些数据的对比可以发现，在这三个样本城市中，西宁的智慧城市建设居民体验满意度相对是最差的，这与第 7 章对民族地区 17 个样本城市的智慧城市建设水平的评价得分也是吻合的，西宁市作为 8 个民族省份中唯一一个不是试点智慧城市的省会城市，尽管在智慧城市建设中有一定的举措，但是与其他城市相比，缺乏科学有效的和特色化的建设方案，导致居民体验度差，满意度低。

8.6.3　基于需求与满意度调查的民族地区智慧城市建设问题分析

通过问卷调研、市民访谈和专家访谈的方式，本书对民族地区智慧城市建设中存在的市民感知度不高、建设效果一般、满意度一般的情况做了一定的梳理与分析，分析结果认为，民族地区智慧城市建设的市民满意度低的原因表现在五个方面，具体如图 8-17 所示。

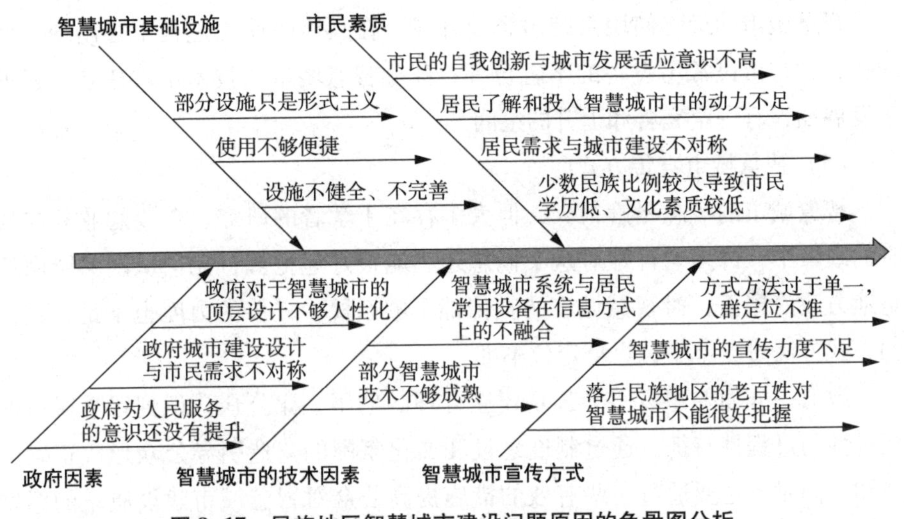

图 8-17　民族地区智慧城市建设问题原因的鱼骨图分析

(1) 智慧城市基础设施因素

智慧城市设施不健全、不完善，设计缺少人性化，导致使用不够便捷，没有提高市民使用的方便性；许多地区部分设施只是形式主义，并未真正投入使用，没有给市民带来真正的福利；对于民族地区文化水平较低的少数民族而言，还有一些智慧城市设施过于“高大上”，与城市实际经济、文化水平相脱节，没有达到使用效果。

(2) 市民素质因素

民族地区市民对智慧城市的理解不深，使相关产品和服务的使用具有一定的限制；很多地区在建设智慧城市之前，没有意识或者没有重视对市民需求的了解，而且市民也无法主动参与到智慧城市建设的意见采集中，最终使智慧城市建设与市民需求不对称；民族地区发展相对缓慢，开放意识落后，市民对于新事物的接受程度也较低，了解和投入智慧城市中的动力不足；市民的自我创新与城市发展适应意识不强，也会抑制智慧城市的发展。

（3）政府因素

在民族地区智慧城市建设中，政府是主导因素，但是由于起步晚、城市基础不好，政府智慧城市建设的顶层设计缺乏人性化；政府对智慧城市建设内容的设计与市民需求不对称，没有让市民参与进去；政府长期以来都处于行政管理的角色，没有积极主动地转变角色。

（4）智慧城市的技术因素

智慧城市的最终使用系统由企业开发，在具体的使用过程中会出现一些问题，如与市民常用设备的不融合等；部分智慧城市的技术不够成熟，还处于发展期，有一定完善和上升的空间。

（5）智慧城市宣传方式因素

智慧城市的概念尽管很火，但大多存在于学者的研究、企业的业务与政府的政策中，许多老百姓对这个概念还不能很好地把握；无论从国家层面还是地方政府层面，对智慧城市的宣传都不够亲民，宣传的力度也不足；宣传的方式方法过于单一，人群定位不准。

政府一方面要积极引导公众建立合理的期望，让公众认识到智慧城市的渐进性与过程性特征，通过制度建设和文化氛围的营造引导公众形成正确的认知。同时，也要通过一些有效的措施提高公众对智慧城市建设质量的感知效果。另一方面要在智慧城市建设过程中查找导致感知力差的原因，不断提升建设效果和市民满意度。政府要从政策制度上确立与城市智慧化服务质量相关的技术和管理标准，严格遵照相关标准开展城市智慧化服务，实现更加安全、可靠的城市管理，提高市民对智慧城市建设的感知质量与感知价值。

第 9 章

民族地区智慧城市建设路径与保障分析

智慧城市是一个复杂的城市系统，虽然涉及的领域广，考虑的要素多，外部的环境复杂，面临的风险多，但它同样也可以给这个城市和地区带来更多的机遇。智慧城市也是一个为解决问题设计的解决方案，因此要考虑其实用性与适用性。通过对民族地区城镇化现状以及发展现状的分析可知，民族地区需要发展特色智慧城市，需要根据自身的优劣势，从实际出发，通过解决自身主要问题建立智慧城市发展的核心要素。

本书通过对大量的参考文献进行梳理以及通过专家访谈、头脑风暴等方式最终确定了民族地区智慧城市的评价指标体系。将该指标体系进行深入的分析与理论的延伸后可以发现，评价指标的另一种表现形式（见图 9-1）正是智慧城市建设中应该考虑的模型与路径。

因此，如果民族地区智慧城市在这五个评价指标下深入发展，就可以实现特色智慧城市的发展，建立“民族地区的广义人文型智慧城市”发展模式。智慧城市发展模式的核心就是要把信息技术手段与人文、服务的目标紧密结合起来，以城市绿色可持续发展的宜居度和以人为本的城市服务理念为智慧城市建设的根本宗旨，为民族地区的少数民族群众提供更加便捷的城市生活和更加人性化、周到的城市服务，形成一种基于智慧城市环境，包含智慧经济、智慧基础设施、智慧管理和智慧民生的“技术+人文”有机结合的综合发展模式。

智慧城市的发展路径，即从城市空间—城市经济—城市管理—城市服务—城市创新方面，实现城市的和谐可持续发展，从而建设出广义的人文型智慧城市。民族地区的智慧城市发展路径也是基于对评价指标体系的融合，对民族地区特殊性的考虑，针对民族地区发展的重点、难点和“后起”的特殊问题的一种有效发展路径。

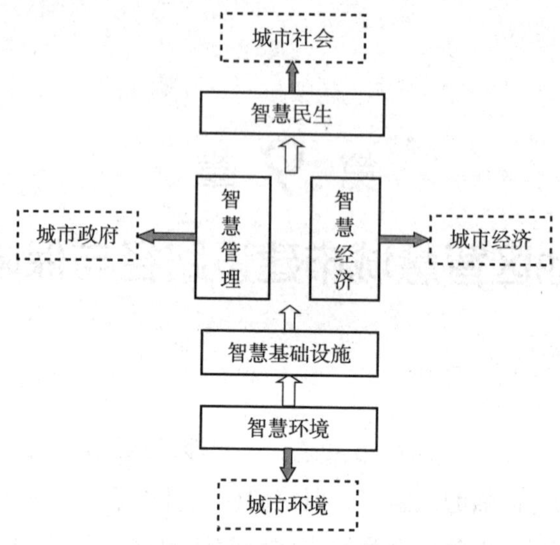

图 9-1 智慧城市评价指标的深入模型

9.1 民族地区智慧城市发展模型与路径的内涵说明

结合图 9-1 所提出的智慧城市评价指标的深入模型，综合前 8 章内容的分析，本书提出了民族地区智慧城市发展路径模型（见图 9-2）。下面对该路径模型进行说明。首先，城市管理者应该明确，民族地区智慧城市的重点在于“城市”与“人”，而不在于技术。技术虽然是智慧得以实现的手段，但是智慧的目的是使城市更加宜居，更能有效发展，所以在进行智慧城市建设时，应该分清主次，厘清发展思路。每个城市、每个社区、每个人都应该有自己的“性格”，我们应该深入挖掘城市特色，利用技术的手段强化城市的个性，而不是在利用技术解决问题的同时，创造一个冰冷的“数据”社会。因此，民族地区智慧城市的概念更多地倾向于成思危（2015）提出的广义智慧城市。广义智慧城市是以“人”为基础，强调将智慧应用到城市的点滴以及细节中，追求城市发展长期的智慧增长，而不是单纯强调从技术导向到解决方案的应用。

其次，政府要根据每个城市发展的历史形态、当地的地理特点、城市经济社会发展状况、城市信息化基础设施的特点等，进行有针对性的城市信息化发展规划，给出能解决城市具体问题的智慧城市设计方案。规划和方案是智慧城市建设的关键环节，犹如高楼的地基，如果顶层设计出现问题，后期的工作就很容易出现问题。智慧城市的顶层设计理念应该避免局限于局部，政府应该将智慧城市的设计与工业化、信息化、城镇化、农业现代化和绿色化等因素相结合，以解决问题为宗旨，实现人性化、细节化、合理化的顶层设计。

再次，政府要将智慧城市建设过程中的内容模块与民族地区建设中的难点、重点相结合，通过这些智慧内容模块解决问题。通过对民族地区智慧城市评价指标分析与市民满意度分析可以看出，民族地区的大多数城市在智慧城市建设中仍处于起步与初级阶段，民众对于城市的发展与建设的焦点大多分布在相同的区间。因此，针对民族地区智慧城市的建设模型可以考虑为：在顶层设计的基础上，对城市进行自我提高和完善。西部地区城市的发展受到诸多因素的制约，与东部地区城市的发展存在一定的差距。所以，可以借助“智慧城市”的发展契机，解决自身固有的问题和城镇化过程中出现的新问题，提升城市质量，提高市民满意度，提高城市的知名度和美誉度。

最后，在建设民族地区智慧城市时，应尊重智慧城市的发展规律，明确城市的发展目标，不要在建设初期就贪图规模化，应该一步一步逐渐实现信息数据的融合，从一个个小模块逐步去做，最后建成智慧化的城市。

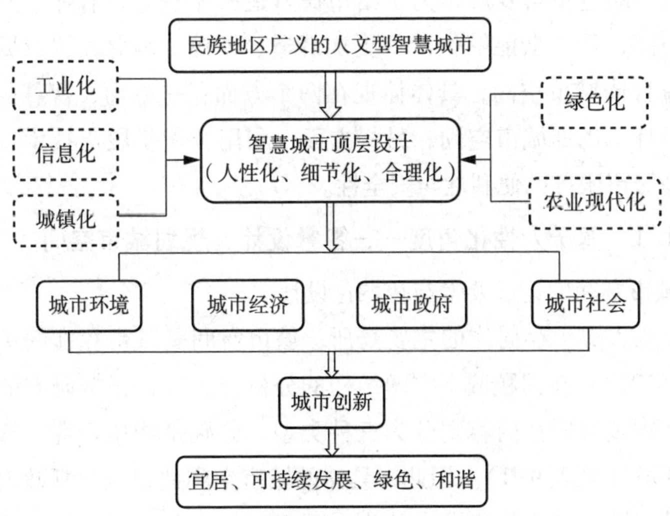

图 9-2　民族地区智慧城市发展路径模型

9.2 民族地区特色智慧城市发展路径模型的内容

民族地区特色智慧城市发展路径模型是从“城市空间—城市经济—城市管理—城市服务—城市创新”到最终形成“广义的人文型智慧城市”，建成一个和谐、可持续发展、绿色、宜居的新型城市。第一，城市空间除了绿色环境的建设外，还需要考虑基础设施建设，包括天地一体化网络、云数据中心、城市运营管理中心。第二，在城市经济的概念下，需要从产业布局、产业结构出发，提高企业的生产加工与销售能力，降低运营成本，企业要进行创新。第三，城市管理的概念是指社会治理，包括个性化的城市应用服务以及一网通、一卡通、一号通、一站通、一路通等共性应用。第四，城市服务的概念包含便民、惠民服务，如智慧交通、智慧养老、智慧教育、智慧医疗等。第五，城市创新的概念特指这个城市在自身优势的基础上，所具有的独特城市理念、城市作为、城市活动、城市现象以及城市营销等城市创新内容，也包括城市之间是否可以进行创新人才、知识与成果的交流。

9.2.1 城市空间

城市的不断进步与发展是为了给市民营造一个良好、有序、充满人文气息的城市空间，让大众能够生活得更加舒适、便捷。因此，智慧城市的建设应该智慧地打造城市空间，具体体现在两个方面：一方面，智慧的、人性化地思考、设计、规划城市空间；另一方面，利用智能手段与技术，改善城市环境，提高城市服务的便利性与安全性。

9.2.1.1 基于人性化角度——智慧设计、规划城市空间

（1）城市空间的构成要素与智慧化设计

城市作为人类生存居住的主要场所，城市空间是城市存在的一个重要概念。Knox（1982）在回顾城市空间结构的分析方法时，根据研究的目的和对象，把这个领域的研究内容划分为三种类型，分别是物质环境、感知环境和社会经济环境（见表9-1）。因此，具体的城市空间建设应包括政府、相关部门或企业投入城市发展与建设中的物质环境，如市容市貌、各类城市建筑以及城市设施等。感知环境是指从大众角度感受的城市环境，包括城市绿化、城市的布局、城市空间转移与交通的便利性以及城市所散发的文化内涵等。感知环境的满意度与物质环境的投入有很大的关系。社会经济环境则是指城

市发展中与经济发展相关的内容，包括商业性的城市广告、展牌，城市商业街、产业园区等。由此可见，一个城市的城市空间可以从很多方面建设。

表 9-1 城市空间理论框架

物质城市环境	感知环境	社会经济环境
政府、相关部门、企业等的建设投入	大众对城市的主观体验、感受	城市发展中与经济相关的内容
（1）城市基础设施 （2）市容市貌 （3）城市建筑	（1）城市绿化 （2）城市布局 （3）城市空间转移与交通的便利性	（1）商业性的城市广告、展牌 （2）城市商业街 （3）产业园区

如果将智慧城市建设放到城市空间构成要素的框架中分析，那么在城市空间的每个内容层面上，都要进行智慧化的设计与规划。

在物质城市环境层面，政府与相关部门要致力于城市基础设施的建设，要应用新型的科技手段对城市的市容市貌进行打造，对城市建筑进行规范与规划，建设新型智能绿色化城市建筑，让民族地区城市环境达到智能环保、规范有序，美观而又便捷，安全而有保障。

在感知环境层面，对城市空间的打造要注重市民对城市的主观体验和感受，重点打造城市的绿化工程、安全工程和公交系统，多设置一些城市街心公园和步行长廊等城市功能区；增加城市摄像头的数量，提高对城市信息数据的采集；多方调研、实地考察、大力发展智慧公交。智慧交通不仅仅体现在为市民开通便捷的公交路线上，也体现在互联网信息技术与公交路线、公交时间和具体线路拥堵情况的结合上，更体现在智慧地改进公交车道，让公交真正成为城市居民的重要绿色出行工具上。优化城市布局，让市民出行可以感受到方便、快捷与绿色、生态、环保。

在社会经济环境层面，要注重经济对社会环境的影响，如城市中商业性广告、商业展牌对城市环境的点缀、装饰。城市商业街往往是城市的商业繁华区域，供市民休闲、娱乐、购物，是城市环境中重要的组成部分，是现代化商业文化的载体。产业园区的规划布局要科学合理，整齐划一。产业园区也是城市中一道亮丽的风景线，既可以产生商业价值效应，又可以美化市容。

（2）智慧地营造城市公共空间环境

从城市公共空间角度来考虑，智慧城市所要营造的重点是智能化、人性化、便捷的公共空间。城市公共空间是指城市中对社会公众开放并满足其室外活动需要的公共空间，是城市居民进行公共交往和参加各种活动的开放性场所。从根本上说，作为市民社会生活的场所，城市公共空间凝聚着城市环境的精华，也是传承多元文化的载体和迸发独特魅力的源泉，城市公共空间建设可以起到美化城市形象、提高城市综合竞争力和大众满意度的作用，因此智慧城市建设过程中要重点营造智慧绿色的城市公共空间。

民族地区智慧城市建设刚刚起步，因此在公共空间的规划与设计中一定要避免机械与盲目。如果城市公共空间过于狭窄，没有市民的参与，那么这种城市公共空间就只是形式主义，缺乏市民的认同，没有生机和活力。所以在打造城市公共空间时，要注意以下几个原则。

第一，实用性原则。

城市公共空间的主体是“人”，公共空间里的一切物质都是为人服务的，如果空间华而不实缺少实用价值，那么就失去了意义。所以，城市公共空间建设需要考虑实用性原则，要充分满足人们自身的需要，要强调人与自然的和谐统一。如城市公园要满足人们娱乐、健身、交往、休闲等各种动静不一的行为需要，社区绿地则是为附近居民提供邻里交往、老人活动、儿童嬉戏的场所。

第二，以人为本原则。

城市公共空间的智慧化最应该体现出以人为本，即充分考虑人们的情感、心理及生理的需要。从心理学的角度来看，城市公共空间内座椅的摆放要考虑人对私密空间的需要，要让人感觉舒适愉悦，有目的性地根据人口年龄、结构等社区特征和人群年龄特点及心理特点进行设计；从生理学角度来看，符合人的视觉观赏位置、角度以及人体工程学要求的景观及公共设施最适宜大众。城市公共空间建设要考虑特殊人群对公共空间的要求，如从婴幼儿、青少年、成年人的行为心理特点出发，站在老人、残疾人及少数民族群众的角度，对景观环境的特殊需求进行考量，只有具有休息区、座椅尺度、专用人行道、坡道、盲文标识、少数民族语言标识、专用公厕等细微功能的街道公共空间景观，才是大众喜爱的公共空间。

第三，传承性原则。

一个城市除了现代化的发展外，还需要有历史风貌的传承来彰显个性。城市公共空间除了打造以人为本的、实用的环境之外，还需要保护好民族历史文化遗存，对历史风貌的建筑、街道等进行修复，因为它们是历史风貌的重要载体，传递着历史文化信息。政府可以充分挖掘历史文化名城、名镇、名村资源，通过对民族历史建筑、工业遗产等历史文化资源进行整合利用和展示，带动民族地区文化和民族旅游产业的发展，增加少数民族群众的就业机会和收入，扩大地方知名度，提高城市竞争软实力。

第四，智能化原则。

民族地区自然条件较为恶劣，或干旱缺水或雨水量大，因此可以践行“海绵城市”理念，打造“海绵城市”，因地制宜地设置景观湿地，进行雨水收集和调蓄，对雨污水做到零排放。针对新能源汽车的逐渐普及，在城市建设时可以在公共停车区域大比例采用充电桩，尤其是高原地区的民族城市可以充分利用太阳能等新能源，减少尾气排放与污染。

9.2.1.2　基于技术角度——智慧改善、保护城市环境

(1) 智慧地保护城市生态环境质量和资源的可再生性

城市的可持续性发展是最为重要的，只有良性的可持续发展，才是城市智慧发展的最终目标。打造良好的城市生态环境既是城市发展的最大难题，也是最重要的目标。城市生态环境同时具有自然环境和社会环境的双重属性，要在尊重自然环境的基础上，对自然环境加以改造，让其更适合人类居住和生活，并且会把人类特有的文化特质添加进去，让城市生态环境具有地方特色。

城市生态环境包括自然生态环境和城市人工生态环境，本书重点分析自然生态环境。自然生态环境包括城市气候、地质地貌、城市环境污染等，它不仅是城市资源的源泉，也是人类生活、居住的环境。在城市建设中，我们不能只利用城市的自然环境，而是要发挥科技的作用，帮助城市补充其自身不具备的功能，并对开发建设所导致的环境损失进行补偿。但是，随着社会经济的不断发展，城市现代化水平的不断提高，城市生态系统和自然环境也遭到了破坏。由于城市建筑物与人口的集中，人工供热、交通繁忙等因素，使城市发生了小气候变化，如酸雨、冰雹、温度升高、气候多变、阴天等。城市环境的污染也日益严重，如大气污染、水质污染和噪声污染。民族地区的传统资源主要集中在煤炭、天然气、矿产等污染较为严重的资源型产品上，这些资源的开采与利用必然会增加自然生态环境压力和资源可再生性的难度。

水质污染、大气污染、噪声污染等城市生态环境问题，都可以在智慧生态城市建设下，以系统化、智能化、科学化的方式解决。政府要从整体规划到各个层面，构筑城市生态环境的智慧化保护体系，通过信息科技对环境进行科学的监测、预警、分析和决策，从智慧生活、智慧监控、智慧工业等方

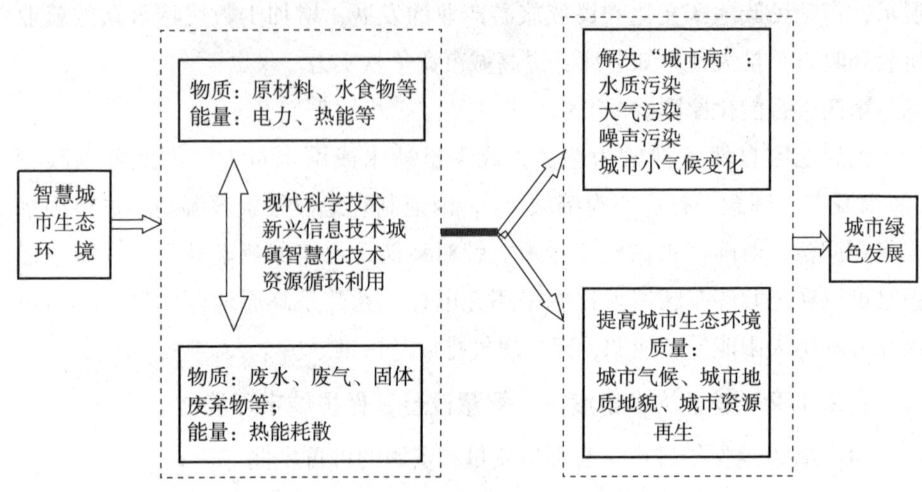

图 9-3 智慧生态城市环境促进城市绿色发展

面严守生态红线，加大城市生态保护力度，结合污染防治攻坚战，着力加强污水、废气、固体废弃物等常规污染问题的综合治理。此外，在智慧城市的建设中要融入低碳、集约、绿色等生态文明理念，要应用新型的资源重复利用技术，推进节能环保，促进资源环境的可持续发展。智慧城市建设要全面构建环境质量目标、环境法规制度、环境风险防控、环境保护责任等保障措施，以确保城市自然环境的高质量。

（2）智慧地建设城市基础设施

民族地区城镇化起步晚，因此在基础设施与网络信息设施建设方面较为薄弱。智慧城市要想获得智能化的管理效果，首先要架构智慧硬件，实施基础设施的智能化建设，使城市中的人和物能够相互感知和互联互通，实现信息对称。"更全面的感知"作为智慧城市的一个主要特征，与传统的基础设施建设要求是不同的，智慧城市的基础设施要求能够更深入地收集城市的各种数据和信息，以便整合和分析海量跨地域、跨行业的数据和信息，能对信息进行加工处理和挖掘，为城市的管理、服务、创新等提供底层数据资源，进而对城市进行科学化、精准化的管理。因此，智慧城市基础设施建设是智慧城市建设中基础性、关键性、支撑性的工作。

智慧基础设施包括三个层面①：信息网络设施、信息共享基础设施和传统基础设施的智能化改造（见表 9-2）。

① 姜德峰，齐瑞瑞．智慧城市网络基础设施建设及评估指标体系［J］．电视技术，2013（14）．

表 9-2 智慧基础设施建设内容

智慧城市基础设施建设内容	具体指标	评估要点
信息网络设施	宽带网络、三网融合	互联网普及率、无线宽带覆盖率、光纤入户率、广电数字业务普及率、宽带数据业务普及率等
信息共享基础设施	政务云、四大基础数据库、信息安全服务	政务数据存储率、政务数据交换共享率、基础数据库建成率、各部门数据库统一应用情况、安全测试与服务中心建设情况
传统基础设施智能化改造	交通设施、地下管网、安防设施、楼宇及其他建筑物	主要交通部件感知设备覆盖率、主要管网部件感知设备覆盖率、主要安全设施感知设备覆盖率等

9.2.2 城市经济

智慧城市蕴含巨大的社会和经济效益，智慧城市建设对促进城市经济持续发展有着重要作用。据世界银行测算，一个百万人以上人口的智慧城市，达到实际应用程度 85%时，在城市投入不变的情况下财富能增长 2.0~2.5 倍，[①] 这意味着智慧城市建设可以促进该城市经济至少两倍的增长，智慧城市这个大系统分别从智慧政府、智慧教育、智慧能源、智慧医疗、智慧建筑及智慧交通等方面促进了城市经济的发展。[②]

(1) 智慧城市建设能为当地居民创造就业机会和提高收入水平

智慧城市的经济价值不仅在于能提高 GDP，其还可以带动钢铁、水泥、电力、能源等传统行业的就业，能够促进高科技产业的发展，带来大量的知识型就业岗位，从而推动城市服务的转型升级和服务经济的增长。智慧城市可以通过更为开放的沟通与信息推广为城市发展带来商机，如通过“互联网+商业”的模式为传统民族产业带来国际营销的机遇，从而增加产量与销量，使居民就业率提升。所以，民族地区通过智慧城市建设，可以发展新兴产业等相关产业，各产业可以相互促进、共同发展。

(2) 提升城市经济的发展环境

智慧城市建设对于促进城市经济发展环境的提升具有明显作用。首先，智慧城市可以通过智慧化的科技手段与大数据技术，为民族地区城市的产业趋势与市场需求做出科学的预测，从而为企业的生产经营提供重要的决策依

① 田为兴，何建敏，等．智慧城市技术标准体系及其应用的金融支持研究［J］．中国科技论坛，2014（12）．

② 牛文元．智慧城市要实现两大革命［N］．经济参考报，2013-11-01（8）．

据。其次，智慧城市帮助民族地区城市获得了发展活力。民族地区城市不同于东部地区城市之间联系紧密，由于特殊的地理、经济、政治等因素，民族地区城市市场缺乏活力与创新，而智慧城市可以充分调动市场、技术和产业组织等智慧产业要素的互补和融合，各要素之间能形成相互协作、协同、创新，从而不断形成智慧城市竞争力。尤其是民族地区，本身具有独特的民族地域文化产业，只是缺乏创新和宣传，一旦借助智慧城市的平台将各种信息、技术、文化资源进行交叉、渗透与重组，重构城市系统，就一定会推动城市经济的良性发展，形成自身独特的“智慧城市”竞争力。

（3）智慧城市让企业降低了运营成本

除了市民以外，企业是智慧城市最大的受益者，在互联网环境下，智慧城市建设可以为企业在创新经营模式、产品和服务方面带来新的思路。民族地区企业起步和发展较晚，其发展观念和技术都严重制约着企业的发展，企业对外界的信息接收也是滞后的，信息的不对称以及传统的经营管理方式使企业发展存在障碍，所以企业也急需创新的经营思维，希望通过一定的技术手段将企业的运营成本降低，并且更好地实现经营目标。

（4）创新企业经营模式

智慧城市建设关系到城市中的每个主体，如企业与个人，尤其对于民族地区的企业而言，智慧城市建设是前所未有的机遇。企业应抓住智慧城市发展的契机，运用智能化与大数据等有用的数据信息，大胆进行经营与营销模式的创新。

第一，创新营销方式。

民族地区企业在营销理念上过于落后，在营销手段上较为单一，而智慧城市为企业的营销创新提供了很多的思路，尤其是互联网技术给企业提供了新的思维、新的技术和新工具，企业利用这些新技术能进行个性化的产品设计和研发，企业在产品、服务以及商业模式方面的创新成为可能，智慧城市可以帮助企业实现内涵式增长。

第二，创新顾客关系管理的方式。

企业面对的顾客是多元的，在这些顾客中，既有文化知识水平较低的，也有文化知识水平较高的；既有对产品有特殊要求的，又有对产品价格要求较高的，还有对产品质量要求较高而对价格不敏感的。面对形形色色的顾客，新的互联网营销的顾客关系管理对企业来说，既是一种机遇也是一种挑战。智慧城市的大数据可以帮助企业对顾客进行管理，企业可以利用大数据营销获得良好的效果。

第三，创新企业商业模式与管理模式。

数字融合下的产业形态创新，不仅提升了产品的竞争力，还推动了区域经济转型升级。这些新兴业态激发了城市文化活力，彰显了新兴产业发展魅力，对城市形象建构和美誉度提升作用显著。创意驱动下的融合效应，可以带动相关产业跨越式发展，产生良好的经济效益、文化效益、生态效益和社会效益，进而促进区域经济可持续发展。因此，加快城市文化与相关要素资源融合发展，可以催生具有"交叉性"、跨界的新经济业态，强化文化产业的引擎作用，提升区域经济的可持续发展能力。

9.2.3　城市管理

从众多国内外智慧城市建设的经验中可以发现，智慧城市建设最明显的成效就是可以形成智慧型的服务政府，提高了政府管理的效率。作为智慧城市的核心，城市管理和智慧政府的高效运行充分展现了智慧城市的行政服务价值。民族地区城市地理面积大而辽阔、人口相对分散、民族众多、居民受教育程度低、城市发展相对滞后等一系列因素使城市管理的难度较大，因此在民族地区进行城市管理需要引入服务型政府的管理理念，因为这种服务型政府意味着政府的角色发生改变，由纯管理转变为"管理+服务"，这种转变可以让政府以民为本，更清晰地看到市民群众的需求。城市管理要以为社会、为人民服务作为其存在、运行和发展宗旨的一种基本理念和价值追求。

智慧城市建设可以改善政府管理的形态与效果，将政府的城市管理行政职能慢慢转移成智慧性的服务职能。所以，民族地区智慧城市建设的关键路径就是要进行智慧化的城市管理，将政府的城市角色定位成智慧、服务型政府（见图 9-4）。

第一，智慧城市的便捷性和高效率使政府提供更多的服务成为可能。要想让技术更加人性化，更加有效率地为市民服务，就需要从政府层面做起，转变观念，本着以人为本的原则，简化行政服务环节，提高行政服务效率。尤其是民族地区，特殊性与复杂性比较明显，政府管理过程中会遇到各种问题与情况，所以政府办公人员应转变观念，增强工作中的服务意识。智慧城市的便捷性和高效率使政府提供更多的服务成为可能，政务工作者可以利用信息通信技术从以往繁杂的行政事务中脱身，致力于提高服务意识，做到与市民大众多交流，从而发现问题、汇总问题，为下一个阶段的业务流程再造提供新思路。

笔者在调研过程中发现，很多城市政务办公大厅的工作人员都反映，智慧政务系统正在简化办事流程，让市民少跑路，同以前办事周期相比时间缩短了许多。在对市民的调研中发现，市民也感觉许多业务同过去相比更加方便快捷，并且许多业务的办理过程变得更加严谨了，行政业务更加规范化。政府要把智慧政务通过一定的渠道对大众进行宣讲，让市民尽量选择便捷的方式处理业务，能通过App和公众号解决的，就尽量不去行政部门。

第二，大力推进政务信息共享、业务协同和流程再造，建设“新型智慧政务”。

智慧城市可以提高城市管理的效率和创造透明度。智慧城市能做到部门数据共享、简化行政审批程序、辅助人工决策等，从而推进政务信息共享、业务协同和流程再造。

智慧城市管理的流程再造，可以将政府的城市管理工作分解为后台技术层面与前台服务层面，后台技术层面的工作以前台的服务问题为依据。在技术层面，政府可以将市民的各种特殊性问题进行汇总、整理、分析，在工作中形成一个有效的工作思路与规划，从而为城市管理生成一个实在有用的智慧城市管理方案。

对于建设政务信息与业务协同，政府应搜集、整合并利用各类信息资源，从而为政府管理提供价值最大化的信息数据，为政府各项决策提供依据；要不断整合政务资源，提高政务效能；要通过对无线政务信息平台的完善充分发挥其业务协同力。

第三，建设智慧、精细、立体的城市治理模式。

针对民族地区城镇化过程中的特殊性，智慧城市建设应建立精细立体的网格化城市治理模式，让城市问题在管理范畴中有很好的把控并且得到解决。政府要选择重点工作进行布局，在城市的交通管理、城市住建管理、城市监管、平安城市、应急管理等方面寻求有效的解决方案，做出创新与有效的应用，构建综合智能的系统平台，从而将城市的交通体系、监管体系、安全体系，以及征信体系之间全部连接起来，达到协同融合、安全可控和绿色智能。

第四，通过智慧城市管理营造信息惠民环境。

智慧城市通过对政府信息资源的整合和智慧政务的构建，促进了良好信息化环境的形成，推动了公共服务信息化建设进程，提高了城市与市民生活的贴合度，为市民构建了幸福宜居的信息惠民环境。通过信息化环境的营造，智慧城市让市民大众有一个信息化生活的良好氛围。在信息惠民环境下，市民开始采用信息化生活方式，改变了传统的生活与消费模式。对于政府而言，需要提升区域信息融合应用能力，需要建立贴合企业与市民习惯的市民公众服务体系与平台，为大众提供方便快捷、多渠道的服务，需要搭建政企、政民的沟通桥梁，为市民提供可靠、稳定、连续性的信息资源，形成一站式的市民公共服务体验。许多民族地区城市都有一个普遍的现象，就是政府没有给市民提供一个良好的信息环境，市民自身也不主动获取信息。笔者在对样本城市的调研分析中发现，政府社会化民生服务水平、社会化媒体参与度、市民信息化宣传推广情况的专家打分分值均较低。因此，惠民信息环境仍旧是民族地区的一个短板，需要大力发展。

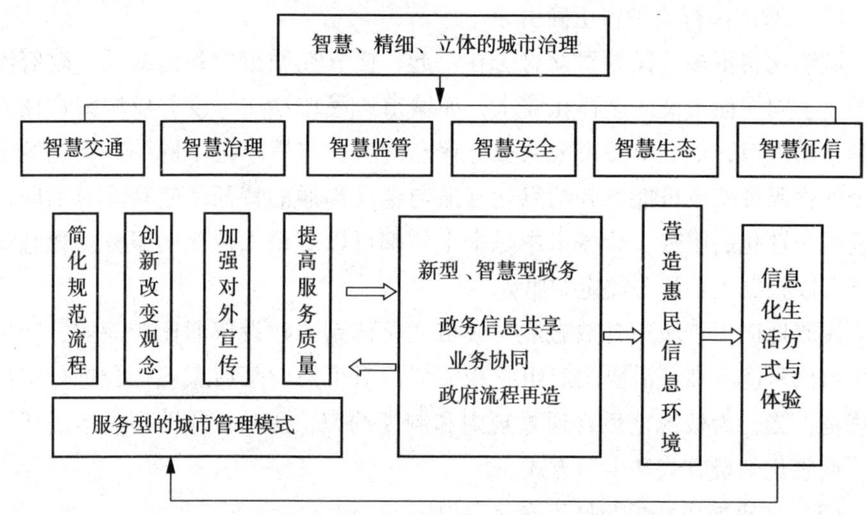

图 9-4　民族地区智慧城市管理路径内容

9.2.4　城市服务

针对民族地区的特殊情况，智慧城市建设中的重点领域与惠民服务要做到实处，如精准扶贫、生态环境、旅游等都要实现智慧化的服务。

城市服务可以划分为以下三个领域：第一，公共服务领域，如社会保障、文化教育、医疗卫生、民政优先等；第二，公共事业领域，如公共交通、水电、天然气等；第三，民生服务领域，如旅游文化、商业贸易、物业管理等。这三个领域的城市服务都关系到民生服务，所以在智慧城市的建设过程中，要更多地将信息技术运用在这些方面，并且要考虑人性化的细节问题，让居民生活更便捷。

每个城市都有自己的城市问题，在对17个样本城市进行评价分析的过程中，发现民族地区城市既有共性问题，如智慧化的网络基础设施普遍薄弱、市民文化素质水平普遍较低、经济发展相对滞后等，也有个性化问题，如8个民族省份都会有特殊的民族、特殊的宗教信仰，所以智慧城市建设的首要问题就是智慧地维护城市社会稳定，为经济健康发展提供安全保障。

(1) 提高民族地区城市的公共服务质量

各城市在智慧城市建设中要重点关注公共服务问题，如新型城镇化进程中少数民族人口流动率与各民族人口融合问题、民生和安防、生态环境的保护、城市公共环境等。智慧城市建设要保证各民族人民平等获得正当权利，获得均等的社会安全、绿色健康的工作生活环境、医疗和教育等。

(2) 对市民行为进行正确引导

城镇化将更多的民族群众融合在一起，使其在城市中和谐共处。政府需要关注不同层面市民的多样化需求，如城市居民按性质可以分成城镇常住人口和流动人口，他们对城市公共服务信息的关注与需求是不同的。智慧城市将个性化服务变成可能，其信息化互通与精准沟通的特征，使其能对不同市民提供个性化的服务，让城市中每个个体都可以获得人性化的服务。智慧城市还可以根据人群的分类定制服务。

民族地区由于城市开放较晚，城市文化体系的建设依旧比较薄弱，所以很多市民素质不高，需要政府组织相关部门对市民的落后意识行为进行引导与规范，当行为被规范后再通过规则和制度约束、激励，帮助市民形成智能化、低碳化消费方式和生活方式。

(3) 注重城市特色与城市文化的识别

智慧城市建设不是把所有的城市都变成千篇一律的现代科技化城市，智慧城市强调城市的“真智慧”，是在保留城市特色与特有文化的基础上，利用智慧城市的信息数据，让城市变得更宜居、更生态。信息科技技术也可以彰显城市特色文化，可以让城市居民与外来游客更便捷地识别民族传统文化。例如，智慧城市可以通过大数据整合信息资源，将传统民族文化资源通过数据库的形式整合起来，一方面能对文化进行新颖的宣传，另一方面也能对其进行保护与抢救，从而让人们对传统文化有更新的认识，提高民族文化地位。

城市文化是不同城市特有的文化成果，它的内容与形式根植于城市特质资源，是对城市特质资源进行凝练与整合。城市特质资源是属于民族传统文化，是传承民族文脉的资源。只有历史的、民族的，才是特色的。智慧城市建设要找到城市中最容易被人们重视的特色属性，如这个城市所具备的历史属性、自然风景属性、民俗文化属性等。例如，成都的美食、西宁的凉爽、西安的历史、拉萨的宗教等，这些特色要在智慧城市建设中被体现与放大。智慧城市建设中要对“特色与文化”进行设计，要结合民族地区已有的生态优势和政策优势，利用智慧城市的有效手段，通过城市营销提高城市竞争力。需要注意的是，智慧城市建设要找准精细化、个性化的特质定位，形成差异化竞争优势（见表9-3）。

表9-3　构建智慧城市发展中“城市特色与文化”的关键流程优势

步骤	发挥特色与文化优势			智慧城市服务功能
	文化优势	生态优势	政策优势	
理念	正确认知城市特色弘扬城市独特文化	可持续性地发展已有生态优势	最大限度地利用好政策	智慧城市的认知层面（思想理念、文化环境）
过程	文化定位、文化传播文化提升	生态定位保护生态相关工程，优化生态环境	政策解析、政策利用	城市信息数据的搜集，整理，数据库的形成、传播
反馈	建设中的不断完善、修正	建设中的不断更正	建设中的不断更正	智慧城市的自我修复、完善
提升	提升城市文化实力	生态宜居的城市环境	利用政策自我发展	智慧城市的可持续发展

（4）设计出“便捷化、人性化”的城市服务

智慧城市要想提高群众获得感，就应该更好地满足人们的城市生活需求，提高人们的生活质量。智慧城市的核心内涵是以人为本，对于市民大众而言，他们对智慧城市的感知焦点就是智慧服务，即城市是否宜居，是否可以为群众提供优质满意的服务。智慧城市建设要与群众的需求紧密结合，建设以群众需求为导向的普惠化的智慧城市。如开通“市民一卡通”“新型智慧社保”“新型智慧教育”等功能，实现公共服务领域的一卡多用，使社保领域向着全流程网络化协同管理方向发展；扩大居民电子健康档案建立的覆盖面，加快建设各级医院信息化系统，实时、公开、共享医疗资源分布信息和就医动态信息，促进“新型智慧医疗”的建设。

9.2.5　城市创新

智慧城市是“双创”的重要形式。智慧、创业、创新、智慧城市四者之间的关系是紧密和微妙的。①

创新是民族地区智慧城市建设的主要驱动力。首先，从智慧城市的概念与

① 国脉研究院．智慧城市：以人为本的城市规划与设计［M］．北京：机械工业出版社，2017.

内涵来看，智慧城市是基于新一代信息技术的革新、社会管理观念及公众生活观念改变的基础上形成的一种新的城市发展理念和模式，其建设的要素离不开创新。从城市的发展历史角度来看，智慧城市本身也是一种前所未有的创新。其次，从民族地区新型城镇化发展面临的复杂问题来看，民族地区智慧城市建设不能简单地模仿东部地区城市，所以民族地区智慧城市的建设内容，从顶层设计到具体功能模块规划，都需要结合民族地区的特殊情况进行创新性的建设。再次，民族地区智慧城市的建设在工作的推进、资金、人才等方面都存在很大的难度，城市管理中既存在一些与其他城市相同的共性问题，还有一些个性化问题，所以要解决这些城市问题，就需要在智慧城市建设的思路和方法上有所创新。最后，民族地区的智慧城市建设需要有创新理念，民族地区信息闭塞，观念较为落后，很多政府部门还不能很好地开拓思维，以新的思维理念进行城市管理，所以民族地区建设智慧城市，政府部门的创新理念是首要条件。

从创新条件和创新能力方面来看，民族地区城市与北京、上海、广州、深圳等无法匹敌，甚至不及很多东部地区的县级城市。但是，民族地区城市有自己的特色，所以其智慧城市建设要针对每个城市的自身优势，挖掘鲜明特色，进行精准的定位，以建设国家创新型城市为契机，以创新促转型、促发展。从智慧城市发展的阶段性特征来看，东部地区城市群的智慧城市已经从早期的尝试期发展到现在的稳定与完善期，在未来 3 年，民族地区的城市将成为智慧城市建设新的主力军，智慧城市建设也将成为民族地区城市发展的主要工具和有效的技术手段。

首先，要把创新当成民族地区城市的强大竞争力。民族地区城市多以“民族产业、民族文化、悠久历史、生态环保”为特色，但如果想走得更远，更具有发展动力，就必须与时俱进。哪一个民族地区城市能够抓住智慧城市建设的机遇，其竞争力必然会增强。所以，应该积极创新城市发展，用智慧城市建设增强城市竞争力，建成“智慧化+特色化”的新型特色城市。

其次，要建设有准确定位的智慧城市。智慧城市的发展过程是从 1.0 基础级到2.0 综合级再到3.0 发展级，每个城市都需要按照这个发展阶段逐渐全面地发展，可是每个城市也会根据自身的综合实力以及特色，走出极具特色的智慧城市发展模式，可以在智慧政务上有自己的独特方案，在智慧交通或智慧医疗上有独特之处，在智慧农业上极具特色。总之，每个城市都应该针对自己的优势产业以及首要问题，对智慧城市建设进行定位。

再次，智慧城市不是被规划出来的完美城市，而是充满活力的城市。民族地区的智慧城市更应该结合自身特征，以创新理念做出恰当的智慧城市发展战略及方向定位。智慧城市在每个省份的应用都应结合其地方特色，有针对性地解决问题，而不是大而全。

最后，利用智慧城市建设在民族地区做创新、创业的跨界发展。在创新、创业大政策趋势下，越来越多的企业、个人投入“大众创业、万众创新”的行列中，民族地区独具特色的民族产业刚好可以在这一大的环境下迅猛发展。在智慧城市背景下，民族地区的创业者可以在同样的信息平台下获得均等的机会。智慧城市建设会产生“倒逼机制”，要求政府充分利用大数据、云分析等技术将城市服务整合成一个统一的公共平台。智慧城市通过移动互联通道，为创业者、创新者和广大市民提供了电子政务一体化与政府数据开放服务，并迅速受理、反馈和审批各类事物。市民可以通过手机享受行政服务大厅的一站式服务，如进行信息查询、在线预约、在线办理等，大幅度提升了社会整体服务的效率和水平。这一系列的生活方式与环境的质变，都会使民族地区的城市发展、产业布局优化调整与经济发展态势产生潜移默化的良性变化。

9.3　民族地区智慧城市建设的保障体系及保障对策

9.3.1　民族地区智慧城市建设保障体系的确立

保障体系是指系统运行所必需的外部支撑、基础条件等要素构成的子系统。智慧城市建设是一个庞大、复杂、长期的系统工程，涉及多个部门、多个领域、多个区域，因此需要一个系统而有力的保障体系。智慧城市保障体系是智慧城市顺利推进的前提和保证。①

智慧城市的建设存在对智慧城市内涵认识不清，智慧城市建设缺乏有效的顶层设计规划，智慧城市建设中数据的利用不足，智慧城市建设信息安全问题和政策制度激励不足等问题，因此智慧城市建设需要一个有效的保障体系。民族地区智慧城市保障体系的提出，正是以民族地区智慧城市建设中存在的问题为导向。从图 9-5 可以看出，每个问题都可以归类到一个保障层面，因此民族地区智慧城市建设保障体系的内容包括认知保障、组织保障、政策保障、管理保障四部分内容。认知保障是指从意识、理念层面进行广泛的宣传、人文环境

---

① 刘奇，等．走向智慧城市：我国智慧城市建设若干关键问题研究［M］．北京：科学出版社，2014（7）．

的营造等，让全体市民对智慧城市有一个正确的认识；组织保障是指智慧城市工作要形成领导小组，要有一定的组织架构，要做好顶层规划与设计，并且积极开展试点工作；政策保障是指建立法律法规，以此进行规范性管理，通过有效的激励和设定部门考核任务提高智慧城市建设成效；管理保障是指智慧城市建设应推广行业标准，注意防范信息安全问题。这些保障措施都是针对民族地区智慧城市建设中出现的问题提出的。

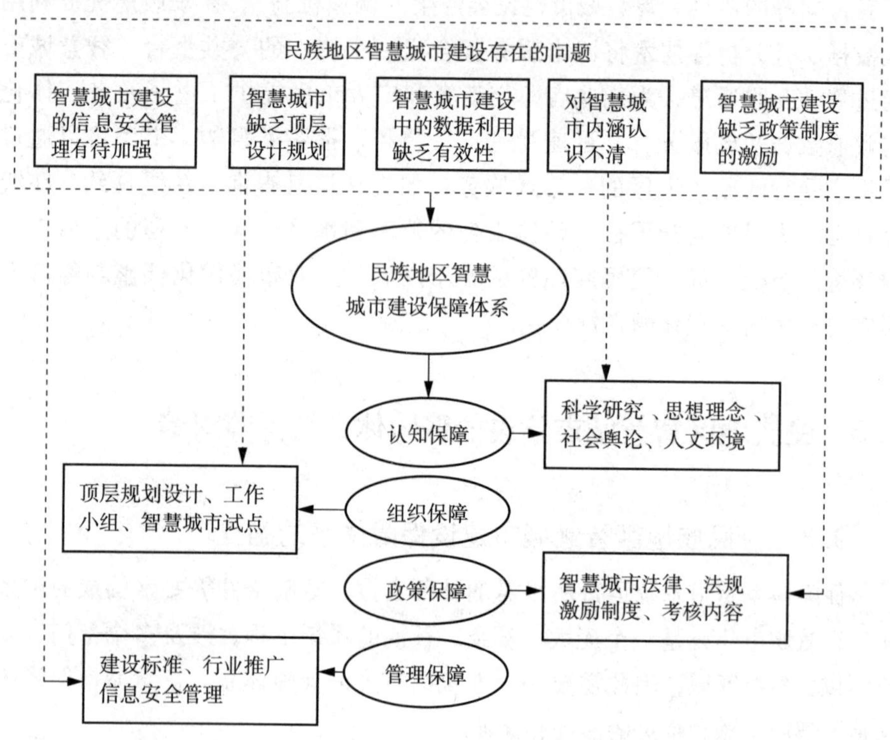

图 9-5　基于问题导向的民族地区智慧城市建设保障体系框架

9.3.2　民族地区智慧城市建设保障体系构建路径及措施

9.3.2.1　加大宣传，提高智慧城市认知度

智慧城市作为新兴事物和一种城市发展的新理念，在很多地方都存在认识上的偏差，市民对其认知度偏低。所以建设智慧城市，首先就要从认知层面给予基本的保障，要加大宣传力度，提升社会各界对智慧城市的正确认识与深刻理解。

第一，要将智慧城市建设与本省、市的城市品牌、城市定位、城市发展战略相融合。智慧城市不是一个孤立的系统，它应该与城市现有的发展系统紧密相结合。因此，政府应明确把握智慧城市建设的重要性，并将其融入城市建设工作中。

第二，加强智慧城市的宣传工作，让人民群众更透彻地了解智慧城市的进展与功用。政府要充分利用各类媒介，采取灵活多样的形式，如有奖问答、公益宣传广告、社区专栏等老百姓喜闻乐见的形式，广泛开展有关智慧城市建设的基本知识宣传和普及。政府要对已建成的智慧城市项目和成果进行宣传展示，使智慧城市建设能够进家庭、进社区、进学校、进课堂。

第三，通过“体验”“事件”等城市营销手段让智慧城市更易被认知。政府可以将智慧城市在文化馆、博物馆、图书馆、美术馆、科技馆、纪念馆、工人文化宫、青少年宫等公共文化服务设施、教育示范基地、民族文化遗产建设中大力推广，使市民可以通过这些公共服务设施更好地体验智慧城市。在各种城市活动与城市事件中采用智慧城市元素，让人们感知智慧城市的本质与内涵。

第四，增加对智慧城市的理论研究与培训力度。要着重开展智慧城市、信息化城市的城市管理科学理论专业化研究，尤其要深化地方特色理论相关研究，从而为民族地区智慧城市建设提供参考依据。可通过线上线下相结合的方式进行智慧城市相关理论的专题培训，从而促进智慧城市建设工作的顺利推进。

9.3.2.2　加强领导，建立健全智慧城市组织体系

第一，要有一个好的规划和顶层设计。智慧城市规划和以往城市规划的不同之处在于，智慧城市的规划要将政府、企业、市民、专家、社会团体等主体纳入规划中。当各主体都参与到智慧城市建设中后，主体间能通过协商使地区间、地区内的各种利益相互平衡并达成一致，从而有效地实现“集约、智能、绿色、低碳”的规划目标。

第二，形成健全的组织机构。政府要成立智慧城市的组织工作领导小组、专家咨询及指导工作小组等，对智慧城市建设进行系统的规划、管理、组织和控制，从组织领导机制上给予重视，通过规范且强有力的组织体系推进智慧城市建设，从组织层面保障智慧城市建设的顺利推进，从而提高建设效率。健全工作机构，明确工作重点，明确责任分工，形成“需求调研—工作计划—组织—执行—控制”的良好工作局面。

第三，重视省内试点智慧城市的示范性作用。政府部门可以通过“以点带面”的方式，让基础条件好的城市作为试点，再将好的建设经验进行推广，逐步稳定推进智慧城市的建设工作；政府可以围绕民生保障和公共管理等领域的重、难点问题，进行智慧城市的试点项目建设，从而不断积累建设经验。

9.3.2.3 统一标准，强化智慧城市技术管理能力

第一，逐渐推进智慧城市建设中的标准化管理。智慧城市建设要有一套规范的标准体系，让其建设有章可循。政府要在设计、建设、应用和管理等方面，加快信息资源数据标准、目录的建设进程，使其更加完善。在民族地区智慧城市建设中，“公共信息资源平台”作为智慧城市应用的基础支撑平台，是重点建设内容。公共信息资源平台上的单位、部门众多，服务对象广泛，因此需要有规范性文件进行管理，从而为未来跨区域的智慧城市信息互通、共享提供一定的保障。在智慧城市的不断推进过程中，政府要推进标准的制定，让智慧城市建设有依据；要以标准化建设促进信息资源的规范化和科学化，推动信息平台的有效发展，从而完善智慧城市管理和服务流程。

第二，与国家政策标准、先进地区的地方标准靠拢。民族地区应该加强对“十三五”规划中提出的新型智慧城市标准的学习，且主动参照先进城市或地区的地方标准，依据自身实际情况，实事求是地研究和制定自身的标准。

第三，高度重视信息安全问题。首先要从观念意识上加强对信息安全防范的重视；其次要构建网络安全系统，将保障网络安全作为日常工作，要构建“感知—预警—通报—处置”的网络信息安全闭环系统，并建立合理、有效的安全管理组织架构，配备责任人员岗位，明确角色与责任；最后要提高信息安全事件应急处置能力，积极组建信息网络安全应急的咨询专家团队和救援队伍，并大力扶持相关科研工作。

9.3.2.4 制定政策，完善智慧城市的政策体系

第一，制定政策文件，健全智慧城市建设法规，为智慧建设提供规范性的法律与政策保障。例如，银川率先出台了全国首部智慧城市建设地方法规——《银川市智慧城市建设促进条例》，该条例的出台让银川的智慧城市建设有了法律根据，为智慧城市产业的发展提供了法律保障。

第二，确定灵活的激励机制。对于智慧城市的建设应该实行灵活多样的激励机制，让相关部门有工作动力与积极性。

第三，建立合作保障体系。鼓励政府组织、社会组织、智慧城市建设企

业和市民等多方参与，建立智慧城市合作的保障体系，在合作中共同谋福利、谋发展，实现以市民需求为根本的合作机制，达到共赢的目标。

第四，将智慧社区打造成为民族智慧城市的智慧中心。社区作为民族地区城市的重要组成部分，可以更好地与市民互动，实现精细化管理。智慧社区的打造，能为市民提供精准化的便利，将智慧城市的优势浓缩在社区当中，加快了和谐社区的建设。智慧社区可以增加社区网格化管理的深入性与创新性，将企业、社会组织、社区居民、志愿者组织等社区主体融入社区的管理之中。

第10章 民族地区智慧城市建设思路与对策分析

10.1 民族地区智慧城市建设思路

智慧城市的建设是一个长期的过程，其实现过程也不局限于某一种路径。民族地区智慧城市建设应该结合新型城镇化中的重点问题，在“安全稳定、保护生态、精准扶贫”等方面，有针对性地根据城市规模、性质、级别、少数民族比例等要素，有区别建设、创新。民族地区智慧城市建设应充分利用大数据，以“以人为本、网格化管理、信息大数据支撑、人性化服务”的创新体系，推进政府转型，开展全方位的网格化社会管理与惠民服务，走出一条基于“智慧化人性管理”和“大数据下的高效政务”的智慧城市发展道路。

10.1.1 针对不同规模城市的特征实行精准的智慧城市建设

2014年，国务院发布了《关于调整城市规模划分标准的通知》，对城市规模进行了以城区常住人口为统计的新划分，将城市划分为五类七档：小城市（包括Ⅰ型小城市和Ⅱ型小城市）、中等城市、大城市（包括Ⅰ型大城市和Ⅱ型大城市）、特大城市以及超大城市。

2014年，我国人口规模在100万人以上的城市有140多个，其中超千万人的有6个。我国人口规模在500万~1000万人的城市大概有80个，人口规模在100万人以下的城市有500多个。依据《中国城市统计年鉴（2016）》的城市常住人口数据可知，8个民族省份的城区人口规模呈金字塔分布，人口规模在100万~500万人以及100万人以下的城市占80%左右，因此民族地区城市主要以中小城市为主。

表 10-1　以民族地区 17 个样本城市为例的城区人口规模统计

序列	城区人口规模	全国城市数量（个）	民族地区 17 个样本城市人口数量（万人）
1	1000 万人以上	6	无
2	500 万~1000 万人	93	南宁 751.74、昆明 672.80、桂林 533.96
3	100 万~500 万人	70	贵阳 488.38、柳州 375.87、呼和浩特 308.90、铜仁 314.07、六盘水 290.69、乌鲁木齐 280.64、玉溪 236、西宁 223.80、银川 219.11、鄂尔多斯 203.50、吴忠 135.29
4	100 万人以下	500	拉萨 53.03、克拉玛依 41.80、石嘴山 77.27

从 17 个民族地区样本城市的常住人口的统计数据可以发现，民族地区人口规模在 1000 万人以上的城市是空白，人口规模在 500 万~1000 万人的城市数量也较少，只有南宁、昆明、桂林 3 个城市；人口规模在 100 万~500 万人的城市数量较多，有 11 个。人口规模在 100 万人以下的有拉萨、克拉玛依和石嘴山 3 个城市。由此可见，从人口规模来看，民族地区样本城市大部分属于中等城市，因此在城镇化进程中有着中等城市所共有的问题，在进行智慧城市建设时，也需要根据其城市规模进行有效的、精准的建设，解决关键性问题。

（1）人口规模在 500 万~1000 万人城市的精准建设

17 个样本城市中人口规模在 500 万~1000 万人的有南宁、昆明、桂林，这 3 个城市均属于特大城市，人口密度大。这类城市已经逐渐呈现出“超大城市病”，如交通拥挤、教育资源分配不公平等，因此需要政府及早进行防范，在交通、教育、医疗等方面根据人口规模做好细致的安排与设计，增加市民生活的便利性；作为省级地区的中心城市，政府要针对较大的人口规模，优化顶层设计，精准扶持本地优势产业发展，聚集优势资源，为市民的就业、创业和生活服务。

南宁市属于中国—东盟合作枢纽城市，作为 2013 年 8 月住房和城乡建设部审批通过的第二批试点智慧城市，在智慧城市建设期间，不断深化创新，结合城市人口规模特点努力实现了公共服务的便捷化、城市管理的精细化、基础设施的智能化。

昆明市是 2013 年 1 月审批通过的第一批智慧城市试点城市，其智慧城市建设工作的要点是：着力推进智慧城市基础设施建设，提升区域信息资源的利用率，打造高效协同的政务服务体系，构建幸福宜居的信息惠民环境。

桂林市是2013年8月审批通过的第二批智慧城市试点城市，自启动智慧桂林建设以来，桂林市主要开展了数据支撑平台项目建设以及与智慧旅游、智慧健康等相关的应用系统的开发。桂林市的智慧城市建设和桂林的旅游资源——漓江山水紧密地结合起来，通过对漓江山水的开发与保护，打造具有山水人文特色的智慧城市格局。

从南宁、昆明、桂林这3个城市的智慧城市建设规划来看，其智慧城市建设都是基于城市的人口、资源、产业等基本因素考虑的。所以这类大型城市的智慧城市建设需要考虑如何解决人口众多带来的问题，以及如何通过对本地优势资源的聚集带动产业的发展，从而解决就业与收入问题，让市民生活得更加幸福，让城市不会因为大而变得不方便和低效。

（2）人口规模在100万~500万人的城市的精准建设

17个样本城市中人口规模在100万~500万人的城市数量是最多的，这类城市基本都属于大城市，同人口规模在500万~1000万人的城市相比，城市容量较小，人口数量相对较少，因此在交通、政府服务、医疗、教育等方面的问题表现并不是很突出，但人口呈现很明显的集聚效应，人口分布不平均，一般会集聚于教育、医疗资源较好的区域，其他区域则分布较少。这类城市也存在较高的人口流动，本市居民流向经济较发达的特大城市，而周边的小城市、小城镇的人口又会流向这些城市。这类城市主要的发展问题是产业较为匮乏，因此在智慧城市建设中应着重扶持本地特色产业，做大做强，同时注重和周边更大型城市产业承接，引进高新产业，升级城市产业结构，提升城市产业水平，借此带动市民的就业和创业。

（3）人口规模在100万人以下的城市的精准建设

17个样本城市中人口规模在100万人以下的城市有拉萨、克拉玛依和石嘴山，但是通过资料查阅可以发现，除了样本城市之外，民族地区这类城市的数量是较多的。对于这类城市要控制人口外流，政府部门应该加强本地城市化的服务能力，引进高级人才，通过高级人才的引领作用，带动城市新兴产业的发展。这类城市要为市民和企业提供“大众创业、万众创新”的平台，使市民能够把创新的设计和产品通过“互联网+”模式向外地输出，从而产生效益。尤其对于50万人以下人口规模的城市，只有借助外界资源，才能产生不受地域限制的新产业业态。

表 10-2　不同人口规模的智慧城市精准建设的内容

序列	城区人口规模	智慧城市精准建设内容
1	500 万~1000 万人	控制人口规模的增长，优化顶层设计，精准扶持特色产业，聚集优势资源，服务好市民的就业、创业和生活；交通、医疗、教育的细致化
2	100 万~500 万人	扶持本地特色产业，升级城市产业结构，提升城市产业水平，借此带动市民的就业和创业
3	100 万人以下	控制人口外流，加强本地城市的服务能力，引进高级人才，为市民和企业提供创业和创新的平台，使市民能够把创新的设计和产品能通过"互联网+"模式向外地输出，借助外界资源，产生新产业业态

人口规模不同的城市在智慧城市建设中面临的问题和需要解决的问题是不一样的，每个城市都有自己的特殊性，但就城市人口规模而言，存在城市发展的共性。在进行智慧城市建设时，要针对城市人口规模进行有效的精准建设，不能一刀切，不能一概而论，需要全面考察城市发展特点，要根据城市所处的经济地位、发展定位、人口总量、男女性别比例、年龄结构、教育结构等因素及综合人口规模定制有效的智慧城市建设方案。

例如，青海省除省会城市西宁市外，其他城镇规模都很小，缺少中等城市，导致青海省的城市首位度很高，省内发展不均衡。2000 年，青海省的建制镇为 49 个，到 2013 年建制镇达 137 个，增加了 88 个，再加上 2 个地级市（西宁市、海东市）和 3 个县级市（格尔木市、德令哈市、玉树市），市镇数量达 142 个。受基础条件、道路交通、资源环境承载能力、社会经济发展程度、城市功能等因素的影响，城镇数量的 1/2 分布在省内的东部地区，广大牧区分布很少；人口也集中分布在省内东部地区，即西宁市和海东市。青海省实施了一系列加快小城镇发展的措施，加大了城镇建设投资，增加了城镇数量。随着农业现代化的发展，农业剩余劳动力为寻求新的就业机会和发展空间不断进入城市。另外，随着三江源地区生态移民的城镇化安置进程的加快，青海省城镇人口快速增加，逐渐体现出了经济发展的城市化效应。青海形成了大城市、小城市、州府所在地城镇、县城、建制镇不同规模等级的城镇体系，在这个体系中，省会西宁市是中心，格尔木市是次中心，各州政府所在地城镇是区域中心。因此，如何规划城镇体系和城镇发展格局是青海智慧城市建设中的重要任务。政府应大力促进省会城市之外城市的发展，重点扶持优势产业，通过重点生态项目与扶贫项目促进城市经济健康良性发展。

又如，宁夏回族自治区统计局 2017 年的人口统计数据显示，宁夏的常住人口中回族人口达236.14万人，占人口总量的比重为35.70%。60岁及以上老年人口达80.84万人，所占比重为12.22%。因此，民族之间的融合与发展以及老龄化社会的转型健康发展既是宁夏发展智慧城市的重要任务，也是智慧城市顶层设计中应该重点考虑的战略思路。银川市政府在智慧城市建设中将人口数据分析作为平台数据的重要信息，智慧城市的大数据统计可以帮助政府更好地掌握人口具体情况，制定有针对性的政策措施。

10.1.2 针对民族地区特殊城镇化状况进行特色的智慧城市建设

民族地区城镇化是发展的必然，是振兴民族地区经济、建设现代农牧业、发展农牧区经济、增加农牧民收入的必然途径。[①] 民族地区城镇化受到地理、文化、历史等诸多因素的影响，其建设任务更重。民族地区城镇化的复杂性与特殊性要求民族地区的智慧城市建设要精准化与特色化，要结合城市和城镇规模、民族构成比例、当地优势资源有针对性地建设。由于城市起点、城市人口规模、发展程度、历史、环境的不同，东部与西部地区城市智慧城市建设关注的焦点问题是不一样的。

例如，青藏高原地区是一个多民族地区，由于高原气候、饮食习惯等多种因素，青藏高原地区是高血脂等心血管疾病高发的地区。因此青藏高原地区的智慧城市建设可以强调知识教育宣传和信息互通，如通过专家在线、教育普及、政府公益宣传、知识普及、慢性病监控等方式，引导青藏高原地区市民不断改善膳食结构，形成科学合理的生活习惯，从而有效防治这类由饮食结构和生活方式引发的慢性病。

民族地区的智慧城市建设对生态、扶贫、旅游、生活服务这些方面重视程度较高，地方就业、产业发展、民族文化、民族融合、生态保护、安全稳定等成为民族地区发展的关键。所以，民族地区智慧城市建设要在这些方面进行特色化的精准建设。

10.1.3 民族地区要实行整体性治理的智慧城市建设

有关智慧城市的理论研究存在许多空白与不足，在具体的实践操作中也存在孤岛、服务碎片化、主体协作性不强等问题，这些都表明学术界没有把智慧城市作为一个系统化的整体进行研究。在众多关于智慧城市的研究理论中，“技术至上”是主流理论，对智慧城市价值的探讨不足，如果想获得更好

① 李寅，周芳．民族地区实现城镇化，路该咋走［N］．中国民族报，2013-03-08（1）．

的智慧城市建设效果，就需要在智慧城市研究和实践中引入整体性治理理论。民族地区智慧城市建设不能与东部地区一概而论，民族地区智慧城市建设存在很多困难和制约因素，尤其在西北的多民族地区，智慧城市建设仅仅有冷冰冰的技术是不够的，如何把技术智慧地运用到城市管理当中，将技术手段与人文精神相结合，在城市基础设施建设和城市管理中增加城市宜居度指标和人文关怀，形成一种“科技型+人文型”的发展模式，实现真正的智慧才是智慧城市建设的关键。

整体性治理就是要把智慧城市看作一个整体，在智慧城市建设过程中要关注城市中的各个利益相关者，政府、企业、市民都是智慧城市的重要组成部分，这三种角色是一体的，都是智慧城市的受益对象。智慧城市作为一个城市系统，存在三种力量，下面对这三种力量进行分析。

（1）智慧城市三种力量结构

智慧城市的良性发展不是在政府的顶层设计或企业智慧项目的单方面努力下实现的，而是在各种社会力量的推动下实现的。在一个社会经济体系中，基本的组织形态或力量有三种，分别为社会公众（市民）、从事智慧产业的企业、政府，智慧城市的健康发展离不开这三大支撑力量。市民是城市的生存主体，智慧城市建设的效果需要市民来感知；政府是管理主体，需要做好科学的顶层设计与规划，有效地提高城市公共服务水平和城市治理能力；企业在利益驱动下培育智慧产业市场，它们要依据每个民族城市的特殊性和政府的要求设计出独特的智慧城市建设方案。但是更为重要的是，城市的主体——市民能否很好地融入这个系统。市民或者外地游客才是智慧城市发展的真正拉动者。智慧城市建设对于民族地区的市民而言也是一种挑战，智慧城市建设需要市民接受新的知识理念并与自己的文化融合，要不断地学习，接受新事物，学会应用新技术改善自己的生活。因此，智慧城市的成效取决于政府、市民、企业三个要素的良性互动和循环。这种关系可用下式表示：

$$E=f(G,\ P,\ C)$$

其中，E 表示智慧城市的有效性；G 为政府，P 为市民，C 为企业。

在智慧城市的建设中，政府、企业、市民互相配合，其互动关系如图 10-1所示。

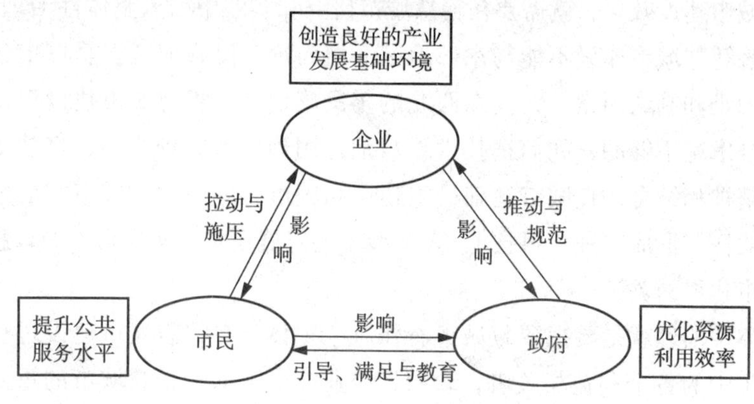

图 10-1 智慧城市三种力量结构

（2）智慧城市的整体性治理思路与策略

鉴于三种力量的关系，本书认为要针对三种力量之间的相互关系进行关系的协调和各主体间的利益整合，规范和完善智慧城市工作机制，形成政、企、民三方合力。在智慧城市建设中，政府要运用“知识型管理”和“知识型教育”，培育智慧官员和智慧民众，让城市形成民主、和谐的氛围；要培育“主动型公务员”，实现政府间的关系协调和其他主体间的利益整合。[①] 在智慧城市的建设实践中，尽管驱动智慧城市的企业不断强调技术能够提升效率和解决问题，公共官员和政策制定者却往往不能很好地判断那些贴上“智慧城市”标签的技术价值与外部性，也极易忽视其他主体本该扮演的角色。由于企业与地方治理的特定需求与利益（分别是盈利与动态性），导致与智慧环境相关的法律、社会、伦理等因素被忽略了。

在对民族地区智慧城市建设满意度的调查分析中，笔者发现关系到智慧城市建设的每个层面的主体都存在一些认识上的问题。在政府层面，政府认为建设中与合作企业的沟通存在一定的难度，很多解决方案不一定可以很好地解决本市的实际问题；建设的力度远远大于市民大众的知晓度，政府花钱建设的工程有许多是闲置的，市民要么不知道该怎么做，要么不愿意使用，使用率较低，使很多智慧城市项目成为面子工程，如许多城市的电子图书借阅机的借阅量很低，成为摆设；并且政府部门的工作人员也存在对智慧城市建设工作理解上的误差，使工作方法、规划存在一些弊端。在市民层面，市

① 董礼胜，崔群福．整体性治理：一种研究智慧城市的新视角［J］．福建行政学院学报，2015（3）．

民对于智慧城市这个新的概念还很陌生，不知道什么是智慧城市，并且对于本市智慧建设的满意度并不高，他们对于智慧城市的需求并未得到满足，如主要公共场合的 Wi-Fi 覆盖、网速，电子预约医疗等最普遍的生活服务未得到满足。在企业层面，企业认为智慧城市建设中政府往往喜欢大包大揽，企业与政府之间的信息不对等，数据的孤立，使更好的功能不能实现，而且民族地区的市民需要有更加便捷、智能化的平台界面等。由此可见，三方都不能很好地进行信息沟通。智慧城市建设的成效取决于是否整合了三方的需求，实施了整体化治理，协调了各主体间的关系，并进行了利益整合。智慧城市建设要强调智慧城市中的市民需求和公众参与，要规范和完善智慧城市工作机制，形成政、企、民三方合力。

智慧城市作为新的城市发展模式，是一个大的社会系统，要想智慧城市健康有序地发展，就要真正做到“大智慧”，其建设要从整体出发。民族地区的智慧城市建设也存在一些不足，如存在重建设投入，轻成效感知；重技术驱动，轻制度创新；重短期、局部建设，轻全面建设。智慧城市建设不仅仅是城市管理、市政建设、城乡规划等部门的事情，也不仅是技术部门与从事智慧城市建设企业的事情，各主体、各部门应互相配合做好周密细致的顶层设计，从机制、保障、政策各个方面进行整体性的规划，要从政治、社会、法律等多个领域，切实保证智慧城市的健康、有效、有序发展。

所以对于政府部门而言，如果希望一次性解决或者以一个系统统揽智慧城市建设，或者单靠某一方的力量建设智慧城市都是不现实的。政府部门首先要发挥好组织引导作用，重视城市基础平台建设，重视本市智慧城市标准规范的制定，重视城市创新氛围的营造，并建立多方参与的智慧城市持续推进机制。

对于公众而言，市民对智慧城市的满意度不高，不仅仅是因为智慧城市建设中顶层设计、规划、市民需求未满足等因素存在的缺失，市民层面也存在一定的不足，因此政府要起到很好的引导作用，要培育市民在信息社会环境下的学习、生活、工作习惯，提高其参与社会管理的主动性，提高其知识创新能力。

10.1.4　遵循城市生命周期，有规律地建设智慧城市

纵观全球城市发展史可以发现，城市也同生命有机体一样，有一定的生

命周期，即经历兴起、发展、繁荣、衰退或再度繁荣的过程（见图 10-2）。①一个城市能否由发展走向繁荣，要看这个城市是否抓住历史机遇，同时还要看这个城市是否具有先进的城市管理理念、管理政策和管理方式，还要考察城市的外部发展环境，以及城市自身的发展规划、竞争优势的挖掘和城市文化软实力。除此之外，还取决于城市是否拥有一定数量的优秀人才，生活在这里的市民是否形成对这个城市的深层文化认同和家园归属感。最后，还取决于这个城市是否会选择一个有效的发展模式，这个发展模式可以使它可持续发展。乔尔·科特金在《全球城市史》中写道：任何一个城市的产生、存在、发展、繁荣、可持续，都需要同时具备三个条件——认同、安全和活力。智慧城市建设恰恰可以帮助城市满足这三个条件。

智慧城市建设尤其要尊重民族地区的城市发展脉络。民族地区的城市发展进程比东部地区较晚，民族八省区是在西部大开发政策的推动下，城市数量快速增长，城市规模迅速扩大的。直到 2010 年底，民族八省区人口规模在 100 万人以上的城市才增加到 14 个，人口规模在 50 万~100 万人的城市增加到 14 个，人口规模在 20 万~50 万人的城市增加到 36 个，人口规模 20 万人以下的小城市由 1999 年底的 64 个减少到 42 个，设市城市总数由 96 个增加到 106 个，与同时期的东部地区城市相比，还存在很大的差距。因此，在城市自身发展的历程上，民族地区城市发展的时间较短、起步较晚，还处于城市的发展期。

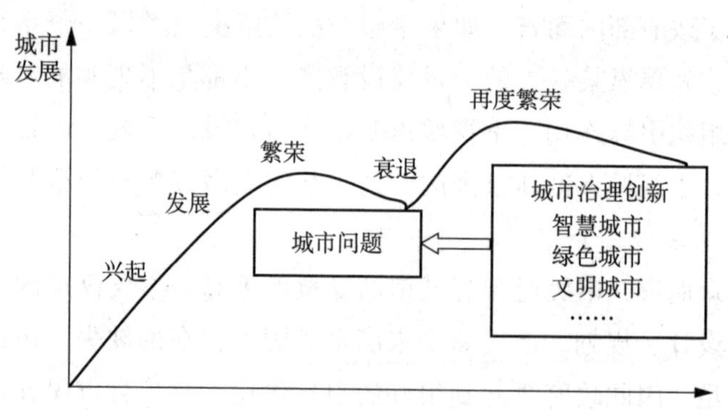

图 10-2 城市发展生命周期

以城市的人口、科技、能源、生产关系、文化为考评指标判断城市不同发展阶段的特征，可以发现随着时间的推进，不同城市阶段所表现出的指标

① 陈忠．再论城市生命周期与城市可持续繁荣：一种城市批评史的视角［J］．江汉论坛，2012（1）：5-10.

特征是不同的，具体如表 10-3 所示。所以，民族地区智慧城市的建设除了需要结合城市人口规模之外，还要根据所处的生命周期的不同阶段，根据其特征和存在的城市问题选择智慧城市解决方案。与此同时，还可以结合智慧城市自身的发展规律，以智慧城市的不同版本特征为城市发展的基础与城市发展阶段相结合进行分析，尤其是基础条件较差的城市应遵循智慧城市的发展规律踏踏实实从智慧城市 1.0 开始建设。

表 10-3　城市不同生命周期的特征与智慧城市解决方案

城市发展阶段	特征	城市问题	智慧城市解决方案
兴起阶段	人口规模小、科技水平差、能源利用少、基础设施薄弱、生产关系单一	知名度小、城市经济实力差	着力解决城市网络基础设施、信息平台的建立
发展阶段	人口规模逐渐增加、科技水平进步、能源利用率提高、简单的基础设施、生产关系复杂	城市发展与制度建设的阶段性鸿沟、文化建设	打破智慧城市假设中的信息孤岛，逐步实现互联互通
繁荣阶段	城市人口规模大幅增加、科技水平高、能源利用充分、完善的基础设施、生产关系多元化	如何营造城市的竞争力、解决城市服务难题	利用智慧城市增强城市竞争力和品牌效应；智慧化服务、智慧政务等的应用
衰退阶段	由于城市发展缺乏战略、规划，缺乏发展核心或者依赖资源性的发展，使城市发展出现衰退	各种“城市病”泛滥，导致城市发展存在很大的阻碍	利用智慧城市的不同功能模块和信息科技手段解决城市主要的问题和“城市病”
再度繁荣阶段	城市通过创新、改革、重新规划等获得再一轮的繁荣	增强文化凝聚力，绿色、可持续性发展	智慧城市的可持续性发展

10. 1. 5　科学设计顶层规划，有步骤分阶段逐渐建设

智慧城市是一个庞大而又复杂的系统，必须用系统学及系统工程学观点来研究。智慧城市建设要优化配置城市各类核心资源，进行资源的协同调度处理、应急决策等①，发挥城市智慧决策指挥作用。科学的顶层设计与分阶段、有步骤地执行和推进对智慧城市的建设成效以及后期的顺畅性是非常重要的。尤其是民族地区城市发展不同于东部地区的特殊性，民族地区更要根据城市的现状与问题进行科学性设计，而非简单地套用东部地区城市的模板。

① 陈如明．智慧城市内涵解析［J］．中国信息界，2013（3）．

选择智慧城市建设模式时，应当依据民族地区自身的经济基础、城市规模、资源禀赋、信息化程度、产业发展、文化底蕴以及制度保障情况实事求是、因地制宜地选择。

（1）智慧城市顶层设计需要科学性和人性化的设计

智慧城市顶层设计的科学性体现在：第一，需要立足自身，统筹考虑，遵照和依托本地特点、发展定位和愿景，以城市总体发展战略规划为指导，制定智慧城市的发展目标和重点建设内容①，并根据城市信息化水平、产业发展现状等现实条件，针对民族地区的绿色低碳、人文、民生和民族文化、多宗教等问题进行统筹规划。第二，有专业的设计师，能站在城市发展全局的角度，全盘运用逻辑学和系统学的思维，合理安排工作进度，重点考虑城市特性，考虑各部门的通畅与信息的融合。第三，共享协同。第四，预留出一定的时间让各任务逐渐搭建和完善。

智慧城市顶层设计的人性化体现在：每个城市都应该是有特色的，智慧城市建设要切实解决市民大众最迫切需要解决的问题，充分考虑市民需求，根据市民素质情况，灵活地解决城市发展中的难题，要将智慧深入市民的感知层面，让民众可以感受到智慧。

（2）顶层设计的步骤

民族地区智慧城市建设，要制定长远的发展战略规划，提前进行顶层设计。顶层设计的主要内容包括城市发展现状及面临问题、智慧城市发展规划、智慧城市实施路径三部分。智慧城市顶层设计的具体步骤（见图 10-3）。

第一步，要对城市进行扫描和诊断。政府部门要以需求为驱动，围绕一个城市发展的目的和愿景，深入分析城市现况和未来的发展状况，分析城市发展面临的环境机会与挑战，发现城市发展中最主要的问题及市民最关心的问题。

第二步，对城市功能和城市各领域业务进行关联性分析，确定智慧城市建设的主体思路与目标，结合第一步中城市存在的问题确定智慧城市建设任务与重点工程项目。

第三步，对城市的相关产业进行分析，对业务流程进行梳理，将产业与智慧城市业务相结合，建立智慧城市的业务架构，并确定以及逐渐优化智慧城市业务流程。

① 岳梅樱．智慧城市顶层设计方法论与实践分享［M］．北京：电子工业出版社，2015.

第四步，根据国家智慧城市政策的大方针，省、市智慧城市的规划方案，将信息化发展方案与智慧城市业务流程组合起来，提出智慧城市的解决方案蓝图。

第五步，根据实际情况以及具体的智慧城市方案蓝图，提出智慧城市建设的具体策略与方法，以及智慧城市阶段性的建设内容。

第六步，要用民族地区智慧城市建设水平评价指标体系进行阶段性的评估。

还需要注意的是，在评估过程中应引进“PDCA”循环圈。在阶段建设后，要通过评价指标体系进行评估，如果发现问题，要进行整改和完善，然后进行下一轮的提升，实现螺旋式上升

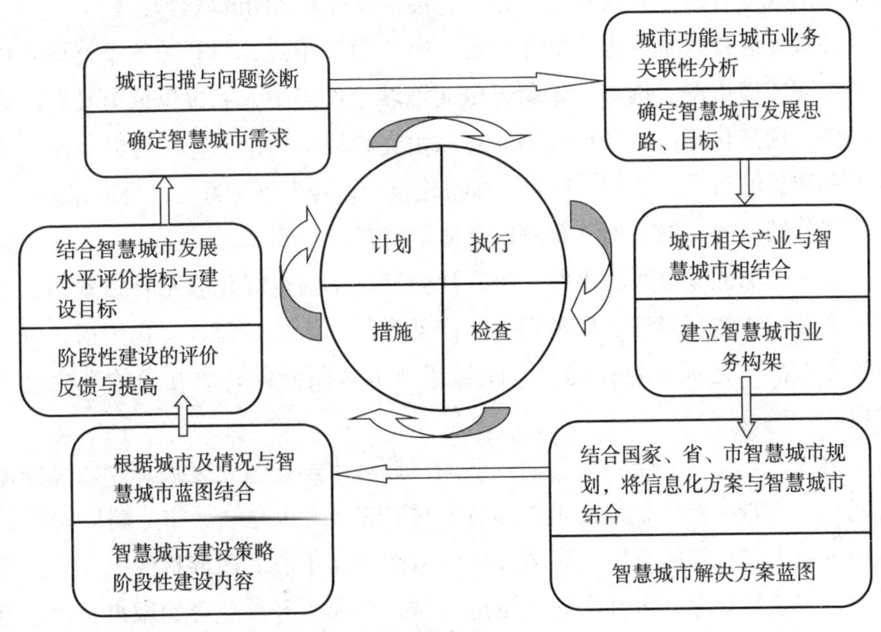

图 10-3　智慧城市顶层设计步骤示意

10.1.6　民族地区智慧城市建设的“点—线—面”思路

(1) 对“点—线—面”思路的理解

“点—线—面”的建设思路符合智慧城市的概念内涵。民族地区自身的特殊性决定了其独特的城镇化进程和方式，也决定了其智慧城市的建设需要根据特殊的地区情况，结合实际进行差异化建设。民族地区智慧城市建设在总体思路上，可以考虑“点—线—面”的发展规划思路，可以先从点上做好每

个城市、小城镇、智慧乡村的建设，然后将它们相连，最终形成“智慧城市群带化发展”的智慧城市平台。尤其是民族地区的乡村经济发展非常薄弱，产业多以农牧业为主，人们受教育水平低，与东部地区的乡村发展存在很大的差距，所以需要从最基本的基础设施做起，再进一步考虑智慧建设。

（2）“一带一路”下“点—线—面”思路的建设步骤与对策

智慧城市的建设要积极稳妥，因地制宜，切忌“盲目跟风”。民族地区智慧城市建设要以智慧试点城市为起始点，向发达地区学习，然后结合自身特点，建设智慧城市试点，再将试点的建设经验向本省其他城市推广，以此类推形成线条式的先行城市带。

民族地区要以智慧城市建设为点，逐渐向建设智慧小镇、智慧乡村依次推进，形成全省的“智慧社会”建设，甚至是省域之间的联合发展。

民族地区智慧城市建设要由“线”向“面”推进，将智慧城市逐渐发展为城市圈或城市群。例如，新疆天山北坡城市群当中，克拉玛依市具有较好的经济、信息化等优势条件，因此可以由克拉玛依市牵头，进行城市圈的大数据和智慧城市平台建设，将智慧城市建设与区域发展更好地结合起来。

智慧城市的“线—面”推进的具体策略有：

第一，加强城市间的协作。随着社会经济生活全球化联系日益紧密，任何一个城市在物资供应、环境保护、产业发展、人才交流、文化传播、城市治理方面都不是孤立存在的，因此智慧城市必须要以开放互通的观念进行建设。

第二，关注“一带一路”倡议下的民族城市群智慧化发展。少数民族地区既是“一带一路”倡议的重要参与者与实施区，也是“一带一路”经济带中经贸往来与合作的跨国大区域及次区域的合作中心。民族地区作为多民族聚居、多宗教共存、多种文化汇聚的区域，形成了开放包容的城市特性、璀璨绚丽的风土人情和坚实的人文基础，民族地区拥有环境相互融合、友好交流的历史文化基因。“一带一路”建设推动了少数民族地区对外开放新格局的建设进程，创新了少数民族地区的产能合作、产业发展和参与世界经济合作的新模式，同时也加快了少数民族地区反贫困战略的实施步伐。因此，在“一带一路”倡议机遇下，在城镇化发展的加速时期和关键时期，民族地区应该抓住契机，形成“智慧城市群”，将城市在“一带一路”倡议效应下联系起来，形成相互合作、相互增长的新态势。尤其是西部民族地区，作为生态的薄弱地区，城市之间要积极加强协作，形成以“西宁—兰州—银川—乌鲁木齐”为主导的“一带一路”西部少数民族地区城市群，创新城市管理模式，为西部地区存在的共同发展问题，寻求有效的解决途径，在提升城镇化发展效益的同时推动经济绿色增长。在“一带一路”的发展过程中，民族地区要发挥各个城市的优势作用，在智慧城市的大框架下，形成信息的互通与互融，达成信息共享，要确立城市之间的智慧体系标准化，实现信息的共享与智慧城市的互联互通。

10.2　民族地区智慧城市的建设特色及应避免的误区

10.2.1　民族地区特色智慧城市的“特色化”分析

民族地区特色智慧城市，特色在哪里？民族地区智慧城市建设要把这个特色的关键点找出来，要结合城市自身发展的需求制定多元化的运营模式。只有制定了合适的建设运营模式，才能保证智慧城市安全、高效、可持续运营。随着国际智慧城市建设的不断深入，建设运营模式也呈现出多元化、定制化的趋势，在已有的多种模式并存的基础上，各个城市还在不断探索新的模式，为智慧城市建设注入新鲜血液。因此，民族地区的智慧城市发展一定要有特色，要因地制宜地结合民族地区独特的自然生态、社会文化环境建设。

首先，民族地区的智慧城市一定是具有民族地区特色的智慧城市。民族地区城镇化建设与智慧城市建设要以自身实际情况为背景，积极吸取东部地区智慧城市建设经验，而不是追求“假大空”。智慧城市建设必须注重城市的整体发展，而不是简单的技术照搬，要关注人与城市、城市与环境、城市与体制、城市与文化等的关系，将智慧城市建设作为一个整体考虑。

民族地区的智慧城市建设要吸取城镇化建设中的教训，借鉴东部地区智慧城市建设的经验，采取积极稳妥的建设思路。一方面要敢于创新，积极融入发展的大潮，理性地参与丝绸之路经济带和新型城镇化建设；另一方面要认清自己的薄弱环节、存在的现实问题，确定建立生态文明城市、绿色生态智慧城市及新型智慧城市的目标，实现地区发展的总战略。

其次，要明确民族地区智慧城市的建设理念。只有确立了正确的理念才可以进行正确的顶层设计和智慧规划。民族地区智慧城市建设应以“真善美”为核心理念。“真”是智慧城市的基础，“善”是智慧城市的保证，“美”是智慧城市的目标。[①] 基础、保证与目标共同构成了智慧城市的本质内涵，使城市和谐有效发展。智慧城市发展的最佳状态，必然是科技型、管理型和人文型的包容性发展。对智慧城市建设水平的调查与实践证明，如果智慧城市建设仅仅关注科技型智慧，而缺乏管理型智慧和人文型智慧，智慧城市必然会出现“成本很高，市民获得感很差”的现象。尤其是民族地区大部分处于西部地区，限制开发和禁止开发的生态环保区域也大多位于民族地区，生态环境成为全国性公共产品。[②] 这样的特殊环境下，就更需要在管理型智慧与人文型智慧的引导下，改变现代化城市牺牲生态环境的落后观念，寻找一种有效的管理模式与管理思路，利用技术型智慧解决遗留或者难以解决的生态问题。

再次，民族地区智慧城市建设的具体模式应该是定制化的。因为每个城市都有自己独特的风格、历史和文化，所以智慧城市的建设模式呈现出多元化的特征。民族地区的城镇同样如此，在具有多民族、发展缓慢、民族融合、维护稳定等一般共性特征之外，还有各自差异化的一面，每个城市发展的具体情况都不一样。所以，对于民族地区智慧城市的建设，可以在理论和经验的指导下，进行三个层面的建设。第一层是对智慧城市概念内涵与外延的把握；第二层是智慧城市的顶层设计与标准化的执行；第三层是结合每个城市的优势、劣势，有针对性地进行定制化模式的打造，增创新优势，同时也在自己薄弱和不足的方面下功夫做文章，通过互联网和信息技术改善过去城市经营中由于信息不对称导致的资源浪费、效率低下等问题。民族地区智慧城市的建设模式应该是“1+特色项目”，1 是指对智慧城市的基础性评价，特色项目则是指每个城市需要结合自身的特点，对要解决的问题实行智慧化。

定制化还表现在智慧城市的服务与产品是为该市居民特殊定制的。民族地区智慧城市建设要针对民族地区的实际经济水平、文化发展水平、市民诉求、信息技术基础和人才储备情况，积极开发一些适用于老年人、低受教育水平群体、少数民族人民等的智能型产品与服务，关注和保障弱势群体的诉求和利益。

最后，探索合理、健康的智慧城镇模式。在民族地区的新型城镇化进程中，小城镇建设是一个重要的路径，可以很好地改善城乡二元结构的矛盾。智慧城镇与智慧城市的建设在规模和内容上还是有一定区别的，智慧城镇一

---

① 刘士林．智慧城市建设更应追求“真善美”［N］．人民日报，2015-05-31（6）．

② 张冬梅．民族地区如何推进特色新型城镇化［N］．中国民族报，2014-12-24.

定要根据具体的人口规模、城镇容量、民族地区的城镇化状态进行，首要任务就是保护民族文化。建设特色智慧城镇，不能“千城一面”，要发挥优势，借互联网、信息化的契机营造一个特色的智慧小镇，不要求建设范围广、内容多，但一定要具有民族地方特色，还要根据具体的实际情况。要明白智慧城市所发挥的功效更多的是生态环境的检测与保护，实时生态数据的搜集等。对文化保存得比较好的地方，应该在当地进行城镇化建设，重点关注城镇信息化建设与城镇的配套设施建设，与本省智慧城市进行数据的连接，包括医疗、教育、就业等信息的共享。例如，云南山区、青海省农牧区的一些民族小城镇和村落，前期可以在“网络进村”“精准扶贫”等政策的支持下完善信息化基础设施、服务设施等，为后期逐步推进的智慧城镇或特色村落建设做好准备。建设前期一定要做好调研、设计和规划，要考虑与城镇化相配套的基础保障体系的建设，如社会保障、文化教育、医疗保健、社区服务等。

10.2.2 智慧城市在民族地区建设应避免的几个误区

(1) 不能只着眼于高精尖的科技应用与高大上的工程的建设，应注重实际效果

民族地区最大的特色是自然生态硬环境，以及由经济社会发展与少数民族群众生产生活方式演变沉淀的文化价值观和独特的民族文化。民族地区打造智慧城市应在建设思路上有一定的灵活性，应结合实际情况，注重实际效果。智慧城市建设的本质是服务，城镇居民是智慧城市最终的受益者，最后的实际效果不是通过科技技术应用率和工程建设数量考察，而应该给民族地区居民提供较之以前更为便捷的生活方式，在居住、城市环境、医疗健康、教育、交通等方方面面为居民提供保障和更为便捷、更为高效的人性化服务。

(2) 不能贪大求全、照搬照抄，应注意实际的特色化与差异化

中国智慧城市的建设与发达国家相比，遇到的问题更为复杂，需要解决的主要问题也是不同的，国外的智慧城市着重对“物”的管理，强调通过物联网和云计算等信息技术的应用推行城市的智能化管理。中国的智慧城市建设则是坚持以“人”为本，注重对“人”的服务，尤其是中国的城镇化存在东部与西部地区在程度与质量上不一致的现象，就更需要在智慧城设建设中，分区域、分情况，建设有特色的“服务于人”的特色智慧城市。民族地区智慧城市建设不能把发达国家、发达城市的经验照搬照抄，也不能误解智慧城市的建设内涵，贪大求全，而应结合目前的城镇化进程中出现的现实问题，

将民族地区智慧城市的建设与民族地区特色城镇化建设模式结合起来，要从数字化城市开始发展，慢慢过渡到智慧城市。

（3）不能只将目光放在一个单独的城镇上，应以系统的视角考虑城市协作与城市群共建

民族地区的城镇化应该采用积极而又稳妥的发展方式。民族地区城镇化基础薄弱，信息化建设滞后，生态资源丰富却脆弱，所以在发展的模式上不能再孤立地发展单一的点、块式的小城镇，而应以小城镇为节点，片、区连带式发展，形成系统视角、城市协作的城市群。在城市群的基础上建设智慧城市，能彻底转变观念，以竞合的观念代替传统的竞争观念，城市之间相互协作，从而使共享资源，产生集约效应，达到信息共享、人才互流。

（4）不能仅考虑城市的现代化建设，应以生态性的可持续发展作为智慧城市建设的首要基础

城镇化的过程中现代化建设必不可少。现代城市给人们留下的印象就是高楼大厦、互联网、大数据，现代化的工业与繁荣的商业。但是，民族地区城镇化不能全部效仿发达城市，而应该结合不同民族地区、县、市的独特自然环境资源，有保护性地发展。民族地区智慧城市的建设内容中，可以增加一部分的建设力度，保护脆弱的生态环境，对环境进行智能化的保护，将以前很难实现的、脆弱的生态文明保护，通过信息技术、事前智能预警、大众宣传等方法得以实现，民族地区智慧城市的建设要走资源和环境可持续发展的包容性保护发展道路。

（5）不能忽略民族特质，应建设特色的民族文化智慧城市

“没文化”是很多智慧城市的通病，很多城市没有将城市文化融入智慧城市建设中，而只是追求大数据与城市基础设施的建设。城镇化进程中不可避免地伴随着传统文化和现代文明的冲突，民族地区的文化也会随着生产力与生活方式的变迁而发生变化。① 我们不能忽略民族地区的特色文化，应该尊重民族文化。例如，通过互联网的传播、智慧企业特殊软件的开发和大数据的应用，可以保护、传承并与世界交流那些在城镇化过程中正在流失或被迫废弃的民族传统文化，如藏药、蒙药等民族医药财富，民族语言、民族文字、民族礼仪等宝贵的民族文化遗产，让更多的大众知道它们、了解它们，实现

① 刘洋，姜昳芃．民族地区新型城镇化模式选择与民族交融问题研究［J］．贵州师范学院学报，2014（11）．

不同民族文化的交融与沟通。另外，这样也可以推动民族地区文化旅游业的发展。

10.3　民族地区智慧城市建设原则

民族地区智慧城市建设应把握一个基本核心原则，即智慧城市建设的最根本目的是要实现城市的和谐与可持续发展，实现以人为本的管理，而不是追求“技术至上”的智慧。

10.3.1　以人为本原则

民族地区的智慧城市建设要把握的首要原则就是以人为本。“人民城市为人民”，所以城市作为市民大众生活的最基本空间和场所，要为在这个城市生活的市民提供更多的便利。民族地区智慧城市建设，要以“新型智慧城市”为目标，推进以人为核心的新型城镇化和可持续健康发展。只有以市民体验和满意度为目标的智慧城市，才是真正可以解决问题的良性发展城市。

10.3.2　需求相匹配原则

智慧城市建设只有在顶层设计前充分调研，坚持以人为本的理念，才能确保各类人群平等化地享受智慧城市的福利。市民参与的主题内容、参与的渠道方式等都必须同市民当下最关心的问题息息相关，任何脱离了市民需求的公共参与都毫无意义，无法产生长久的价值。公共服务智慧化顶层设计离不开公众的现实需求。公共服务涵盖了城市交通、教育文化、医疗卫生、就业保障、环境保护、食品安全、住房保障等方面，但是在不同的城市、不同的城镇化发展阶段，公共服务的基础条件、改进内容也不同。因此，在进行智慧城市顶层设计时，第一步是对市民公众进行深度调查，找出当前公共服务中存在的问题，基于城市公共服务的信息基础，设计出最合理、最优化的公共服务智慧化顶层设计方案，从而确定每个建设周期的重点建设项目。

10.3.3　交互性原则

智慧城市建设中，政府与市民之间要形成有效的交互。政府要为市民的参与积极营造好基础设施、政策法规、数据开放、鼓励创新等方面的环境；提供多渠道引导市民参与，渠道的设置要有包容性、趣味性，要同时开通传统媒体和新媒体的参与渠道；构建智慧城市可持续发展的评价机制；在设置评价智慧城市可持续发展的指标体系时，应当充分考虑智慧城市的包容性，并开放相关渠道让广大市民积极参与评价过程。

10.3.4 系统观念原则

城市作为一个由多因素和多内容构成的系统，充满了复杂性和多变性，智慧城市的建设需要秉承系统观念原则。政府需要认识到智慧城市的成效是由许多因素共同起作用的，不能只抓“信息基础设施建设”，还要考虑其他因素，如政府推动力、企业投入、市民素质、城市软环境等。同时在建设中，还要处理好各种因素之间的关系，要考虑智慧城市建设中的时间进程、参与者、动力和保障等因素，对整个系统进行统筹考虑。

10.3.5 全局观原则

民族地区智慧城市的建设更多地依靠政府的主导，但在实际建设中，需要慢慢转变观念，政府要由主导变为顺势而动，积极引导，要让智慧城市建设成为全员参与的事情，要激发市场主体活力，汇聚政府、企业、市民等各方力量。

10.3.6 实用性原则

解决“城市病”，智慧城市并不是万能的，人的智慧决策更为重要。尤其在民族地区，大多的城市问题是与东部地区城市不同的，因此需要进行比较，不要盲目崇拜科技，迷信数据，要本着解决问题的态度设计智慧城市的内容框架。

10.4 民族地区智慧城市建设的对策建议

东部地区的智慧城市建设是在“数字城市”“信息城市”建设的丰富实践基础之上，在坚实的城市硬件基础上，进一步采用新型信息技术，更加人性化地使科技与城市运营模式融合，从而推动城市规划建设上台阶和城市公共服务上水平。① 民族地区智慧城市建设则没有坚实的“数字城市”作为基础，甚至民族地区城市的很多基础设施是滞后与缺乏的。因此，民族地区智慧城市是一种创新型城市管理模式。

---

① 沈健，唐建荣，等．智慧城市：城市品质新思维［M］．北京：人民邮电出版社，2012.

在提出智慧城市建设策略之前，首先要遵循地方政府对城市的未来发展规划、发展方向和城市定位，不能孤立地进行智慧城市建设，智慧城市建设是城市发展的新手段和新模式，与城市发展规划是相融合的，智慧城市的建设目标不仅仅是围绕解决城市问题而定的，还应该围绕城市建设。城市的发展取决于区域发展方向和城市在区域中的定位。智慧城市发展目标与建设策略步骤应该如图 10-4 所示与城市发展方向统一，在城市发展战略的统一规划下，依据城市定位和自身基础条件实施有针对性的建设策略。尤其是民族地区智慧城市的建设，不应该盲目追求科技带来的效果，而是要重视将智慧城市建设融入城市发展方向中。

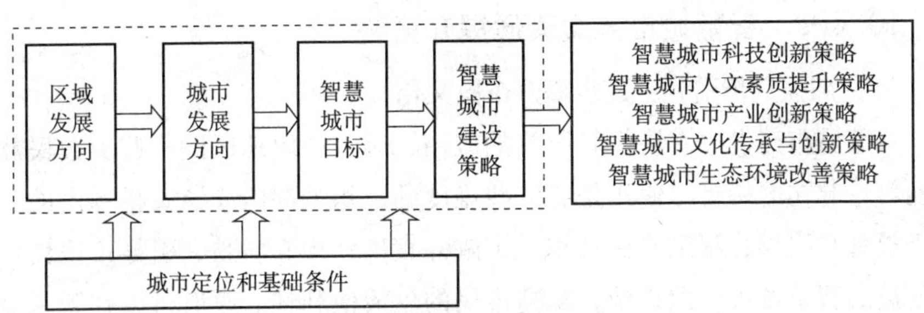

图 10-4　民族地区智慧城市目标和策略建立步骤

10.4.1　智慧城市科技创新策略

（1）培育民族地区智慧城市的科技、创新能力

第一，要将现代通信网络设施建设科学合理地纳入民族地区智慧城镇的基础设施建设中，让互联网能够“通城镇、通乡村”，让通信网络成为民族地区城市和落后村镇发展的神经系统，联通各个部门和各个节点，从而使城市信息与数据获得有效的感知和精准的传送，为市民提供通畅的生活服务、就业和政策保障信息，也为政府部门的智慧治理提供有效的支撑。

第二，从资金的角度解决民族地区技术薄弱问题。进行智慧城市建设时，应当通过建立新机制，提高社会力量与社会资本的参与积极性，利用 PPP 模式和众筹的方式，拓宽资金渠道，从而使建设资金得到保证，让企业带着资金和技术进来，帮助政府共同建设。在民族地区智慧城市建设过程中，应形成以惠民为导向，政企协作、社会参与、市场运作的独特建设模式。

（2）强化科技项目实施，满足智慧城市建设的科技需求

智慧城市的外在形式是由一个个科技项目支撑起来的，因此在建设中应

该不断强化科技项目的实施。第一，打造大数据城市项目。注重数据的来源与采集，完善城市摄像头与监控设施，将信息形成为数据资源和资产，建立“用数据做决策、用数据管城市、用数据来创新”的工作机制。政府要简化工作流程，做到数据开放、政务公开、透明高效。第二，在新一代信息技术、云计算等领域，组织实施一批科技重大项目，加快产业技术创新联盟的建设，突破一批共性关键技术，促进智慧城市服务模式创新。第三，推动科技成果在智慧城市中的应用。推动云计算、大数据、物联网、移动互联网、信息安全等方面科技成果与试点单位、部门对接，通过智慧城市建设实现科技强警、科技兴农、智能生态等民生工程。

10.4.2 智慧城市人文素质提升策略

（1）加强宣传引导，逐步提升市民文化素质

智慧城市建设中有许多新科技的应用，对于民族地区的一些少数民族市民而言，起初的接受与使用是有一些难度的，相关部门应该安排专门的人员给予教育与引导，帮助市民认识、了解并正确使用新科技，引导市民使用简单便捷的智慧城市应用模块，提高市民的生活便利性。政府可以在智慧城市服务模块的设计中灵活地规范市民的行为，让市民从不自觉的行为逐渐转化为自觉的行为，如智慧交通中的智慧提示，可以使用简单易懂而又生动的动画，使不同文化层次水平的市民都可以看懂和接受。

（2）全员学习，共建智慧城市

第一，对于城市的发展，要让民众积极加入，让民众知晓城市的发展战略、未来发展规划、目前的发展进程，民众要与城市共命运、共呼吸，不要当城市的局外人。在推动智慧城市建设的过程中要不断增加民众对智慧城市的理解和认识，政府可以将智慧城市建设的相关知识列入各省、自治区的党校课程或干部选学的培训课程当中，还可以邀请外省专家、企业专业技术人员和智慧城市建设相关人员采用现场教学的形式，结合本省市智慧城市建设的实际情况，对领导干部和工作人员进行业务培训，通过培训学习提高民众对智慧城市的认识，要让各个部门的管理者知道智慧城市建设必须打开部门之间的封闭形式，部门之间要形成共享与互通，要建立协作机制，共同推动智慧城市健康发展。

第二，需要整合国内外经验。民族地区智慧城市建设要借鉴国内外智慧城市发展的经验，整合信息资源，借助东部省市对口支援机制，避免走错路

和弯路；要和智慧企业合作，针对本地区特殊的民族问题与城市发展问题，有效定制本地区需要的城市运作系统方案，提高城市各类行政事务处理的效率。

（3）培养高素质的智慧城市建设专业人才

民族地区智慧城市起步晚、发展缓慢的主要原因是人的影响，除了市民素质有待提高，还要大量培养智慧城市建设所需的高素质的专业人才，实施“人才兴市”战略。

在智慧型人才培养方面，相关部门应该提供高品质的城市公共服务与良好的城市环境留住高素质的人力资本。首先，加大与东部城市对口交流，通过交流与帮扶，可以使民族地区的智慧人才得到一定的培育和发展。其次，卓越的城市管理需要专业的管理人才，因此可以在高校设立城市管理专业。再次，落实有效的人口管理政策。利用智慧城市的大数据技术推进精细化的户籍管理，深化网格化管理模式，一方面对流动人口有精准的掌握与把控，另一方面借助信息技术实现有效的流动人口的就业培训、职业资格认证等，引导人力资本的提升与产业发展方向结合起来，对流动人口进行宣传教育，使其能尽快融入城市当中，并开展积分落户政策，以此规范其行为。最后，在城市政策制定方面，增加城市包容性，以高品质的公共服务吸引人力资本，让优秀人才长久、稳定地参与城市发展与产业创新。

智慧城市的发展需要投入大量的人力资源，即信息化技术人才与城市管理人才，因此除了对城市硬件进行建设之外，还要关注人才队伍建设，把人才的培养体系作为重要保障措施来抓，加大力度培养和引进高级信息技术人才。民族地区智慧城市建设注重理论与实践的有机融合，培养大量具有扎实理论知识、实际操作能力又懂民族地区实际情况的专业信息化技术人才。

10.4.3　智慧城市产业创新策略

（1）以“产城融合”促进智慧城市的健康持续发展

民族地区建设智慧城市，需要在产业上进行新的规划与发展。第一，制定产业发展规划。政府应该注重相应的产业发展规划的制定，以智慧城市建设作为推动力去营造产业智慧化的发展环境，对具有发展潜力和竞争力的民族特色产业在政策、立法、资金方面给予倾斜和扶持，建设智慧化的产业园区，逐渐形成“信息化推动产业发展”和“特色产业驱动城镇化发展”的发展模式。第二，支持就业吸纳力较强的产业项目向民族地区城镇聚集，政府可以通过智慧城市的信息平台有效进行资讯的发布、信息共享等。第三，发展具有特色、生态、文化、多元等特征的民族地区优势和支柱产业，将信息技术与产业结构调整整合起来，发展智慧型的优势产业，传承优秀的民族文化。第四，着力发展高新技术产业和现代服务业。

(2) 推进智慧农牧业，促进智慧城市的全面发展

民族地区是我国农牧业发展的主要阵地。民族地区进行新型城镇化、发展智慧城市必须同步推进智慧农牧业，发展优质、精准、高效和生态的农牧业，提高农业规模化、精准化和设施化水平。第一，着力在民族地区推动科技创新和物联网现代信息技术的集成应用，探索信息技术应用模式及推进路径，提高农牧业的生产效率，加快推进农牧业转型升级。第二，提升农村信息化水平。扶持农业产业化龙头企业、农民专业合作社等企业或涉农组织开展网上交易。建立产、加、销一体化的现代农业信息服务体系。第三，用信息技术发展农牧产品电子商务与智慧物流，促进城乡一体化发展。一方面通过对物流环节进行智慧化升级，进行农牧产品的质量安全追溯信息化体系建设，实现从田间到餐桌各环节责任的农产品产业链追溯，确保城乡居民食品安全；另一方面还可以通过电子商务，为民族地区的农牧民打开一条网络销售渠道。第四，建立农业专家服务体系，提升农民信息应用能力。组织农业专家为农民提供远程、在线、现场指导等多种形式的科技咨询服务，开发农业信息资源，提升农民信息应用能力。加强地区高校以及科研院所对农牧民的培训教育工作。民族地区农牧民的生活生产现状、文化水平、生存环境都是特殊的，不能大而笼统地推广网络信息技术，区域性的技术人才更了解农牧民的实际情况，所以他们“定点定内容”的帮扶与技术下乡更能起到作用。第五，建立都市农业生态环境监测预警系统，为城市发展提供生态保障。

10.4.4 智慧城市文化传承与创新策略

城市是文化的重要载体，优秀的传统文化和独特的民族文化更是民族地区城市的灵魂，是吸引外地游客的重要因素。智慧城市同样也需要城市文化，只有城市的文化与城市的技术融为一体，智慧城市才是有灵性、有生命的，而不是唯技术至上，忽略了民族文化的传承。物联化、互联化、智能化作为智慧城市的基本特征，刚好可以实现城市在数据信息内容上的全面感知、互联互通和融合共享，帮助城市的优秀文化得以扩散和传播。因此，民族地区

城市要借助智慧城市的发展理念和智能技术促进民族地区传统民族文化的发展，将信息技术、人才、资金、文化资源等要素大胆整合、高度集聚和重新配置，对传统文化进行传承和创新。智慧城市为民族文化的传承带来了新的发展机遇，互联网等科技手段、新的传播方式和途径，都有效提升了民族文化与传统文化传播的效率。

（1）充分利用各种媒体途径，拓宽民族文化的传播渠道

各种新媒体的出现，使文化传播的方式、频率、层次、广度、主体等都发生了巨大的变化。以自媒体为特色的各种社交媒体，拓宽了传统文化的传播渠道，增加了传统文化传播的多样性和曝光率。对于民族传统文化的传承来说，有传播、有知晓度、有热爱度是很重要的，这样才会有更多的力量保护、继承和发扬传统文化。因此，要重视民族文化与传播渠道的融合，要充分利用各种社交媒体，集聚各方力量打造民族文化活动和交流的平台，传递民族文化知识，使民族文化以更加迎合大众的方式进入人们的视野，更有效地渗透到城市生活的各个领域。

（2）借助智慧城市的科技手段充实民族文化的内容

充分利用智慧城市中的科技手段，对传统民族文化资源进行搜集、整理、加工和保护，通过创新的手段和方法，构建互联网时代的民族文化体系，将民族地区传统民族文化、发展历史、民族宗教、民族风俗等具有特色的图片资料、文字资料、影像资料进行信息化与数字化的加工，增加推广与保存方式的多样化，加强文化资源的保护和传承。还可以借助互联网等智能技术，深入挖掘传统文化内涵，以生动活泼的形式将民族文化展现出来，使民族文化以图片、声音、影像、艺术作品等丰富、多元化的形式走进大众的视野中，走向更远的国际舞台。

政府可以借助智慧城市改变社会文化传播与大众接受的模式，将传统的静态单向沟通转变为动态双向沟通，增加大众的兴趣感和体验度，使大众可以更加真切地了解并接受民族传统文化，从而获取其文化价值。并且，要把民族文化融入智慧旅游与城市发展的每个角落，努力使其成为本地区的旅游文化竞争要素，从而提高民族地区的旅游文化竞争力水平。

（3）将传统民族文化融入智慧城市建设的细节中

智慧城市建设推动了传统文化价值的全面提升和合理转化。智慧产业的壮大、智慧应用的推进、城市智慧形象的塑造和智慧理念的普及，为传统文

化的价值提升和转化提供了重要支撑。①

首先，城市基础设施的完善是智慧城市建设的前提，政府要将城市独特的传统文化精心安排到基础设施建设当中及城市公共文化服务体系中，使城市成为充满文化气息的智慧城市。要建立智能化的文化服务体系，推动传统文化价值的提升和社会价值的呈现。

其次，建设民族传统文化智慧化的传播载体。要将静态的传统文化在智慧化的传播载体上得以立体化、动态化地展示，采用虚拟现实交互体验技术，让大众可以更直观、更真实地与文化近距离接触。

10.4.5 智慧城市生态环境改善策略

在新型城镇化不断深化发展的环境下，我们需要正视民族地区存在的一些生态问题，尤其是城市中出现的生态环境污染问题，包括水资源缺乏和污染严重、空气质量问题、工业固体废弃物和生活垃圾、城市噪声污染、交通拥堵、城市布局混乱等。② 对于生态脆弱的民族地区而言，保护生态文明，建设生态智慧城镇是重中之重。民族地区智慧型生态城市的建设有两层含义：一要厘清社会经济发展与环境承载之间的关系，通过智慧化的技术手段，对城市环境进行有效治理与改善，从而创造更加绿色的城市环境。二要高举民族地区生态保护大旗，深刻认识到生态保护对于民族地区发展的重要性，利用智慧城市的信息手段，改善城市以外的生态环境现状。

（1）打造智慧型生态工业，使工业系统向生态化转型

民族地区的工业发展程度不高，但工业与生态的矛盾关系必然要求其努力实现绿色转型。政府要从整体上制定绿色产业政策，不断打造低碳循环的绿色工业体系和循环型制造业体系。对传统产业进行绿色化改造，延伸产业链，大力发展循环经济，发展新兴绿色产业，以低碳经济为发展模式，推动绿色发展。在城市工业发展过程中，采用工业生态网络系统，实现工业生产废物的物资交换、循环再利用，工业的清洁化生产和能源多极化利用。打造一条智慧化供产销一体化体系。生产方面，利用地区独特的资源优势，不断优化产业结构，提高产品质量和科技含量，增强市场竞争力。销售方面，按照市场客户订单与需求，使企业决策有强大的数据支持，使智慧制造与互联

---

① 李林，杨海越．基于智慧城市的传统文化传承创新路径研究［J］．江汉论坛，2016（8）：140-144.

② 杨娟丽．基于智慧生态城市的西宁市绿色城市发展模式研究［J］．青海民族大学学报，2018（2）.

网销售系统相连接。

（2）优化能源消费结构，实现能源的可持续发展

政府部门要多出台政策，鼓励发展新能源，设立新型能源研发机构，如风能、太阳能、可燃冰等新型可清洁能源的开发，增加新能源的使用比重。对于新能源产业，需推动产业转型升级，培育一批具有创新优势和市场竞争力的新能源产品制造、系统集成和运营服务的骨干企业。

（3）建设绿色智慧城市，改善民生

建设绿色智慧城市要不断增加城市绿地面积，通过绿色、智能的设计，营造舒适、健康的环境，满足居民的生理、心理等多层次的需求。智慧城市建设要将新技术、新管理、新理念结合起来。

智慧城市建设要倡导“绿色消费与绿色生活”。在智慧城市的建设中要建立智慧城市新型信息沟通体系，引导市民树立正确的低碳消费理念和绿色消费理念，构建绿色发展体系。要推进绿色生态文明建设。第一，建立智慧城市的生活有机垃圾循环系统。通过社会公益宣传与校园文化教育，切实将垃圾分类与垃圾回收的生活理念深入人心，让市民从自身生活垃圾处理上意识到垃圾分类人人有责。第二，建立智慧生态城市的信息资源等循环体系，促进生态良性循环。搭建基于民族地区生态保护的绿色智慧市民平台，对生态基地、植树造林、环保志愿行动等内容进行宣传推介和组织，实现信息资源的共享，也为市民提供一个有效参与到绿色生活中的新途径、新渠道。通过活动不断提高市民大众生态保护的意识和积极性，从而使市民在生产生活中逐渐自觉采用“低碳”的生活方式。第三，倡导“绿色出行”。通过健康步行、绿色骑车行、文明行车等活动号召市民养成文明出行、绿色出行的习惯。

（4）建立绿色机制，营造绿色宜居环境

政府既可以通过智慧城市的科学技术手段实现对城市环境的实时监控和预警，以及更有效地监控企业废弃物排放和环境污染，也可以监控汽车尾气污染、噪声污染等，还可以使用信息预测技术对自然灾害的发生进行预警。严格落实节能减排措施，积极推行清洁能源的生产和利用，从源头上防治污染和保护生态。要通过精细化管理来节约能源和减少原料消耗，从而减少污染排放，增强城市企业生态与绿色生产能力。

第11章 民族地区智慧城市发展应用案例

11.1 青海省智慧化精准扶贫模式

11.1.1 民族地区贫困现状

据统计，因社会经济、历史文化和地理环境等因素，我国少数民族地区的人均收入、城镇化水平、工业化程度整体较低，发展滞后，属于国内贫困比重较大和贫困程度较高的地区。加之民族地区生态环境脆弱、人们受教育程度偏低等因素，民族地区贫困现象呈现加重趋势。因此，民族地区成为中央和地方新一轮扶贫攻坚的难点和关键点。2016年，我国少数民族贫困人口约占其总人口的71.4%，表明少数民族地区的贫困是制约我国小康社会实现的最大瓶颈。所以少数民族贫困地区的扶贫任务艰巨。同时，我们还应认识到，少数民族地区扶贫工作不仅是全国扶贫事业的重要组成部分，更是新时期我国民族工作的主要任务，政府需要采取有效措施对民族地区实施精准扶贫，帮助少数民族人民实现脱贫。在智慧城市深入发展的大背景下，民族地区智慧城市的建设成为我国智慧城市建设不可或缺的组成部分。民族地区智慧城市的建设必须要结合民族地区社会经济发展中最重要的问题——贫困，要整合资源和技术等智慧手段，探索新形势下少数民族地区精准扶贫的新模式和新对策。

11.1.2 智慧城市建设对民族地区精准扶贫的促进作用

（1）智慧城市视角下对精准扶贫的认识

“智慧城市+精准扶贫”不同于“互联网+精准扶贫”，原因在于智慧城市是对城市民生、环保、公共安全、城市功能、商业活动等城市服务需求做出智能响应，形成具备可持续内生动力的安全、便捷、高效、绿色的城市形态，它强调城市发展的系统性与连贯性。例如，智慧政府可以为市民大众提供更多的有效科学决策与服务，智慧信息基础建设则为城市与乡村提供互联互通的通信设施，智慧城市的信息服务平台和大数据给政府决策提供可靠保障等。这些都形成了一个良性循环的状态，为精准扶贫提供更为有效的助推剂。而"互联网+"只是智慧城市诸多内容中的一种手段或方法，其研究也只局限于"互联网+"对精准扶贫中某一工作内容的互联网化。因此，"互联网+精准扶贫"仅是"智慧城市+精准扶贫"的一部分。

智慧城市与精准扶贫两者在事物的性质与追求的目标方面是一致的。精准扶贫是新时期下扶贫工作的改革与创新。精准扶贫要求扶贫工作的时效性与高效性，要求扶贫工作的精细化和人性化，是对传统扶贫工作进行精细化管理。而智慧城市也是要把城市建设工作做到细致化，是借助物联网、云计算等技术，优化信息传递途径和渠道，通过智慧网格全面覆盖的精细化社会治理体系，并且由信息带动、促进跨区域产业链、价值链的形成与优化。由此可见，智慧城市和精准扶贫都是精细化管理在城市发展与社会发展中的实际应用。

（2）智慧城市对精准扶贫的促进作用

我国民族地区致贫的原因很多，其中信息不对称是造成贫困的主要原因之一。正如阿比吉特·班纳吉在《贫穷的本质》一书中所说：信息既是经济发展的资源要素，也是实现脱贫跃迁的跳板。市场供求信息的不对称、农民掌握资源的缺乏和知识技能的不足、对市场认识的不清，这些都是造成贫困的原因。我国的扶贫工作也因信息沟通问题在开展中存在诸如精准识别不够科学、工作不细致不到位、工作人员与贫困户的沟通不畅等工作难点。智慧城市的建设可以从信息沟通模式上和智慧城乡发展模式上解决民族地区的扶贫问题。随着"互联网+"上升为国家战略，智慧城市和智慧社区等发展思路应运而生，"智慧城市+精准扶贫"这一新战略将成为新时期下推动我国贫困地区发挥自身优势解决贫困问题的重要推力，能帮助贫困地区的广大群众脱贫致富，实现自我发展。

在我国，"智慧城市+精准扶贫"就是在智慧城市和智慧乡村的建设进程中，将精准扶贫与智慧基础设施建设整合起来，实现信息的融合，增强数据集中和共享，通过建立精准扶贫的信息化平台和系统，利用大数据等技术，对贫困信息进行采掘和分析，对贫困人员实施真实的识别与评估，对精准扶贫过程进行精细化的智能管理，为贫困人员提供人性化的智能扶贫方式。智慧城市对精准扶贫的促进作用主要表现在四个方面。

第一，智慧城市为精准扶贫提供了技术支持和有效的信息沟通模式。智慧城市是基于互联网思维，借助信息技术和数据的互联互通技术改善城市发展困境的新型城市。它具有信息沟通畅通、渠道多样、数据驱动有效、多维度的城市服务和包容性发展等优势，其为我国民族地区的扶贫工作提供了新手段和新方法，为扶贫理念和工作模式带来创新。对于民族地区而言，精准扶贫应当帮助贫困地区的贫困家庭跨越信息鸿沟，掌握和了解贫困户致贫的主要原因，通过智慧城市构建实现信息发布的针对性和有效性，让资金和技术能准确地流向贫困地区，以产业建设带动农牧民增收，从根本上帮助民族地区人民真正脱贫。

第二，智慧城市为我国精准扶贫工作提供了新思路。将“互联网+”融入精准扶贫工作中，就是要将精准扶贫工作跨界、变革、开放、重塑和融合。特别是在新时期，精准扶贫成为扶贫工作的新要求。智慧城市已经将贫困信息与扶贫工作作为城市规划中的重要内容。因此，智慧城市的建设带给精准扶贫的除了有信息化基础设施之外，还将营造一个有效畅通的城市和乡村环境，改善当地的政务服务、政策扶持、人才培养和创新创业环境等。

第三，智慧城市发展的趋势顺应了精准扶贫战略的实施。随着智慧城市的不断发展，智慧城市的建设将由大中型城市向中小型城市、小城镇及乡村逐渐扩展。在这一趋势下，智慧乡村建设为我国精准扶贫工作的升级提供了契机，“互联网+”、“大数据”和“智慧城市”等为国内后发地区的发展提供了新的可能。在我国，智慧城市的建设为传统扶贫模式植入了互联网思维，网络扶贫和电商扶贫的实施，将有利于提高贫困地区农业生产管理、运营销售的信息化、智慧化水平。

第四，智慧城市视角下的“乡村振兴”战略有助于实现我国民族地区的精准扶贫。在我国，民族地区土地广袤、资源丰富、文化多元，在自然资源和文化资源等方面蕴藏着巨大的开发潜力。智慧城市建设可以将民族地区的自然资源和文化资源进行有效整合，通过合理开发，变潜在优势为现实优势，变资源优势为经济优势，增强民族地区发展的自信心和创造力，打造民族地区社会经济的新亮点。

11. 1. 3　青海省扶贫难点与精准扶贫推进情况概述

（1）青海省贫困现状与原因分析

在我国，民族八省区的扶贫开发重点县的总数为 306 个，占全国（包括西藏）扶贫开发重点县的比例为 45. 95%，占西部地区的比例为 68. 08%，这些省区的贫困发生率远高于同期全国平均水平。国家统计局调查显示，2011—2016 年，民族八省区贫困发生率逐年下降，由 2011 年的 26. 5% 降到 2016 年的 9. 4%，下降了 17. 1%，但是，与同期全国平均水平相比，仍处于贫困率较高的水平，2011—2016 年，民族地区贫困率分别高全国贫困率平均水平 13. 8、10. 9、8. 6、7. 5、6. 6、4. 9 个百分点（见表 11-1）。

表 11-1　2011—2016 年全国以及民族地区贫困发生率

（单位：%）

	2011 年	2012 年	2013 年	2014 年	2015 年	2016 年
全国贫困发生率平均水平	12. 7	10. 2	8. 5	7. 2	5. 7	4. 5
民族八省区的贫困发生率	26. 5	21. 1	17. 1	14. 7	12. 1	9. 4

资料来源：根据国家统计局、国务院扶贫办网站公布的数据整理。

青海省是我国典型的特殊类型贫困地区，集中了西部地区、民族地区、高原地区和特困地区的所有特点。青海省全省 39 个县（区）中 37 个县（区）属于全国集中连片特困地区，2 个县（区）为国家扶贫开发工作重点县。2017 年末，青海省有贫困县 38 个（见表 11-2）、贫困村 1622 个。这些贫困县、村均位于青海省境内边远地区，地理环境和气候条件恶劣，少数民族聚集，生活水平低下。

表 11-2　青海省所属市、州的 38 个贫困县（市）

所属市、自治州	市、县
果洛藏族自治州	玛多县、达日县、久治县、玛沁县、班玛县、甘德县
海西蒙古族藏族自治州	德令哈市、格尔木市、天峻县、都兰县、乌兰县
玉树藏族自治州	杂多县、曲麻莱县、治多县、称多县、玉树市、囊谦县
海北藏族自治州	祁连县海晏县、刚察县、门源县
海南藏族自治州	兴海县、共和县、贵德县、贵南县、同德县
黄南州藏族自治州	河南蒙古族自治县、尖扎县、泽库县、同仁县
海东市	循化撒拉族自治县、平安区、化隆回族自治县、乐都区、互助土族自治县、民和回族土族自治县
西宁市	湟源县、大通回族土族自治县、湟中县

资料来源：青海省扶贫开发信息网网站。

青海省作为我国重要的民族地区，东部干旱山区和南部高寒牧区生态脆弱，基础设施建设滞后，社会发育程度低，产业结构单一，增收难度大，贫困人口多，区域性贫困问题突出。

第一，地区自然条件艰苦。青海省位于"世界第三极"——青藏高原，地处高海拔地区，境内地形复杂，干旱少雨，土壤贫瘠。严酷的地理条件、频繁的自然灾害和落后的基础设施条件是当地社会经济发展的瓶颈问题，给当地农牧民增收致富带来了极大的挑战和困难。

第二，基础设施落后是地区脱贫的主要障碍。农牧区基础设施建设大致可分为"生产、生活、生态"三类，其中当地的"生活""生态"类基础设施建设相对滞后。青海省的大部分贫困县、乡在基础设施建设上缺乏资金和有效规划，生活和生态基础设施建设较差，农村交通、电力、生活配套等设施不够完善，污染治理以及生态保护普遍乏力，社会发展缓慢。

第三，信息闭塞、观念保守，农牧民致富渠道狭窄。青海地处西北内陆，当地农牧民群众思想观念较为保守，新事物接受程度有限，自我发展和创新能力十分薄弱。观念保守导致农牧民在我国城乡发展的新格局下更容易被边缘化，使贫困问题加剧。

第四，地区产业发展滞后导致区域经济发展核心动力不足。贫困地区的经济发展必须要有相关的产业支撑。因为历史和地理等因素，青海省的产业基础薄弱，产业发展不均衡，在产业融合度、延伸度和宽广度等方面发展滞后，没有形成有效的产业链。同时，民族产业的开发力度不够，没有形成地方优势产业，全省经济发展整体落后于国内其他地区。

通过分析可以看出，针对我国民族地区的扶贫问题，必须要把帮扶的"输血"和自力更生的"造血"两大功能结合起来。针对贫困农牧民致富，必须要在政策和资金等方面给予相应的帮助和扶持。在民族地区经济发展规划上，应当为农牧民的生产、生活提供一个机制保障。这一机制保障正是新型城镇化建设中需要解决的主要问题和发展目标。建设智慧城市的目的就是为我国精准扶贫提供必要的信息沟通与数据共享，促进扶贫的效率和效果。

（2）青海省精准扶贫发展与推进概述

青海省采用逐年逐县脱贫的方案，具体包括 2016 年完成同德县、河南县、都兰县和冷湖、茫崖、大柴旦 3 个行委 6 个贫困县摘帽，400 个贫困村退出及 11 万贫困人口脱贫的任务。2017 年脱贫摘帽的贫困县分别为海东市平安区和循化撒拉族自治县，海西蒙古族藏族自治州德令哈市、格尔木市、乌兰县和天峻县，海北藏族自治州刚察县。国家统计局青海调查总队于 2017 年底发布的全省住户收支与生活状况调查显示，按现行农村贫困标准，国家统计局测算核定，2012—2017 年青海省农村贫困人口由 82 万人降至 31 万人，贫困发生率由 21.6%降至 8.1%（见表 11-3），2016 年末青海省农村贫困人口 31 万人，贫困发生率 8.1%。农村贫困人口比 2015 年末减少 10 万人，贫困发生率同比下降 2.8 个百分点。

表 11-3　青海农村贫困人口变化情况

年份	全省农村		国家扶贫重点县	
	贫困人口（万人）	贫困发生率（%）	贫困人口（万人）	贫困发生率（%）
2012	82	21.6	53	24.5
2013	63	16.4	46	21.3
2014	52	13.4	36	16.8
2016	42	10.9	27	15.6
2017	31	8.1	18	10.3

资料来源：《2017 中国农村贫困监测报告》。

根据调研发现，青海省的扶贫工作遵循扶持产业项目带动贫困农牧户增收的思路，结合受援地区特色农牧业资源优势，发展特色种植业，这为我国贫困地区的产业发展提供了示范借鉴作用。

以青海省省会西宁市为例，西宁市将精准扶贫与“绿色发展样板城市”“幸福西宁”等发展目标相结合，使精准扶贫成为青海省城镇化进程中重要的工作内容。2016 年，西宁市实现 80 个贫困村退出、2.6 万贫困人口脱贫，贫困发生率由 2015 年底的 13.2%下降到 7%。2018 年，西宁市实现 100 个贫困村退出，2.33 万贫困人口脱贫的目标任务，贫困发生率由 7%下降到 2.7%。西宁市依托特色农业扶贫、产业扶贫、健康扶贫、教育扶贫和电商扶贫等多元化的新模式，全方位推进精准扶贫工作，在全市范围内开展了“百企帮百村、百企联百户”精准扶贫行动，84 家企业、商会、协会结对帮扶了 105 个贫困村。同时，当地在扶贫工作中注重增强贫困群众的参与感与获得感，从传统的物质层面“扶贫”转向从精神层面“扶智”。

（3）青海省扶贫工作实践难点与挑战分析

第一，扶贫工作量巨大、数据复杂。2017 年，青海省贫困户共 31 万人，贫困发生率 8.1%，超过了我国平均水平的 4.3%。全省有 38 个贫困县、1622 个贫困村和 2 个国家重点扶贫县。经调研发现，青海省的扶贫工作呈现出覆盖面积大、贫困户数量多、工作量大等特点。同时，有关每个贫困户的致贫原因、脱贫、返贫等数据内容庞杂，且呈动态变化，相关数据统计工作难度极大。

第二，整体的扶贫系统中缺乏有效沟通。调研发现，在当地扶贫工作中，双向互动有限，沟通效率低。首先，帮扶干部与贫困户缺少互动沟通平台，帮扶干部与贫困户因传统沟通联系方式导致扶贫干部难以全面了解贫困户的真实诉求，不能及时有效地进行沟通。其次，贫困户与帮扶者之间信息不对称。一方面，贫困户受限于自身知识水平与经济条件，获取帮扶政策信息的渠道有限，沟通不畅，难于摆脱信息匮乏的状况。另一方面，社会扶贫力量缺乏获知贫困户信息及诉求的有效渠道，出现了有心帮扶却难以找到合适的帮扶对象的窘境，凸显贫困户和帮扶者之间在平台参与和途径营造等方面的现实矛盾。

第三，扶贫信息缺乏针对性、有效性。调研显示，在扶贫过程中，每个贫困户的致贫原因各不相同，他们所需的帮扶信息也不尽相同。例如在青海，因病、因残致贫比例高是当地深度贫困的重要特征之一。此外，还有因学、因缺资金、因交通条件落后等因素致贫的贫困户。由此可见，在扶贫信息的分类和发布过程中实现“因地制宜”“因户制宜”，根据贫困户的具体需求为他们提供针对性强的信息，既是实现扶贫信息精准化的难点，更是实现精准扶贫的重点。

鉴于上述研究内容，我国民族地区扶贫工作中亟待解决的难题就是借助智慧化和信息化科技手段实现精准扶贫工作的创新。

（4）青海省智慧化精准扶贫模式的框架分析

青海省在实施精准扶贫的工作中，建立了精准扶贫信息化服务平台和青海省农村信息化综合服务平台，采用大数据技术采集、比对内外部数据，对贫困人员实施识别与评估，为扶贫开发工作的规划与实施打下坚实的基础。青海省的精准扶贫信息化服务平台由“精准识别、精准服务、精准管理、精准评价”的“四精准”构成（见图 11-1）。其中，“信息服务平台+精准服务”就是智慧化地创新了精准扶贫的工作内容。

智慧化精准识别表现在：准确采集并实时掌握贫困户的基本信息，包括户均收入、致贫原因、耕地面积及基础设施情况等，并形成数据库，通过对贫困户和贫困人口的对象分布、致贫原因、健康状况、教育程度等情况全面分析，达到智慧化地精准识别。

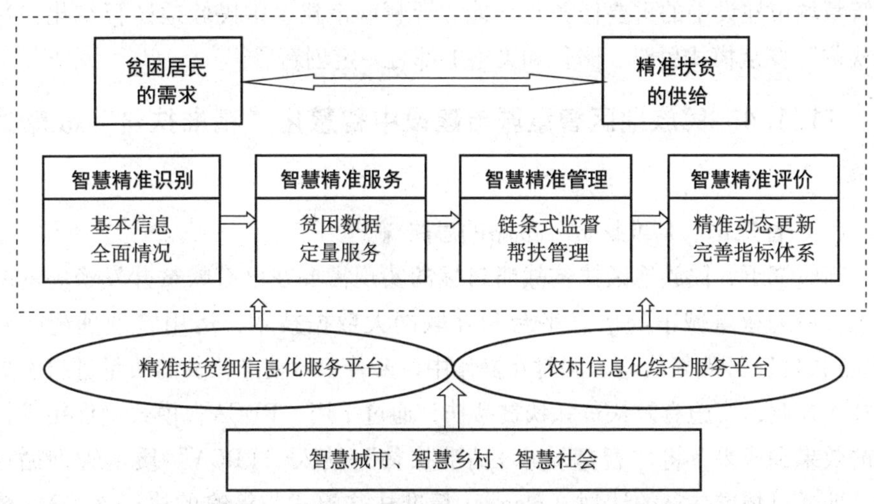

图 11-1　青海省智慧化精准扶贫模式的框架

智慧化精准服务表现在：在精准识别之后，智慧扶贫信息化平台为科学制定扶贫措施提供支持，通过大数据技术可以为每位贫困户建立“贫困指数”，甄别出最贫困的乡、村、户，使贫困深度看得见、摸得着，实现原先不准确的“定性”扶贫到现在“定量”扶贫的精准转变。政府要提供信息化支撑下的产业指导服务，如在青海省农村信息化综合平台上，农民可以清楚地感知到所在县、村关于精准扶贫的相关数据，包括服务数据、品种数据、资源数据、农产品供求信息和价格走势等。

智慧化精准管理表现在：智能化的信息平台实现了价值链式的监督、帮扶管理模式。政府层面要定时、主动推送产业指导信息，并跟踪追溯农产品的生产过程，再从产品的销售与市场角度给予帮助，通过互联网和电子商务有效解决产品的销路，帮助种植、生产和销售上有需求的贫困户。

智慧化精准评价表现在：评价指标由过去的询问、主观判断变成通过精准动态更新的形式考量帮扶成效，系统为贫困户设计了 6 项指标，只有权重分数达到 80 分，才算预脱贫，其中人均可支配收入和有无安全稳固住房为一票否决制，只要其中一项不达标，都评估为该贫困户未脱贫。

青海省的智慧扶贫模式是通过信息化服务平台对贫困居民的实际需求给予精准的扶贫供给，对贫困人员实施识别与评估。该平台涵盖的信息量多而广，且在全国科技系统中，青海省也属于较早搭建了精准扶贫大数据平台的省份。但这仅仅是数字化扶贫的体现，并没有真正把精准扶贫完全融入智慧城市建设中，缺乏各个行业信息的融合互通，也没有让精准扶贫成为民族地区智慧城市建设中的重要任务与功能。智慧城市建设中民族地区智慧化“精准扶贫”要从模式思路、路径和策略上都有一定创新。

11.1.4 民族地区智慧城市建设中智慧化“精准扶贫”战略的实施

(1) 智慧化“精准扶贫”战略的思路

新时期下，民族地区扶贫战略目标的实现需要在已有扶贫开发经验的基础上，借助智慧城市的信息平台和互联网大数据技术，运用管理理论构建“精准扶贫”开发新战略。同时在操作中，要善于对精准扶贫的质量进行有效的技术控制，实施有效扶贫和扶贫帮扶，通过采用“PDCA”模式确保精准扶贫的效果和成果，将“智慧城市+精准扶贫”纳入“PDCA”质量管理循环圈，即通过精准扶贫的计划（plan)、精准扶贫模式与策略的执行（do)、精准扶贫效果的检查（check)、问题的处理（action）提升精准扶贫的效果。具体操作如下。

计划阶段：基于大数据背景诞生的智慧城市可以高效地实现城市居民与贫困地区农户的联动，在二者之间建立有效的交易与沟通渠道，形成较为稳定的、长期的扶贫机制，杜绝了盲目拨款带来的负面影响。政府在利用大数据识别出贫困对象后，可根据不同的贫困类型建立不同的扶贫模式。政府要在建档立卡、项目资金、遍访等内部数据的基础上，通过与民政、教育、财政等部门的数据进行对接和大数据分析，精准分析致贫原因，精准制定扶贫措施。

执行阶段：通过对贫困地区人员的智慧化精准识别，采用“因地施策”“因人施策”的方法，做到扶贫项目和扶贫资金的精准安排，将产业脱贫、搬迁脱贫、生态脱贫、教育脱贫等具体措施，落实到每个贫困户上，达到“一把钥匙开一把锁”的效果。要结合当地实际情况，探索符合民族地区社会经济和自然文化发展的扶贫模式。例如，可通过“农（牧）家乐+扶贫”“观光农业+扶贫”“美丽乡村建设+扶贫”“特色旅游乡镇+扶贫”“民族特色手工艺品+扶贫”等扶贫模式实现我国民族地区精准帮扶和精准脱贫。

检查阶段：对精准扶贫进行绩效考核。运用大数据技术全面、动态地掌握扶贫项目的实施和资金的使用情况，保障扶贫项目精准到位、合理开发，保障财政专项扶贫资金安全、有效地运行，最大限度发挥扶贫资金的使用效益。同时，通过大数据等手段，对扶贫中出现问题的项目进行信息追溯，查找原因，对症下药。

处理阶段：实现扶贫的精准管理，根据实际变化，对扶贫对象、扶贫标准进行及时调整，确保扶贫信息真实、可靠、管用。通过大数据等技术手段，可以收集与贫困人员、扶贫项目等相关的数据，健全贫困监测指标体系，真实、准确、科学、合理地评估贫困地区、贫困人口的实际状况和扶贫项目效益，为制定科学的扶贫政策提供数据支撑。

（2）智慧化“精准扶贫”战略的实施

智慧化“精准扶贫”战略是在“精准扶贫”战略的“六个精准”基础之上，将智慧城市的信息科技技术与扶贫工作进行融合，实施信息服务工程，建立网络扶贫信息服务体系。针对“六个精准”，智慧化“精准扶贫”战略形成了四大模块：①利用智慧城市的信息平台，进行市民信息的精准搜集，从而实现扶贫对象精准化；②在项目安排和资金使用上，通过对精准数据进行分析匹配，判断出产业信息、行业信息、市场供求信息等对脱贫有效的信息，做到有的放矢；③通过对帮扶信息的追溯与分析，以绩效考核的方式进行判断，做到措施到户、因村派人；④针对脱贫成效，通过挖掘动态数据判断扶贫效果。

除此之外，智慧城市建设还可以达到以下效果，即精准脱贫、智慧脱贫、特色脱贫、有效脱贫以及通过网络平台进行脱贫后的宣传示范与信息共享，通过大数据扶贫平台特有的减贫、脱贫驱动效应，向其他领域辐散经济社会价值，带动扶贫相关产业的综合发展，对其他未脱贫群众进行帮扶（见图 11-2）。

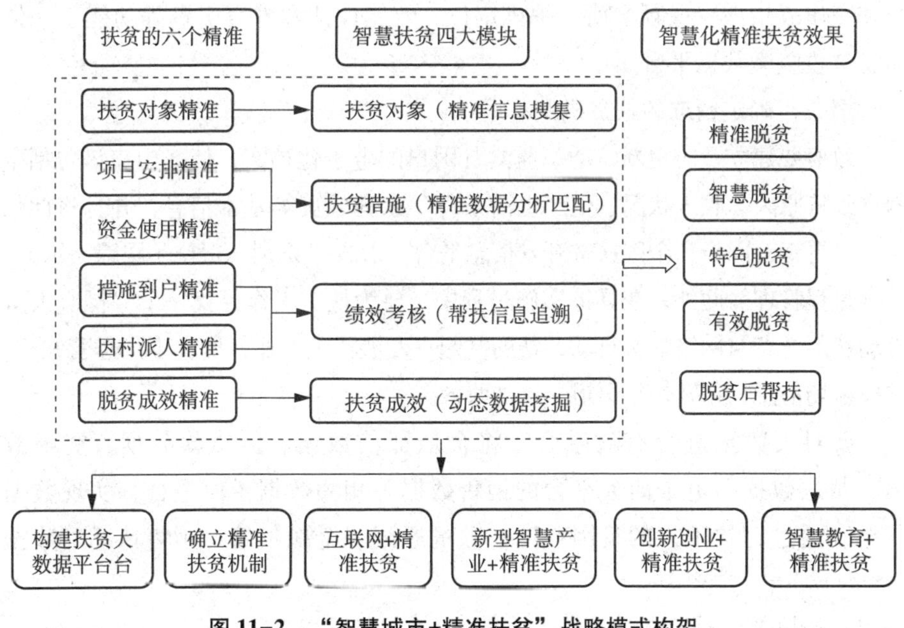

图 11-2　“智慧城市+精准扶贫”战略模式构架

(3)“智慧城市+精准扶贫”战略实施对策

第一，构建扶贫开发大数据平台。

大数据平台可以实现对精准扶贫的动态管理，政府要依托城市扶贫开发门户网站建立扶贫综合信息服务平台，交换数据资源，减少信息壁垒，提升扶贫行政效率，准确地将贫困村、贫困户及扶贫项目资金等相关信息纳入平台，要开展扶贫对象信息采集和动态管理，实现扶贫对象精准识别、精准帮扶和精准脱贫。

地方政府可以依托智慧城市建设，通过大数据统一共享交换平台，实现专项扶贫与行业扶贫部门的数据共享，推进行业扶贫资源向贫困集中地区汇集。同时，通过对所在辖区低保人员进行全面核查，让符合低保政策的人享受相关政策。此外，还应建立贫困户动态数据信息，进一步完善贫困户电子档案，为精准扶贫、精准脱贫提供可靠的“智慧保障”。

扶贫大数据平台作为“智慧城市+精准扶贫”的重要基础保障已在国内多地建设实施。例如2017年11月，内蒙古科右中旗与西安网算数据公司合作，为实现精准扶贫、精准脱贫，建设了扶贫大数据定制化平台。[①] 作为国家扶贫开发重点县和秦巴山集中连片特困地区县的陕西省商洛市商南县，以通信基础设施、大数据服务为创新手段，通过大数据平台建立了集数据采集、分析管理、作战指挥、视频会商、手机定位、效能评估和外宣引资等功能于一体的脱贫攻坚大数据平台。[②]

第二，确定精准的扶贫机制。

政府要建立及时更新、动态监测贫困户的电子化档案，档案中应该包括贫困户致贫原因、收入状况、生产生活条件、家庭成员等基本信息，并且将此信息实时更新，同步到全国扶贫开发信息平台，形成“识别—帮扶—跟踪—示范”的全过程管理。此外，在具体实施过程中，要为扶贫工作寻找一个“操心人”，带动贫困户参与网络扶贫行动，帮助贫困户发展特色产业，增长生产经营知识，掌握市场信息，拓宽销售渠道，增加收入。

要对大数据进行有效融合，将金融征信数据、借贷款数据、贫困数据、帮扶数据、电子商务平台的销售数据等相关数据予以整合，实现数据共享。通过对贫困户的贫困程度、致贫原因、金融贷款、销售情况等数据

---

① 资料来源：内蒙古经信委网站。

② 引入互联网和大数据技术，构建扶贫大数据平台［N］. 经济日报，2016-09-18。

进行相关性分析，查找致贫根源，提供具有针对性和实效性的帮扶政策和脱贫方案。

优化智慧精准扶贫交流系统，通过精准扶贫信息化平台实现政府部门、社会公众、扶贫机构与贫困户之间智能化、便捷化地交流，加强开放性和互动性，形成有效的交流机制。

第三，推行“互联网+精准扶贫”的创新型精准扶贫方式。

将“互联网+”应用在精准扶贫的各个领域，利用互联网优势，在金融、资金、农产品生产等方面实现地区间贫困数据共享、贫困施政共享，达到相互借鉴、共同提高。通过建立大数据库实时更新和追踪贫困户情况，建立集教育、医疗、社保、民政等服务资源为一体的平台，构建面向贫困地区的扶贫综合服务体系。例如，青海省“因病致贫”“因病返贫”现象突出。因此，青海省将 2018 年的扶贫工作重点放在藏区健康扶贫攻坚行动和深度贫困地区健康扶贫行动上，采用智慧城市的大数据技术、“互联网+”和信息通信技术，掌握省内不同地区农牧民的病源、病因，建立贫困对象综合性健康服务体系，有效地实施健康扶贫。

鼓励电信运营商、信息服务商、电商积极开展合作，降低准入门槛和收费标准，支持各县（市）区建设电商平台。例如，2018 年 4 月，青海省与京东集团合作，青海成为西北第二个实现京东无人机运营的省份，助力青海特色产品“走出去”。[①] 这对于打通青海省农牧区“工业品下乡、农产品上行”通道，对于智慧城市战略下的“电子商务+精准扶贫”行动具有重要意义。同时，这一实践也为青海本土化电商的发展提供了借鉴和参考。

实现线上线下的融合性服务，充分利用电信运营商、互联网企业和农业、科技、商务、民政等部门已有设施及资源，在发挥公共服务综合信息平台作用的同时，加大线下的帮扶力度，建立帮扶机制，实现对贫困户线上线下互动的信息化综合服务。

第四，构建新型智慧产业，为扶贫“换血”。

大力发展智慧农业和智慧旅游业，运用智慧信息技术为农业生产经营、旅游体系和旅游产业的发展提供新思路和新模式。智慧旅游将云计算、物联网等新技术应用于旅游体验、旅游管理、旅游服务和旅游营销等层面。智慧

---

① 京东物流无人机配送青海运营仪式启动．［EB/OL］青海新闻网．http：//www. qh. xinhuanet. com/2018-04/25/c_ 1122741881. htm.

农业则是通过对农产品开展产品线上销售，建立健全互联网专家咨询，农副产品、农资质量安全追溯等服务体系，推广农业物联网应用模式，普及智能节水灌溉、测土配方施肥、实时监测、自动控制等精准化作业，促进农民增收。这种新思路和新模式将对我国民族地区的扶贫方式从“输血”逐渐转变为“造血”，同时借助于新技术手段对传统“造血”功能进行提升，实现民族地区脱贫“换血”。

第五，以智慧城市为平台，将创新创业与精准扶贫相结合。

将互联网创新创业成果与扶贫工作相结合，通过“大众创业、万众创新”，以创业带动就业、以就业带动扶贫，真正做到让城乡低收入群体稳定增收，让符合条件的农村贫困人口脱贫。创新发展的原动力也是引领贫困地区发展的根本动力。民族地区在新的发展时期，在新的扶贫战略下，如何培育可持续的新增长点，出路在于创新。以创新引领特色现代农业发展，是带动欠发达民族地区农村地区经济发展，实现贫困农民脱贫致富的必由之路。例如，在农业产业化经营模式创新方面，应尝试建立多种形式的农业一体化利益联盟与分配机制，形成家庭经营、合作经营、公司经营与行业组织“四位一体”、资源互用、有机结合的现代农业产业化经营体系。

第六，智慧教育为扶贫脱贫提供核心保障。

“治贫先治愚”，教育是脱贫的治本之策。要统筹抓好贫困地区各类教育，特别是突出抓好职业教育，引导贫困家庭中没有考上高中的初中生、没有考上大学的高中生接受职业教育，使其掌握一技之长，提高就业能力。

以智慧教育为依托开展新型教育模式，开发独具特色的网络培训课程。采取切实可行的措施提高少数民族群众文化科学素质，使科学培训与生产实践相结合。例如“慕课”（MOOC）可以让贫困家庭的学生和民族地区的少数民族学生在线学习，从而提升文化程度。

发挥民族地区地方高校的作用，实行“产、学、研、用”四者结合的方式，将科技项目和科研成果在贫困地区进行推广应用，从产业发展、产业规划与布局等方面对贫困地区进行指导与帮扶。

11.1.5 青海省智慧化精准扶贫发展建议

青海省所推出的精准扶贫信息化服务平台和青海省农村信息化综合服务平台为全省的精准扶贫工作提供了有效的技术支持。但是，要在全省范围内实现精准扶贫的工作目标，必须要统筹考虑，从顶层设计入手，做好政府规划。同时，要全面调查了解省内贫困户的实际情况，并将相关资料纳入信息数据平台。此外，还应实现相关政府部门间的信息共建共享，最大限度地发挥数据共享的“边际效应”，疏通“自上而下”和“自下而上”两种扶贫工作渠道，实现准确投放，精准扶贫，具体建议如下：

第一，编制青海省智慧精准扶贫规划，整合不同政府部门在“精准扶贫”战略中的任务分工，制定出符合国情、符合省情的智慧化精准扶贫具体工作内容，并将工作内容具体落实到相关单位。

第二，继续推进青海省贫困户信息数据库建设，做好青海省扶贫信息调查工作，对现有基础数据库进行优化和完善，根据现实需求增加新模块，如可增加“案例模块”。同时，借鉴学习国内其他省市在智慧化精准扶贫方面的成功经验，丰富本土扶贫案例。此外，以“便捷性”“人性化”为原则，通过技术手段，实现贫困户的体验便捷性和沟通交互性。

第三，结合青海省省情，针对健康、生态、民族文化等重大问题，做好实地调研工作，真实掌握当地贫困户的实际情况，开发具有针对性的扶贫专题活动。

第四，大数据与小数据结合。利用大数据技术，做好精准扶贫的大数据追踪、分析工作，优化动态分析与监管程序。同时，在大数据精准识别与管理的基础上，还应建立小数据，对特殊贫困户进行关爱、心理疏导等具体服务，对脱贫群众进行跟踪调查和重点访谈，将地方脱贫经验进行宣传和推广，实现真正意义上的精准扶贫。

第五，重点推进农牧区信息化基础设施建设工作，实现“宽带进村”“宽带下乡”，将信息资费、农牧民帮扶等具体工作落实到位。

11.2　智慧生态城市建设中的西宁市绿色城市发展模式

2012 年，中央经济工作会议提出，走集约、智能、绿色、低碳的新型城镇化道路。2016 年底，西宁市深入贯彻落实党中央及省委、省政府战略部署，以五大发展理念和“四个扎扎实实”重大要求为引领，抓住“生态优先”与“发展率先”两个关键，着力打造绿色发展样板城市。绿色样板城市的建设要求西宁在各个方面，全方位、全要素、全周期地与自然环境有机融合，努力实现生态美好、经济发展、人民幸福。如何创建评价体系评价西宁市绿色城市发展的水平，如何促进西宁市绿色城市深入、有效地发展，成为亟待研究的重要课题。

11.2.1 智慧生态城市与绿色城市的关系

(1) 对绿色城市的正确认识

学术界对绿色城市的概念没有明确、统一的界定，综合各种学者的观点来看，绿色城市是一个综合性的概念，绿色城市是生态的、低碳的、宜居的、可持续发展的健康城市。它并不是字面意思的简单化理解，不是指一个城市绿色建筑的叠加、绿化面积的增加或者以森林城市或花园城市冠名，绿色城市是一种可持续性的城市发展模式，需要具有合理的城市规划布局、高效的资源利用率、绿色低碳生态的城市建设、健康合理的城市化模式和节约的消费方式，人与自然和谐相处。因此，对绿色城市的认识要避免几个误区：①绿色城市不是绿化城市。不应该单一地强调城市的森林覆盖率、绿地率等生态指标，这与绿色城市的本质是不一致的，城市之间存在气候与地理环境的差异性，所以不能认为干旱缺水、生态基础薄弱的北方高原、沙漠等地就不是绿色城市了。这一误区也让很多生态系统较差的省份花费力气营造了大量的人工生态系统，反而造成维护成本高、生态效应低的问题，造成水、土地等资源的极大浪费。②绿色城市不能等同于生态城市、低碳城市等。绿色城市建设过程中不是简单地控制城市生活与工业垃圾的排放，而是要从源头抓起，从城市规划开始就进行绿色的设计与构思。绿色城市的关键是生产、生活、生态的有机协调。张梦、李志红(2016) 认为绿色城市融合了生态城市、低碳城市等这一系列城市概念中环境友好、资源集约、生态和谐、节能减排等多项内容，并加入城市绿色经济发展与绿色增长的崭新内容，既具有概念发展上的传承性，又具有自身的独特性与创造性。

(2) 智慧生态城市推动了绿色城市的深化发展

绿色、智慧、人文是未来城市建设的三大重点。智慧型生态城市的建设，即积极应用智慧化、生态化、现代化的信息技术，对城市进行科学高效的治理，不断协调城市经济发展、社会发展和环境承载之间的关系，促进城市的生产、消费、居住等智慧运行，为人的发展创造更加和谐、高效、美丽的城市环境。大数据与信息时代的来临，使智慧生态城市建设成为城市发展的主流，绿色发展也成为智慧生态城市的核心举措。绿色与智慧是互容而又共生的，真正的可持续发展的绿色城市正是智慧的绿色城市。

借智慧城市之力做强绿色发展样板城市。智慧城市就是利用信息技术，整合物理空间和网络空间，实现不同空间的交互，让城市更加宜居、文化更加繁荣。世界各国都在结合自身特点，形成各具特色的绿色城市发展方式，绿色城市的发展模式并非固定而统一的。智慧城市则刚好提供了新的技术层面支持，可以在能源利用、交通出行、产业排放等方面实现智能化发展，从而将绿色理念、智慧技术和规划平台结合起来。

11.2.2　西宁市绿色城市建设背景与问题分析

(1) 西宁市绿色城市建设的背景

由中国社会科学院社会发展研究中心、甘肃省城市发展研究院等发布的《生态城市绿皮书：中国生态城市建设发展报告（2017）》，针对中国 284 个城市 2015 年的生态健康状况进行了综合排名，西宁市进入了前 100 名。2016 年，习近平总书记到青海视察时也指出“青海最大的价值在生态、最大的责任在生态、最大的潜力也在生态”。青海生态地位重要而特殊，必须担负起保护三江源、保护“中华水塔”的重大责任。西宁所处的河湟谷地，是青藏高原上人类活动强度最大的地区，作为高原省会城市，也是“一带一路”上重要的节点城市。因此，改善生态环境，探索城市绿色发展非常重要，西宁市在生态与绿色城市建设的道路上也是任重道远的。西宁市必须采用创造性思维，用城市发展的新理念、新思想、新战略进行生态文明建设，西宁市提出的建设绿色发展样板城市发展目标具有划时代意义。

西部地区固有生态环境脆弱、区域内水土流失、土壤沙化漠化等生态问题，在新型城镇化不断深化发展的环境下，政府需要正视西部地区存在的生态问题，尤其在城市发展过程中出现的新的生态环境污染问题，如水资源缺乏和污染严重、空气质量问题、工业固体废弃物和生活垃圾、城市噪声污染、交通拥堵、城市布局混乱等。西宁市在新型城镇化过程中也存在这些新问题，它们极大地影响着城市的良性发展。近年来，西宁市城镇化率不断上升。2017 年 1 月，西宁市城镇化率为 70.02%，在西北民族地区的城市中处于较高的位置，但是快速城镇化进程对西宁的城市生态环境造成了很大的冲击，新的生态安全问题日益突出，生态问题会引发其他的城市问题，城市生态调节功能下降。绿色城市建设正成为许多国家、地区和城市解决交通拥堵、生态破坏、环境污染等问题的一个有效途径。

(2) 西宁市绿色城市建设问题分析

近年来，西宁市城市规模不断增长，城镇化速度相对较快，城市成为城镇人口的重要承载体，对地区经济发展起到了重要的支撑作用。西宁市辖区总面积 7665 平方公里，聚居了全省 39.3% 的人口和提供了全省 43.91%的地区生产总值。2000—2017 年，西宁市人口不断增长，从 198 万人增加到 233 万人（见表 11-4、图 11-3），其中 2016 年城镇人口为 163.8 万人，城镇化比重为 71%。2016 年，西宁市生产总值为 1248.16 亿元（见表 11-5、图 11-4）。西宁市是黄河上游源头地唯一百万以上人口的中心城市，城市集聚度高、首位度高。在新常态下，西宁市扬长避短不断塑造新的竞争优势，更新发展动力，转型城市发展模式，提升城市品质。“十一五”期间，西宁市积极开展创建中国优秀旅游城市、国家园林城市、国家卫生城市和国家环境保护模范城市活动，对城市环境进行了大规模集中整治。西宁市经济快速发展，生活质量明显提高，城市功能日益完善，城市品位和档次明显提升。“十二五”期间，西宁市建管并重，狠抓污染减排项目，在建设智慧城市、提升科技水平的背景下，通过扬尘污染整治、工业污染治理、燃煤锅炉“煤改气”、黄标车淘汰、网格化监管等综合施策，强力推进综合治理，使空气质量稳步提高，逐步改善。2016 年，西宁市饮用水水质达标率 100%；区域环境噪声平均值为 53.4dB（A），交通干线噪声平均值为 69.7dB（A）；城市清洁能源使用率≥70%，工业固体废物处置利用率为 96.26%，城市各项环保指标均表现较好。[②]“治水、抑尘、治煤烟、治车、治工业废气”作为西宁市在环境保护方面的创新组合，助力西宁建设绿色发展样板城市进程。

表 11-4 西宁市城区常住人口变化情况分析

（单位：万人）

类别	2012 年	2013 年	2014 年	2015 年	2016 年
常住人口	224.74	226.76	229.07	231.08	233.37

资料来源：2012—2016 年西宁市统计年鉴。

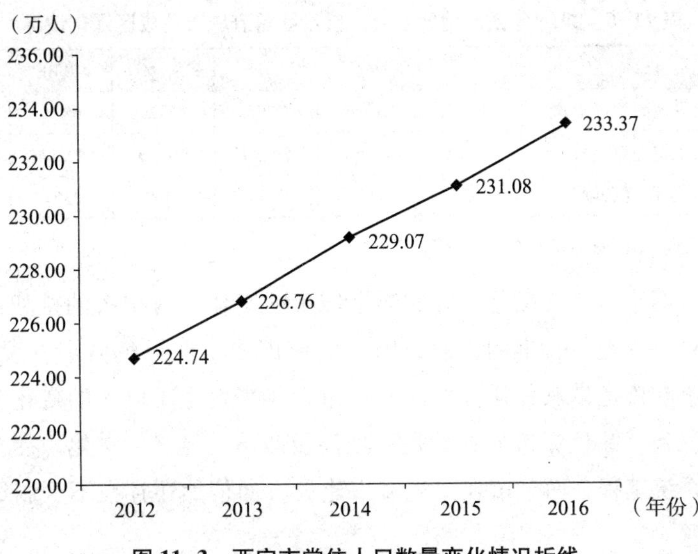

图 11-3　西宁市常住人口数量变化情况折线

表 11-5　西宁市地区生产总值分析

（单位：亿元）

类别	2012 年	2013 年	2014 年	2015 年	2016 年
GDP	851.09	978.53	1077.14	1131.62	1248.16

资料来源：2012—2016 年西宁市统计年鉴。

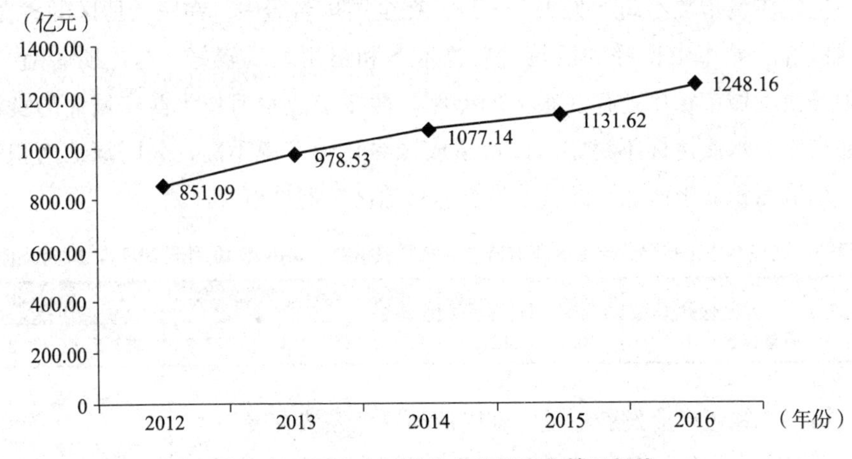

图 11-4　西宁市地区生产总值变化情况折线

表 11-6　2016 年西北地区省会、自治区首府城市建成区绿化情况

	西宁	西安	兰州	乌鲁木齐	银川	拉萨
建成区绿化覆盖面积（公顷）	3503	21334	7795	17329	6821	1913
建成区绿化覆盖率（%）	38.92	42.58	34.49	40.30	40.84	—
公园绿地面积（公顷）	1551	4974	2111	3409	2454	182

资料来源：2016 城市统计年鉴。

但是，西宁市建设绿色发展的样板城市的工作具有很大的挑战性，“样板”有榜样、典范、标准的意思，因此西宁市要走在绿色城市发展的前列，为其他城市起模范带头作用。虽然西宁市近年来发生了巨大的变化，但也要清醒地认识到，绿色城市的建设是一项涉及政治、经济、文化、社会、生态等方面的系统工程，西宁市在绿色城市建设方面依然还存在不少制约其发展的短板问题。

第一，城市环境发展方面仍存在很多不足。

西宁市人口增速由 2012 年开始明显逐渐上升，居住用地开发强度较高，道路拥堵成为城市交通的主要矛盾。千篇一律的现代化城市建筑影响了西宁市传统的历史特色风貌的营造。西宁市空气质量虽然得到进一步改善，但大气污染防治工作任务仍十分艰巨。西宁市城区 PM10、PM2.5 两项污染物年均浓度值未达到《环境空气质量标准》（GB 3096—2012）二级标准，其日均浓度达到二级标准的天数未达到全年总天数的 85%。[②]通过对 2016 年 10 月至 2017 年 10 月的城市环境空气质量综合指数数据[③]进行分析，可以发现，西宁市的空气质量指数不高（见表 11-7）。在全国排名居中，在民族地区的省会、自治区首府城市中比呼和浩特、乌鲁木齐和银川表现较好，与昆明、南宁、贵阳等西南城市相比还存在很大的差距。西宁市湟水河作为西宁城北的黄河重要支流，水质达标不稳定。城市建成区绿化覆盖率不高，公园绿地面积较少，绿地面积低于西北地区其他省会、自治区首府城市。

表 11-7　民族八省区省会、自治区首府城市空气质量指数（2016 年 10 月至 2017 年 10 月均值）

	西宁	昆明	呼和浩特	贵阳	南宁	乌鲁木齐	银川	拉萨
城市空气质量指数	107.8	50.3	121.9	53.2	57.3	123.7	113.5	62.8

第二，绿色产业发展不足，难以带动绿色经济发展。

西宁市在发展绿色经济的过程中，产业转型的力度也不够，产业结构不够优化，重点工业企业技术改造的力度不够，现代服务业发展滞后，现代农业比重小，在新兴产业的培育上，尽管初步形成以硅材料和光伏产业、有色金属精深加工、生物医药、藏毯绒纺为主的特色产业发展格局，但调整以工业为主导的产业结构，实现三次产业协同带动经济发展任务艰巨。西宁市利用新型互联网实现智能制造，整合产业价值链条，以及延伸产业链等的企业绿色生产能力不强；企业与大学科技园的合作不够深入，科研成果转化力度不够。在新能源开发领域，西宁市缺乏强有力的政策支持与产业开发模式。

第三，绿色文化尚未形成。

绿色城市要塑造和培育绿色消费理念和绿色城市文化，包含政府的服务、人口素质、城市文化氛围等方面。青海省是多民族聚居的省份，西宁市作为青海省的省会城市，汉族以外的少数民族共 38 个，人口达 57.34 万人，占全市总人口的 25.96%。少数民族受教育人数比例较小，民族文化教育培训活动严重不足，学习民族文化的机会比较少，尚未形成经常性的民族文化宣传教育机制，这些都与城市文明的发展不能很好地相适应，市民素质和价值观念是民族地区文化软实力提升的精神保障，民族地区市民素质的提升与更新，既是文化软实力提升的需要，也是实现跨越式发展的需要。

西宁市市民绿色生活模式与绿色文化意识较为淡薄，社会中尚未形成全面的绿色意识，这与其经济发展水平、市民的收入水平和市民的价值观念、生活方式是相关的。在青海大学学生关于“西宁市绿色发展视角下的西宁市民绿色出行报告”的暑期实习调研中，可以发现，西宁市市民仍未形成“绿色出行、低碳生活”的生活模式，绿色文化氛围不强。

西宁市在新型智慧城市打造过程中，一些科技应用型人才、高层次专业技术人员紧缺，导致“有设备、有数据而应用分析差”，通过大数据对城市交通、环保、医疗、教育等关乎民生的公共服务的综合分析和监测预警能力较弱。

11.2.3 智慧生态城市建设中西宁市绿色城市的发展模式

沈清基等（2013）提出智慧生态城市的定义，即智慧生态城市是将智慧核心特征与生态核心特征融为一体并予以升华，包含所有自然与人类文明精华的智慧与生态主题，顺应城市发展规律，利用综合手段，从能力、结构、系统、关系、环境、心理艺术与美学、美德等方面构建以人类与自然和谐共生境界为目标的城市发展模式和城市类型。在这个视角下研究绿色城市，应该有更深刻的内涵：既要追求城市生态环境系统的改善，也要降低城市发展的资源内耗；既要兼顾循环经济的发展理念，还要体现城市社会的人本化与宜居化，同时突出城市管理的绿色新政化，绿色城市就应该是从环境、发展、资源、民生、文化等多个方面综合发展。再将智慧城市的概念融进来，可以发现，智慧城市可以帮助绿色城市更好地发展和创新，绿色城市需要靠智慧城市的科技手段辅助实现。本书基于对绿色城市相关文献的分析研究，从而提出智慧生态城市视角下的西宁市绿色城市发展模式框架，具体如图 11-5 所示。

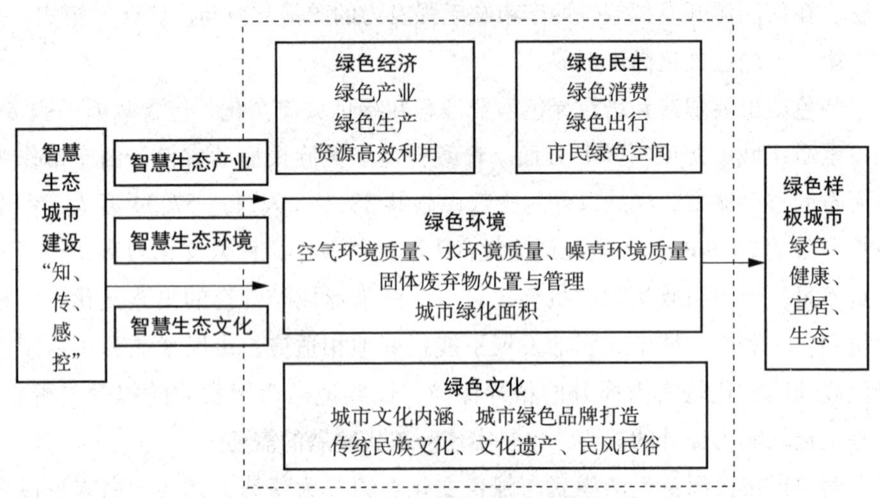

图 11-5　西宁市绿色城市发展模式框架

11.2.4　智慧生态城市建设中西宁市绿色城市建设对策和建议

(1) 创新绿色发展模式，发展绿色经济

西宁市的绿色发展要健全环境保护体制机制，以保护生态环境为基础，以生态农业、旅游业和新能源为重点，加强生态工程建设，大力推进三江源生态保护和建设工程，实施退牧还林还草、湿地保护等项目，全面推进三江源地区及周边地区生态环境保护与综合治理。一方面能保持经济的增长，另一方面能维护良好的生态环境，实现经济发展与环境保护的共生共赢。

第一，打造智慧型生态工业，使工业系统向生态化转型。

西宁市要实现绿色转型，必须将低碳循环的绿色工业体系和循环型制造业体系不断向中高水平推进；对传统产业进行绿色化改造、产业链延伸，发展园区循环经济、发展新兴绿色产业；以低碳经济为发展模式，从整体上制定绿色产业政策，推动绿色发展。在城市工业发展过程中，要采用工业生态网络系统，实现工业生产废物的物资交换、循环再利用，实现工业的清洁化生产和能源多极化利用，促进该系统内的物质流、能量流有机循环，从而推动系统对外的“零排放”。打造智慧制造与销售系统，形成工业园区与企业相连的智慧制造系统，以及生产企业与市场相连接的销售系统。在生产方面，利用地区独特的资源优势，不断优化产业结构，提高产品质量和科技含量，增强市场竞争力。用创新驱动生产，企业内部与企业之间实现信息沟通，实现全供应链的集成，通过柔性的制造模式将不同层面的自动化 IT 系统集成在一起，灵活地按照生产任务进行生产，实现全集成自动化。在销售方面，按照市场客户订单与需求，规模化的定制生产，以此满足用户个性化需求，使企业决策有强大的数据支持，进一步优化生产效率，借助西部大开发战略的契机打造优秀的产品品牌，适当地调整区域经济发展的结构，增加产品科技投入，转变经济发展的方式，不断促进经济又好又快发展。

第二，优化能源消费结构，实现能源的可持续发展。

西宁市紧随时代的发展，开发绿色能源，实现了资源有效利用。西宁市的资源开发向新能源、新材料转型，从高碳经济向低碳经济转型，从工业文明向生态文明转型。政府部门要多出台鼓励政策，大力发展西宁的优势新能源，设立新型能源研发机构，如风能、生物质能和太阳能等新型可清洁能源的开发，增加新能源的使用比重。对于新能源产业，需推动产业转型升级，培育一批具有创新优势和市场竞争力的新能源产品制造、系统集成和运营服务骨干企业，形成具有特色的一体化设计、制造、应用和服务体系，为新能源示范省建设提供有力的产业支撑、智力支持、人才科技保障和产学研结合的高端平台。

第三，发展智慧型生态农业。

积极探索在农业生产环节注入无线通信技术、物联网技术、智能监控技术等新一代信息技术，加快推进农业的智能化生产管理。在农业营销环节，以市场需求为导向，大力推进农业供给侧结构性改革，增加适销对路的农产品的生产，做强生产、加工、储藏、包装、流通、销售各环节，发展壮大新产业、新业态，打造农业全产业链，发挥一二三产业融合效应，提高农业质量效益。将信息技术和生态发展理念融入物流、销售等渠道中，同时积极拓展休闲农业等业态，促进农业发展走向智慧化。

（2）建设绿色智慧城市，改善绿色民生

第一，构建人与自然和谐相处的“绿色空间”。

绿色智慧城市建设增加了社区的绿地面积，通过建筑绿色、智能设计，营造了舒适、健康的室内环境，满足了市民的生理、心理、道德和社会适应性等多层次的需求。西宁市要以创建全国文明城市为抓手，着力打造“中国夏都”和“世界凉爽城市”品牌，着力提升城市规划层次，完善与保护生态环境，美化市容市貌，提供公共休闲游憩场地。推动西宁城市空间重构，重点启动绿色开放空间的构造，形成“步行林荫带、自行车道、绿色走廊、湿地绿地”的相连空间，保持开放空间的连续性。并且，在绿色空间的构造中，将新技术、新管理、新理念结合起来，注重生态质量、文化品位、科技含量，从城市的建设水平、管理能力、生态内涵上有所提高，让老百姓生活得更加幸福，努力把西宁建成具有知名度和影响力的绿色开放宜居城市。

第二，倡导“绿色消费与绿色生活”。

西宁市要倡导低碳生活，引导市民树立正确的低碳消费和绿色消费理念，构建绿色发展体系，推进绿色生态文明建设。不断提高市民的整体素质和个人能力，减少生活废物排放，提高资源利用效率，形成健康文明的消费模式和消费行为。一是建立市民生活有机垃圾循环系统。通过社会公益宣传与校园文化教育，切实将垃圾分类与垃圾回收的生活理念深入人心，让市民从生活垃圾处理上意识到垃圾分类人人有责。二是建立城市有机资源循环链，促进生态良性循环。通过义务植树造林、环保志愿行动等多种形式，培育公众减碳、节能、保护生态的积极性和环保意识，鼓励市民采用“低碳”的生活方式，引导公众多吃蔬果、购买环境标志产品、环境认证产品等绿色产品。三是倡导“绿色出行”。号召市民养成文明交通习惯，绿色出行，通过健康步行、绿色骑车行、文明行车等活动积极锻炼身体，体验绿色生活。

(3) 充实城市文化内涵，打造绿色生态文化

第一，提高城市文化内涵，打造城市绿色品牌。

要将“绿色发展样板城市”与“夏都西宁”“世界凉爽城市西宁”等相融合，互相促进，互相完善，共同打造西宁的城市品牌，使西宁成为宜居、宜游的绿色城市。

第二，修复自然生态，传承历史文脉。

把西宁建设成为文化内涵丰富的城市，坚持传承与创新并重，保护与发展协调，深入挖掘西宁市的历史文化、民俗文化特色，延续历史文脉和传统风貌，发挥文化的滋养涵育作用，用建筑风格提升城市品位，用人文精神增添城市魅力，用文化生活打造城市气质。

第三，培育有效的绿色文化宣传渠道。

强化新媒体、自媒体在培育智慧生态文化方面的作用，提升智慧型生态

文化的亲民与趣味性，从而让西宁市的绿色文化传播得更好。

（4）建立绿色机制，营造绿色宜居环境

政府利用市场方式和行政方式协调生态环境建设和维护，必须要重视生态环境保护，对破坏生态环境的行为必须加大处罚力度，要建立环境保护措施，提高空气环境质量、水环境质量和声环境质量。

第一，对废弃物的处置、管理与预测要严格。

相关部门要严格落实节能减排措施的实施，积极推行清洁能源的生产和利用，从源头上防治污染和保护生态。要通过精细化管理，节约能源和原料消耗，减少污染物的排放，增强城市企业绿色生产能力。并且，通过智慧城市实现实时监控和预警，更有效地监控企业废弃物排放、汽车尾气污染、噪声污染，预警自然灾害。

第二，提高城市绿化面积。

城市绿化建设对于改善城市生态和人居环境，提高市民的生活质量，促进城市经济社会的可持续发展具有十分重要的作用。城市绿化建设要建立完善的城市绿化体系，包括道路两旁的绿化、住宅小区内的绿化以及大中小公园、广场的绿化。同时，应该注意城市种植植被的种类，提高植物成活率，进而提升城市绿化率，实现城市整体环境的清洁与美化。倡导各单位组织植树造绿活动，增加绿化面积。

结论与展望

民族地区的智慧城市建设充满了机遇与挑战，从国内智慧城市建设的阶段性分析来看，东部地区城市已经走进一个新的智慧城市建设阶段，东部地区城市更加注重智慧城市的精细化应用与管理。民族地区的个别城市却才刚刚起步，因此对于民族地区智慧城市建设的研究具有非常重要的意义。本书结合民族地区特色背景，分析了民族地区建设智慧城市的必要性与可行性，并针对民族地区独特的城镇化特征提出了对智慧城市的新要求，提出了适合民族地区智慧城市的评价指标体系，通过实地调研了解了民族地区市民的需求，并对该指标体系进行了延伸，从而提出了智慧城市的发展模式与发展路径，提出了民族地区智慧城市的保障措施。本书在总结国内外智慧城市发展的现状与经验的基础上，提出了民族地区智慧城市建设的思路与对策，为民族地区智慧城市的深入发展提供了一定的借鉴作用。民族地区智慧城市建设对于智慧社会的实现更具有现实作用。智慧城市关注城乡一体化、东西部协调化、各个部门信息互通化。全国各个区域要一起进步，逐渐减缓智慧城市区域发展的不平衡性，才能最终实现智慧社会。

本书通过对民族八省区的智慧城市现状与国内东部地区城市进行对比分析，得出了民族地区智慧城市的发展模式与路径建议及保障机制，具有一定的创新性，具体表现在以下几个方面。

研究内容的创新。在众多研究中，关于东部地区智慧城市的研究内容很多并且逐渐走向细化，但是对民族地区智慧城市的研究尚属空白，因此在民族地区新型城镇化的特殊路径下分析特色智慧城市属于一种内容上的创新。

研究方法的创新。本书在研究过程中通过统计资料与实地调研相结合，使用定量分析与定性分析相结合的方法，对民族地区智慧城市发展水平先做了总体的分析，并通过定量的方式对 17 个样本城市进行具体分析，对于市民需求和智慧城市满意度进行了实地调研，分析了影响市民满意度的因素，对民族地区智慧城市数据资料的不足做了一定的补充。

研究视野的创新性。本书紧紧抓住“新型城镇化”“绿色发展”“可持续性发展”“大数据、云计算”等热门词和关键词进行研究，在范围上进行了严格的划分，在研究思路上进行了相应的拓展，提升了研究成果本身的应用价值。

由于民族地区城市数量较多，逐一进行调研存在一定的难度，智慧城市作为新型城市发展模式，所需要的很多评价指标数据是无法直接获得的，需要通过相关指标进行计算，并且民族地区的很多县级市的相关城市发展数据资料缺乏，以及调查问卷样本数量的限制，使本书研究成果的客观性、科学性受到一定影响，存在如下不足：①关于民族地区县级智慧城市的分析不够精确。②智慧城市在一些小城镇的分析应用存在不足。③由于时间的局限性，本书对 17 个样本城市发展水平的数据分析截至 2017 年 12 月，但是在后面的时间中很多城市在智慧城市领域已有了质的发展，所以本书存在一些数据的滞后性。

参 考 文 献

[1] 李默芳．智慧城市建设的思考与实践［J］．电信工程技术与标准化，2015，28（4）：1-6.

[2] 袁秀霞．中国智慧城市发展现状［J］．中国建设信息，2015（13）：48-49.

[3] 朱俊成．智慧城市建设体系研究［J］．中国名城，2015（3）：15-22.

[4] 薛金玲．智慧城市视野中的档案信息服务新探［J］．山西档案，2015（4）：81-84.

[5] 陈立，李春香，李志勇．浅议智慧城市的“躯体、经络与大脑”［J］．计算机光盘软件与应用，2012（8）：79+75.

[6] 齐丽斯．智慧城市发展对我国政府管理创新的影响［J］．人民论坛，2015（8）：26-28.

[7] 董亮，刘兰娟．智慧城市进程中生产性服务业聚集趋势研究［J］．科技管理研究，2015，35（12）：123-127.

[8] 曹余．国外智慧城市建设对我国的启示［J］．质量与认证，2017（10）：37-39.

[9] 陈桂龙．中国智慧城市发展水平研究［J］．中国建设信息，2015（1）：38-40.

[10] 张协奎，乔冠宇，等．国内外智慧城市群研究与建设评述［J］．工业技术经济，2016，35（8）：56-62.

[11] 邓昭华，王世福．城镇化视角下的“智慧城市”思辨［J］．华南理工大学学报（社会科学版），2015，17（3）：57-61+68.

[12] 沈山，曹远琳，等．国际智慧城市发展实践与研究前瞻［J］．现代城市研究，2015（1）：42-48.

[13] 万碧玉．智慧城市建设要“一城一策”［J］．智能建筑与城市信息，2014（6）：26-27.

[14] 赵勇，张浩，吴玉玲，刘洋. 面向智慧城市建设的居民公共服务需求研究：以河北省石家庄市为例 [J]. 地理科学进展，2015，34 (4)：473-481.

[15] 王丰龙，王冬根. 主观幸福感度量研究进展及其对智慧城市建设的启示 [J]. 地理科学进展，2015，34 (4)：482-493.

[16] 甄峰，席广亮，秦萧. 基于地理视角的智慧城市规划与建设的理论思考 [J]. 地理科学进展，2015，34 (4)：402-409.

[17] 王鹏. 社会治理创新视域下新疆库尔勒市"智慧社区"研究 [J]. 实事求是，2015 (3)：103-105.

[18] 罗双玲，夏昊翔. 基于能力成熟度视角对智慧城市评价的思考 [J]. 科研管理，2018，39 (S1)：278-283.

[19] 孙中亚，甄峰. 智慧城市研究与规划实践述评 [J]. 规划师，2013，29 (2)：32-36.

[20] 史建政，于东敏，刘振强. 基于国际对标的廊坊智慧城市建设模式与对策研究 [J]. 廊坊师范学院学报（社会科学版），2013，29 (6)：108-110.

[21] 徐云. 智慧城市建设谨防误区 [J]. 资源与人居环境，2012 (7)：73-74.

[22]《我国智慧建设若干关键问题研究》课题组. 走向智慧城市：我国智慧城市建设若干关键问题研究 [M]. 北京：科学出版社，2016.

[23] 张克平. 网络空间下的智慧城市安全新思路 [J]. 中国信息安全，2017 (4)：102-103.

[24] 徐振强，刘禹圻. 基于"城市大脑"思维的智慧城市发展研究 [J]. 区域经济评论，2017 (1)：102-106.

[25] 赵大鹏. 中国智慧城市建设问题研究 [D]. 长春：吉林大学，2013.

[26] 席广亮，甄峰. 智慧城市建设推动新型城镇化发展策略思考 [J]. 上海城市规划，2014 (5)：26-29.

[27] 徐振强. 智慧城市新思维 [M]. 北京：中国科学技术出版社，2017：100-103.

[28] 叶林，范紫琦，杨新辉. 我国智慧城市建设经验探索及推进策略 [J]. 电子科技大学学报（社会科学版），2018，20 (5)：97-102.

[29] 满青珊，孙亭. 新型智慧城市理论研究与实践 [J]. 指挥信息系统与技术，2017，8 (3)：6-15.

[30] 林念修，庄荣文，等．新型智慧城市发展报告 2017 [M]. 北京：中国计划出版社，2017.

[31] 王文．破解中国智慧城市发展难题 [J]. 互联网经济，2017（5）：38-43.

[32] 张永民．从智慧城市到新型智慧城市 [J]. 中国建设信息化，2017（3）：66-71.

[33] 叶中华．2016 年中国智慧城市大盘点 [N]. 中国城市报，2016-2-22（17）.

[34] 党安荣，王丹，梁军，何建邦．我国新型智慧城市发展现状与趋势 [J]. 地理信息世界，2017，24（4）：1-7.

[35] 李昊，王鹏．新型智慧城市七大发展原则探讨 [J]. 规划师，2017，33（5）：5-13.

[36] 赵卉寒，李士虎．科学合理地创建智慧城市是当务之急：访住房和城乡建设部副部长仇保兴 [J]. 经济，2014（3）：22-25.

[37] 卞文志．生态高品质发展让智慧人居成为刚需 [J]. 城市开发，2018（24）：82-83.

[38] 郭理桥．城市发展的智慧化：信息化蓝皮书 [M]. 北京：社会科学文献出版社，2014.

[39] 葛亚力．"智"在科技，"慧"在管理项目管理为智慧城市保驾护航 [J]. 项目管理评论，2018（3）：38-41.

[40] 叶曜坤，以人民为中心建设智慧社会 [N]. 人民邮电报，2017-11-04（6）.

[41] 吕园，刘科伟，沈丽娜，牛俊蜻，刘林．西部先发地区步入城市型社会面临的形势与应对策略：以陕西省城镇化发展为例 [J]. 干旱区资源与环境，2014，28（2）：7-13.

[42] 郑长德．中国少数民族地区建制镇研究 [J]. 民族学刊，2015，6（1）：27-38+103-104.

[43] 柳建文．新型城镇化背景下少数民族城镇化问题探索 [J]. 西南民族大学学报（人文社科版），2013（11）：16-22.

[44] 田烨．试论我国民族地区城镇化发展历程及其特点 [J]. 成都大学学报（社会科学版），2015（3）：1-8.

[45] 邓祥征，钟海玥，白雪梅，赵涛，李勇，王苗．中国西部城镇化可

持续发展路径的探讨［J］. 中国人口 · 资源与环境，2013，23（10）：24-30.

［46］饶毅 . 对民族地区城镇化的思考［J］. 经济研究导刊，2015（23）：63-65.

［47］王延中，方勇，等 . 中国民族发展报告（民族发展蓝皮书）（2016）［M］. 北京：社会科学文献出版社，2016.

［48］刘小珉 . 农户满意度视角的民族地区农村扶贫开发绩效评价研究：基于2014年民族地区大调查数据的分析［J］. 民族研究，2016（2）：29-41+124.

［49］曾冰 . 论民族地区城镇化战略精准实施的政策研究［J］. 贵州民族研究，2017（7）19-23.

［50］严耕，等 . 中国生态文明建设发展报告（2015）［M］. 北京：社会科学文献出版社，2016.

［51］青觉 . 民族地区新型城镇化必须处理好的几个关系：中国民族地区新型城镇化机制与路径研究［M］. 北京：中国经济出版社，2015.

［52］李林，杨海越 . 基于智慧城市的传统文化传承创新路径研究［J］. 江汉论坛，2016（8）：140-144.

［53］刘彦平 . 中国城市营销发展报告（2016）：国际视野下的城市营销［M］. 北京：中国社会科学出版社，2017.

［54］刘洋，姜昳芃 . 民族地区新型城镇化模式选择与民族交融问题研究［J］. 贵州师范学院学报，2014，30（11）：45-49.

［55］张冬梅 . 族地区如何推进特色新型城镇化［N］. 中国民族报，2014-12-19（6）.

［56］刘婷 . 新疆智慧城市建设对政府治理带来的机遇与挑战［J］. 才智，2016（18）：237-238.

［57］黄鑫 . 论建立创新型城市的机遇和挑战：以惠州市为例［J］. 科协论坛（下半月），2013（6）：152-153.

［58］袁秀霞 . 中国智慧城市发展现状［J］. 中国建设信息，2015（13）：48-49.

［59］赵大鹏 . 中国智慧城市建设问题研究［D］. 长春：吉林大学，2013.

［60］叶宝忠 . 民族地区科技进步对经济发展的影响研究［J］. 贵州民族研究，2014，35（1）：92-94.

［61］曹勇 . 中国智慧城市发展的机遇与挑战［J］. 江苏师范大学学报

（自然科学版），2015，33（1）：11-12.

［62］李东梅．宁夏打造会思考更智能新型智慧城市［N］．宁夏日报，2017-06-19（4）.

［63］阿桂．2014 中国智慧城市发展水平排名［J］．中国建设信息，2015（1）：41-45.

［64］陈劲，于飞，潘砚娉．中国智慧城市发展与排名研究：基于2017 年《智慧城市评价模型及基础评价指标体系》国家标准的分析［J］．清华管理评论，2018（Z1）：17-28.

［65］吴岩，许光建．我国智慧型城市建设：模式、困境与展望［J］．管理现代化，2017，37（2）：61-64.

［66］刘奇，等．走向智慧城市：我国智慧城市建设若干关键问题研究［M］．北京：科学出版社，2014.

［67］刘士林．智慧城市建设更应追求“真善美”［N］．人民日报，2015-05-31（005）.

［68］葛蕾蕾，佟婳，侯为刚．国内智慧城市建设的现状及发展策略［J］．行政管理改革，2017（7）：40-45.

［69］杨瑛．新标准观指引下的智慧城市顶层设计［J］．电子政务，2016（3）：27-34.

［70］王建龙，李明东，陈虹．我国智慧城市区域发展的非均衡现状研究［J］．经济研究导刊，2015（14）：106-107.

［71］王延中，宁亚芳．加强民族工作与加快民族地区全面小康社会建设的思考［J］．兰州学刊，2017（4）：5-21.

［72］顾德道，乔雯．我国智慧城市评价指标体系的构建研究［J］．未来与发展，2012，35（10）：79-83.

［73］张楠，陈雪燕，宋刚．中国智慧城市发展关键问题的实证研究［J］．城市发展研究，2015，22（6）：27-33+39.

［74］张协奎，乔冠宇，徐筱越，陈伟清．西部地区智慧城市建设影响因素研究［J］．生态经济，2016，32（7）：110-115.

［75］陈铭，王乾晨，张晓海，张晓伟．“智慧城市”评价指标体系研究：以“智慧南京”建设为例［J］．城市发展研究，2011，18（5）：84-89.

［76］杜明芳．人工智能城市、多智能体城市及其评价研究［J］．中国建设信息化，2019（3）：18-21.

［77］廖世菊．智慧城市发展水平评价及差异比较［D］．重庆：重庆大学，2016.

［78］杨成福，王毅睿．智慧城市顶层设计浅析［J］．邮电设计技术，2016（4）76-83.

［79］赵勇，张浩，吴玉玲，刘洋．面向智慧城市建设的居民公共服务需求研究：以河北省石家庄市为例［J］．地理科学进展，2015，34（4）：473-481.

［80］牛文元．智慧城市要实现两大革命［N］．经济参考报．2013-11-01（8）.

［81］陈如明．智慧城市内涵解析［J］．中国信息界，2013（Z1）：80-82.

［82］岳梅樱．智慧城市顶层设计方法论与实践分享［M］．北京：中国中信出版集团电子工业出版社，2015.

［83］许欢．中国智慧城市建设的政策与时间［J］．智慧城市，2016（3）.

［84］李林，杨海越．基于智慧城市的传统文化传承创新路径研究［J］．江汉论坛，2016（8）：140-144.

［85］柳映潇，王衡．基于智慧生态城市建设的西部主要城市绿色发展研究［J］．环境科学与管理，2017，42（1）：162-167.

［86］杨娟丽．基于智慧生态城市的西宁市绿色城市发展模式研究［J］．青海民族大学学报（社会科学版），2018，44（2）：67-74.

［87］沈清基．智慧生态城市规划建设基本理论探讨［J］．城市规划学刊，2013（5）：14-22.

附录 1 实证分析基础数据附表

表 A1 17 个样本城市的指标原始数据

城市	X_1	X_2	X_3	X_4	X_5	X_6	X_7	X_8
乌鲁木齐	2.8125	95.80	84.23	90.37	123.7	40.30	457	97
克拉玛依	2.9375	98.98	95.26	85.68	70.7	43.33	56	15
南宁	2.5	98.17	76.75	99.92	57.3	43.01	759	194
柳州	3.875	99.68	49.63	97.48	74.8	43.61	366	82
桂林	2.9375	98.17	88.81	82.86	68.7	40.02	457	85
西宁	3	95.27	74.44	97.89	107.9	38.92	277	45
拉萨	1.875	—	—	—	62.8	—	96	—
昆明	3.6875	93.26	92.35	40.90	50.3	41.78	967	135
玉溪	2.75	98.00	97.00	39.62	49	36.50	205	36
呼和浩特	2.8125	99.83	91.59	33.00	121.9	37.00	336	45
鄂尔多斯	2.857	95.57	94.71	39.10	95.6	31.95	138	24
贵阳	3	95.13	90.23	48.15	53.2	38.07	857	116
铜仁	3	82.30	86.62	69.30	61	30.33	247	28
六盘水	2.3125	89.06	88.58	57.94	68.6	36.08	273	26
银川	2.0625	100.00	93.80	90.94	113.5	40.84	438	48
石嘴山	2	97.26	94.50	77.34	118.6	40.56	88	12
吴忠	2.875	100.00	94.58	59.50	129.1	22.46	113	12

城市	X_9	X_{10}	X_{11}	X_{12}	X_{13}	X_{14}	X_{15}	X_{16}
乌鲁木齐	420.8	85	2.8125	2.75	2.375	20181	2	2.625
克拉玛依	41.6	90	3.3125	2.375	2.875	21250	2.0625	2.125
南宁	728.6	82	2.5	2	2.75	8757	2.4375	2
柳州	354.2	89	2.9375	2.9375	2.75	4025	2.1875	2.125
桂林	423.12	78	2.375	2	2.5	13140	2.0625	1.9375

续表

城市	X_9	X_{10}	X_{11}	X_{12}	X_{13}	X_{14}	X_{15}	X_{16}
西宁	258.05	70	2.75	2	2	28707	2	1.9375
拉萨	—	—	1.875	2	1.9375	30010	1.875	1.0625
昆明	847.7	88	3.75	3.0625	2.9375	4918	2.6875	3.75
玉溪	189.6	58	2.5	2.5	2	32432	2	2.0625
呼和浩特	310.5	75	3.5625	2.875	2.8125	13659	2	1.875
鄂尔多斯	119.1	70	2.875	3.625	2.9375	18518	2.0625	2.75
贵阳	632.2	75	3.1875	4.0625	3.0625	4424	2.8125	2.9375
铜仁	151.72	55	3.5625	3.0625	2.1875	6088	2.0625	1.9375
六盘水	177.01	65	2.375	2.25	2.1875	11000	2.0625	2.0625
银川	388.9	83	3.0625	3.9375	3.8125	24352	2.0625	2.75
石嘴山	67.5	50	2.5625	2.0625	2	19687	2.8125	1.9375
吴忠	78.9	55	3	2	2	23467	1.9375	1.8125

城市	X_{17}	X_{18}	X_{19}	X_{20}	X_{21}	X_{22}	X_{23}	X_{24}
乌鲁木齐	2.5	3.5625	79060	68.88	2.75	1.9375	1.97	28240
克拉玛依	2.125	3.125	158820	33.96	2	2	1.68	35770
南宁	3	3.6875	49323	49.68	3.6875	2.9375	1.11	30728
柳州	2.125	3.6875	59144	36.11	2.875	2	1.16	29362
桂林	2.875	3.5	39498	36.16	2.9375	2.75	0.92	30124
西宁	2	2.875	54015	48.66	1.9375	2.75	0.95	27539
拉萨	1	3	69621	58.92	1	1.9375	0.59	27875
昆明	2.4375	4.25	59915	55.28	2.875	2.9375	2.35	36739
玉溪	2.875	3	52985	33.27	1.15	2.50	1.26	32177
呼和浩特	2.0625	2.375	16372	67.86	2	1.9375	0.71	40220
鄂尔多斯	2.375	2.375	33344	40.87	2.25	2.0625	0.64	35629
贵阳	2.125	4.625	63458	57.17	3.6875	2.3125	2.89	29502
铜仁	2.4375	2.875	24735	46.52	2	2	0.95	24651
六盘水	2	3	41675	39.33	1.9375	2.4375	1.29	25473
银川	2.875	4.0625	69554	43.81	2.0625	2	1.05	30478
石嘴山	1.9375	2.9375	62430	30.71	2.8125	1.875	0.82	25082
吴忠	1.875	3.5625	29854	30.57	1.8125	1.75	0.55	21553

续表

城市	X_{25}	X_{26}	X_{27}	X_{28}	X_{29}	X_{30}	X_{31}	X_{32}	X_{33}
乌鲁木齐	24. 78	1. 33	2	15. 77	51	77	91. 07	95	32
克拉玛依	21. 90	0. 74	2. 3125	24. 46	75	94	92	93	22
南宁	12. 76	1. 67	2. 5625	17. 54	72	89	92	95	68. 8
柳州	14. 58	0. 52	1. 9375	21. 62	55	40	47. 74	87. 28	18
桂林	8. 95	0. 84	1. 9375	18. 37	60	25	65	81. 83	25
西宁	13. 10	2. 28	2	14. 57	65	45	96	79	15
拉萨	12. 30	1. 10	1	8. 54	40	12	97. 58	—	5
昆明	15. 78	1. 73	3. 4375	15. 06	70	94	100	80	78. 8
玉溪	8. 30	0. 67	2	16. 48	70	78	77. 37	95	8
呼和浩特	21. 90	2. 99	2. 75	13. 66	26	49	90	82. 6	25
鄂尔多斯	28. 86	1. 12	2. 8125	9. 46	55	58	86. 82	80	19
贵阳	17. 80	1. 48	2	19. 59	54	86	75. 38	86. 3	12
铜仁	5. 80	0. 91	1. 9375	23. 94	62	15	90	75	8
六盘水	5. 40	0. 64	2. 4375	19. 48	41	24	90	65	10
银川	18. 40	1. 90	2. 625	9. 57	35	76	89. 48	82	10
石嘴山	8. 95	0. 97	1. 875	16. 80	52	85	75	65	2
吴忠	20. 70	1. 01	1. 875	15. 31	51	80	73	72	3

A2-1 乌鲁木齐市智慧城市建设相关指标专家评分表汇总

（单位：分）

三级指标	智慧城市指标专家评分																平均分
	专家1	专家2	专家3	专家4	专家5	专家6	专家7	专家8	专家9	专家10	专家11	专家12	专家13	专家14	专家15	专家16	
生态环境质量监测网络（X_1）	3	3	3	3	2	3	2	3	3	3	3	3	2	3	3	3	2. 8125
云平台建设应用情况（X_{11}）	3	3	3	2	3	3	3	2	3	3	3	3	3	3	2	3	2. 8125
政府数据中心建设情况（X_{12}）	3	3	3	2	3	3	2	2	3	3	2	3	4	3	2	3	2. 75
政府在线服务能力（X_{13}）	2	2	3	2	2	2	3	2	2	2	3	3	3	2	2	3	2. 375
社会化民生服务水平（X_{15}）	2	2	3	2	2	2	2	2	2	2	2	2	2	2	1	2	2
社会化媒体参与度（X_{16}）	3	3	3	2	3	3	2	2	3	3	3	2	2	3	2	3	2. 625
居民信息化宣传推广情况（X_{17}）	3	3	2	2	3	3	3	3	2	3	2	2	3	2	2	2	2. 5
智慧城市发展规划制定情况（X_{18}）	4	4	4	4	4	4	3	3	4	4	3	4	3	3	3	3	3. 5625
互联网产业发展水平（X_{21}）	3	3	2	3	3	3	3	3	3	3	3	3	2	2	3	2	2. 75
创新创业水平（X_{22}）	2	2	2	2	2	2	2	2	2	2	2	2	2	2	1	2	1. 9375
居民生活网络化水平（X_{27}）	2	2	2	2	2	2	2	2	2	2	2	2	3	2	1	2	2

A2-2 克拉玛依市智慧城市建设相关指标专家评分表汇总

（单位：分）

三级指标	智慧城市指标专家评分																平均分
	专家1	专家2	专家3	专家4	专家5	专家6	专家7	专家8	专家9	专家10	专家11	专家12	专家13	专家14	专家15	专家16	
生态环境质量监测网络（X_1）	3	3	2	3	3	3	3	3	3	3	3	3	3	3	3	3	2.9375
云平台建设应用情况（X_{11}）	4	4	3	3	3	4	3	3	3	4	3	4	3	3	3	3	3.3125
政府数据中心建设情况（X_{12}）	2	2	2	2	2	3	3	2	3	2	3	2	2	3	2	3	2.375
政府在线服务能力（X_{13}）	3	3	2	3	3	3	3	3	3	3	3	3	4	2	2	3	2.875
社会化民生服务水平（X_{15}）	2	2	2	2	2	2	2	2	2	2	2	2	3	2	2	2	2.0625
社会化媒体参与度（X_{16}）	2	2	2	2	2	2	2	2	2	2	2	2	3	2	2	3	2.125
居民信息化宣传推广情况（X_{17}）	2	2	2	2	2	2	2	3	2	2	2	2	2	2	2	3	2.125
智慧城市发展规划制定情况（X_{18}）	3	3	3	4	3	3	3	3	3	3	3	3	4	3	3	3	3.125
互联网产业发展水平（X_{21}）	2	2	2	2	2	2	2	2	2	2	2	2	2	2	2	2	2
创新创业水平（X_{22}）	2	2	2	2	1	2	2	2	2	2	2	2	3	2	2	2	2
居民生活网络化水平（X_{27}）	2	2	2	2	2	2	2	2	3	2	3	2	2	3	3	3	2.3125

A2-3 呼和浩特市智慧城市建设相关指标专家评分表汇总

（单位：分）

三级指标	智慧城市指标专家评分																平均分
	专家1	专家2	专家3	专家4	专家5	专家6	专家7	专家8	专家9	专家10	专家11	专家12	专家13	专家14	专家15	专家16	
生态环境质量监测网络（X_1）	3	3	2	3	3	2	3	2	3	3	3	3	3	3	3	3	2.8125
云平台建设应用情况（X_{11}）	4	4	4	3	4	3	3	3	4	4	3	4	4	3	3	4	3.5625
政府数据中心建设情况（X_{12}）	3	3	2	3	3	3	3	3	3	3	2	3	3	3	3	3	2.875
政府在线服务能力（X_{13}）	3	3	2	3	3	2	3	3	3	3	2	3	3	3	3	3	2.8125
社会化民生服务水平（X_{15}）	2	2	1	2	2	2	2	2	2	2	2	2	2	2	2	3	2
社会化媒体参与度（X_{16}）	2	2	1	2	2	1	2	2	2	2	1	2	2	2	2	3	1.875
居民信息化宣传推广情况（X_{17}）	2	2	1	2	2	2	2	3	2	2	2	2	2	3	2	2	2.0625
智慧城市发展规划制定情况（X_{18}）	2	2	2	3	4	2	3	2	2	2	3	2	2	3	3	2	2.375
互联网产业发展水平（X_{21}）	2	2	2	2	2	2	2	2	2	2	2	2	2	2	2	2	2
创新创业水平（X_{22}）	2	2	2	2	2	1	2	2	2	2	2	2	2	2	2	2	1.9375
居民生活网络化水平（X_{27}）	3	3	3	3	3	3	2	2	3	3	2	3	3	2	3	3	2.75

A2-4　鄂尔多斯市智慧城市建设相关指标专家评分表汇总

（单位：分）

三级指标	智慧城市指标专家评分																平均分
	专家1	专家2	专家3	专家4	专家5	专家6	专家7	专家8	专家9	专家10	专家11	专家12	专家13	专家14	专家15	专家16	
生态环境质量监测网络（X_1）	3	3	3	2	3	3	2	3	3	3	3	3	3	3	3	3	2.875
云平台建设应用情况（X_{11}）	3	3	3	3	3	3	3	3	3	3	2	3	2	3	3	3	2.875
政府数据中心建设情况（X_{12}）	4	4	4	3	4	3	3	3	4	4	3	4	3	4	3	4	3.5625
政府在线服务能力（X_{13}）	3	3	3	3	2	3	2	4	2	4	3	3	3	3	3	3	2.9375
社会化民生服务水平（X_{15}）	2	2	2	2	2	3	2	2	2	2	2	2	2	2	2	2	2.0625
社会化媒体参与度（X_{16}）	3	3	2	3	3	2	3	2	3	3	2	3	3	3	3	3	2.75
居民信息化宣传推广情况（X_{17}）	2	2	2	3	2	2	3	2	2	2	3	3	2	3	3	2	2.375
智慧城市发展规划制定情况（X_{18}）	2	2	2	3	3	2	3	2	2	2	3	2	2	2	3	3	2.375
互联网产业发展水平（X_{21}）	2	2	2	3	2	2	3	2	2	2	2	2	2	2	3	3	2.25
创新创业水平（X_{22}）	2	2	2	2	2	2	2	2	2	2	2	2	2	2	2	3	2.0625
居民生活网络化水平（X_{27}）	3	3	2	2	3	3	3	3	3	3	3	3	3	3	2	3	2.8125

A2-5　南宁市智慧城市建设相关指标专家评分表汇总

（单位：分）

三级指标	智慧城市指标专家评分																平均分
	专家1	专家2	专家3	专家4	专家5	专家6	专家7	专家8	专家9	专家10	专家11	专家12	专家13	专家14	专家15	专家16	
生态环境质量监测网络（X_1）	2	2	3	3	3	2	3	3	2	2	2	2	3	3	2	3	2.5
云平台建设应用情况（X_{11}）	3	3	2	2	3	2	3	2	3	2	3	2	2	2	3	3	2.5
政府数据中心建设情况（X_{12}）	2	2	2	2	2	2	2	2	2	2	2	2	2	2	2	2	2
政府在线服务能力（X_{13}）	3	3	2	2	3	3	2	2	3	3	3	3	3	3	3	3	2.75
社会化民生服务水平（X_{15}）	3	3	2	2	3	3	3	3	2	2	2	3	2	2	2	2	2.4375
社会化媒体参与度（X_{16}）	2	2	2	2	2	2	2	2	2	2	2	2	2	2	2	2	2
居民信息化宣传推广情况（X_{17}）	3	3	3	3	3	3	3	3	3	3	3	3	3	3	3	3	3
智慧城市发展规划制定情况（X_{18}）	4	4	3	3	4	4	3	3	4	4	3	4	4	4	4	4	3.6875
互联网产业发展水平（X_{21}）	4	4	3	3	4	4	4	3	4	4	4	4	4	3	3	4	3.6875
创新创业水平（X_{22}）	3	3	3	2	3	3	4	3	3	3	3	3	2	3	3	3	2.9375
居民生活网络化水平（X_{27}）	3	3	2	2	2	3	3	3	3	3	2	3	2	2	2	3	2.5625

A2-6　柳州市智慧城市建设相关指标专家评分表汇总

（单位：分）

三级指标	智慧城市指标专家评分																平均分
	专家1	专家2	专家3	专家4	专家5	专家6	专家7	专家8	专家9	专家10	专家11	专家12	专家13	专家14	专家15	专家16	
生态环境质量监测网络（X_1）	4	4	4	3	4	4	4	3	4	4	4	4	4	4	4	4	3.875
云平台建设应用情况（X_{11}）	3	3	3	2	3	3	3	3	3	3	3	3	3	3	3	3	2.9375
政府数据中心建设情况（X_{12}）	3	3	3	2	3	3	3	3	3	3	3	3	3	3	3	3	2.9375
政府在线服务能力（X_{13}）	3	3	3	3	3	3	3	3	2	3	3	3	3	2	2	2	2.75
社会化民生服务水平（X_{15}）	2	2	3	2	2	2	2	2	2	2	2	2	2	3	2	3	2.1875
社会化媒体参与度（X_{16}）	2	2	2	2	3	2	2	2	2	2	2	2	2	2	2	3	2.125
居民信息化宣传推广情况（X_{17}）	2	2	2	2	3	2	2	2	2	2	2	2	2	2	2	3	2.125
智慧城市发展规划制定情况（X_{18}）	4	4	4	4	4	4	4	3	3	4	4	4	4	3	3	3	3.6875
互联网产业发展水平（X_{21}）	3	3	3	3	3	3	3	3	3	3	2	3	3	2	3	3	2.875
创新创业水平（X_{22}）	2	2	2	2	2	2	2	2	2	2	2	2	2	2	2	2	2
居民生活网络化水平（X_{27}）	2	2	2	2	2	2	2	2	2	2	2	2	1	2	2	2	1.9375

A2-7　桂林市智慧城市建设相关指标专家评分表汇总

（单位：分）

三级指标	智慧城市指标专家评分																平均分
	专家1	专家2	专家3	专家4	专家5	专家6	专家7	专家8	专家9	专家10	专家11	专家12	专家13	专家14	专家15	专家16	
生态环境质量监测网络（X_1）	3	3	3	3	3	3	2	3	3	3	3	3	3	3	3	3	2.9375
云平台建设应用情况（X_{11}）	2	2	2	2	2	3	2	1	3	3	2	3	2	3	3	3	2.375
政府数据中心建设情况（X_{12}）	2	2	2	2	2	3	2	1	2	2	2	2	2	2	2	2	2
政府在线服务能力（X_{13}）	3	3	3	3	3	3	3	2	2	2	2	3	1	2	2	3	2.5
社会化民生服务水平（X_{15}）	2	2	2	2	2	2	2	2	2	2	2	2	2	2	2	3	2.0625
社会化媒体参与度（X_{16}）	2	2	2	2	2	2	2	2	2	2	2	2	1	2	2	2	1.9375
居民信息化宣传推广情况（X_{17}）	3	3	3	2	3	3	3	2	3	3	3	3	3	3	3	3	2.875
智慧城市发展规划制定情况（X_{18}）	4	4	4	3	4	4	3	4	3	4	3	3	4	3	3	3	3.5
互联网产业发展水平（X_{21}）	3	3	3	3	3	3	3	2	3	3	3	3	3	3	3	3	2.9375
创新创业水平（X_{22}）	3	3	3	3	3	3	3	2	3	3	3	3	2	2	2	3	2.75
居民生活网络化水平（X_{27}）	2	2	2	2	2	2	2	1	2	2	2	2	2	2	2	2	1.9375

A2-8 昆明市智慧城市建设相关指标专家评分表汇总

（单位：分）

三级指标	智慧城市指标专家评分																平均分
	专家1	专家2	专家3	专家4	专家5	专家6	专家7	专家8	专家9	专家10	专家11	专家12	专家13	专家14	专家15	专家16	
生态环境质量监测网络（X_1）	4	4	4	3	3	4	4	3	4	4	3	4	3	4	4	4	3.6875
云平台建设应用情况（X_{11}）	4	4	4	3	4	4	4	3	4	4	3	3	4	4	4	4	3.75
政府数据中心建设情况（X_{12}）	3	3	3	3	4	3	3	3	3	3	3	3	3	3	3	3	3.0625
政府在线服务能力（X_{13}）	3	3	3	3	3	3	3	3	3	3	2	3	3	3	3	3	2.9375
社会化民生服务水平（X_{15}）	3	3	2	3	3	2	3	3	3	3	2	3	2	2	3	3	2.6875
社会化媒体参与度（X_{16}）	4	4	4	4	3	4	4	3	4	4	4	4	3	4	3	4	3.75
居民信息化宣传推广情况（X_{17}）	2	2	2	2	2	3	2	2	3	3	2	2	3	3	3	3	2.4375
智慧城市发展规划制定情况（X_{18}）	5	5	4	4	4	5	5	3	4	5	4	4	4	4	4	4	4.25
互联网产业发展水平（X_{21}）	3	3	2	3	3	3	3	3	3	3	3	3	2	3	3	3	2.875
创新创业水平（X_{22}）	3	3	3	3	3	3	3	3	3	3	3	3	3	2	3	3	2.9375
居民生活网络化水平（X_{27}）	4	4	2	4	4	4	4	2	3	4	4	4	4	2	3	3	3.4375

A2-9 玉溪市智慧城市建设相关指标专家评分表汇总

（单位：分）

三级指标	智慧城市指标专家评分																平均分
	专家1	专家2	专家3	专家4	专家5	专家6	专家7	专家8	专家9	专家10	专家11	专家12	专家13	专家14	专家15	专家16	
生态环境质量监测网络（X_1）	3	3	2	3	3	3	3	2	3	3	2	3	2	3	3	3	2.75
云平台建设应用情况（X_{11}）	3	3	2	3	3	3	2	2	2	3	3	2	3	2	2	2	2.5
政府数据中心建设情况（X_{12}）	3	3	2	3	3	3	2	3	2	3	3	2	2	2	2	2	2.5
政府在线服务能力（X_{13}）	2	2	2	2	2	2	2	2	2	2	2	2	2	2	2	2	2
社会化民生服务水平（X_{15}）	2	2	2	2	3	2	3	2	3	2	5	2	3	2	2	3	2.5
社会化媒体参与度（X_{16}）	2	2	2	2	2	2	2	2	2	2	2	2	2	2	2	3	2.0625
居民信息化宣传推广情况（X_{17}）	3	3	3	2	3	3	3	3	3	3	2	3	3	3	3	3	2.875
智慧城市发展规划制定情况（X_{18}）	3	3	3	3	3	3	2	3	3	4	3	3	3	3	3	3	3
互联网产业发展水平（X_{21}）	1	1	1	1	1	1	1	1	2	1	1	2	1	1	1	1	1.125
创新创业水平（X_{22}）	3	3	3	3	2	2	2	3	2	3	3	2	2	2	2	3	2.5
居民生活网络化水平（X_{27}）	2	2	2	2	2	2	2	2	2	2	2	2	2	2	2	2	2

A2-10 贵阳市智慧城市建设相关指标专家评分表汇总

（单位：分）

三级指标	智慧城市指标专家评分																平均分
	专家1	专家2	专家3	专家4	专家5	专家6	专家7	专家8	专家9	专家10	专家11	专家12	专家13	专家14	专家15	专家16	
生态环境质量监测网络（X_1）	3	3	2	3	4	3	3	3	3	3	3	3	3	3	3	3	3
云平台建设应用情况（X_{11}）	3	3	3	3	4	3	3	3	3	3	3	3	4	4	3	3	3.1875
政府数据中心建设情况（X_{12}）	4	4	5	4	4	4	4	4	4	4	4	4	4	4	4	4	4.0625
政府在线服务能力（X_{13}）	3	3	3	3	4	3	3	3	2	3	3	4	4	3	2	3	3.0625
社会化民生服务水平（X_{15}）	3	3	3	3	3	3	3	3	2	3	3	3	3	2	2	3	2.8125
社会化媒体参与度（X_{16}）	3	3	3	3	3	3	3	3	3	3	3	2	3	3	3	3	2.9375
居民信息化宣传推广情况（X_{17}）	2	2	2	3	2	2	3	2	2	2	2	2	2	2	2	2	2.125
智慧城市发展规划制定情况（X_{18}）	5	5	4	4	3	5	5	5	5	5	5	4	4	5	5	5	4.625
互联网产业发展水平（X_{21}）	4	4	3	4	3	4	4	4	4	4	4	4	2	4	3	4	3.6875
创新创业水平（X_{22}）	2	2	2	2	2	2	2	2	3	2	2	2	3	3	3	3	2.3125
居民生活网络化水平（X_{27}）	2	2	2	2	2	2	2	2	2	2	2	2	2	2	2	2	2

A2-11 铜仁市智慧城市建设相关指标专家评分表汇总

（单位：分）

三级指标	智慧城市指标专家评分																平均分
	专家1	专家2	专家3	专家4	专家5	专家6	专家7	专家8	专家9	专家10	专家11	专家12	专家13	专家14	专家15	专家16	
生态环境质量监测网络（X_1）	3	3	3	3	3	3	3	3	3	3	3	3	3	3	3	3	3
云平台建设应用情况（X_{11}）	4	4	3	4	4	4	4	4	3	4	4	3	3	3	3	3	3.5625
政府数据中心建设情况（X_{12}）	3	3	3	3	4	3	3	3	3	3	3	3	3	3	3	3	3.0625
政府在线服务能力（X_{13}）	2	2	2	2	3	2	2	2	2	2	2	2	3	2	2	3	2.1875
社会化民生服务水平（X_{15}）	2	2	2	2	3	2	2	2	2	2	2	2	2	2	2	2	2.0625
社会化媒体参与度（X_{16}）	2	2	2	2	2	2	2	2	2	2	2	2	2	2	1	2	1.9375
居民信息化宣传推广情况（X_{17}）	3	3	2	3	2	3	3	3	2	3	3	2	2	2	1	2	2.4375
智慧城市发展规划制定情况（X_{18}）	3	3	3	3	3	3	3	3	2	3	3	3	4	2	2	3	2.875
互联网产业发展水平（X_{21}）	2	2	2	2	2	2	2	2	2	2	2	3	2	1	2	2	2
创新创业水平（X_{22}）	2	2	2	2	2	2	2	2	2	2	2	2	3	1	2	2	2
居民生活网络化水平（X_{27}）	2	2	2	2	2	2	2	2	2	2	2	2	2	2	1	2	1.9375

A2-12　六盘水市智慧城市建设相关指标专家评分表汇总

（单位：分）

三级指标	智慧城市指标专家评分																平均分
	专家1	专家2	专家3	专家4	专家5	专家6	专家7	专家8	专家9	专家10	专家11	专家12	专家13	专家14	专家15	专家16	
生态环境质量监测网络（X_1）	2	2	2	3	2	2	3	2	3	2	2	2	2	3	2	3	2.3125
云平台建设应用情况（X_{11}）	2	2	2	2	2	2	3	2	3	2	2	2	3	3	3	3	2.375
政府数据中心建设情况（X_{12}）	2	2	2	2	3	2	2	2	3	2	3	3	1	2	3	2	2.25
政府在线服务能力（X_{13}）	2	2	2	2	3	2	2	2	3	2	2	3	1	3	2	2	2.1875
社会化民生服务水平（X_{15}）	2	2	2	2	2	2	2	2	2	2	2	3	2	2	2	2	2.0625
社会化媒体参与度（X_{16}）	2	2	2	2	2	2	2	2	2	2	2	2	2	2	2	3	2.0625
居民信息化宣传推广情况（X_{17}）	2	2	2	2	2	2	2	2	2	2	2	2	2	2	2	2	2
智慧城市发展规划制定情况（X_{18}）	3	3	3	3	3	3	3	3	3	3	3	3	3	3	3	3	3
互联网产业发展水平（X_{21}）	2	2	2	1	2	2	2	2	2	2	2	2	2	2	2	2	1.9375
创新创业水平（X_{22}）	3	3	3	1	3	3	2	3	2	3	2	3	2	1	2	3	2.4375
居民生活网络化水平（X_{27}）	3	3	3	2	2	3	2	3	2	3	2	2	2	2	2	3	2.4375

A2-13　西宁市智慧城市建设相关指标专家评分表汇总

（单位：分）

三级指标	智慧城市指标专家评分																平均分
	专家1	专家2	专家3	专家4	专家5	专家6	专家7	专家8	专家9	专家10	专家11	专家12	专家13	专家14	专家15	专家16	
生态环境质量监测网络（X_1）	3	3	3	3	3	3	3	3	3	3	3	3	3	3	3	3	3
云平台建设应用情况（X_{11}）	3	3	2	3	3	2	3	3	3	3	3	3	2	3	3	2	2.75
政府数据中心建设情况（X_{12}）	2	2	2	2	2	2	2	2	2	2	2	2	2	2	2	2	2
政府在线服务能力（X_{13}）	2	2	2	2	2	2	2	2	2	2	2		2	2	2	2	2
社会化民生服务水平（X_{15}）	2	2	2	2	1	2	2	2	2	2	2	3	2	2	2	2	2
社会化媒体参与度（X_{16}）	2	2	2	2	1	2	2	2	2	2	2	2	3	2	1	2	1.9375
居民信息化宣传推广情况（X_{17}）	2	2	2	2	2	1	2	2	2	2	2	2	3	2	1	3	2
智慧城市发展规划制定情况（X_{18}）	3	3	2	3	3	3	3	3	3	3	3	3	2	3	3	3	2.875
互联网产业发展水平（X_{21}）	2	2	2	2	2	1	2	2	2	2	2	2	2	2	2	2	1.9375
创新创业水平（X_{22}）	3	3	2	2	2	3	3	3	3	3	3	3	3	3	2	3	2.75
居民生活网络化水平（X_{27}）	2	2	2	2	2	2	2	2	2	2	2	2	2	2	2	2	2

A2-14 拉萨市智慧城市建设相关指标专家评分表汇总

（单位：分）

三级指标	智慧城市指标专家评分																平均分
	专家1	专家2	专家3	专家4	专家5	专家6	专家7	专家8	专家9	专家10	专家11	专家12	专家13	专家14	专家15	专家16	
生态环境质量监测网络（X_1）	2	2	1	2	1	2	2	2	2	2	2	2	2	2	2	2	1.875
云平台建设应用情况（X_{11}）	2	2	1	2	1	2	2	2	2	2	2	2	2	2	2	2	1.875
政府数据中心建设情况（X_{12}）	2	2	2	2	2	2	2	2	2	2	2	2	2	2	2	2	2
政府在线服务能力（X_{13}）	2	2	2	1	2	2	2	2	2	2	2	2	2	2	2	2	1.9375
社会化民生服务水平（X_{15}）	2	2	2	2	2	2	2	2	1	2	2	2	2	2	2	1	1.875
社会化媒体参与度（X_{16}）	1	1	1	1	1	1	1	1	1	1	1	2	1	1	1	1	1.0625
居民信息化宣传推广情况（X_{17}）	1	1	1	1	1	1	1	1	1	1	1	1	1	1	1	1	1
智慧城市发展规划制定情况（X_{18}）	3	3	3	3	3	3	3	3	3	3	3	3	3	3	3	3	3
互联网产业发展水平（X_{21}）	1	1	1	1	1	1	1	1	1	1	1	1	1	1	1	1	1
创新创业水平（X_{22}）	2	2	2	2	3	2	2	2	2	2	1	2	2	2	2	1	2
居民生活网络化水平（X_{27}）	1	1	1	1	1	1	1	1	1	1	1	1	1	1	1	1	1

A2-15 银川市智慧城市建设相关指标专家评分表汇总

（单位：分）

三级指标	智慧城市指标专家评分																平均分
	专家1	专家2	专家3	专家4	专家5	专家6	专家7	专家8	专家9	专家10	专家11	专家12	专家13	专家14	专家15	专家16	
生态环境质量监测网络（X_1）	2	2	2	2	2	2	2	2	2	2	2	3	2	2	2	2	2.0625
云平台建设应用情况（X_{11}）	3	3	3	3	3	3	3	3	3	3	3	3	3	3	3	4	3.0625
政府数据中心建设情况（X_{12}）	4	4	4	4	4	4	4	3	4	4	4	4	3	4	4	5	3.9375
政府在线服务能力（X_{13}）	4	4	4	4	4	4	4	3	4	4	4	4	3	4	4	3	3.8125
社会化民生服务水平（X_{15}）	2	2	2	2	2	2	2	2	2	2	2	2	3	2	2	2	2.0625
社会化媒体参与度（X_{16}）	3	3	3	2	3	3	2	3	3	3	3	3	2	2	3	3	2.75
居民信息化宣传推广情况（X_{17}）	3	3	2	2	3	3	3	3	3	3	3	4	2	3	3	3	2.875
智慧城市发展规划制定情况（X_{18}）	4	4	4	4	5	4	4	4	4	4	4	4	4	4	4	4	4.0625
互联网产业发展水平（X_{21}）	2	2	2	2	2	2	2	2	2	2	2	2	3	2	2	2	2.0625
创新创业水平（X_{22}）	2	2	2	2	2	2	2	2	2	2	2	2	2	2	2	2	2
居民生活网络化水平（X_{27}）	3	3	2	3	3	2	3	3	3	3	3	2	2	2	2	3	2.625

A2-16　吴忠市智慧城市建设相关指标专家评分表汇总

（单位：分）

三级指标	智慧城市指标专家评分																平均分
	专家1	专家2	专家3	专家4	专家5	专家6	专家7	专家8	专家9	专家10	专家11	专家12	专家13	专家14	专家15	专家16	
生态环境质量监测网络（X_1）	3	3	3	3	3	3	3	3	3	3	2	2	3	3	3	3	2.875
云平台建设应用情况（X_{11}）	3	3	3	3	3	3	3	3	3	3	3	3	3	3	3	3	3
政府数据中心建设情况（X_{12}）	2	2	2	2	2	2	2	2	2	2	2	2	2	2	2	2	2
政府在线服务能力（X_{13}）	2	2	2	2	2	2	2	2	2	2	1	3	2	2	2	2	2
社会化民生服务水平（X_{15}）	2	2	2	2	2	2	2	2	2	2	1	2	2	2	2	2	1.9375
社会化媒体参与度（X_{16}）	2	2	2	2	2	2	2	2	2	2	1	2	1	2	1	2	1.8125
居民信息化宣传推广情况（X_{17}）	2	2	2	2	2	2	2	2	2	2	1	2	2	2	1	2	1.875
智慧城市发展规划制定情况（X_{18}）	3	3	4	3	4	3	4	4	4	3	4	4	4	3	3	4	3.5625
互联网产业发展水平（X_{21}）	2	2	2	1	2	1	2	2	2	2	2	2	2	2	2	1	1.8125
创新创业水平（X_{22}）	2	2	2	1	2	1	2	2	2	2	2	2	2	2	1	1	1.75
居民生活网络化水平（X_{27}）	2	2	2	1	2	2	2	2	2	2	2	2	2	2	2	1	1.875

A2-17　石嘴山市智慧城市建设相关指标专家评分表汇总

（单位：分）

三级指标	智慧城市指标专家评分																平均分
	专家1	专家2	专家3	专家4	专家5	专家6	专家7	专家8	专家9	专家10	专家11	专家12	专家13	专家14	专家15	专家16	
生态环境质量监测网络（X_1）	2	2	2	2	2	2	2	2	2	2	2	2	2	2	2	2	2
云平台建设应用情况（X_{11}）	3	3	3	2	2	3	3	3	2	3	3	2	3	2	2	2	2.5625
政府数据中心建设情况（X_{12}）	2	2	2	2	2	2	2	2	2	2	2	2	3	2	2	2	2.0625
政府在线服务能力（X_{13}）	2	2	2	1	2	2	2	2	2	2	2	2	3	2	2	2	2
社会化民生服务水平（X_{15}）	3	3	3	1	3	3	3	3	3	3	3	3	2	3	3	3	2.8125
社会化媒体参与度（X_{16}）	2	2	2	1	2	2	2	2	2	2	2	2	2	2	2	2	1.9375
居民信息化宣传推广情况（X_{17}）	2	2	2	1	2	2	2	2	2	2	2	2	2	2	2	2	1.9375
智慧城市发展规划制定情况（X_{18}）	3	3	3	3	2	3	3	3	3	3	3	3	3	3	3	3	2.9375
互联网产业发展水平（X_{21}）	3	3	3	3	3	2	3	3	3	3	3	3	3	2	3	2	2.8125
创新创业水平（X_{22}）	2	2	2	2	2	1	2	2	2	2	2	2	2	1	2	2	1.875
居民生活网络化水平（X_{27}）	2	2	2	2	2	1	2	2	2	2	2	2	2	1	2	2	1.875

表 B1 专家关于一级指标层权重打分结果

（单位：分）

一级指标层	F_1	F_2	F_3	F_4	F_5
专家 1（DY）	0.2	0.15	0.25	0.2	0.25
专家 2（X）	0.2	0.2	0.2	0.2	0.2
专家 3（HYX）	0.1	0.2	0.3	0.2	0.2
专家 4（JL）	0.1	0.3	0.2	0.2	0.2
专家 5（LGZ）	0.2	0.25	0.15	0.2	0.2
专家 6（LPF）	0.1	0.25	0.2	0.15	0.3
专家 7（TYC）	0.1	0.3	0.3	0.1	0.2
专家 8（WDQ）	0.2	0.2	0.2	0.2	0.2
专家 9（XJJ）	0.15	0.25	0.1	0.15	0.35
专家 10（YXF）	0.2	0.2	0.2	0.1	0.3
专家 11（CN）	0.1	0.3	0.3	0.1	0.2
专家 12（ZF）	0.1	0.2	0.3	0.2	0.2
专家 13（Z）	0.2	0.2	0.2	0.2	0.2
平均权重	0.15	0.23	0.22	0.17	0.23

表 B2 专家对于智慧环境各项具体指标打分结果

（单位：分）

指标	X_1	X_2	X_3	X_4	X_5	X_6
专家 1（DY）	0.2	0.2	0.15	0.15	0.2	0.1
专家 2（X）	0.2	0.2	0.1	0.1	0.2	0.2
专家 3（HYX）	0.2	0.15	0.15	0.1	0.2	0.2
专家 4（JL）	0.2	0.15	0.15	0.1	0.2	0.2
专家 5（LGZ）	0.15	0.15	0.15	0.15	0.25	0.15
专家 6（LPF）	0.2	0.2	0.2	0.15	0.15	0.1
专家 7（TYC）	0.3	0.2	0.1	0.1	0.2	0.1
专家 8（WDQ）	0.3	0.15	0.1	0.15	0.2	0.1
专家 9（XJJ）	0.2	0.15	0.15	0.1	0.2	0.2
专家 10（YXF）	0.4	0.1	0.1	0.1	0.2	0.1
专家 11（CN）	0.25	0.2	0.1	0.1	0.25	0.1
专家 12（ZF）	0.25	0.15	0.1	0.1	0.2	0.2
专家 13（Z）	0.2	0.2	0.2	0.1	0.2	0.1
平均权重	0.24	0.17	0.13	0.12	0.20	0.14
准则层权重	0.15					
最终权重	0.0360	0.0255	0.0195	0.0180	0.0300	0.0210

表 B3　专家对于智慧基础设施各项具体指标打分结果

（单位：分）

指标	X_7	X_8	X_9	X_{10}	X_{11}	X_{12}
专家 1（DY）	0.1	0.1	0.1	0.2	0.2	0.3
专家 2（X）	0.2	0.2	0.2	0.1	0.2	0.1
专家 3（HYX）	0.3	0.1	0.15	0.2	0.1	0.15
专家 4（JL）	0.1	0.1	0.2	0.2	0.2	0.2
专家 5（LGZ）	0.15	0.15	0.15	0.2	0.15	0.2
专家 6（LPF）	0.15	0.15	0.15	0.2	0.15	0.2
专家 7（TYC）	0.1	0.1	0.2	0.1	0.2	0.3
专家 8（WDQ）	0.15	0.15	0.15	0.15	0.15	0.25
专家 9（XJJ）	0.3	0.1	0.15	0.2	0.1	0.15
专家 10（YXF）	0.15	0.2	0.05	0.2	0.2	0.2
专家 11（CN）	0.1	0.1	0.1	0.2	0.25	0.25
专家 12（ZF）	0.15	0.1	0.05	0.25	0.2	0.25
专家 13（Z）	0.1	0.1	0.2	0.2	0.2	0.2
平均权重	0.16	0.13	0.14	0.18	0.18	0.21
准则层权重	0.23					
最终权重	0.0368	0.0299	0.0322	0.0414	0.0414	0.0483

表 B4　专家对于智慧管理各项具体指标打分结果

（单位：分）

指标	X_{13}	X_{14}	X_{15}	X_{16}	X_{17}	X_{18}
专家 1（DY）	0.2	0.1	0.1	0.2	0.1	0.3
专家 2（X）	0.2	0.2	0.2	0.2	0.1	0.1
专家 3（HYX）	0.2	0.1	0.2	0.2	0.15	0.15
专家 4（JL）	0.2	0.2	0.1	0.1	0.2	0.2
专家 5（LGZ）	0.15	0.15	0.2	0.15	0.15	0.2
专家 6（LPF）	0.25	0.15	0.15	0.1	0.1	0.25
专家 7（TYC）	0.3	0.2	0.1	0.1	0.2	0.1
专家 8（WDQ）	0.1	0.15	0.2	0.2	0.15	0.2
专家 9（XJJ）	0.2	0.1	0.2	0.2	0.15	0.15
专家 10（YXF）	0.3	0.2	0.1	0.1	0.15	0.15
专家 11（CN）	0.2	0.2	0.1	0.1	0.2	0.2
专家 12（ZF）	0.2	0.1	0.15	0.15	0.2	0.2
专家 13（Z）	0.2	0.1	0.2	0.2	0.1	0.2
平均权重	0.21	0.15	0.15	0.15	0.15	0.19
准则层权重	0.22					
最终权重	0.0462	0.0330	0.0330	0.0330	0.0330	0.0418

表 B5 专家对于智慧经济各项具体指标打分结果

（单位：分）

指标	X_{19}	X_{20}	X_{21}	X_{22}	X_{23}
专家 1（DY）	0.1	0.2	0.3	0.2	0.2
专家 2（X）	0.3	0.2	0.2	0.1	0.2
专家 3（HYX）	0.3	0.2	0.15	0.15	0.2
专家 4（JL）	0.3	0.2	0.15	0.15	0.2
专家 5（LGZ）	0.15	0.25	0.1	0.25	0.25
专家 6（LPF）	0.25	0.2	0.3	0.15	0.1
专家 7（TYC）	0.2	0.2	0.3	0.2	0.1
专家 8（WDQ）	0.15	0.15	0.3	0.1	0.3
专家 9（XJJ）	0.3	0.2	0.15	0.15	0.2
专家 10（YXF）	0.1	0.2	0.3	0.2	0.2
专家 11（CN）	0.1	0.1	0.35	0.2	0.25
专家 12（ZF）	0.1	0.2	0.25	0.25	0.2
专家 13（Z）	0.2	0.2	0.2	0.2	0.2
平均权重	0.2	0.2	0.23	0.17	0.2
准则层权重	0.17				
最终权重	0.0340	0.0340	0.0391	0.0289	0.0340

表 B6 专家对于智慧民生各项具体指标的打分结果

（单位：分）

指标	X_{24}	X_{25}	X_{26}	X_{27}	X_{28}
专家 1（DY）	0.1	0.1	0.1	0.1	0.1
专家 2（X）	0.1	0.1	0.2	0.05	0.05
专家 3（HYX）	0.1	0.1	0.1	0.1	0.15
专家 4（JL）	0.1	0.1	0.1	0.1	0.1
专家 5（LGZ）	0.1	0.1	0.1	0.1	0.1
专家 6（LPF）	0.12	0.15	0.1	0.2	0.12
专家 7（TYC）	0.1	0.2	0.1	0.2	0.1
专家 8（WDQ）	0.05	0.1	0.15	0.1	0.05
专家 9（XJJ）	0.1	0.1	0.1	0.1	0.15
专家 10（YXF）	0.05	0.1	0.15	0.15	0.05
专家 11（CN）	0.05	0.05	0.15	0.15	0.05
专家 12（ZF）	0.05	0.1	0.1	0.15	0.1
专家 13（Z）	0.1	0.1	0.1	0.1	0.1
平均权重	0.09	0.11	0.12	0.12	0.09
准则层权重	0.23				
最终权重	0.0207	0.0253	0.0276	0.0276	0.0207

表 B7 专家对于智慧民生各项具体指标的打分结果

（单位：分）

指标	X_{29}	X_{30}	X_{31}	X_{32}	X_{33}
专家 1（DY）	0.1	0.1	0.1	0.1	0.1
专家 2（X）	0.1	0.1	0.1	0.1	0.1
专家 3（HYX）	0.1	0.1	0.1	0.1	0.05
专家 4（JL）	0.1	0.1	0.1	0.1	0.1
专家 5（LGZ）	0.1	0.15	0.1	0.1	0.05
专家 6（LPF）	0.05	0.05	0.07	0.07	0.07
专家 7（TYC）	0.05	0.05	0.05	0.1	0.05
专家 8（WDQ）	0.05	0.05	0.15	0.15	0.15
专家 9（XJJ）	0.1	0.1	0.1	0.1	0.05
专家 10（YXF）	0.05	0.05	0.15	0.1	0.15
专家 11（CN）	0.05	0.05	0.15	0.15	0.15
专家 12（ZF）	0.05	0.05	0.1	0.1	0.2
专家 13（Z）	0.1	0.1	0.1	0.1	0.1
平均权重	0.08	0.08	0.11	0.10	0.10
准则层权重	0.23				
最终权重	0.0184	0.0184	0.0253	0.0230	0.0230

附录 2　智慧城市建设市民需求与满意度调查问卷

调查问卷

尊敬的女士/先生：

您好，我们是青海大学“民族地区智慧城市建设”调研团队，我们认为智慧城市建设成效在很大程度上取决于生活在这座城市居民的亲身感受。本次调研意图通过了解您所在城市的智慧城市建设进展，以及您对智慧城市建设的感受与评价，进而更好地推进智慧城市建设。因此，真诚希望得到您的真实想法和宝贵意见。谢谢您的合作！本次调查不记名，数据由后台统一处理，并对您所填写的个人信息绝对保密。填写此问卷只需要 3 分钟，能倾听您的意见，我们感到十分荣幸。谢谢！

一、个人基本信息

Q1：您的性别？

○男　　　　　　　　○女

Q2：您的年龄________

Q3：您的职业是？

○学生

○公职人员（公务员、事业单位人员）

○专业技术人员（教师、医生、工程技术人员、作家等专业人员）

○企业管理人员

○工人（含农民工）

○农民

○个体工商户

○军人

○其他

Q4：您的民族是________？

○汉族　○回族　○藏族　○土族

○蒙古族　○撒拉族　○壮族　○维吾尔族

○其他民族

Q5：您所居住城市是________（您居住的情况是：常住○，暂住○）。

Q6：您的受教育水平？

○初中及初中以下

○高中　○专科　○本科　○硕士及硕士以上

Q7：您知道智慧城市是什么吗？

○非常了解　○了解　○不太了解　○没听说过

Q8：您所在的城市是否是国家智慧城市的试点城市？

○是

○否

○不是试点，但正在建设智慧城市

○不知道

Q9：您平时上网的主要设备是？

○智能手机/iPad

○笔记本电脑

○台式电脑

Q10：您或您的家人平均每天用于上网的时间大约多久？

○小于1小时　○1~3小时　○3~5小时　○5小时以上

二、市民需求调查（请勾选出智慧城市建设过程中，你所关注的各种需求，可多选）

Q11：就智慧基础设施建设方面，您关注以下哪些需求？[多选题]

□城市公共信息平台　□城市摄像头等智能监控设施

□城市无线网的覆盖率　□其他

Q12：就智慧民生服务方面，您觉得下面哪些方面需要重点关注需求？[多选题]

□城市交通　□环境治理　□食品健康　□公共医疗

□教育设施　□劳动就业

Q13：就城市智能公共交通改进方面，您认为需要采取以下哪些措施？[多选题]

□增加公交车量　　□增加公交车道
□建立电子站牌　　□修建地铁
□增加出租车辆　　□增加自行车道
□增加人行道　　□建设公共自行车停放点
□其他

Q14：就城市环境治理智慧化方面，您认为需要采取以下哪些措施？［多选题］

□治理污染企业　　□噪声污染治理
□城市绿化　　□垃圾清运
□限制机动车　　□其他

Q15：就城市交通出行智慧改进方面，您认为需要采取以下哪些措施？［多选题］

□完善路网　　□电子显示与智能导航
□增加 ETC　　□交通广播的引导
□其他

Q16：就市民食品安全智慧化方面，您认为需要采取以下哪些措施？［多选题］

□控制食品加工环节
□控制食品原材料环节
□采集食品生产、运输和销售信息
□政府部门给食品贴放心标签
□政府部门对食品市场的监管
□其他

Q17：就城市智慧医疗方面，您认为需要采取以下哪些措施？［多选题］

□健康卡和医疗卡合一
□社区医疗水平
□网上预约
□大医院设立分院
□移动医嘱
□其他

Q18：就城市智慧中小学教育方面，您认为需要采取以下哪些措施？［多选题］

□设立优质分校，合理安排师资

□错时上下学，校车服务

□设立午休场所

□推行寄宿制

□其他

Q19：就学校教育的智慧化服务，您认为需要采取以下哪些措施？［多选题］［必答题］

□建设家长互通平台　　□进行网络教学

□建立数字化教学资源库　　□建设平安校园系统

□其他

Q20：就城市市民文体生活智慧建设，您认为需要采取以下哪些措施？［多选题］［必答题］

□网络在线课程

□智慧图书馆

□网上体育场所预定

□城市历史及文化教育（例如博物馆、科技馆）

□建设公共自行车租赁点　　□其他

Q21：就智慧化的政府管理，您认为需要采取以下哪些措施？［多选题］［必答题］

□城市运行管理　　□环境监测

□危机预警处置　　□社区治理

□街道整治　　□园区管理

Q22：就城市智慧化社会保障，您认为重点要解决哪些方面的问题？［多选题］［必答题］

□医疗保险衔接　　□建立诚信档案

□外来人员纳保　　□各类电子支付服务的便捷性

□电子账单公共服务　　□其他

三、智慧城市建设的市民满意度调查（请结合您的亲身体验，对下述现有的服务情况进行评价）

Q23：您对您所在城市的无线网络覆盖率是否满意？［单选题］［必答题］

○非常满意　　○满意　　○一般

○不满意　　○非常不满意

Q24：您对您所在城市的信息传播和共享效率是否满意？[单选题][必答题]

○非常满意　○满意　○一般

○不满意　○非常不满意

Q25：您对目前住所网络传输速度是否满意？[单选题][必答题]

○非常满意　○满意　○一般

○不满意　○非常不满意

Q26：您对您所在城市的标识、服务场所指示等的汉语和少数民族语言的双语服务是否满意？[单选题][必答题]

○非常满意　○满意　○一般

○不满意　○非常不满意

Q27：您对您所在城市智能化交通以及出行是否满意？[单选题][必答题]

○非常满意　○满意　○一般

○不满意　○非常不满意　○没有体验

Q28：您对您所在城市的城市智能公交站牌建设情况是否满意？[单选题][必答题]

○非常满意　○满意　○一般

○不满意　○非常不满意　○没有体验

Q29：您对您所在城市推出的应用公共交通等App是否满意？（功能：线路查询、换乘查询、实时公交和周边公交，可查询预计到站时间）[单选题][必答题]

○非常满意　○满意　○一般

○不满意　○非常不满意　○没有体验

Q30：您对您所在城市的智慧出行软件的普及程度及使用效率是否满意？[单选题][必答题]

○非常满意　○满意　○一般

○不满意　○非常不满意　○没有体验

Q31：您对您所在城市高速公路不停车收费系统（ETC）的使用是否满意？[单选题][必答题]

○非常满意　○满意　○一般

○不满意　○非常不满意　○没有体验

Q32：您对你所在城市市民网络挂号就医的便捷性是否满意？[单选题][必答题]

○非常满意　○满意　○一般

○不满意　　○非常不满意　　○没有体验

Q33：您对您所在城市市民健康档案的建立情况是否满意？［单选题］［必答题］

○非常满意　　○满意　　○一般

○不满意　　○非常不满意　　○没有体验

Q34：您对您所在城市市民的网络问诊是否满意？［单选题］［必答题］

○非常满意　　○满意　　○一般

○不满意　　○非常不满意　　○没有体验

Q35：您对自己的公交卡、医疗卡、社会保障卡等实现“一卡通”是否满意？［单选题］［必答题］

○非常满意　　○满意　　○一般

○不满意　　○非常不满意　　○没有体验

Q36：您所在小区智能水电天然气表的普及满意度如何？［单选题］［必答题］

○非常满意　　○满意　　○一般

○不满意　　○非常不满意　　○没有体验

Q37：您对您所在城市的网上生活缴费服务是否满意？［单选题］［必答题］

○非常满意　　○满意　　○一般

○不满意　　○非常不满意　　○没有体验

Q38：您对您所在城市市民可以通过电子信息手段获得政府管理服务相关信息的便捷程度是否满意？［单选题］［必答题］

○非常满意　　○满意　　○一般

○不满意　　○非常不满意　　○没有体验

Q39：您对您所在城市及周边的景区、景点的规划及交通方便可达性满意吗？［单选题］［必答题］

○非常满意　　○满意　　○一般

○不满意　　○非常不满意　　○没有体验

Q40：您对您所在城市的旅游信息智能化是否满意？［单选题］［必答题］

○非常满意　　○满意　　○一般

○不满意　　○非常不满意　　○没有体验

Q41：您所在城市企业建立网上门户建站率如何？［单选题］［必答题］

○非常满意　　○满意　　○一般

○不满意　　○非常不满意　　○没有体验

四、城市感受与评价（多项选择）

Q42：您居住的这个城市给你的总体感受有哪些？［多选题］［必答题］

□出行交通方便 □生活富足 □自然环境优美

□人文环境良好 □容易就业 □医疗保健有保障

□文化教育资源好 □其他

Q43：您平时从哪些方面了解您所在城市的发展规划与建设信息？［多选题］［必答题］

□网络 □新闻 □报纸

□电视 □广播 □其他

Q44：您认为您所在城市哪些方面是当前应该重点解决的问题？［多选题］［必答题］

□城市空间布局优化 □城市土地利用效率提高

□城市功能完善 □城市公共服务水平提高

□城市卫生环境治理 □城市安全保护

□其他

Q45：您认为对您所在的城市而言，下面哪些方面更为重要？

□智慧基础设施建设 □智慧交通

□智慧民生 □智慧政务

Q46：民族地区的智慧城市建设中，保护民族特色文化也是重要的组成部分，您认为政府应该从哪些方面加强少数民族传统文化的保护？

□对民族文化的全面普查与统计

□加大宣传力度，增加多样化的宣传途径

□加大资金投入力度

□设立民族文化的传承体制

□营造良好的民族文化氛围

□民族文化的商业化运作

□制定规范的保护方法与制度

□其他，您的意见是：____________________

致谢：感谢您在百忙中能参与我们的问卷调查，衷心感谢，祝您工作顺利，身体健康。如果您对于智慧城市建设或者对于问卷有问题，请与我们联系，期待您的精彩观点。

附录3　调研问卷统计表

乌鲁木齐、银川、西宁三市问卷数据统计表

一、受访者基本信息			
题目	选项	计数	占比（%）
您的性别	男	825	45.56
	女	986	54.44
您的年龄	17	1	0.08
	18	8	0.61
	19	16	1.22
	20	53	4.04
	21	62	4.72
	22	65	4.96
	23	34	2.59
	24	64	4.88
	25	44	3.35
	26	56	4.27
	27	58	4.42
	28	58	4.42
	29	33	2.51
	30	87	6.63
	31	31	2.36
	32	52	3.96
	33	38	2.89
	34	30	2.28
	35	62	4.72
	36	64	4.88
	37	31	2.36

续表

一、受访者基本信息			
题目	选项	计数	占比（%）
您的年龄	38	19	1.45
	39	17	1.30
	40	52	3.96
	41	21	1.60
	42	26	1.98
	43	25	1.91
	44	20	1.53
	45	21	1.60
	46	23	1.75
	47	20	1.52
	48	14	1.07
	49	14	1.07
	50	21	1.60
	51	13	0.99
	52	8	0.61
	53	5	0.38
	54	10	0.76
	55	10	0.76
	56	3	0.23
	57	2	0.15
	58	3	0.23
	59	1	0.08
	60	5	0.38
	61	2	0.15
	61 以上	9	0.69

续表

一、受访者基本信息			
题目	选项	计数	占比（%）
您的职业	学生	402	23.08
	公职人员（公务员、事业单位人员）	221	12.69
	专业技术人员（教师、医生、工程技术人员、作家等专业人员）	228	13.09
	企业管理人员	182	10.45
	工人（含农民工）	114	6.54
	农民	24	1.38
	个体工商户	118	6.77
	军人	63	3.62
	其他	390	22.39
您的民族	汉族	1116	60.09
	回族	438	23.59
	藏族	156	8.40
	土族	57	3.07
	蒙古族	25	1.35
	撒拉族	9	0.49
	壮族	3	0.16
	维吾尔族	30	1.61
	其他民族	23	1.24
您居住的情况	常住	1364	76.37
	暂住	422	23.63
您的受教育水平	初中及初中以下	100	6.02
	高中	108	6.50
	专科	333	20.05
	本科	965	58.10
	硕士及硕士以上	155	9.33

续表

一、受访者基本信息			
题目	选项	计数	占比（%）
您知道智慧城市是什么吗	非常了解	131	7.99
	了解	392	23.93
	不太了解	822	50.18
	没听说过	293	17.89
您所在的城市是否是国家智慧城市的试点城市	是	490	30.14
	否	224	13.78
	不是试点，但正在建设智慧城市	241	14.82
	不知道	671	41.27
您平时上网的主要设备	智能手机/iPad	1131	63.32
	笔记本电脑	466	26.09
	台式电脑	189	10.58
您或您的家人平均每天用于上网的时间大约多久	小于1小时	115	7.03
	1~3小时	577	35.25
	3~5小时	504	30.79
	5小时以上	441	26.94
二、智慧城市市民需求调研			
选项	选择情况	计数	占比（%）
就智慧基础设施建设方面，您关注以下哪些需求			
1. 城市公共信息平台	已选	1014	66.93
2. 城市摄像头等智能监控设施	已选	881	55.03
3. 城市无线网的覆盖率	已选	1064	66.29
4. 其他	已选	141	8.84
智慧民生服务方面，您觉得下面哪些方面需要重点关注			
1. 城市交通	已选	1032	69.54
2. 环境治理	已选	988	61.59
3. 食品健康	已选	1099	68.77
4. 公共医疗	已选	1085	68.45
5. 教育设施	已选	962	60.13
6. 劳动就业	已选	844	53.25

续表

二、智慧城市市民需求调研			
选项	选择情况	计数	占比（%）
就城市智能公共交通改进方面，您认为需要采取以下哪些措施			
1. 增加公交车量	已选	668	42.96
2. 增加公交车道	已选	641	41.14
3. 建立电子站牌	已选	688	44.70
4. 修建地铁	已选	937	61.00
5. 增加出租车辆	已选	293	18.56
6. 增加自行车道	已选	685	47.44
7. 增加人行道	已选	502	32.58
8. 建设公共自行车停放点	已选	793	52.41
9. 其他	已选	95	6.17
就城市环境治理智慧化方面，您认为需要采取以下哪些措施			
1. 治理污染企业	已选	1033	73.79
2. 噪声污染治理	已选	816	48.57
3. 城市绿化	已选	1216	77.85
4. 垃圾清运	已选	884	54.97
5. 限制机动车	已选	610	38.75
6. 其他	已选	118	7.69
就城市交通出行智慧改进方面，您认为需要采取以下哪些措施			
1. 完善路网	已选	1161	79.30
2. 电子显示与智能导航	已选	1110	69.94
3. 增加 ETC	已选	687	43.26
4. 交通广播的引导	已选	675	44.26
5. 其他	已选	126	8.14
就市民食品安全智慧化方面，您认为需要采取以下哪些措施			
1. 控制食品加工环节	已选	982	67.12
2. 控制食品原材料环节	已选	1000	64.35
3. 采集食品生产、运输和销售信息	已选	935	59.55
4. 政府部门给食品贴放心标签	已选	822	53.17
5. 政府部门对食品市场的监管	已选	1122	72.02
6. 其他	已选	96	6.07

续表

二、智慧城市市民需求调研			
选项	选择情况	计数	占比（%）
就城市智慧医疗方面，您认为需要采取以下哪些措施			
1. 健康卡和医疗卡合一	已选	1082	74.21
2. 社区医疗水平	已选	1040	65.87
3. 网上预约	已选	820	51.41
4. 大医院设立分院	已选	741	48.15
5. 移动医嘱	已选	621	40.91
6. 其他	已选	86	5.72
就城市智慧中小学教育方面，您认为需要采取以下哪些措施			
1. 设立优质分校，合理安排师资	已选	1154	79.31
2. 错时上下学，校车服务	已选	864	54.48
3. 设立午休场所	已选	901	57.61
4. 推行寄宿制	已选	540	34.90
5. 其他	已选	91	6.07
就学校教育的智慧化服务，您认为需要采取以下哪些措施			
1. 建设家长互通平台	已选	1008	69.33
2. 进行网络教学	已选	779	49.33
3. 建立数字化教学资源库	已选	1043	68.17
4. 建设平安校园系统	已选	1120	71.57
5. 其他	已选	85	5.38
就城市市民文体生活智慧建设，您认为需要采取以下哪些措施			
1. 网络在线课程	已选	768	53.07
2. 智慧图书馆	已选	1103	72.90
3. 网上体育场所预订	已选	713	44.90
4. 城市历史及文化教育（例如博物馆、科技馆）	已选	1042	68.78
5. 建设公共自行车租赁点	已选	766	49.39
6. 其他	已选	82	5.39

续表

二、智慧城市市民需求调研			
选项	选择情况	计数	占比（%）
就智慧化的政府管理，您认为需要采取以下哪些措施			
1. 城市运行管理	已选	1015	69.95
2. 环境监测	已选	978	62.81
3. 危机预警处置	已选	868	55.15
4. 社区治理	已选	963	62.98
5. 街道整治	已选	955	61.93
6. 园区管理	已选	713	45.91
就城市智慧化社会保障，您认为重点要解决哪些方面的问题			
1. 医疗保险衔接	已选	1112	74.38
2. 建立诚信档案	已选	953	60.55
3. 外来人员纳保	已选	736	47.15
4. 各类电子支付服务的便捷性	已选	935	61.80
5. 电子账单公共服务	已选	735	48.32
6. 其他	已选	98	6.51
三、市民满意度调查			
题目	选项	计数	占比（%）
您对您所在城市的无线网络覆盖率是否满意	非常满意	121	7.51
	满意	304	18.87
	一般	575	35.69
	不满意	437	27.13
	非常不满意	174	10.80
您对您所在城市的信息传播和共享效率是否满意	非常满意	78	4.84
	满意	368	22.83
	一般	737	45.72
	不满意	358	22.21
	非常不满意	71	4.40

续表

三、市民满意度调查			
题目	选项	计数	占比（%）
您对目前住所网络传输速度是否满意	非常满意	90	5.63
	满意	334	20.88
	一般	658	41.13
	不满意	393	24.56
	非常不满意	125	7.81
您对您所在城市的标识、服务场所指示等的汉语和少数民族语言的双语服务是否满意	非常满意	107	6.62
	满意	471	29.16
	一般	704	43.59
	不满意	248	15.36
	非常不满意	85	5.26
您对您所在城市智能化交通以及出行是否满意	非常满意	96	6.03
	满意	389	24.40
	一般	615	38.58
	不满意	360	22.58
	非常不满意	92	5.77
	没有体验	42	2.63
您对您所在城市的城市智能公交站牌建设情况是否满意	非常满意	85	5.35
	满意	389	24.51
	一般	631	39.76
	不满意	321	20.23
	非常不满意	111	6.99
	没有体验	50	3.15
您对您所在城市推出的应用公共交通等App是否满意（功能：线路查询、换乘查询、实时公交和周边公交，可查询预计到站时间）	非常满意	127	8.04
	满意	448	28.35
	一般	554	35.06
	不满意	272	17.21
	非常不满意	72	4.56
	没有体验	107	6.77

续表

三、市民满意度调查			
题目	选项	计数	占比（%）
您对您所在城市的智慧出行软件的普及程度及使用效率是否满意	非常满意	109	6.82
	满意	313	19.60
	一般	605	37.88
	不满意	371	23.23
	非常不满意	77	4.82
	没有体验	122	7.64
您对您所在城市高速公路不停车收费系统（ETC）的使用是否满意	非常满意	144	8.92
	满意	452	28.00
	一般	598	37.05
	不满意	235	14.56
	非常不满意	71	4.40
	没有体验	105	6.51
您对你所在城市市民网络挂号就医的便捷性是否满意	非常满意	127	8.09
	满意	317	20.19
	一般	572	36.43
	不满意	311	19.81
	非常不满意	132	8.41
	没有体验	111	7.07
您对您所在城市市民健康档案的建立情况是否满意	非常满意	123	7.70
	满意	298	18.65
	一般	593	37.11
	不满意	340	21.28
	非常不满意	92	5.76
	没有体验	152	9.51
您对您所在城市市民的网络问诊是否满意	非常满意	110	7.00
	满意	242	15.39
	一般	531	33.78
	不满意	363	23.09
	非常不满意	114	7.25
	没有体验	212	13.49

续表

三、市民满意度调查			
题目	选项	计数	占比（%）
您对自己的公交卡、医疗卡、社会保障卡等实现“一卡通”是否满意	非常满意	203	13.13
	满意	485	31.37
	一般	471	30.47
	不满意	243	15.72
	非常不满意	74	4.79
	没有体验	126	8.15
您对所在小区智能水电天然气表的普及满意度如何	非常满意	157	9.72
	满意	453	28.05
	一般	547	33.87
	不满意	272	16.84
	非常不满意	78	4.83
	没有体验	108	6.69
您对您所在城市的网上生活缴费服务是否满意	非常满意	153	9.53
	满意	455	28.33
	一般	655	40.79
	不满意	222	13.82
	非常不满意	60	3.74
	没有体验	61	3.80
您对您所在城市市民可以通过电子信息手段获得政府管理服务相关信息的便捷程度是否满意	非常满意	89	5.63
	满意	291	18.42
	一般	675	42.72
	不满意	299	18.92
	非常不满意	111	7.02
	没有体验	115	7.28
您对您所在城市及周边的景区、景点的规划及交通方便可达性满意吗	非常满意	139	8.57
	满意	382	23.55
	一般	701	43.22
	不满意	295	18.19
	非常不满意	77	4.75
	没有体验	28	1.73

续表

三、市民满意度调查			
题目	选项	计数	占比（%）
您对您所在城市的旅游信息智能化是否满意	非常满意	95	6.03
	满意	315	20.00
	一般	671	42.60
	不满意	316	20.06
	非常不满意	81	5.14
	没有体验	97	6.16
您所在城市企业建立网上门户建站率如何	非常满意	105	6.89
	满意	220	14.45
	一般	616	40.45
	不满意	284	18.65
	非常不满意	75	4.93
	没有体验	223	14.64
您居住的这个城市给你的总体感受有哪些			
1. 出行交通方便	已选	598	42.11
2. 生活富足	已选	246	16.53
3. 自然环境优美	已选	763	53.40
4. 人文环境良好	已选	480	31.89
5. 容易就业	已选	236	16.18
6. 医疗保健有保障	已选	387	26.89
7. 文化教育资源好	已选	252	17.50
8. 其他	已选	172	12.15
您平时从哪些方面了解您所在城市的发展规划与建设信息			
1. 网络	已选	1099	77.34
2. 新闻	已选	828	54.12
3. 报纸	已选	512	34.25
4. 电视	已选	804	55.37
5. 广播	已选	354	23.61
6. 其他	已选	97	6.82

续表

三、市民满意度调查			
题目	选项	计数	占比（%）
您认为您所在城市哪些方面是当前应该重点解决的问题			
1. 城市空间布局优化	已选	773	55.14
2. 城市土地利用效率提高	已选	633	42.48
3. 城市功能完善	已选	907	62.51
4. 城市公共服务水平提高	已选	1017	68.76
5. 城市卫生环境治理	已选	797	52.40
6. 城市安全保护	已选	730	49.03
7. 其他	已选	83	5.65
您认为对您所在的城市而言，下面哪些方面更为重要			
1. 智慧基础设施建设	已选	1011	72.47
2. 智慧交通	已选	837	54.60
3. 智慧民生	已选	999	66.82
4. 智慧政务	已选	653	43.16
民族地区的智慧城市建设中，保护民族特色文化也是重要的组成部分，您认为政府应该从哪些方面加强少数民族传统文化的保护			
1. 对民族文化的全面普查与统计	已选	717	49.14
2. 加大宣传力度，增加多样化的宣传途径	已选	774	52.30
3. 加大资金投入力度	已选	624	41.43
4. 设立民族文化的传承体制	已选	800	55.02
5. 营造良好的民族文化氛围	已选	916	60.86
6. 民族文化的商业化运作	已选	603	39.75
7. 制定规范的保护方法与制度	已选	760	52.31
8. 其他	已选	7	0.48

附录4　政府调研访谈提纲

我们是《新型城镇化进程中民族地区智慧城市研究》课题组，希望通过此次访谈，围绕贵市的智慧城市建设情况进行深入的交流，具体内容有：基础设施平台、大数据、智慧政务、智慧服务、智慧管理等，包括对贵市在智慧城市建设中如何提升办公效率和公共服务水平、如何进行对智慧决策、智慧监管和数据库建设等工作深入的了解，希望得到您的配合。谢谢您的大力支持!

一、智慧城市建设大致情况

1. 贵市智慧城市建设过程的大致历程如何?

2. 贵市在智慧城市组织机构建设与智慧城市顶层设计规划方面是如何做的?

3. 目前，贵市的智慧城市建设到了哪一个阶段？存在哪些难点?

4. 贵市的智慧城市建设亮点是什么？下一步打算如何完善?

二、智慧基础设施建设情况

1. 能否介绍一下贵市电子政务系统的大致情况?

2. 能否对贵市的智慧城市基础设施平台做一个简单介绍：例如，网络资源现状，网络容量，维护人员数量、机房情况、维护类型、使用人群数量等。

3. 贵市电子政务系统的安全等级保护情况怎样？如果有安全隐患发生，有什么样的应对措施?

4. 目前的电子政务平台是否能满足智慧城市的管理需求？是否与智慧城市建设前规划预想的一致?

5. 贵市的政务体系中数据库的建设情况如何?

6. 各个部门数据库的交换如何？效果怎样？有什么样的保障制度?

三、智慧政务与智慧服务情况

1. 贵市智慧服务的理念是什么?

2. 贵市政府部门的数据在交互信息时，是否顺畅，是否存在一些信息需求不对称的情况?

3. 目前贵市政府职能的转变状况如何? 是否正在朝服务型政府转变?

4. 您认为智慧政务建设中，有哪些需要实施的保障? (组织领导、政策支撑、标准法规、信息安全、人才保障等方面) 具体执行过程表现怎样?

5. 在政务平台建设过程中，是如何进行数据库与政务平台的整合和资源共享的?

6. 在进行资源共享和集约建设管理时，您认为需要重点解决哪些问题?

7. 贵市在智慧政务的办事流程优化与无障碍共享方面的表现怎样? 有什么经验可以介绍?

8. 如何通过智慧城市平台的创新性为市民提供更人性化、更便捷的服务? 贵市是否有创新与特色?

四、智慧监管情况

1. 目前哪些监管工作是贵市智慧城市中的重点内容? 有没有形成成文的信息化规划? 下一步的重点是什么?

2. 在数字城管、城市治安监管、水利监管、食品药品监管、林业监管、生态监管等方面的监管现状如何? 管理措施存在哪些困难?

3. 通过智慧城市的技术手段解决了哪些监管的难题?

4. 您认为在监管过程中需要政府制定哪些政策制度进行保障?

5. 监管工作是否需要不同部门之间的协同? 目前的数据是否可以共享? 是如何做到共享的?

6. 遇到城市突发与应急事件的处理流程是怎样的? 具体的协同工作是怎样进行的? 您认为有哪些工作环节可以优化?

重要术语索引